클래식 영국사

클래식 영국사

지은이 박지향
1판 1쇄 발행 2012. 5. 11.
1판 5쇄 발행 2024. 7. 26.

발행처_ 김영사 • **발행인_** 박강휘 • **등록번호_** 제406-2003-036호 • **등록일자_** 1979. 5. 17 • **주소_** 경기도 파주시 문발로 197(문발동) 우편번호 10881 • **전화_** 마케팅부 031)955-3100, 편집부 031)955-3200 • **팩스_** 031)955-3111 •

값은 뒤표지에 있습니다. ISBN 978-89-349-5689-1 03920 • 홈페이지_ www.gimmyoung.com • 이메일_ bestbook@gimmyoung.com • 좋은 독자가 좋은 책을 만듭니다 • 김영사는 독자 여러분의 의견에 항상 귀 기울이고 있습니다.

클래식 영국사

History of United Kingdom

박지향 /

김영사

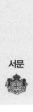

서문

이 책의 개정판이 나오고 나서 또 5년이 흘렀다. 몇몇 세세한 변화가 있었지만 책 전체의 논조를 바꿀 만한 큰 변화는 없었다. 따라서 몇 군데 개정할 곳을 제외하고는 손을 대지 않았다. 역사란 원래 현재에서 조금 떨어져 있어야 제대로 보이는 법이기도 하다. 그렇지만 집고 넘어갈 사실들은 분명히 있다. 무엇보다 그 사이 집권당이 바뀌었다. 2007년 6월에 토니 블레어가 약속한 대로 총리직에서 물러나고 고든 브라운이 뒤를 이었다. 그러나 2010년에 실시한 총선에서 어느 당도 과반수를 차지하지 못한 사태가 발생했다. 결국 13년 만에 정권이 노동당에서 보수당·자민당 연립정부로 넘어갔다.

현 총리는 윌리엄 4세의 서자의 후손인 보수당의 데이비드 캐머런 (1966~)이다. 정부가 바뀌었지만 정책상의 큰 변화는 보이지 않는다. 요즘의 영국은 정권이 바뀌었다고 해서 예전처럼 많은 것이 변하지 않는다. 소위 이념의 수렴현상 때문이다. 1980년대까지 극심했던 좌우 이념의 대립은 오늘날 거의 찾아보기 힘들다. 그것은 1990년대에 블레어가 주도한 신노동당이 노동당을 중앙으로 '많이' 이동시키고, 마거릿 대처의 후계자들은 그들대로 보수당을 중앙으로 '조금' 이동시킨 덕분이라고 설명된다. 이런 이념의 수렴 덕분에 오늘날 영국인들의 관심은 세대 간 문제, 동성애 문제, 이민자 문제 등 사회적, 도덕적 문제에 치중해 있다. 어떤 면에서는 예전보다 평온한 사회가 된 셈이다.

영국은 2008년 세계를 강타한 미국발 경제위기를 그 어느 나라보다 잘 극복했다는 평을 듣고 있다. 유럽 국가들 가운데 가장 높은 경제성장률을 보이고 있기 때문이다. 그러나 스코틀랜드 분리운동이 최근 목소리를 크게 내면서 연합왕국United Kingdom의 존속 여부가 관심거리로 떠올랐다. 영국은 이제 1707년 이전 상태로 돌아가 하나의 섬 안에서 분리된 두 나라, 즉 잉글랜드·웨일스와 스코틀랜드로 나뉠지도 모르는 상황에 처해있다. 물론 대부분의 사람들은 상황이 그렇게 전개되지는 않을 것으로 예견하고 있다. 여러모로 불확실한 상황이지만 영국 국민은 그런대로 이 불확실성의 시대를 잘 견디어가고 있다.

올 여름 런던에서는 올림픽이 개최되고 영국 국민들은 엘리자베스 2세 여왕의 즉위 60주년을 기념하게 된다. 1897년에 빅토리아 여왕의 즉위 60주년 기념식이 있은 후 115년 만의 경사다. 영국에 대한 세계인들의 관심이 고조될 만하다. 이 책이 영국에 대하여 어렴풋한 흥미를 가지고 있는 일반 독자들에게도 재미있는 교양서로 읽히기 바란다. 많은 사진을 더하여 책을 보기 좋게 만들어주신 김영사에 감사드린다.

2012년 5월 관악에서

박지향

《영국사: 보수와 개혁의 드라마》의 초판이 나온 지 10년이 되었다. 그동안 영국에서는 세 차례의 총선이 치러지고 여러 부문에서 변화가 있었다. 이제 그런 변화들을 담아 개정판을 내놓게 되었다.

이 책이 처음 출간되었을 때에는 영국사를 다룬 책이 별로 없었다. 앙드레 모루아의 책과 《옥스퍼드 영국사》가 고작이었다. 서울대학교에서 영국사를 강의하면서 적당한 교재가 없음을 통감했다. 학생들뿐만이 아니라 연구나 업무, 혹은 개인적 관심 때문에 영국 역사를 알고 싶어 하는 일반인들도 많이 있었다. 그 모든 요구에 부응하고자 이 책을 구상했다. 그 후 여러 저작들이 출간되었다. 가장 최근에는 필자의 은사이신 나종일 교수님의 《영국의 역사》 상·하 권이 나왔다. 그럼에도 이 책은 주제와 구성면에서 다른 책들과 구분되는 가치와 독특함을 가지고 있다고 자부한다.

이 책의 구성은 얼핏 보면 이상해 보일는지 모른다. 나의 독서 경험으로 보면, 한 나라의 역사를 처음부터 통시대적으로 읽어내려가는 것은 별로 효과적인 방법이 아니다. 그렇지만 통시대적인 서술도 필요하다. 그래서 생각한 해결책이 일부는 영국사의 특징을 주제별로, 일부는 통시대적 서술로 파악하는 방법이다. 순서는 독자들이 자신의 성향에 따라서 정하면 될 것이다. 주제별 글을 먼저 읽다가 당시의 제반 상황이 궁금해지면 시대사를 읽을 수도 있고, 또는 일단 통시대적 서술로 대강의 흐름을 이해한 후 특별한 주제로 옮겨갈 수도 있을 것이다. 여러 면에서 세계 역사의 선두에 있던 영국, 그런 만큼 다양하고 복잡한 그 나라의 역사를 한 권의 책에 담는 작업에는 당연히 많은 생략과 주관이 개입될 수밖에 없다. 독자들의 이해를 바랄 뿐이다.

서울대학교에서 영국사를 강의하면서, 유라시아 대륙의 동쪽 끝에 있는 한반도의 학생들에게 유라시아 대륙의 서쪽 끝에서도 해협을 건너서야 당도할 수 있는 멀고 생소한 나라의 역사를 어떻게 하면 이해시킬 수 있을까 고민하는 과정에서 이 책은 조금 더 쉽게 쓰인 것 같다. 이 책에서 다루지 못한 영국의 문화와 정신은 필자의 근간,《영국적인, 너무나 영국적인》에서 다루고 있다. 초판에 이어 개정판을 준비하느라 고생해주신 까치글방의 박종만 사장님과 주지현 편집장께 감사드린다.

2006년 겨울 관악에서

박지향

영국인이라는 것은 무엇을 의미하는가? 1999년 조사에서 유럽의 젊은이들은 영국을 다음의 5개 요소와 결부시켰다. 즉 셰익스피어, 런던, BBC 방송, 비틀스, 그리고 왕실이 그것이다. 이런 피상적 인상 외에 영국의 역사에는 '최초'와 '최대'라는 단어가 많이 따라붙는다. 영국United Kingdom of Great Britain and Northern Ireland은 18세기 후반부터 한 세기 이상 세상에서 가장 강력한 나라였다. 영국은 세계 최초로 의회민주주의를 발달시키고, 최초로 자본주의 시장경제의 뿌리를 내렸을 뿐만 아니라 인류 최초의 산업혁명을 주도하고, 19세기 말에 이르면 인류 역사상 최대 규모의 제국을 거느렸다. 그만큼 영국인들의 자부심은 높다. 중요한 것은 이처럼 예외적이라고 할 수 있는 영국 역사에서 유혈을 거의 발견할 수 없다는 사실이다. 영국의 역사는 이를테면 모범생의 역사다. 대규모 유혈혁명을 겪지 않은 채 근대 세계를 수백 년 동안 선도해갔던 것이다.

이 세상의 민족들이 대부분 자기들이야말로 '예외적으로 비극적인' 역사를 가지고 있다고 느끼는 데 반해, 영국 국민은 자신들이야말로 '예외적으로 성공적'이었다는 정반대의 자부심을 가지고 있다.

그 점이 영국의 매력이다. 그러나 우리나라에서 영국의 역사는 그리 매력적으로 받아들여지지 않는다. 우리는 전범典範이 아니라 예외적인 역사에 더 관심을 가지기 때문에 너무도 무난해 보이는 영국의 역사가 흥미를 끌지 못하는 것이다. 그러나 전범을 무시한 채 파생과 왜곡에만 관심을 두는 것은 역사에 대한 올바른 접근방법이 아니다.

영국의 역사에서 가장 중요한 사건은 수천 년 전에 일어났다고 한다. 즉 영국이 대륙으로부터 떨어져나와 섬이 된 사실을 말하는 것이다. 24만 5,000제곱킬로미터의 면적에, 인구 6,270만 명(2011년 기준)이 살고 있는 온대성 기후의 영국은 가장 큰 섬인 그레이트 브리튼 섬과 900여 개의 작은 섬들로 구성되어 있다.[1] 브리튼에는 20만 년 전인 구석기 시대에 처음으로 인류가 이주했다. 이때 브리튼은 아직 유럽 대륙에 연결되어 있었는데, 약 1만 년 전 대빙하 시대가 끝나고 빙하가 물러나면서 섬이 되었다.

영국의 첫 번째 특징은 섬나라라는 사실이며, 이것이 영국 역사에 지대한 영향을 미쳤다. 우선 국민국가로의 발달이 대륙의 다른 나라들보다 상대적으로 빨랐다는 사실을 들 수 있다. 섬이기 때문에 국가의 통치를 중앙집중화하는 것이 지리적으로나 기술적으로나 수월했다. 중앙집중화가 이루어졌다고는 해도 그것은 중앙으로부터 파견된 관료가 직접 통치하는 형태를 취하지는 않았다. 잉글랜드에서는 지

---

1 그레이트 브리튼은 잉글랜드(13만 제곱킬로미터), 스코틀랜드(7만 9,000제곱킬로미터), 웨일스(2만 1,000제곱킬로미터), 북아일랜드(얼스터, 1만 4,000제곱킬로미터)로 이루어져 있다. 지형은 해발 100미터 미만의 저지대와 100~490미터의 고지대가 비슷한 면적을 차지하고 있으며, 해발 490미터가 넘는 지역은 약 5퍼센트이다. 가장 높은 산이라고 해야 잉글랜드의 경우 해발 978미터(스코펠 봉), 스코틀랜드의 경우 1,342미터(벤네비스 산)가 고작이다.

방 유력자들이 왕을 대신하여 통치하는 소위 '합의에 의한 통치'가 이루어졌고, 관료제는 상대적으로 미약했다. 19세기 초에도 중앙정부로부터 녹을 받는 관리의 수는 1만 6,000명에 불과했으며, 이들조차 주로 세금 관련 부서에서 일하고 있었다.

섬나라이기 때문에 영국에는 거대한 상비군이 필요 없었고, 따라서 과세수준이 대륙국가들에 비해서 두드러지게 낮았다. 17세기 초 영국이 징수한 세금의 총액은 프랑스의 1/3~1/4 정도에 머물렀다. 헨리 8세 때부터 증강되기 시작한 해군은 1588년 무적함대의 격파로 그 위력을 과시했는데, 지상군이 평화시에 무용지물이라면 해군이 보유하고 있는 선박들은 전시에는 군함으로, 평화시에는 무역에 이용되는 상선이었다. 선박은 건조비용이 상당하지만 유지비용은 지상군보다 더 낮았다. 해군은 또한 절대왕권의 권력행사의 도구가 되지 않아 의회가 해군의 증강을 두려워하지 않았기 때문에 더욱 비약적으로 발달할 수 있었다.

과세수준이 낮았으므로 부유층의 재산축적이 가능했고, 전시에는 비교적 국민의 큰 불만 없이 전시재정이 동원될 수 있었다. 나폴레옹 전쟁 때 영국의 인구는 프랑스의 반에도 못 미쳤지만 세수입의 절대액에서는 프랑스를 능가했다. 상비군이 없었고 관료제가 미약했다는 사실은 곧 절대왕정을 지탱해주는 두 기둥이 영국에는 존재하지 않았다는 사실을 의미하며, 이는 대륙국가들보다 민주주의의 이른 발달에 기여했다. 영국 역사에서는 튜더 왕조를 절대왕정이었다고 간주하지만, 그것은 외국의 절대왕정과는 뚜렷이 구분되는 근본적인 한계 안에서 작동하고 있었다. 섬나라라는 사실이 영국의 역사를 이처럼 근본적으로 조건지었던 것이다.

영국의 두 번째 특징은 다민족 국가라는 사실이다. 이 책에서는 1707년 스코틀랜드가 잉글랜드·웨일스와 합병되어 그레이트 브리튼 연합왕국United Kingdom of Great Britain을 형성할 때까지는 영국이라는 명칭을 사용하지 않고 잉글랜드, 스코틀랜드 등으로 구분하여 칭할 것이다. 웨일스는 이미 16세기에 잉글랜드에 합병되었다. 연합왕국을 이루기 전에 각 지역은 각기 다른 기원과 역사를 가지며 서로 갈등과 투쟁을 벌였다. 잉글랜드, 스코틀랜드, 웨일스의 각기 다른 역사를 모두 서술하는 것은 이 책의 목표를 넘어선다. 따라서 책의 제1부 1장에서 각 민족의 역사를 간략하게 서술한 후에는 주로 잉글랜드의 역사를 다루기로 한다.

율리우스 카이사르가 기원전 55년 브리튼 섬을 침입했을 때, 이 섬에는 켈트인들이 살고 있었다. 기원 후 5세기경에 대륙으로부터 앵글로색슨인들이 침입하여 잉글랜드 지역에 정착했고, 9~10세기에는 데인인들이 침략하여 정착함으로써 민족적 혼합이 일어났다. 그 후 노르만인들이 1066년에 노르만 왕조를 열었을 때, 브리튼 섬의 거주민들은 또다른 민족적 융합을 경험했다. 스코틀랜드와 웨일스에는 계속 켈트인들이 거주했다. 따라서 오늘날 우리가 영국이라고 부르는 나라는 몇 개의 뚜렷이 구분되는 민족집단들이 모여서 이루어진 국가이다. 이런 사정을 감안하여, 이 책에서는 잉글랜드와 영국을 구분하여 사용하며, 잉글랜드와 스코틀랜드의 합병 이후의 국가를 '영국'으로 지칭하기로 한다. 그러나 잉글랜드와 영국을 무리 없이 교환할 수 있는 경우에는 두 명칭을 구분 없이 사용하기도 했다.

민족적 혼합에도 불구하고, 브리튼 섬에는 국민국가가 다른 어느 곳보다 일찍이 발달했다. 물론 5세기부터 11세기에 걸쳐 일어난 몇 차례의 이민족의 침입과 정복을 근대 이후의 침입과 동일시할 수는 없다. 요즘과 같은 뚜렷한 민족의식이 존재하지 않았기 때문이다. 그러나 정복자와 피정복자의 관계는 분명히 존재했고 피정복자들의 저항도 있었지만, 몇 세기가 지나면서 동질성을 획득하는 과정이 진행되었다. 여기에는 섬나라로서 중앙집중적 국가체제가 일찍이 정비되었다는 사실, 그리고 기독교의 역할도 있었다. 근대적 의미의 국민이 18세기 말에 형성되었다는 궁극적 증거는 당시 진행되고 있던 나폴레옹 전쟁에서 시민들이 국가를 위해서 목숨을 바칠 준비가 되어 있었다는 사실에서 찾아볼 수 있다.

영국의 세 번째 특징은 근대 세계의 양대 기둥 중 하나인 의회민주주의를 가장 먼저 발달시킨 나라라는 것이다. 잉글랜드 의회는 13세기 이래 존재하는 단 하나의 회의체로서 통치자와 피통치자, 중앙과 지방 사이의 효과적 접촉을 가능하게 했다. 즉 왕과 국민의 접촉이 의회를 통해서 이루어졌던 것이다. 의회는 처음에는 다양한 신분의 국민 모두를 대변하는 집단이 아니었고, 정기적으로 소집되지도 않았으며, 왕에 대한 반대세력이 아니라 왕의 정부의 일부분으로 기능했다. 그러나 점차 다양한 신민들을 대표하게 되었고 왕권의 견제기관으로 발달했다. 의회가 진정한 영국민 전체의 대의기관이 된 것은 20세기 초에 이르러서였다. 그것은 지주 엘리트로부터 중간계급과 노동계급으로, 그리고 여성으로 참정권이 확대되면서 가능했다. 그러나 이 과정은 혁명적이라기보다 점진적이라는 특징을 보인다.

물론 영국의 헌정 발달에서도 다른 나라와 마찬가지로 폭력이 주요 역할을 했다. 14~15세기의 장미전쟁, 17세기 중엽의 혁명, 왕의 처형과 공위기간 등은 대륙인들이 공포의 눈으로 바라본 과격한 사건들이었다. 따라서 영국 정치가 보여주는 지속성이란 절대적이기보다는 상대적인 것이다. 그러나 1688년 이후 영국은 크게 피를 흘리지 않은 채 근대화를 이룩했고, 점진적 개혁이 지속되었다. 참정권만이 아니라 시민권의 발달에서도 영국은 다른 나라들을 앞섰다. 영국민은 다른 무엇보다도 그들이 일찍이 발달시킨 자유에서 국민 정체성의 가장 중요한 요인을 찾았다. 즉 모든 영국민은 자유인으로서 존엄성을 가지고 있다는 개념이 바로 그것이다. 개인으로서 자유롭기 때문에 영국민은 자유로우며, 이것이 영국민을 다른 나라와 구별짓는 가장 큰 요인으로 간주되었던 것이다. 이러한 시민정신은 유럽에서 최초로 시민사회를 발달시킴으로써 더욱 강해졌는데, 하버마스가 말하는 공공영역은 영국의 경우 이미 17세기 말에서 18세기 초부터 시작되었고 시민사회와 더불어 국민의식도 발달했다.

마지막으로 영국 역사의 특징으로 들 수 있는 것은 세계에서 가장 먼저 자본주의가 발달한 곳이라는 사실이다. 물론 영국은 산업혁명을 가장 먼저 시작한 나라이지만, 그에 앞서 농업자본주의 역시 영국에서 가장 먼저 꽃피었다. 이미 15세기경에 잉글랜드에는 자급자족을 위한 농업이 아니라 이윤을 추구하는 농업경영이 발달했고, 농업사회의 사회관계도 대지주-차지농-임금노동자의 관계로 변했다. 산업자본주의의 발달 역시 영국에서 처음 시작되었다. 18세기 후반에 본격화한 산업혁명과 자본주의가 발달하기 위해서는 시민사회의 발달이 필수적이었는데, 잉글랜드는 이미 그 조건이 충족되어 있었다.

영국 자본주의의 발달은 세계 최초의 프롤레타리아 계급을 만들어 냈음에도 불구하고, 다른 어떤 나라보다도 유연한 계급관계를 이루었다는 사실에서 역설로까지 보인다. 계급갈등이 가장 심각하던 19세기 말에조차 그 흔한 사회주의 노동정당이 존재하지 않았다. 세계 최초로 자본주의와 산업혁명을 수행하면서도 영국인들은 사회의 틀을 크게 손상시키지 않고 개혁을 추진했다. 이처럼 근대 영국의 진정한 기적은 혁명을 겪지 않았다는 사실이 아니라, 너무나 많은 혁명들(산업, 경제, 사회, 정치, 문화)을 실제 혁명에 귀의시키지 않고 동화시켰다는 사실에서 발견할 수 있다. 다시 말해서 영국은 1688년 이후 반역이나 혁명을 거치지 않고 변화하는 상황에 맞추어 제도와 사회구조를 비교적 평화롭게 적응시켜나갔다.

그것이 가능한 배경에는 우선 지배 엘리트의 융통성이 있었다. 영국의 지배 엘리트는 "보수를 위한 개혁"이라는 에드먼드 버크의 교훈을 받아들인 현명한 현실주의자들이었다. 영국 경제의 번영 역시 평화적 적응에 기여했다. 기존 체제에 대한 대안은 잠깐씩 경제가 침체되었을 때에나 주의를 끌었다. 그렇다고 해서 영국의 역사가 모범적이었다고 말하는 것은 아니다. 역사의 대부분이 소수의 평안을 위한 다수의 노력과 고통으로 점철되어왔다는 점에서 영국도 예외는 아니었다. 단지 그 정도가 다른 나라들에 비해서 심각하지 않았다는 것뿐이다.

그러나 이처럼 전통이 지속되다 보니 문제점도 발생했다. 전제정,

외국의 침입, 혁명으로부터 면제되었다는 역사적 사실 때문에 여러 제도가 옛 모습대로 남게 된 것이다. 특히 20세기 들어 두 차례의 세계대전에서 패배하지 않았기 때문에 사회의 여러 제도가 재조직되는 기회를 놓쳤다. 그것은 "전쟁의 결산을 해보지 않았다"는 말로 표현된다. 승전국들 가운데에서 유일하게 양차 세계대전을 처음부터 끝까지 수행했던 영국은 승자라는 사실에 현혹되어 전후 세계에서 능력에 부치는 역할을 떠맡음으로써 패전국인 독일과 일본이 오히려 빠른 시일 내에 다시 강대국으로 부상한 것과는 정반대의 방향으로 나아갔다.

1970~1980년대에 역사상 어느 때보다도 더 어려운 시기를 지내고 난 후 영국은 요즘 활력을 되찾고 있다. 2010년 현재 영국 국내총생산 규모는 세계 6위이다. 2005년에 세계 4위로 부상했으나 하강했다. 2011년 인구는 6,270만 명이 조금 넘는다. 남북한을 합친 한반도의 인구보다도 더 적은 수이다. 영국이 세계 최대의 경제대국으로 군림하고 인류 역사상 최대의 제국으로 팽창했을 때, 영국 본국의 인구는 전 세계 인구의 2퍼센트에도 못 미쳤다. 그런 영국이 어떻게 한 세기 이상 최대 강국으로 군림할 수 있었을까? 이 책은 그러한 의문을 염두에 두고 쓰였다. 비록 세력이 많이 꺾였지만 영국은 여전히 노련한 대국이며, 그들의 성공과 실패는 우리에게 훌륭한 반면교사의 역할을 할 수 있을 것이다.

차
례

서문 … 5
프롤로그 … 9

제1부 구조

1장 다민족 국가, 영국의 탄생 … 26
   1. 잉글랜드 … 27
   2. 스코틀랜드 … 35
   3. 웨일스 … 42
   4. 아일랜드 … 47
   5. 브리튼의 기억과 통합 … 56

2장 영국인의 정체성 … 60
   1. 영국민의 성립 … 61
   2. 사람들의 교류 … 68
   3. 잉글랜드 중심주의와 켈트 변두리 … 72
   4. 이중적 정체성 … 77
   5. 영국적인 것의 해체? … 84

3장 통치제도 … 90
   1. 왕실 … 90
   2. 의회 … 100
      1)초기의 역사 2)근대 이후의 상원과 하원
   3. 정당제도 … 108
      1)정당제도의 역사 2)노동당과 보수당의 구조
   4. 수상과 행정부 … 115
      1)수상과 내각 2)정부부서

4장 제국 … 121

　1. 영국의 성격과 팽창 … 122

　　1)영국 제국주의의 특성　2)1870년 이전　3)1870년 이후

　2. 영국의 제국정책과 인도 … 132

　　1)제국정책　2)인도

　3. 제국주의에 대한 반응과 선전 … 140

　　1)제국주의에 대한 반응　2)제국주의의 선전

　4. 제국의 경제적 수익성 … 149

　　1)상품 및 자본 시장으로서의 가치　2)방위비

　5. 제국의 해체 … 155

5장 개혁가들 … 162

　1. 제러미 벤담과 공리주의 … 162

　2. 존 스튜어트 밀과 자유주의 … 170

　3. 윌리엄 모리스와 무정부적 사회주의 … 179

　4. 시드니 웨브, 비어트리스 웨브와 페이비언 사회주의 … 189

6장 지주와 중간계급 … 203

　1. 지주층과 자본주의의 발달 … 204

　2. 영국 자본주의의 성격 … 211

　3. 중간계급의 성격과 역할 … 220

　4. 영국 경제의 쇠퇴에 대한 논란 … 225

　5. 오늘날의 계급 … 229

7장 노동계급 … 237

　1. 19세기 노동계급 … 239

　　1) 노동운동　2) 마르크스와 영국　3) 노동대중의 일상활동

　2. 20세기 전반기의 노동계급 … 254

　　1)노동당의 창당과 발전　2)노동당 정부 수립　3)노동대중의 일상생활

　3. 1945년 이후의 노동계급 : '영국병'의 원인인가? … 265

　　1)노동당 정부　2)'영국병'과 노동계급

8장 미래를 향하여 ⋯ 273

  1. 북아일랜드 문제 ⋯ 274

  2. 유럽 통합과 영국 ⋯ 282

  3. 경제부흥: '영국병'의 극복과 대처주의 ⋯ 291

    1)영국병 2)대처의 등장 3)빅토리아 시대의 가치로 돌아가자

제2부 시간 ···

1장 여명 : 로마 · 앵글로색슨 시대 ⋯ 306

  1. 로마 이전 시대 ⋯ 307

  2. 로마 시대(기원전 55~기원후 410) ⋯ 310

  3. 초기 앵글로색슨 시대(410~871) ⋯ 315

    1)정복과 7왕국 시대 2)기독교의 전파와 도시의 발달

  4. 후기 앵글로색슨 시대(871~1066) ⋯ 322

    1)제1차 데인인의 침입과 앨프레드 대왕(871~899)

    2)제2차 데인인의 침략 3)에드워드 고해왕과 1066년의 사건

  5. 앵글로색슨인의 사회 ⋯ 330

2장 태동 : 중세 ⋯ 334

  1. 중세 전기 : 노르만과 앙주 제국 ⋯ 336

    1)윌리엄 1세(1066~1087)와 노르만 정복

    2)윌리엄 2세(1087~1100), 헨리 1세(1100~1135), 스티븐(1135~1154)

    3)헨리 2세(1154~1189)와 앙주 제국 4)체계적 정부의 발달

  2. 중세 중기 : 대귀족 시대(1189~1327) ⋯ 353

    1)리처드 1세(1189~1199)와 존 왕(1199~1216) 2)헨리 3세(1216~1272)

    3)에드워드 1세(1272~1307) 4)에드워드 2세(1307~1327)

  3. 중세 후기(1327~1485) ⋯ 361

    1)에드워드 3세(1327~1377)와 백년전쟁 2)리처드 2세(1377~1399)

    3)흑사병과 농민봉기(1381)

    4)랭커스터 가의 헨리 4세(1399~1413) 헨리 5세(1413~1422)

5)헨리 6세(1422~1471) 6)에드워드 4세(1461~1483)와 요크 가

7)리처드 3세(1483~1485)

4. 의회의 발달 ··· 376

5. 중세 잉글랜드 사회 ··· 379

1)사회경제적 구조 2)교회와 개혁운동 3)교육 및 영어의 발달 4)중세의 끝

3장 도약 : 튜더 시대 ··· 389

1. 헨리 7세(1485~1509) ··· 390

2. 헨리 8세(1509~1547) ··· 392

1)왕의 이혼문제와 종교개혁 2)국가체제의 정비

3)6명의 왕비들과 말년의 통치

3. 에드워드 6세(1547~1553)와 메리 여왕(1553~1558) ··· 404

4. 엘리자베스 1세(1558~1603) ··· 407

1)국내정치와 외교정책 2)스코틀랜드와 메리 스튜어트(1542~1567)

3)네덜란드와 에스파냐의 무적함대

5. 사회경제적 상황 ··· 417

6. 국민국가의 발달 ··· 422

4장 혁명 : 스튜어트 시대 ··· 424

1. 스튜어트 왕조 전기 ··· 426

1)제임스 1세(1603~1625) 2)찰스 1세(1625~1649)

2. 내전 · 혁명 ··· 432

1)혁명의 원인 2)혁명의 경과 3)공위 시대(1649~1660)와 왕정복고

3. 복고 왕정 ··· 442

1)찰스 2세(1660~1685) 2)제임스 2세(1685~1688)

4. 명예혁명과 의회주권 ··· 446

1)명예혁명과 권리장전 2)토리와 휘그의 정치철학

5. 사회경제적 변화 ··· 454

6. 스튜어트 왕조 말기 ··· 457

1)윌리엄 3세(1688~1702)와 메리 2세(1688~1694), 앤(1702~1714)

2)연합왕국의 성립

5장 성숙 : 긴 18세기 ··· 462

1. 조지 1세(1714~1727), 조지 2세(1727~1760), 조지 3세(1760~1820) ··· 464

    1)월폴의 시대(1720~1742) 2)대외전쟁 3)조지 3세(1760~1820)

2. 사회경제적 변화 ··· 473

3. 저항의 정치 ··· 477

4. 이데올로기의 탄생 ··· 480

    1)급진주의와 보수주의 2)공리주의와 복음주의

5. 산업혁명 ··· 488

    1)농업혁명과 인구증가 2)산업혁명

6. 대프랑스 전쟁과 아일랜드의 통합 ··· 494

6장 황금기 : 1815~1870 ··· 501

1. 산업사회로의 이동 ··· 503

2. 사회계급 ··· 511

    1)지주층 2)중간계급 3)노동계급

3. 1815년 이후의 개혁정치와 계급정치 ··· 517

    1)심사법 폐지(1828)와 가톨릭 해방(1829) 2)제1차 선거법 개정(1832)

    3)공장법(1833)과 신구빈법(1834) 4)반곡물법연맹과 인민헌장운동

4. 자유주의 ··· 524

5. 빅토리아 시대의 가치관 ··· 528

    1)빅토리아 여왕(1837~1901) 2)빅토리아 시대의 가치관

    3)빅토리아 시대의 윤리

6. 보수당과 자유당의 발달 ··· 539

7. 대외정책 ··· 543

7장 조락 : 1870~1914 ··· 546

1. 자유당과 보수당의 각축 ··· 548

    1)제2차 선거법개정 2)글래드스턴과 디즈레일리

    3)제1차 글래드스턴 내각(1868~1874)과 디즈레일리 내각(1874~1880)

    4)제2차 글래드스턴 내각(1880~1885)과 제3차 선거법 개정(1884)

    5)아일랜드 자치법과 자유당의 분열

2. 자유주의의 변화 … 559

3. 사회주의의 발흥 … 562

4. 제국과 대외정책 … 564

1)대외정책의 명암 2)보어 전쟁(1899~1902)

5. 3당 정치의 대두 … 570

1)노동당 창당 2)관세개혁운동 3)자유당의 부흥과 사회입법

4)전쟁의 접근

6. 사회경제적 변화 … 579

1)사회계급의 변동 2)여성

8장 교차로에서 : 1914~ … 586

1. 제1차 세계대전(1914~1918)과 전후 정계 … 589

1)전쟁의 진행 2)전쟁의 영향 3)자유당의 분열과 3당의 각축

2. 전후의 영국경제 … 597

1)총파업 2)대공황 3)거국내각의 경제정책

3. 1930년대 보수당 정부와 전쟁의 접근 … 604

1)1930년대의 대외정책 2)제2차 세계대전(1939~1945)

4. 합의의 시대 … 612

1)노동당 정부(1945~1951) 2)보수당 정부(1951~1964)

3)1950~1960년대 사회적 변화 4)제국과 대외관계

5. 갈등과 쇠퇴의 시대 … 623

1)윌슨 정부(1964~1970) 2)히스 정부(1970~1974)

3)윌슨과 캘러헌 정부(1974~1979)

6. 대처 시대 … 629

1)대처주의의 등장 2)대처의 몰락

7. 토니 블레어와 신노동당 … 636

부록 … 643

참고문헌 … 647

찾아보기 … 655

제1부

구조

1장

다민족 국가, 영국의 탄생

기원전 1세기 이후 브리튼 섬에 정착한 인종들을 열거해보면 켈트인, 로마인, 앵글인, 주트인, 색슨인, 데인인, 노르웨이인, 노르만인 그리고 프랑스인을 들 수 있다. 그들은 처음에는 지리적으로 혼재해 있었지만, 끊임없이 서로 반목하고 전쟁을 벌이다가 노르만 정복(1066)에 이르러서는 국가적 통합을 이루어 대체로 잉글랜드, 스코틀랜드, 웨일스의 세 부분으로 구분되었다. 1536년 잉글랜드와 웨일스가 정식으로 합병했고, 1707년에는 여기에 스코틀랜드가 더해져 그레이트 브리튼 연합왕국United Kingdom of Great Britain이 성립되었으며, 1800년에는 아일랜드가 합병되었다. 현재 영국의 공식 명칭은 United Kingdom of Great Britain and Northern Ireland이다. 'Northern Ireland'가 된 까닭은 20세기 들어 아일랜드 남부가 공화국으로 독립했기 때문이다.

잉글랜드가 제일 먼저 국가체제를 정립하고 국민주의를 발달시켰다. 중세를 통해서 스코틀랜드, 웨일스, 아일랜드에서 모두 잉글랜드의 침략은 국민의식 발달에 가장 중요한 요소였다. 물론 각각의 운명은 달랐다. 스코틀랜드는 잉글랜드에 대항하여 국민적 정체성을 강화해나간 데 반해, 웨일스는 굴복하고 200년 동안 종속적 위치에 처해 있다가 합병되었다. 아일랜드는 그 중간에 위치했다. 즉 스코틀랜드처럼 잉글랜드를 배격할 수 없었지만 잉글랜드 역시 아일랜드를 완전히 정복하고 지배할 힘과 여력이 없었다. 이 장에서는 각 민족의 분리된 역사를 개략한다.

1. 잉글랜드

잉글랜드인들은 유럽의 다른 어떤 국민들보다 먼저 국민적 정체성을 인식하기 시작했다. 5세기에 브리튼 섬을 침입한 앵글, 색슨, 주트 등의 게르만 부족들은 원주민인 켈트인들을 서쪽으로 내쫓고 잉글랜드를 차지했다. 이들은 문맹이었기 때문에 8세기 초까지 그들의 역사를 기록으로 남기지 못했다. 731년 노섬브리아 출신의 성직자 성聖 비드가 구전되는 초기 앵글로색슨의 역사를 정리하여 《잉글랜드인들의 교회사Historia ecclesiastica gentis Anglorum, Ecclegiastic History of the English People》를 저술했다. 이때 '잉글랜드인들English people'이라는 말을 사용했다는 것은 인종적 기원이 어떻든 간에 8세기 초가 되면 잉글랜드에 사는 사람들 사이에 일종의 정치적 통일의식이 발달했다는 사실을 보여준다. 비드도 자신을 노섬브리아인이 아니라 잉글랜드인으로 묘사했다. 830년 웨식스 왕가의 에그버트(802~839)[1]는 스스

---

1 국왕 및 수상 이름 뒤의 연대는 그들의 재위 및 재직 연대이다.

《잉글랜드인들의 교회사》는 잉글랜드에 원초적 국민이 존재하게 되었음을 보여준 최초의 책이다.
—

로를 전체 잉글랜드의 왕이라고 불렀으며, 9세기 잉글랜드에 몰아닥친 데인인의 침입을 물리친 앨프레드 대왕(871~899)은 자타가 공인하는 '잉글랜드인들의 왕'이었다. 10세기에 앨프레드의 후손에 의해서 잉글랜드 왕국이 통일되면서 결속력이 더 강해졌다. 데인인들은 정착한 뒤 곧 그들의 언어와 문화를 상실하고 잉글랜드인들 속으로 흡수되었다.

그렇다면 종족적 기원이 다양한 잉글랜드 거주민들은 어떻게 공통된 법과 생활습관을 가지게 되었는가? 통일을 이루는 데 기여한 요인들을 몇 가지 지적한다면, 우선 가장 중요한 것은 브리튼이 비교적 크기가 작은 섬이라는 사실이다. 크기가 작기 때문에 비교적 이른 시기에 머시아와 웨식스 왕국은 대충 단일 왕국을 만들어 권력과 통제의 기틀을 확립할 수 있었다. 여기에 덧붙여 기독교와 교회가 통일의식을 가져다주었는데, 교회는 왕권을 신성시하고 지지함으로써 단일 왕국의 성립에 기여했다. 이렇게 확립된 왕정은 행정과 법률을 정비함으로써 민족체의 골격을 만드는 데 이바지했다. 10세기에 이루어진 지방행정단위인 주shire의 창설은 부족적 정착지를 붕괴시킴으로써 중앙집중적 통치체제의 기반을 마련해주었다. 이때 만들어진 32개의 주는 1970년대까지 그대로 유지되었다. 마지막으로 공통어로 발달한 영어와 함께 외부로부터의 침입에 대항한 공통의 군사행동도 결속력을 다지는 데 이바지했다. 이렇게 해서 앵글로색슨 시대에 이미 잉글랜드는 통일된 정체성을 가지기 시작했다.

이처럼 통일된 앵글로색슨 왕국은 노르만 정복 이후 잉글랜드가 다른 유럽 국가들보다 훨씬 더 강한 국가체제를 만들어내는 기반이 되었다. 윌리엄 정복왕은 색슨인 통치자로부터 잘 짜여진 국가를 물려받았다. 여기에 더하여 노르만인들은 정복 후 2세기 동안 전국을 포괄하는 행정체제를 급속히 성장시키고 왕권의 절대성을 주장하면서 왕과 귀족 간의 협조체제를 만들었다.

정복왕이 도입한 봉건제가 유럽 대륙의 그것과 다른 특성을 가진다는 사실이 잉글랜드의 통일에 중요한 요인이 되었다. 앵글로-노르만의 봉건제는 봉신vassal과 봉신의 신하subvassal가 모두 궁극적으로는 왕에게 충성을 맹세하는 독특한 제도였는데, 이 제도로 인해서 잉글랜드 왕은 대륙의 왕들과는 달리 통치권력을 귀족들과 나누어 가질 필요가 없었다. 잉글랜드의 봉건제는 또한 대륙과 달리 사법권의 분산을 의미하지도 않았다. 그러나 노르만 정복은 과거로부터의 단절과 동시에 과거와의 지속성을 의미했다. 정복자들은 잉글랜드를 봉건제로 철저히 재정비했지만, 큰 혼란을 야기하지 않았다. 수천 명의 정복자가 수백만 명의 토착민들을 통치하는 길은 그들의 문화와 법에 간섭하지 않는 것뿐이라는 사실을 노르만인들은 잘 알고 있었기 때문이다. 노르만 정복 이후 브리튼 섬은 더 이상 외부로부터의 침략을 경험하지 않았기 때문에 귀족과 전사층은 이제 토지소유층으로, 지방의 유력자로 자리잡게 되었다.

잉글랜드의 통일에 기여한 다른 요인들에는 중앙집중적 정부와 지속적이고 일관된 법체제, 그리고 의회라는 국민적 대의기관이 있었다. 앵글로-노르만 국가는 잘 짜여진 군사국가였다. 잉글랜드 같은 작은 나라가 브리튼 섬을 지배하고 갈리아의 넓은 지역을 소유할 수 있었던 것은 중앙집중체제의 응집력 있고 효율적인 국가가 존재했기 때문이었다. 정복자들은 앵글로색슨의 전통과 노르만의 발명품을 혼합해서 회계청[2], 보통법, 의회 등 지금도 지속되고 있는 제도들을 만들었다. 회계청은 이미 12세기 초부터 존재했다. 체크 무늬 천이 덮인 타원형 테이블이 중심에 놓여 있어서 엑스체커Exchequer라는 이름을 얻게 된 이 기관에서 왕의 관리들은 주로부터 1년에 두 번 보내온 수입을 계산하는 데에 이 테이블보를 이용했다. 회계청은 중앙집중화와 효율성의 상징이었다.

---

[2] 16세기 중엽까지는 회계청Exchequer이 왕실과 국가의 재정을 관리했지만, 엘리자베스 1세 때 재무부Treasury가 신설되어 점차 회계청의 기능을 대신했다. 회계청은 1833년에 정식으로 폐지되었다. 그러나 요즘도 재무장관은 여전히 Chancellor of Exchequer로 불린다.

통일국가를 만드는 데 기여한 두 번째 요소는 의회였다. 즉 의회가 잉글랜드 국민을 대변한다는 단순한 진리가 그들의 정체성 확립에 지대한 역할을 했던 것이다. 나라의 규모가 작아서 지방의회들이 존재하지 않았기 때문에 잉글랜드 의회는 프랑스와는 달리 처음부터 단일한 전국적 의회였다. 의회는 사실상 처음에는 중앙집중화된 왕정의 업무를 쉽게 하기 위한 도구로 간주됨으로써 발달할 수 있었다. 왕국에 대한 정보를 얻고 싶었고, 재정조달을 위해서 국민적 동의가 필요했던 왕은 의회에 모인 지방의 유력인사들로부터 원하는 바를 얻을 수 있었다. 대헌장Magna Carta(1215), 옥스퍼드 조례Provisions of Oxford(1258) 등에 이르러서는 왕이 신민공동체의 동의에 의존해야 한다는 생각이 뚜렷해졌다. 무엇보다도 지속적이고 계속 증가하는 전쟁비용이 의회를 강화시키는 데 가장 크게 기여했다.

언어의 변천과 발달은 잉글랜드인들의 정체성 발달을 가장 잘 보여준다. 앵글로색슨인들은 이미 9세기경에 대체로 동질적인 고대 영어를 만들어냈는데, 노르만 정복 이후 프랑스어가 문어와 통치의 언어로 자리잡으면서 고대 영어는 하층민의 언어로 전락했다. 그러나 1250년 이후에는 영어가 왕족을 뺀 모든 사람들의 모국어가 되었다. 1325년에 발간된 어떤 책은 프랑스어가 문화적 장식품의 역할만 할 뿐이며 영어가 보편적 언어가 되었다고 기록했다. 14세기 중엽 주장관이 주재하는 법정은 영어를 공식어로 선언했고 상위 법정도 곧 그 뒤를 따랐으며, 1363년에는 의회 개회사가 영어로 낭독되었다. 물론 아직은 다양한 지방어들이 존재했지만 미들랜즈와 런던 지방의 영어가 중심이 되어 점점 동질화하여 중세 영어를 탄생시켰는데, 영어 발달에 크게 기여한 제프리 초서와 종교개혁가 존 위클리프 등이 14세기 후반기에 활동했다.

13세기가 되면 원래 노르만 출신인 귀족들은 완전히 잉글랜드화한 모습을 보인다. 대귀족들은 잉글랜드 태생이 아닌 사람들에게 성채를 맡기는 습관을 재고해줄 것을 왕에게 청원했으며, 잉글랜드 처녀를 이방인에게 시집보내는 것도 반대했다. 에드워드 1세(1271~1307) 치세가 되면 인종적 기원은 중요성을 잃었으며 더 이상 앵글로색슨인, 노르만인, 프랑스인이 아닌 잉글랜드인들이 존재하게 되었다고 말할 수 있었다. 잉글랜드인으로서의 정체성은 웨일스인, 스코틀랜드인, 아일랜드인 그리고 프랑스인 등 타자에 대한 인식으로부터도 확인되었다. 14~15세기 저술들에는 애국적 감정이 지배적이었는데, 무엇보다도 백년전쟁을 직접 경험한 사람들로부터 반프랑스적 태도가 퍼져나갔다. 전쟁과 원정이 정체성을 확인하는 데 도움을 주었던 것이다. 또한 군주를 국가와 동일시함으로써 정체성이 발달했고, 마지막으로 잉글랜드가 작은 나라로 교역망이 밀집해 있고 내부 이주가 활발했다는 사실도 다른 나라보다 더 빠른 동질성 획득을 도왔다.

그러므로 중세 말에 이르면 일부 잉글랜드인들에게는 국민적 정체성에 대한 명확한 의식이 있었다고 말할 수 있다. 그렇다고 민중 대다수에게 잉글랜드 국민이라는 개념이 퍼져 있었던 것은 아니다. 15세기 말 인쇄술의 발달과 대중극장의 등장도 국민주의가 일반화하는 과정에 기여했다. 무엇보다 중요한 것은 튜더 시대에 추진된 종교개혁이었다. 잉글랜드 국교회의 교리가 칼뱅주의였다는 사실은 그들의

에드워드 3세가 크레시 전투에서 죽은 프랑스 군의 숫자를 세고 있는 모습이다. 크레시 전투는 백년전쟁에서 가장 중요한 전투로 꼽히는데, 수적으로 열세에 있던 영국은 뛰어난 무장과 전술로 대승을 거둔다.
—

선민사상을 유도했는데, 신교도로서의 의식, 나아가서 선민의식을 기반으로 한 독특한 정체성을 만들어냈다.

또 하나 잉글랜드인들의 선민의식을 조장한 요인은 잉글랜드인들이 가지게 된 '자유' 의식이었다. 17세기에 내전과 명예혁명을 겪으면서 잉글랜드인은 자유에서 그들의 국민적 정체성의 가장 중요한 요인을 찾았다. '잉글랜드인의 자유'는 태어날 때부터의 권리라고 주장되었는데, 이 자유는 구체적으로는 외국의 지배로부터의 자유, 전제정으로부터의 자유, 자의적 체포와 재판으로부터의 자유, 법 앞에서의 평등, 선거와 의회정치에의 참여, 여행과 교역의 자유, 그리고 자신의 노동을 팔 수 있는 자유를 의미했다. 모든 잉글랜드인은 자유인으로서 존엄성을 가지며 개인으로서 자유롭기 때문에 잉글랜드 국민은 자유로우며, 이것이 그들을 다른 나라 사람들과 구별해준다는 것이었다. 개인주의적 국민주의의 전형을 잉글랜드에서 찾아볼 수 있는 것이다.

자유가 진척된 결과 유럽 대륙과 달리 잉글랜드에는 입헌군주제가 확립되었다. 명예혁명 이후 '의회 안의 왕king-in-parliament'이라는 개념이 확고해졌는데 이것이야말로 몽테스키외를 비롯한 외국인 방문자들을 찬탄하게 만든 잉글랜드성性의 핵심이었다. 그 결과 "예술을 찾기 위해서 이탈리아에 가듯, 정부를 찾기 위해서 잉글랜드에 온다"는 말이 나돌 정도였다. 나아가서 자유는 번영을 낳는다고 믿었다. 잉글랜드인의 자유의 표지로 옷, 음식(로스트비프와 플럼 푸딩), 덧붙여 풍경과 여성의 아름다움이 지적되었다. 그들의 선민의식은 "잉글랜드인이라는 것은 존재하는 가장 배타적 클럽에 속하는 것"이라든가 "신은 잉글랜드인"이라는 자부심으로까지 나아갔다.

2. 스코틀랜드

스코틀랜드는 지리적으로 세 구역으로 구성되어 있다. 북부와 남부에 구릉과 산지가 있고 중간에 평원이 펼쳐져 있는데, 중간의 평원 지역과 남쪽을 다 같이 저지대라 불렀다. 스코틀랜드의 정체성은 잉글랜드보다 훨씬 늦게 발달했다. 기원후 1세기 로마의 하드리아누스 황제가 잉글랜드와 스코틀랜드 사이에 쌓은 방벽이 두 나라의 물리적 경계선이 되었다. 5세기 앵글로색슨 시대 초기, 스코틀랜드에는 세 개의 인종집단이 거주하고 있었다. 가장 큰 집단인 픽트인들은 북부와 동부에 살았고, 아일랜드에서 이주한 스코트인들은 서부지역에 그리고 남서부에는 앵글로색슨에게 쫓겨서 잉글랜드로부터 이주한 브리튼 사람들이 거주하고 있었다. 이 사람들에 의해서 스코틀랜드 왕국이 생겼다.

서로 다른 인종적 기원을 가진 사람들의 통일은 쉽지 않았다. 6세기에 앵글로색슨인보다 먼저 기독교를 받아들였다는 사실이 정치적 독립을 유지하도록 한 하나의 요인일 것이다. 그러나 노르만 정복의 해인 1066년에 스코틀랜드의 정체성을 이야기하는 것은 아직 무리였다. 이때에는 사람들이 여전히 분리된 개체로 스스로를 인식했기 때문이다. 11세기 이후 중앙집중 국가의 결속이 이루어지고, 여기에 스코틀랜드 교회의 역할이 가해지며, 덧붙여 앵글로-노르만의 정복 위협이 지속되면서 국민의식이 생겼다.

7세기에 이미 잉글랜드 북부에 위치한 앵글로색슨족의 노섬브리아 왕국이 스코틀랜드를 위협했다. 그러나 픽트인들의 왕이 그들을 패배시키고(685) 그들의 확장정책에 종지부를 찍었다. 9세기 바이킹들의 침략위협에 직면하여 스코트인들의 왕인 맥앨핀(843~858)이 스코트인들과 픽트인들을 통합한 후 11세기 초에 맬컴 2세가 스코틀랜드를 통일하는 데 성공했지만, 왕위를 둘러싼 끊임없는 정쟁이 계속되었다. 셰익스피어에 의해서 유명해진 던컨(1034~1040), 맥베스(1040~1057), 던컨의 아들 맬컴 캔모어(1058~1093) 등의 서로 죽고 죽이는 투쟁이 이때 일어났다.

잉글랜드를 정복한 노르만디 공작 윌리엄은 1072년에 스코틀랜드를 공략했는데, 북쪽으로 달아난 색슨 귀족들을 지원하지 말 것을 스코틀랜드 왕에게 확인하려는 의도일 뿐 정복하고 지배할 의지는 없었던 것 같다. 그러나 후에 잉글랜드 왕들은 당시 스코틀랜드 왕 맬컴 캔모어가 윌리엄에게 신서하고 잉글랜드 왕이 스코틀랜드의 종주왕임을 인정했다고 주장했다. 그 후 잉글랜드에 내전이 있거나 왕권이 약해질 때마다 스코틀랜드의 독립 시도가 있었다. 잉글랜드 왕의 지위는 실질적인 것이 아니었다. 잉글랜드에서 스티븐(헨리 1세의 조카)-마틸다(헨리 1세의 딸)의 내전이 진행되었을 때, 마침 스코틀랜드 왕은 스코틀랜드 역사상 가장 위대한 왕으로 평가되는 데이비드 1세(1124~1153)였다. 그는 왕권을 강화하고 잉글랜드를 침략하여 스코틀랜드의 독립을 확인했다(1138). 그러나 잉글랜드의 내란이 끝나고 즉위한 강력한 헨리 2세(1154~1189)는 봉건적 권리를 재확인했다.

헨리 2세의 아들 리처드 사자심왕은 십자군 원정에 필요한 재원을 마련하기 위해서 큰돈을 받고 스코틀랜드 왕이 그의 아버지에게 한 신서를 말소시켜주었다. 그 후 알렉산더 2세(1249~1286)가 잉글랜드의 헨리 3세의 딸과 결혼하면서 두 나라는 우호관계에 들어가게 되었다. 그러나 스코틀랜드 왕실이 단절되자 평화적 관계는 끝나버렸다. 왕위를 두고 정쟁이 일어났을 때, 잉글랜드 왕은 종주왕으로서의 권리를 내세워 여러 경쟁자들 가운데 존 드 베일리얼(1292~1296)을 스코틀랜드 통치자로 지명했다(1292).

이때의 잉글랜드 왕은 더 이상 대륙이 아니라 브리튼 섬에서 잉글랜드의 세력을 확장하는 데 관심을 가진 에드워드 1세였다. 에드워드가 프랑스와의 전쟁 때문에 끊임없이 돈을 요구하자 베일리얼은 프랑스와 동맹을 맺고 에드워드에게 신서를 부정했다(1295). 에드워드 1세는 대군을 이끌고 스코틀랜드를 침입하여 베일리얼을 대파하고, 전통적으로 스코틀랜드 왕이 즉위식 때 착석하는 돌인 스쿤의 돌Stone of Scone[3]을 잉글랜드로 가져갔다. 그 후 윌리엄 윌리스(1297~1305)가 스코틀랜드의 새 통치자가 되었지만, 또다시 에드워드가 윌리스를 대파한 후 로버트 브루스가 스코틀랜드의 왕이 되었다. 브루스(로버트 1세, 1306~1329)는 군대를 규합하여 에드워드 1세에게 대항했는데 에드워드가 스코틀랜드로 가는 도중 사망하자 브루스는 승승장구하여 1314년이 되면 거의 모든 잉글랜드 요새를 장악했다. 잉글랜드는 그 후 미성년 왕의 즉위 등 내부 사정으로 스코틀랜드에 대한 권리를 포기할 수밖에 없었고, 1328년 조약으로 브루스의 왕위와 스코틀랜드의 독립을 인정했다. 1329년 이후 왕위쟁탈전 끝에 1371년 스튜어트 왕가가

---

[3] 이 돌은 1950년 스코틀랜드 민족주의자들이 탈취한 4개월 동안을 제외하고는 줄곧 웨스트민스터 대성당의 왕좌에 놓여 있었는데, 1996년 11월 스코틀랜드에 반환되었다.

웨스트민스터 대성당의 대관식 의자 아래에 놓여 있는 돌이 바로 '스쿤의 돌'이다. 스코틀랜드의 역대 왕들은 이 돌 위에 앉아서 왕관을 썼다. 이 대관석을 잉글랜드로 가져간 것은 스코틀랜드의 왕권을 상징적으로 무효화시키는 일이었고, 여기에 앉아 잉글랜드 왕이 된다는 것은 스코틀랜드를 아울러 지배한다는 뜻이었다.
—

시작되어 잉글랜드와의 연합왕국이 성립할(1707) 때까지 지속되었다.

스코틀랜드는 온전히 켈트적으로 남아 있지 않고 곧 잉글랜드화했다. 잉글랜드의 영향이 도시생활, 교회, 정부에 침투했으며 궁정의 언어도 영어로 바뀌었다. 맬컴 캔모어의 왕비는 잉글랜드 출신이었는데, 그녀가 잉글랜드의 영향력을 도입함으로써 토착적 요소들이 억제되었다. 그들의 아들 데이비드 1세는 노르만과 깊은 관련을 유지했고, 앵글로-노르만 모험가들이 그의 궁정에 찾아와 봉건신하가 되고 왕권을 강화하는 데 도움을 주었다.

웨일스나 아일랜드에서와는 달리, 스코틀랜드에는 단일 언어집단이 없었다. 고지대에서는 원래 게일어가 사용되었고, 중간 평원지대에서는 앵글로색슨어의 방언인 스코츠어Scots가, 그리고 남쪽에서는 영어가 사용되었다. 영어는 점차 북쪽과 서쪽으로 퍼져나가, 14세기에는 게일어를 쓰는 고지대와 영어를 쓰는 저지대로 나뉘게 된다. 이처럼 구분된 사회에서 가장 놀랄 만한 일은 스코틀랜드 국가가 존재하게 되었다는 사실이다. 스코틀랜드 국민 형성에 기여한 것은 잉글랜드의 지배하려는 시도에 대한 저항과, 확실히 구획된 영토 내에서 국가체제가 정비되었다는 사실이었다. 따라서 스코틀랜드는 종족보다는 영토가 국민 형성에 훨씬 중요했던 예가 된다.

17세기 말에 스코틀랜드 인구는 약 100만 명으로 반은 고지대에, 반은 저지대에 살았다. 에든버러, 글라스고, 애버딘, 던디만이 규모를 가진 도시였으며, 주민의 80퍼센트는 시골에 살았고 무척 가난했다. 귀리에 우유를 넣고 끓인 죽이 이들의 주식이었는데, 귀리의 경작이 좋지 않으면 사람들은 굶을 수밖에 없었다. 스코틀랜드인들은 모든 브리튼 섬 사람들이 트로이의 장군인 브루투스로부터 기원한다는 잉글랜드의 신화를 받아들이지 않고, 자신들은 이집트 파라오의 딸 스코티아의 후손이라고 주장했다. 스코티아가 스페인, 아일랜드를 거쳐 스코틀랜드에 도착하여 브루투스의 후손들을 남쪽으로 쫓아냈다는 것이다. 그러나 스코틀랜드는 여전히 저지대와 고지대에 거주하는 두 집단으로 이루어져 있었다. 재미있는 점은 잉글랜드의 영향을 훨씬 더 많이 받은 저지대인들이 고지대인들보다 민족적 정체성을 먼저 느끼게 되었다는 사실이다.

스코틀랜드는 잉글랜드와는 다른 경로로 16세기에 역시 개신교를 받아들였다. 종교개혁 후 두 나라는 점차 가까워졌다. 엘리자베스 1세

웨스트민스터 대성당의 정식 명칭은 성베드로 대성당으로 윌리엄 1세 이후로 영국 국왕의 대관식이 행해지는 장소가 되었다. 그리고 역대 제왕과 저명인사의 묘가 안장되어 있다. 이 그림은 1749년에 이탈리아의 화가 카날레토에 의해 그려졌다.

—

의 사후 스코틀랜드의 제임스 6세가 잉글랜드 왕이 되면서 두 왕실은 합쳐졌다. 제임스 6세는 할머니로부터 잉글랜드 왕실의 피를 받은 잉글랜드 왕위의 정통 후계자였다. 1603년 이후, 같은 왕조 밑에서 지배를 받으며 같은 《제임스 왕 성경King James Bible》을 사용한다는 사실이 이들을 더욱 가깝게 만들었다. 그러나 국가는 분리된 상태였다. 스튜어트 왕가의 마지막 군주인 앤 여왕(1702~1714)에게 후사가 없을 것이 확실해지면서 두 나라 간의 오랜 전통적 적대관계가 되살아날 것을 염려한 잉글랜드가 두 왕국의 통합을 추진했다. 그 결과 브리튼 연합왕국이 성립되었다. 그러나 스코틀랜드는 연합왕국 성립 후에도 교회, 법제도, 통화체제 등에서 독립을 유지했다.

하노버 왕가가 왕위를 차지하자 스튜어트 왕조를 회복시키고자 시도한 두 차례의 자코바이트 난Jacobite Rebellion(1715, 1745)[4]이 스코틀랜드의 마지막 저항이 되었다. 고지대에는 중세에 시작된 군사적 성격의 부족이 건재하고 있었는데, 두 차례의 반란에서 이들이 특히 주도적 역할을 했다. 한편 사회 지도층 인사들과 잘사는 사람들은 잉글랜드와의 통합을 적극적으로 지지했다. 1745년 반란군이 패배한 쿨러든Culloden 전투에서 고지대 부족들은 치명타를 입었다. 전투가 끝난 후 영국 정부는 스코틀랜드가 다시는 반란에 동조하지 못하도록 잔혹한 복수를 가했다. 부족들의 땅에 불을 지르고 약 120명의 장교들을 처형했으며, 병사들을 식민지에 계약노동자로 추방해버렸던 것이다. 정부는 또한 스코틀랜드 사람들에게 잉글랜드적 삶의 태도를 받아들이도록 강요했는데, 예를 들어 고지대 부족장의 자식을 저지대로 보내 교육시키는 방법이 사용되었다. 보다 중요한 결정은 고지대 부족을 영국 육군에 통합시킨 것인데, 이 결정이 두 민족의 통합에 크게 기여했다. 그러나 잉글랜드에 대한 스코틀랜드 사람들의 적대감이 완전히 사라진 것은 아니었다. 19세기가 되어서도 스코틀랜드 저지대의 소년들은 금을 그어놓고 서로 모자와 옷을 빼앗는 놀이를 할 때 잉글랜드 대 스코틀랜드로 패를 지어 놀았다.

---

4 자코바이트는 제임스의 라틴어 이름 자코부스Jacobus에서 유래했다.

3. 웨일스

웨일스의 역사는 앵글로색슨 시대부터 시작되었다고 할 수 있다. 4세기 말부터 앵글로색슨인들에게 쫓긴 켈트인들이 이곳에 정착하면서 웨일스의 역사가 시작되었기 때문이다. 브리튼인들은 기독교와 로마 문화를 보존했기 때문에 이 요소들이 이들과 앵글로색슨인들을 구분해주었다. 그렇다고 해서 웨일스가 처음부터 동질적 정체성을 가지고 발전한 것은 아니었다. 이들은 몇 개의 하위문화로 나뉜 사회였는데, 끊임없이 앵글로색슨인과의 싸움에 말려들면서 조금씩 정체성을 획득했다. 6세기에는 아서 왕의 신화가 만들어져 웨일스 역사에서 중심 역할을 하게 되었다. 실제 인물로 추정되기는 하지만, 확실한 기록이 전혀 없는 아서는 침입자들에 대한 브리튼인들의 지속적 투쟁에서 최초의 영웅으로 간주되었다. 흥미로운 사실은 중세 이후 아서를 국민적 영웅으로 추앙하면서 잉글랜드 사람들이 켈트인인 아서를 전유했다는 것이다.

색슨 시대 머시아의 왕 오파(757~796)가 만든 오파의 둑이 물리적으로 잉글랜드와 웨일스를 구분해놓았다. 9세기가 되면 웨일스인들은 자신들의 나라를 '켈트인들의 나라Cymru'라고 불렀다. 그러나 이들은 아직 웨일스인이라는 분리된 의식보다는 같은 켈트족인 스코틀랜드인들과 더 많은 동질감을 가지고 있었고, 그 때문에 웨일스인이라는 인식은 느리게 발달했다. 데인인의 침략이 각각의 왕국들이 끝나고 새로운 통일적 웨일스의 지배자가 나타나는 계기가 되었다. 그러나 밖으로는 잉글랜드인, 데인인, 아일랜드인 등과 끊임없이 싸우면

할렉Harlech 성은 에드워드 1세가 북부 웨일스를 지배하기 위해서 카디건 만이 내려다보이는 산에 건설한 성이다.
—

서도 내부의 전쟁은 여전히 계속되었다.

　1063년 웨일스에서 토착 지배자들 간의 전쟁이 일어난 틈을 타 잉글랜드의 에드워드 고해왕이 웨일스의 종주왕으로 인정받았고, 윌리엄 정복왕이 그 칭호를 이어받았다. 스코틀랜드에서와 마찬가지로 웨일스에서도 스티븐-마틸다 내전 때 반란이 일어났지만, 헨리 2세가 대규모 원정을 통해서 반란을 진압하고 다시금 종주왕으로 인정받았다. 그러나 실질적으로 웨일스의 남쪽은 앵글로-노르만인의 손에, 북쪽은 웨일스 본토인들에 의해 통제되었다. 스코틀랜드와 마찬가지로 웨일스도 잉글랜드의 에드워드 1세 치세하에서 큰 변화를 겪었다. 그는 웨일스를 침략하여 합병한(1282) 후 이곳에 잉글랜드의 법을 실시하고 식민정책을 펴서 이민을 장려했다. 그 결과 정식으로 합병되지는 않았지만 잉글랜드인들이 행정과 방위에서 점점 중요한 역할을 하게 되었다. 에드워드 1세가 스코틀랜드인들을 패배시켰을 때 (1298) 그의 군대에는 1만 명의 웨일스인들이 있었다. 에드워드 1세는

웨일스의 카디프 시청사에 있는 오언 글렌다우어의 조각상.
—

그때까지 웨일스인이 차지하던 웨일스 공Prince of Wales에 자신의 장남을 서임했다(1301). 이후 국왕의 장남이 웨일스 공이 되는 전통은 오늘날까지 계속되고 있다.

그러나 잉글랜드로부터 온 이민족 지배자들은 정부의 상층부만을 대체했기 때문에 웨일스의 언어와 고유문화는 방해받지 않았다. 잉글랜드인들의 웨일스 침략은 오히려 그들의 통일과 민족 정체성을 강화시켰다고 할 수 있는데, 오언 글렌다우어의 반란(1400~1410)이 모든 사람들의 지지를 받았다는 사실은 반反잉글랜드 감정이 광범위하게 퍼져 있었음을 보여준다. 그러나 반란은 실패하고 이후 잉글랜드의 지배가 강화되었다.

웨일스는 점차 잉글랜드와 밀접해졌고, 특히 튜더 왕가의 시조인 헨리 7세가 부분적으로 웨일스 출신이라는 사실로 인해서 두 나라의 통합은 1485년 이후 순조롭게 진행되어 정식 합병이 이루어졌다 (1536). 그와 함께 대전환이 행해졌다. 헨리 8세의 유능한 행정가 토머스 크롬웰이 잉글랜드식 치안판사 및 행정체제, 그리고 보통법을 웨일스에 도입하고 국교회를 확립했으며, 웨일스 대표를 웨스트민스터 의회에 받아들였다. 동시에 영어를 공식어로 만들어 웨일스인이 잉글랜드화하도록 유도하는 정책이 진행되었다. 웨일스의 법은 말소되었고, "웨일스어를 쓰는 사람들은 이 왕국에서 봉급을 받을 수 없다"는 원칙이 천명되었다. 잉글랜드는 웨일스가 소멸되어 잉글랜드와 통합된 국민이 탄생할 것을 의도했지만 역사가 반드시 그렇게 진전되지는 않았다.

웨일스의 대지주들은 곧 잉글랜드화했다. 그들은 옥스브리지에 진학하고 잉글랜드가 제공하는 기회를 받아들였으며, 야심 많은 웨일스의 젊은이들이 런던에서 출세의 기회를 엿보았다. 엘리자베스 여왕이 일생 신임하던 대신 윌리엄 세실(버얼리 경)도 웨일스 출신이었다. 17세기 중엽에 일어난 내전 때 웨일스가 대체로 왕당파로 남아 있었다는 사실에서도 잉글랜드 왕실에 대한 웨일스의 충성심을 발견할 수 있다. 그럼에도 웨일스의 분리된 문화와 의식은 남아 있었다. 웨일스인들에게 매우 중요해진 비국교도의 정체성은 감리교와 더불어 찾아왔다. 감리교 부흥은 잉글랜드보다도 웨일스에서 더욱 중요했는데, 특히 19세기 전반기에 복음주의가 웨일스를 휩쓸면서 주민들 거

의 전부가 침례교, 회중교, 감리교도 등 비국교도가 되었다. 감리교
의 창시자 존 웨슬리가 웨일스를 46차례나 방문했지만 언어의 장벽
때문에 웨슬리보다는 그곳 출신 복음주의자들이 사람들의 개종에 더
중요했다고 한다. 1851년이면 비국교도와 국교도의 비율이 5대 1일
정도로 웨일스는 압도적으로 비국교도들의 사회가 되었고, 웨일스인
이라는 것은 곧 비국교도를 뜻할 정도가 되었다.

　19세기 후반부터 20세기 초까지의 웨일스 역사는 몇 가지 주제로
요약될 수 있다. 1880년대까지 웨일스 사회와 정치는 몇몇 지주 가
문이 장악했는데, 그들은 잉글랜드화한 국교회 신봉자들이었다. 따
라서 이들과 비국교도인 소작인들 간에 좋은 관계가 유지될 수 없었
고, 농업의 불황으로 관계는 더 악화되었다. 한편 산업화가 급속히
진척되었으며, 그 결과 웨일스는 더욱 잉글랜드 경제와 통합되었다.
20세기 초가 되면 광부들의 집회가 영어로 진행될 정도로 영어가 급
속히 팽창했다. 산업화가 장기적으로 웨일스성을 좀먹었던 것이다.

　급격한 산업화와 경제적, 문화적 잉글랜드화의 과정에서 웨일스인
들은 웨일스적인 것이 사라지고 있다는 위기의식을 느끼고 웨일스성
을 발굴하거나 창조하는 작업에 돌입했다. 그렇지만 그들이 정치적
독립을 원한 것은 아니었다. 웨일스의 분리의식은 주로 문화적 부흥
으로 표출되었는데, 대표적인 것이 음영시인 경연대회eisteddfoddau였
다. 19세기 후반에 럭비가 남부 웨일스의 광산지역에 자리잡았다. 럭
비는 '웨일스성'의 재창조와 동일시되면서 특별한 위치를 차지했고,
웨일스인으로서의 자기 규정에 필수적인 요소가 되었다. 웨일스어가
영어에 자리를 넘겨주는 동안 럭비는 독특한 문화 형태를 제공해주었

던 것이다. 따라서 "럭비, 마을의 노래자랑, 그리고 비국교회가 '당신은 스스로를 웨일스인으로 생각하는가?'에 대한 현실적인 답을 제공한다"는 말이 통할 정도였다. 그러나 웨일스성에 대한 대중의식은 영국을 적으로 간주하지 않았다. 1979년에 런던의 중앙정부가 스코틀랜드와 웨일스에 일정한 권력을 이양한다는 법안을 두고 국민투표를 실시했을 때 웨일스에서는 11.8퍼센트만이 찬성표를 던졌다. 이때 웨일스성과 웨일스 민족주의의 차이가 확연히 드러났던 것이다.

4. 아일랜드

아일랜드 섬의 원주민이 누구인지는 확실하지 않지만 기원전 1세기경이 되면 그곳에 켈트인들이 거주하고 있었다는 사실은 분명하다. 로마인들은 아일랜드를 히베르니아Hibernia라고 불렀다. 아일랜드에서 로마인이나 앵글로색슨인들의 침략은 눈에 띄는 영향을 남기지 못했기 때문에 그곳 사람들은 문화적, 언어적 동질성을 유지할 수 있었다. 무엇보다도 기독교가 아일랜드의 정체성을 만들어내는 데 기여했다. 5세기 성聖 패트릭이 기독교를 전파한 후 온 국민이 개종했고, 기독교가 가져다준 문명화 덕분으로 예술과 문학이 번성했다. 795년부터는 바이킹이 침략하여 더블린 등의 도시를 건설하고 정착하여 거주민들과 혼합되었다. 아일랜드의 인구는 적었다. 1066년 당시 50만 명 미만이었을 것으로 추정된다. 중세 초에는 여러 개의 독립 지역으로 나뉘어 있었는데, 점차 4개 지역으로 정리되었다. 1169년

성 패트릭Saint Patrick 은 아일랜드의 수호성인으로 추앙을 받으며 '아일랜드의 사도'로 불린다. 아일랜드에 파견되어 수도원을 개설하고 많은 제자를 양성하여 온 섬을 기독교화 했다.
—

부터 앵글로-노르만들이 바다를 건너 아일랜드를 침략하고 정착하기 시작했다. 소위 '구잉글랜드인Old English'이라고 불리는 이들은 원주민인 게일인과 마찬가지로 가톨릭교를 믿었고, 주로 더블린 주변지역에 집중해 살았기 때문에 원주민들과 큰 갈등을 겪지 않았다.

잉글랜드의 왕 헨리 2세가 아일랜드를 공략하여 정복한 후 잉글랜드 왕이 아일랜드의 종주왕이 되었다. 14세기 초 아일랜드의 토착 통치자가 교황에게 스스로를 통치할 권리를 인정해달라고 청원한 데서 볼 수 있듯이, 이때가 되면 민족의식이 발달했다는 증거를 찾을 수 있다. 스코틀랜드인들과 마찬가지로 아일랜드인들도 잉글랜드와 다른 민족 기원에 대한 신화를 발달시켰다. 즉 자신들은 브루투스의 후손이 아니라 에스파냐의 밀레시우스의 후손으로, 이 밀레시우스의 후손이 아일랜드를 3,500년 동안이나 다스려왔으며 잉글랜드인들이 자신들을 불의의 종속에 얽어넣을 때까지 정치적 자유를 누려왔다는 것이었다.

그러나 튜더·스튜어트 시대에 아일랜드 섬은 완전히 정복되어 잉글랜드의 지배하에 들어가게 되었다. 1530년대 아일랜드에도 토머스 크롬웰의 개혁의 손길이 뻗쳐왔다. 이제 토착 통치자들은 기존 권리를 반납하고 잉글랜드 왕에게 충성을 맹세한 후 잉글랜드 귀족으로서 서임되었으며, 잉글랜드 법과 관습에 순종하도록 요구되었다. 국교회가 확립되었고 헨리 8세의 칭호도 아일랜드의 주군Lord에서 왕King으로 바뀌었다. 그러나 크롬웰 사후에 이러한 정책은 잘 지켜지지 않았다. 엘리자베스 1세 치세에 잉글랜드는 다시 직접 통치를 시도하여 아일랜드에 신교를 강요하는 한편, 잉글랜드로부터 2만 2,000명을 이주시켰다. 이 때문에 엘리자베스 여왕은 아일랜드 사람들의 기억 속에 '마녀'라는 극도의 부정적인 이미지로 자리잡았다. 제임스 1세 때 북아일랜드 지역인 얼스터에 신교도들이 대거 이주한 후, 영국 혁명기(1642~1660)에 이민이 더욱 진척되었는데, 이때 이주한 사람들은 이미 본토에서 종교개혁을 거치고 신교로 개종했기 때문에 원주민들과 갈등이 야기될 수밖에 없었다. 이들과 이들의 후손이 바로 '신잉글랜드인New English', 혹은 '영국계 아일랜드인Anglo-Irish'[5]이라고 불리는 집단이다.

이처럼 12세기 이래 진행된 영국인들의 정복과 이주의 결과 아일랜드는 인종적 혼합국이 되었다. 즉 이 섬의 인구는 인종적, 종교적으로 분류할 때 네 개의 집단, 즉 '토착 아일랜드인', '구잉글랜드인', '신잉글랜드인', 그리고 '얼스터Ulster 스코틀랜드인'으로 구성되었다. 이 가운데 마지막 두 집단을 포함하는 영국계 신교도들은 총 주민의 10~15퍼센트 정도를 차지했으며, 19세기 초까지 아일랜드 사회의 엘리트로 군림하면서 특권적 지위를 누렸다. 그러나 19세기 후반에 이르러 그동안 경제적, 사회적으로 성장한 가톨릭 교도들이 이들에게 저항하기 시작했다.

영국은 아일랜드의 가톨릭 교도들을 강제로라도 개종시키려고 했고, 이를 위해서 모든 수단을 사용했다. 가장 혹독한 조치는 가톨릭 교도들에 가해진 토지몰수였는데, 그 결과 1641년 당시 가톨릭 교도

---

5 본래 'Anglo-'라는 용어는 잉글랜드의 형용격이지만, 아일랜드 인구구성의 맥락에서는 잉글랜드 출신만이 아니라 스코틀랜드 출신도 포함한다.

들이 전체 토지의 59퍼센트를 차지한 데 반해, 1688년에는 22퍼센트, 1788년에는 단지 5퍼센트에 머물렀다. 18세기 말부터 아일랜드에는 뚜렷한 민족주의 운동이 발생하게 되었다. 나폴레옹 전쟁 때 아일랜드가 프랑스의 브리튼 섬 침략의 전초지 역할을 할 가능성이 커졌고, 실제로 프랑스의 지원하에 아일랜드인들의 봉기가 발생했다. 이때의 민족주의 운동은 프랑스 혁명이 표방하는 공화주의의 영향을 받았을 뿐만 아니라, 영제국에 대한 저항이라는 점에서 공화주의적 성향을 띠었다. 1798년에 아일랜드 역사상 가장 많은 피를 흘린 반란이 일어났다. 반란을 주동한 울프 톤은 모든 아일랜드 사람들이 종교적, 종족적 차이를 극복하고 '아일랜드 공화국'의 시민으로서 '아일랜드 민족'을 구성할 것을 주장했다.

1798년 반란을 경험한 영국 정부는 아일랜드의 완전합병을 결정했다(1800). 1707년의 잉글랜드와 스코틀랜드의 통합은 상당히 고되고 공을 들인 협상의 결과였다. 그러나 이와는 달리 아일랜드와의 통합은 영국 정부의 강제에 의해서 행해진 것이었다. 당시 잉글랜드 법은 가톨릭 교도에게 정치적 권리를 거부하고 있었는데, 수상 소小피트는 합병을 성공적으로 만들기 위해서 아일랜드 인구의 대부분인 가톨릭 교도들에게 일정한 정치적 권리를 허락하기를 원했지만, 뜻을 이루지 못했다. 잉글랜드의 식민정책은 다른 제국들에 비해서 비교적 온건했다. 그러나 아일랜드에서만은 달랐는데, 무엇보다도 아일랜드의 가톨릭교가 잉글랜드인들의 신교 정서에 크게 거슬렸기 때문이었다. 아일랜드인들 역시 자신들의 민족성의 핵심을 인종이나 다른 무엇보다도 종교에서 찾는 특이함을 보임으로써 가톨릭 신앙이 아일랜드 민족주의의 핵심이 되었다.

1840년대 아일랜드 문제가 영국 정치에서 크게 부각되었다. 1816~1842년 사이에 14번의 전반적이거나 부분적인 감자 기근이 있었다. 그러나 1840년대에 찾아온 기근은 그 규모에 있어 가장 크고 혹독한 시련을 안겨주었다. 대기근의 직접적 원인은 감자 마름병이 작물에 해를 입힘으로써 발생한 흉작이었다. 1845년 9월에 첫 징후가 보인 가운데 그해 추수도 형편없는 흉작이었지만, 다음 해는 완전한 실패 그 자체였다. 농민들은 이제 종자씨앗까지 다 먹어치웠고 그 결과 수확물은 더 적어질 수밖에 없었다. 아일랜드가 그처럼 많은 희생자를 낳게 된 것은 인구 대부분이 감자만으로 연명했기 때문이었다. 인구상으로 대기근의 충격을 알 수 있다. 1841년 아일랜드 인구는 820만 명에 달했다. 만약 자연 증가가 있었다면 1851년에 900만 명이었을 것으로 추정되지만, 1851년의 실제 인구는 650만 명에 불과했다. 따라서 250만 명의 차이가 있음을 알 수 있는데, 이 가운데 100만 명은 아일랜드를 떠난 이민자들이고 나머지 150만 명이 대기근의 희생자일 것으로 추정된다. 가장 가난한 사람들이 가장 많이 희생되었다.

대기근에 대한 영국 정부의 대응은 전혀 적절하지 못했다. 로버트 필 수상은 토리 당의 반대를 무릅쓰고 곡물법을 폐지하여 값싼 외국산 곡물을 수입할 길을 열어줌으로써 기근을 해소해보려고 했지만 그것으로는 턱도 없이 부족했다. 농부들을 공공부문에 취업시키는 소극적 방법도 취했지만 지급된 임금은 굶주림을 면할 수준이 못 되었다. 1847년 3월 정부가 마침내 직접 구제로 정책을 바꾸었을 때는 너무 늦었음이

아일랜드 농민들의 모습. 1847년에 발생한 대기근으로 아일랜드 인구의 1/4이 넘는 사람들이 굶어 죽
거나 해외로 이주했다.
—

드러났다. 그러나 영국 정부가 고의적으로 아일랜드 사람들을 고사
시키려고 하지 않았음은 명백하다. 당시 영국을 지배하던 자유방임
의 이념, 즉 정부간섭을 최소화하려는 이념이 영국 정부의 소극적 대
처에 주요한 역할을 했다. 어찌 되었든 대기근은 마치 프랑스 혁명이
프랑스 역사에서, 혹은 산업혁명이 영국 역사에서 그렇듯이 아일랜
드 역사에서 주된 사건이 되었다. 대기근에 대한 서술은 정부의 태만
과 잔혹한 지주들 때문에 그처럼 많은 사망자가 발생했다는 대중적-
민족주의적 신화로 치장되었다.

로버트 필 수상은 8년간 내무장관으로 재직하며 근대적 경찰제도의 기초를 확립했다. 두 차례에 걸쳐 총리로 재임하면서 재정을 개혁하고 곡물법을 폐지하여 자유무역의 활성화에 공헌했다.
—

　그러나 아일랜드가 영국 정치에서 더욱 중심적 위치에 놓이게 된 것은 글래드스턴이 수상이 되면서부터였다(1868). 아일랜드 문제를 누구보다도 심각하게 인식하고 있던 글래드스턴은 수상이 되자 첫마디로 "나의 사명은 아일랜드를 평화롭게 하는 것"이라고 선언했다. 그가 추진한 아일랜드 개혁은 첫째 종교문제, 둘째 토지문제, 그리고 마지막으로 자치문제였다. 종교문제의 본질은 영국 정부가 가톨릭 교도들의 위치를 마련해주지 않는다는 것이었다. 이미 1829년부터 가톨릭 교도들의 참정권은 인정되었지만, 다음 문제는 가톨릭 교도들이 대다수인 곳에서 잉글랜드 국교회가 국교회의 위치를 차지하고 있는 불합리함이었다. 글래드스턴의 노력으로 아일랜드 국교회 해체안이 의회를 통과했다(1869). 그러나 글래드스턴의 노력은 아일랜드 인들로 하여금 이제 약속된 땅이 보다 확실히 보인다고 믿게 만들어 자유당 자체에는 오히려 파괴적으로 작용했다. 1870년대 들어 아일랜드 민족당이 급격히 부상하면서 자유당이 아일랜드에서 누리던 독점권이 무너져버렸던 것이다.

종교 다음으로 심각한 문제는 토지였다. 대기근 후 몇 가지 중요한 사회적 변화가 나타났다. 즉 과잉인구의 위험을 깨달은 아일랜드인 들은 결혼연령을 늦추고 자녀를 적게 낳았으며, 모든 자식들에게 땅을 배분하는 관습이 사라지고 토지를 그대로 유지하려는 경향이 늘어났다. 그러나 경제문제는 토지의 거의 전부가 잉글랜드인 부재지 주의 소유이고 농민 대부분은 소작농이라는 부조리한 토지제도가 변화하지 않고는 해결될 수 없었다. 정치적 권력을 장악한 계층이 토지 재산층일 때 그 체제를 바꾸려는 시도는 가장 심각한 논의를 유발하게 마련이었다. 글래드스턴은 두 차례 토지개혁법을 추진했지만, 문제를 근본적으로 해결하지 못한 채 단지 소작농들의 권리를 약간 강화시켰을 뿐이었다.

19세기 중반에 '아일랜드 민족'을 '토착 가톨릭'에 국한하려는 측과, 신교도와 가톨릭을 망라하는 아일랜드 민족의 창출을 염원하는 사람들 사이의 갈등이 시작되었다. 19세기 말에 이르면 신교주의가 아일랜드성을 부정한다는 의식이 가톨릭 교도들에게 자리잡게 되었다. 게일 민족주의의 부상은 19세기를 통해 아일랜드에서 일어난 정치적, 경제적, 사회적 변화와 권력이동의 반영이었다. 가톨릭 해방으로 가톨릭 교도의 공적 영역으로의 진출이 가능해졌을 뿐만 아니라 여러 차례의 토지 개혁과 교육의 확대에 의해서 그들은 더 잘살게 되고, 더 많은 교육을 받았으며, 더 많은 자신감을 가지게 되었다. 그러나 이들 교육받은 하층 중간계급 가톨릭 교도들은 야망의 좌절을 경험할 수밖에 없었다. 자신들도 태양 아래 자리를 차지하고 싶지만 이미 신교도들이 그 자리를 차지하고 있다는 것을 깨달았다. 그런 좌절이 그들을 민족주의로 이끌었고, 아일랜드는 연합왕국 내의 위치를 거부하는 끈질긴 반항아가 되었다.

1800년에 아일랜드는 영국의 일부가 되었지만, 스코틀랜드나 웨일스와는 달리 한번도 진정으로 잉글랜드에 통합된 적이 없었다. 합병으로 종교와 인종적 기원에 의거한 민족의식은 오히려 강화되었다. 아일랜드인들은 얌전하게 남아 있지 않았다. 그들은 되풀이해서 반란을 일으켰고, 되풀이해서 패배했다. 무엇보다도 가장 큰 차이는 종교였고, 종교를 기반으로 한 민족 정체성이 오히려 19세기를 통해서 강화됨으로써 영국에게는 큰 골칫거리로 남게 되었다.

5. 브리튼의 기억과 통합

이처럼 브리튼 섬에는 상이한 종족적 기원을 가진 사람들이 거주했지만 이미 상당히 이른 시기에 그들을 하나의 국민으로 인식하려는 시도가 있었다. 앵글로색슨족이 섬의 대부분을 점령하면서 원래 브리튼인들은 지금의 웨일스와 콘월 지방으로 쫓겨났고, 브리튼의 기억은 그들에게 남겨졌다. 그 후 잉글랜드의 역사가 브리튼의 역사를 압도했다. 12세기에 웨일스 출신의 학자인 몬머스의 제프리는 《브리튼 왕 열전Historia Regum Britanniae》(1138)을 써서 브리튼의 역사를 연대기로 펴냈다. 사실과 전설을 섞어 쓴 이 책에서 제프리는 '브리튼'이라는 이름의 기원을 브루투스라는 인물에서 찾았다. 브루투스는 트로이 전쟁에서 트로이가 패망한 후 이탈리아로 가서 로마를 창건했다고 하는 전설상의 인물인 아이네이아스의 손자이다. 브루투스는 사고를 일으키고 쫓겨나 바다를 헤매다가 어떤 섬에 도착한다. 그 섬은 그때 거인들이 지배하고 있었는데, 브루투스는 거인들을 내쫓고 섬을 '브리튼'이라고 이름 짓고 사회적, 정치적 기반을 마련했다는 것이다. 제프리는 또한 아서 왕을 가장 유능한 왕으로 부각시킴으로써 켈트인들의 영웅을 브리튼 전체의 영웅으로 만들었다.

1485년 웨일스의 피를 받은 헨리 튜더가 마침내 브리튼 섬을 통치하게 되었을 때, 그것은 마치 옛 브리튼의 왕 아서가 다시 돌아온 것 같았다. 사실상 브리튼의 혈통을 이어온 웨일스인들은 브리튼의 사용으로 다시 한 번 긍지를 가지게 되었다. 헨리 7세는 취약한 정통성을 보완하기 위해 자신이 아서 왕의 혈통을 물려받았음을 주장했으며, 장남에게 아서라는 이름을 지어주었고, 아서 왕자는 1489년에 웨일스 공으로 서임되었다. 1520년 파리에서 교육받은 글래스고 대학교의 교수인 존 메이저가 《대브리튼의 역사History of Greater Britain》를 파리에서 출간했다. 이 책에서 그는 "이 섬에는 오랫동안 잉글랜드 왕국과 스코틀랜드 왕국이라는 두 개의 왕국이 존재해왔다. 그러나 모든 주민들은 브리튼인이다"라고 선언했다. 그는 잉글랜드, 웨일스, 스코틀랜드로 오가는 것이 아무 문제없다고 말했는데, 이것은

브리튼 섬 내 주민들이 마치 한 나라에서처럼 의사소통에서 아무런 장벽이 없었음을 의미했다.

후사를 남기지 않고 사망한 엘리자베스 튜더의 뒤를 이어 1603년에 스코틀랜드 왕 제임스 1세가 잉글랜드 왕으로 즉위하자, 브리튼의 개념이 더욱 강조되었다. 이후 브리튼 섬 전체를 통해 내부의 정치적 변경은 사라져버렸다. 제임스는 자신의 입지를 강화하기 위해 곧잘 '브리튼'이라는 개념을 사용했다. 1707년 스코틀랜드와 잉글랜드·웨일스가 합병하여 연합왕국을 이루었을 때, 브리튼 왕국이라는 개념이 드디어 공식적으로 채택되었다. 그러나 다음 장에서 설명되듯이 잉글랜드가 브리튼을 대표하는 사정은 20세기 중엽까지도 계속되었다. 영국을 의미할 때 사람들은 보통 '잉글랜드'라고 칭했던 것이다.

종교적, 정치적 변화 못지않게 중요한 것이 잉글랜드 시장의 힘에 의해 야기된 경제적, 사회적 변화였다. 예를 들면 잉글랜드의 섬유공업의 경우, 원료가 브리튼 섬 전역과 아일랜드로부터 런던은 물론 노리치와 브리스톨 같은 대도시에 모여들었다. 한편 웨일스 남부에 사는 농민들은 런던 시장과 잉글랜드를 위해 고기, 버터, 치즈, 밀 등을 재배했다. 잉글랜드가 주도한 경제가 브리튼의 통합을 야기했던 것이다. 비공식 국가라고 불린 〈브리타니아여 지배하라Rule Britannia〉가 1740년 저지대 스코틀랜드인에 의해서 쓰였다는 사실은 많은 것을 시사해주는데, 1750년대가 되면 English, England가 공식적으로 British, Britain으로 바뀌었다. 그러나 브리튼적 요소를 너무 강조해서는 안 된다. 18세기 후반만 해도 여전히 잉글랜드, 스코틀랜드, 웨일스라는 개념이 브리튼보다 훨씬 더 가깝고 중요했기 때문이다. 영국민이라는 정체성은 더 많은 노력과 시간을 요구하는 어려운 개념이었다.

2장
영국인의 정체성

잉글랜드, 웨일스, 스코틀랜드로 구성된 연합왕국United Kingdom은 분명히 인위적 작품이었다. 각기 분리되어 발달되어오던 잉글랜드, 스코틀랜드, 웨일스가 한 국가로 통합되었지만, 영국민British nation의 정체성을 획득하는 과정은 간단하지 않았다.

이 장에서는 인종적으로 다른 기원을 가질 뿐만 아니라 역사적으로도 오랫동안 적대관계에 있던 브리튼 섬의 여러 인종집단들이 어떻게 영국민이라는 정체성을 획득해가는가를, 그리고 그 정체성이 안정된 것인가를 진단해보기로 한다. 수세기 동안 타 인종들 사이에 상호 결혼이 광범위하게 행해졌기 때문에 현재 남아 있는 잉글랜드인, 스코틀랜드인, 웨일스인의 구분은 부분적으로만 인종적이고 많은 부분은 사회심리적인 것이다. 이 장을 통해서 우리는 개인의 정체성과, 국가와 민족에 대한 개인의 충성심은 자생적이기보다는 만들어지는 것이라는 사실을 알 수 있을 것이다.

연합왕국 내에서 잉글랜드는 주도적 역할을 했고, 그것이 잉글랜드 중심주의로 비치기도 한다. 그러나 그것이 전체상을 보여주는 것은 아니다. 잉글랜드와 켈트 변두리 간에는 서로 적대적이면서도 상호보완적인 면이 있었다. 그것 없이 연합왕국은 존재하지 않았을 것이다. 1707년에 스코틀랜드를 설득하여 연합왕국을 만든 것은 잉글랜드였지만, 그것을 작동하게 만든 것은 스코틀랜드였다. 잉글랜드와의 합병은 중간계급 이하 출신의 야심만만하고 재능 있는 사람들의 사회적 신분상승을 가속화했고, 연합왕국은 스코틀랜드 사람들의 협조와 열정과 더불어 작동했다. 그리고 그런 사정은 웨일스에서도 마찬가지였다.

1. 영국민의 성립

영국민은 18세기부터 19세기를 거쳐서 단일의식을 가지게 되었다. 18세기 중엽에는 영국의 문화적 정체성이 상당히 자리잡았다. 교통, 통신, 대중소비제품의 보급으로 브리튼 섬의 각 지역의 교류가 활발해졌으며, 무엇보다도 영어로 된 책과 신문의 보급이 통합에 큰 역할을 했다. 동시에 영국민의 전통을 창조함으로써 국민주의를 조장하는 작업이 활발히 진행되었다.

스코틀랜드나 웨일스에서와 마찬가지로 잉글랜드인에게도 연합왕국은 그들의 정체성에 큰 타격을 가했다. 그들은 '잉글리쉬'와 '잉글랜드'가 '브리티쉬'와 '브리튼'으로 대체되는 것에 심하게 반발했다. 잉글랜드인들이 볼 때 스코틀랜드 사람들은 세금은 제대로 내지 않으면서 교역과 취업에는 항상 끼어들려고 하는 가난하고 욕심 많은

18세기 중엽 런던의 모습.
—

친척이었다. 반대로 웨일스에 대해서는 거부감을 훨씬 덜 느꼈는데, 통합의 역사가 오래 되었고 웨일스인의 수가 스코틀랜드인의 수보다 적은 데다 덜 호전적이었기 때문이었다. 그러나 웨일스는 어떤 의미에서 스코틀랜드보다 더 멀리 떨어진 곳이었다. 웨일스인들은 고유 언어를 유지하고 있었고, 19세기 말까지 4명 중 3명은 그 언어를 알고 있었다. 웨일스 인구의 3/4은 이중언어 사용자들이었다.

일부 학자들은 영국민의 존재가 18세기 말이 되면 확실해진다고 주장한다. 영국민이 성공적으로 만들어졌다는 궁극적 증거는 시민들이 국가를 위해서 싸울 준비가 되어 있다는 사실에서 확인할 수 있다. 실제로 나폴레옹 전쟁 때 지원병이 쇄도했는데, 그들 가운데 15퍼센트가 스코틀랜드 출신이었다. 이 비율은 영국민 전체에서 스코틀랜드가 차지하는 인구비율을 상회했다. 병사들은 군복무 기간 동안 전국을 순회했기 때문에 더 넓은 국민적 감각을 가지게 되었다. 물론 경제적으로 열악한 상태에 있던 스코틀랜드 사람들에게 군대는 일자리였을 뿐이라는 반론도 있다.

영국민으로서의 정체성 형성에 기여한 세 가지 결정적 요인들로 개신교, 전쟁, 제국 등을 들 수 있다. 헨리 8세 때 결행된 종교개혁(1534)은 잉글랜드 국교회를 확립시켜 잉글랜드인들을 로마에 대한 충성심으로부터 이탈시켰다. 개신교는 스코틀랜드와 웨일스에서도 마찬가지로 뿌리를 내려 이 지역들을 잉글랜드에 접근시키는 데에 중요한 역할을 했다. 개신교의 도덕적, 나아가서 정치적 우월성이 강조된 반면, 가톨릭 교회는 빈곤과 폭정으로 규정되었다. 영국인들은 18세기 중엽에 벌어진 7년전쟁을 "우리의 성스러운 종교를 빼앗고 교황으로 대체하려는 프랑스의 의도"라고 인식했으며, 가톨릭 교도들에게 시민권과 참정권을 허용한 가톨릭 해방이 이루어졌을 때 국민의 다수는 강력히 반대했다.

두 번째 통일세력은 타자의 존재와 그들과의 전쟁, 특히 프랑스와의 전쟁과 그것이 촉발한 애국심이었다. 18세기는 전쟁으로 점철된 시기였다. 에스파냐 왕위계승전쟁(1701~1713)과 오스트리아 왕위계승전쟁(1740~1748), 7년전쟁(1756~1763), 미국 독립전쟁(1774~1783), 프랑스 혁명과 나폴레옹 전쟁(1792~1815) 등이 그것이다. 제2의 백년전쟁이라고 불리는 이 전쟁의 세기에서 영국은 가톨릭 프랑스와 연속적으로 전쟁에 연루되어 있었다. 어느 면에서 영국의 국민적 정체성은 프랑스와의 대립에서 발전했다고 말할 수 있다. 프랑스를 적으로 간주한 영국인들은 프랑스의 가톨릭 교회, 빈곤, 귀족의 폭정 그리고 개구리를 먹는 습관 등을 자신들과 비교했으며 프랑스가 결여하고 있는 정직, 독립, 솔직함, 인내심 등을 자신들의 미덕으로 확인하고 찬양했다. 의회, 대헌장 등의 정치적 금자탑만이 아니라 로스트비프, 플럼 푸딩까지도 영국인들의 자유와 번영의 상징으로 탈바꿈했다. 특히 프랑스의 절대왕정에 대조되는 영국의 의회군주제, 자유와 의회에 대한 의사종교cult와 같은 찬양은 19세기 휘그 역사가들의 발명품이 아니라 역사적으로 오래 전부터 실재했다. 외국과의 전쟁은 또한 내적인 동질성의 획득에도 기여했는데, 전쟁과 식민지 시장 개척에서 지주층은 산업자본가 계층과 추구하는 목표가 같다는 것을 확인할 수 있었다.

그러나 영국민을 진정으로 결속시킨 것은 제국이었다. 캐나다, 인도, 서인도제도에서의 식민지 획득은 해외에서의 새로운 취업 가능성을 제공했는데, 특히 스코틀랜드 사람들이 그 기회를 포착했다. 제국은 교육받고 야망 있는 스코틀랜드인들에게 기회를 열어주었다. 스코틀랜드인들은 잉글랜드인이나 웨일스인보다 비율적으로 훨씬 더 많이 제국과 관련된 사업에 투입되었다. 잉글랜드 출신의 자질 있는 사람들은 국내에서의 경력을 원했지만 켈트 변두리 사람들에게 국내 전망은 덜 낙관적이었다. 제국은 결코 집에서는 누릴 수 없을 권력과 자극의 기회를 그들에게 제공해주었는데, 인도 총독을 지낸 달하우지, 제임스 엘긴 등이 대표적 예이다. 1775년부터 10년간 벵골에서 서기로 임용된 249명 가운데 47퍼센트가 스코틀랜드 출신이었으며, 자유상인으로 벵골에 거주를 허용받은 371명 가운데 60퍼센트도 그러했다. 영국 육군은 스코틀랜드인들에 개방된 몇 부서들 가

19세기 영국의 전성기를 상징하는 빅토리아 여왕. 그녀가 재위했던 64년 (1837~1901)의 기간에 영국은 고유의 전통이 정돈된 시기였으며, 많은 식민지를 두어 역사상 가장 넓은 땅을 확보했을 뿐만 아니라, 산업혁명으로 산업 자본주의를 발전시켜 세계 최대의 부국이 되었다.
—

운데 하나였다. 18세기 중엽에는 4명의 연대 장교 가운데 1명은 스코틀랜드 출신이었다. 특히 용맹함으로 유명한 고지대인들의 충성심을 제국의 전쟁기구에 흡수하려는 시도가 있었고, 더 많은 고지대인들을 국가 상업체계에 끌어들이려고 한 정책은 성공적이었다. 스코틀랜드인들은 그들대로 연합왕국이 제공하는 더 넓은 시장의 이점을 잘 이용했다.

"스코틀랜드의 분리된 민족주의가 행복하게도 요즘 시대착오적인 것이 되었다"고 〈타임스〉지가 보고했듯이, 19세기 중엽에는 스코틀랜드에서도 연합왕국이 일반적 승인을 얻게 되었다. 이것은 스코틀랜드

1897년 빅토리아 여왕의 즉위 60주년 행사의 모습이다. 빅토리아 여왕이 시장의 관저인 맨션하우스에 들어서고 있다.

인들이 자부심을 가지는 법률, 교육체제가 그대로 유지된 덕분이기도 했다. 스코틀랜드는 실상 문자해독률이 잉글랜드보다 더 높고 더 훌륭한 대학을 가졌으며, 의학, 과학, 문학 분야에서 훌륭한 업적을 이루고 있었다. 이 사실이 스코틀랜드인들의 긍지를 살려주었다.

영국 국가는 19세기 말까지는 국민의식을 보다 체계적으로 고양하기 위해서 다른 국가들이 흔히 사용했던 국가 주도의 교육이나 영웅숭배의 수단을 동원하지 않았다. 그럴 만한 압도적인 필요가 없었기 때문이었다. 영국은 섬이라는 지리적 환경이 가져다준 중앙정부의 결속, 끊임없이 지속된 전쟁, 그리고 국교회제도로 인해서 국민주의가 일찍부터 발달했기 때문에 국가가 이미 꽉 짜여 있었고 강력했다.

게다가 대중의 참여를 꺼리기 마련인 지배 엘리트에게 국민주의는 판도라의 상자와 같은 것이었다. 평등한 참여를 요구하는 국민주의가 대중에 뿌리내리면 엘리트에게 오히려 방해가 될 수 있다고 판단했기 때문이었다. 국민주의는 18세기 이후 부상한 신흥 부르주아지에 의해서 강조되었는데, 이들은 애국적 행동을 통해서 자신들과 지주계급이 동격이라는 사실을 확인하고자 했다. 1870년대 이후에야 선거권 및 교육의 확대와 더불어 기존 권위체제에 위협을 느낀 엘리트가 국민주의적 호소에 귀의하게 되는데, 동시에 이것은 전통적 국가와 엘리트가 쇠퇴하고 있다는 징후였다.

1870년대에 이르러 왕국의 통일에 왕실이 큰 역할을 하게 되었다. 왕실에 대한 존경심은 디즈레일리 수상이 빅토리아 여왕을 인도 여제로 만들면서(1876) 보편적이 되었다. 1887년 여왕의 즉위 50주년 기념행사는 "그날 사회주의 운동이 쌓아온 수십 년의 역사가 무너져버렸다"는 말이 증언하듯이 왕정의 영광을 대변했다. 10년 후 60주년 행사에는 전 세계에 펼쳐져 있는 제국으로부터 하얗고 까만 피부의 신민들이 모여들었다. 이제 왕국, 군국주의, 사회적 다원주의의 집합이 정부에 의해서 애국심의 언어로 연결되었고, 제국 없는 영국이라는 단어는 거의 모순처럼 보였다. 이후 왕정과 제국은 함께 나아갔으며, 이러한 정서는 1945년까지 계속되었다.

2. 사람들의 교류

영국민으로서의 정체성의 완성은 사람들의 교류가 없이는 불가능했다. 이 교류가 19세기를 통해서 활발해졌는데, 잉글랜드 사람들에게 스코틀랜드와 웨일스는 우선 그림과 여행 등의 수단에 의해서 소개되었다. 18세기 후반에 브리튼 섬 북부로의 여행이 크게 증가했다. 길핀 목사는 1769~1776년 사이에 잉글랜드 북부의 호수지대 및 스코틀랜드, 웨일스 지역을 광범위하게 여행한 후 여행기를 출간했는데, 그 안에 그 지역의 풍광을 소개하는 드로잉을 삽입했다. 19세기 초 조지프 터너가 스코틀랜드의 풍경에 매료되어 연속적으로 스코틀랜드 풍경화를 그린 후 다른 화가들도 스코틀랜드를 소개했다. 월터 스코트의 소설도 큰 역할을 했는데, 19세기 초가 되면 스코틀랜드는 이미 인기 있는 관광지였지만 그의 작품들이 그것을 한층 더 부추겼다.

철도 또한 브리튼 섬을 통합시켰다. 1830년대 증기기관차의 발명과 더불어 여행의 시대가 시작되었으며, 여행을 위한 상세한 지도가 만들어졌다. 스코틀랜드, 웨일스의 개방과 함께 잉글랜드의 오지들이 연결되었는데, 남서부 맨 끝에 위치한 콘월 지방이 1859년 마지막으로 전국 철도로 연결되었다. 그해 토머스 쿡이 관광사업을 시작했는데, 이때가 되면 중간계급 사람들의 삶에서 여행은 필수불가결한 요인이 되었고 곧 노동계급도 그 뒤를 따랐다. 아마도 브리튼 섬의 악천후가 사람들을 여행으로 내몬 주요 원인이었던 것 같다. 1일 평균 일조시간은 잉글랜드 남부와 이스트 앵글리아 해안에서는 네댓 시간이었고, 잉글랜드 북부와 스코틀랜드 저지대에서는 약 세 시간

월터 스코트는 19세기 초 영국의 소설가이다. 그는 영국 낭만주의 소설을 대중의 것으로 만들고, 역사 소설을 하나의 장르로 확립했다. 1820년에는 준남작 작위를 받았다.

이었으며 고지대에서는 세 시간 미만이었다. 많은 스코틀랜드인들이 햇빛을 찾아 잉글랜드로 이주한 것도 이해할 만한 일이었다.

이처럼 전국적으로 확산된 철도망과 값싼 삼등열차 덕분에 19세기 말에는 인구의 상당 부분이 전체로서의 브리튼을 개인적으로 알게 된다. 1850년 연인원 6,000만 명이던 여행자 수는 1870년에는 3억 명으로 급증했다. 교통과 통신의 연결이 가져온 결속력은 상호 편지 교환에서 잘 드러난다. 우편이야말로 영국 전체를 망라하는 진정한 중개물로서 영국민의 정체성 형성에 크게 기여했다. 19세기에는 또한 런던에 기반을 둔 전국적 신문과 잡지의 보급이 크게 증가했다. 특히 인지세Stamp Tax가 폐지된(1855) 후, 인쇄물이 폭발적으로 증가했다. 1870년대 이후에는 의무교육의 도입과 더불어 획일적 교육체제가 동질의식을 만드는 데 영향을 미쳤다. 학교교육에서는 제국주의의 영향을 받은 역사와 문학이 주된 주제가 되었다. 이처럼 문화적 획일성은 아니더라도, 적어도 문화적 혼합에 의해서 영국민은 만들어졌다고 말할 수 있다.

교류의 결과 브리튼 섬 사람들의 잉글랜드화 현상이 심화되었다. 잉글랜드인들은 1821년 당시 브리튼 섬 인구의 54퍼센트였으나, 1851년에는 62퍼센트로 증가했다. 아일랜드와 스코틀랜드로부터의 이주로 인한 증가였다. 그러나 모든 것이 잉글랜드의 주도하에 이루어진 것은 아니었다. 잉글랜드가 스코틀랜드에 경제적, 물질적 기회를 제공했다면 스코틀랜드는 잉글랜드에 교육, 과학, 정신의 형성을 가르쳐주었다. 스코틀랜드의 계몽주의는 잉글랜드보다 훨씬 더 앞서 있었고 훨씬 더 수준 높은 교육, 보다 실용적인 교육내용 등을 지니고 있었다. 잉글랜드인들은 대학교육을 받으러 스코틀랜드를 찾았다. 비록 실망했지만 찰스 다윈도 스코틀랜드로 유학했다. 19세기를 통해서 학위를 소지한 영국의 모든 의사들 중 95퍼센트가 스코틀랜드에서 교육받았다.

정치에서도 통일과정은 뚜렷했다. 20세기 후반까지 스코틀랜드 당, 웨일스 당, 혹은 잉글랜드 당이 없었다는 사실은 영국의 정치적 통합이 잘 진전되었음을 보여준다. 18세기 후반에는 이미 뷰트 경(수상, 1762~1763) 등 스코틀랜드 출신의 지도적 정치인들이 나타나기 시작했으며, 정부에 참여한 스코틀랜드 귀족들은 출신지역을 대변한 정치인이 아니라 '국가적' 정치인으로 두각을 나타냈다. 1745년 이후 스코틀랜드인들은 국가 요직에 크게 진출하여 1789년경에는 스코틀랜드 출신 하원의원들의 반 이상이 국가 관료직에 임명되었다. 자유당 정부의 수상을 역임한 글래드스턴, 로즈버리, 캠벨-배너먼 등이 스코틀랜드 출신이었으며, 보수당에서도 밸푸어, 보너 로 수상 등이 배출되었다. 스코틀랜드 귀족과 잉글랜드 귀족의 상호 결혼은 엘리트의 결속에도 중요했다.

웨일스는 19세기 말 로이드 조지가 등장할 때까지 뚜렷한 국가적 정치 지도자를 배출하지 못했다. 토지문제, 압도적으로 수가 많은 비국교도들이 국교회에 대해 느낀 불만, 교육개선에 대한 요구 등이 점증하면서 독립된 웨일스 자유당을 조직하여 자치를 얻으려는 운동이 잠시 있었지만, 1896년경 웨일스 출신의 로이드 조지가 영국 정치의 주류에 합류하면서 조직은 와해되었다. 그 후 웨일스는 자유당의 확고한 지지 기반이 되었다. 19세기 말에서 20세기 초에 아일랜드 자치문제가 제기되면서 스코틀랜드와 웨일스에서 권력이양과 자치에 대한 논의가 잠깐 활성화되었지만 결실을 맺지는 못했다.

그러나 여전히 분열적 요소가 남아 있었다. 그중 가장 뚜렷한 것은, 세 지역을 총괄하는 영국 교회Church of Britain가 없었다는 사실에서 보듯이, 종교였다. 잉글랜드 국교회Anglican, 로마가톨릭, 감리교, 장로교, 침례교, 퀘이커 등 모든 종파가 영국 어느 곳에서나 발견되었지만, 이들은 각각 독자적 관습을 가지고 있었다. 장로교를 믿은 스코틀랜드 사람들은 일요일을 엄격하게 지키는 대신 축일들은 지키지 않았는데, 이런 관습은 잉글랜드 사람들에게는 이상하게 비쳤다. 잉글랜드 사람들이 그처럼 소중히 여긴 크리스마스도 스코틀랜드에서는 지켜지지 않았다. 또한 잉글랜드에 막강한 영향력을 미친 감리교가 스코틀랜드에서는 거의 뿌리를 내리지 못했다. 결국 종교적으로 스코틀랜드와 잉글랜드는 전혀 통합되지 않았다. 웨일스에서도 비국교회가 크게 팽창하여 웨일스인이라는 말은 비국교도를 의미할 정도가 되었다.

3. 잉글랜드 중심주의와 켈트 변두리

19세기 어느 시점에 이르러 '영국인'이라는 존재가 확인되는 것은 확실하다. 문제는 영국인이 '잉글랜드인'으로 대표된다는 사실이었다. 거의 모든 사람들이 '영국'을 의미하면서 습관적으로 '잉글랜드'라는 단어를 사용했는데, 이처럼 잉글랜드에 초점을 맞추는 것은 연합왕국에서 심각한 정치적 함의를 띠게 마련이었다. '잉글랜드 중심주의'는 주변지역을 무시하거나 경시했다. 20세기 전반기에 세 차례나 수상을 역임한 스탠리 볼드윈은 연설에서 "신은 어려운 일을 행하기를 원하실 때 영국인이 아니라 잉글랜드 사람들에게 그것을 말씀하신다"라는 세간의 말을 자랑스레 인용했다. 합병 이후 잉글랜드로의 이주가 꾸준히 지속되어 1911년 당시 브리튼 섬 거주민의 약 75퍼센트가 잉글랜드에 살고 있었다. "잉글랜드에 좋은 것은 브리튼에도 좋다"는 말이 당연시되었고, 잉글랜드 사람들은 앵글로색슨족이 켈트족보다 훨씬 우월하다는 편견을 가지고 있었다.

"잉글랜드만이 애국적 감정과 어울리는 단어이다. 어떤 잉글랜드

영국 남동부의 켄트에 위치한 한 교회의 모습이다. '잉글랜드의 녹색'을 잘 보여준다.
—

사람이나 스코틀랜드 사람도 브리튼 사람이라고 스스로를 부를 때 일종의 우스꽝스러운 감정을 몰래 느끼지 않을 수 없다"라는 말에서 잉글랜드와 브리튼은 거의 적대적으로까지 느껴진다. 영국인들이 그처럼 소중히 여기던 '전원적 영국'이라는 이상도 실은 영국이 아니라 잉글랜드, 그것도 잉글랜드 남동부의 풍경이었다. 중요한 사실은 잉글랜드 사람들만이 아니라 대부분의 영국인들이 그 비전을 받아들였다는 사실이다. 제1차 세계대전 당시 많은 병사들이 죽음을 무릅쓰고 지킨 것은 시냇물 흘러가고 냇가에 버드나무가 드리워져 있는 영국의 녹색 초원이었다. 그리고 그것은 '잉글랜드의 녹색'이었다.

잉글랜드화 현상의 본질은 문화적 지배, 특히 영어의 지배와 켈트어의 약화에서 가장 두드러지게 나타났다. 언어와 민족성은 흔히 불가분의 관계로 이해되어왔다. 문화적 민족주의가 나타난 18세기 이래 언어는 인간 삶의 정수이며 민족 정체성의 가장 중요한 요소로 간주되었다. 문화적 민족주의자들은 정치적 민족 이전에 문화적 민족이 존재했으며, 민족은 그 사실을 알기 전에 이미 한 민족이었다고 주장했다. "매일매일 실천하는 단 하나의 불변하는 민족성의 실체"인 언어는 "한번 사라지면 마치 시신이 다시 살아날 수 없듯이 다시 회복될 수 없는 것"이라는 확신이었다. 그러나 영국의 경우 그러한 주장은 사실이 아니었다. 영어의 압도적 위치에도 불구하고 스코틀랜드적인 것과 웨일스적인 것은 크게 소멸되지 않았으며, 켈트 변두리 사람들은 스코틀랜드성과 웨일스성을 표현하기 위해 영어를 사용했던 것이다.

노르만 정복 이후 잉글랜드에서 왕족과 지배 엘리트는 14세기까지 노르만-프랑스어를 사용했지만 그때가 되면 영어가 법정, 궁정, 대중의 언어로 정착했다. 대륙에서는 고급어가 여전히 라틴어였음을 상기할 때 이 현상은 매우 예외적인 것이다. 게다가 영어는 이미 중세 말에 잉글랜드를 넘어서 웨일스의 지배층, 아일랜드의 동부지역, 스코틀랜드의 동부와 저지대에서 널리 사용되고 있었다. 따라서 영어는 잉글랜드 민족만의 언어가 아니었으며, 웨일스성이나 스코틀랜드성이 게일어[1]가 아니라 영어로 표현되는 데에도 문제가 없었다. 다시 말해 문화적 정체성은 굳이 언어에 의존하지 않았던 것이다. 웨일스, 스코틀랜드, 아일랜드의 게일어들이 크게 쇠퇴한 데에 잉글랜드

---

1 브리튼 섬과 아일랜드에 정착한 켈트인들의 언어.

로부터의 강압적 조치는 없었다. 자코바이트의 두 번째 반란(1745)이 실패한 후 고지대에서 강제로 시도한 적이 있지만 잉글랜드는 게일어들의 소멸을 의도하지 않았다.

흥미로운 사실은 종교정책이 언어의 생존 여부에 중요했다는 것이다. 스코틀랜드의 게일어보다는 웨일스어가 더 많이 살아남았는데, 그 주된 이유는 성경책 덕분이었다. 즉 종교개혁이 일어나고 잉글랜드가 웨일스에 개신교 복음서를 보급할 때 원주민들 가운데 영어를 아는 사람들이 거의 없었기 때문에, 잉글랜드 통치자들은 결국 웨일스어로 번역된 성경을 허용할 수밖에 없었다. 그 결과 웨일스어는 살아남았다. 1911년에도 웨일스인의 44퍼센트가 여전히 웨일스어를 말할 수 있었다. 그러나 웨일스 경제가 잉글랜드와 통합하고 산업화가 진척되면서 영어가 급속히 확산되었다. 1858년 조사에 의하면 남부 웨일스에서는 10세 이상의 아동들의 63퍼센트가 훌륭한 영어를, 32퍼센트가 불완전한 영어를 구사했고, 단지 5퍼센트만이 웨일스어를 사용했다. 북부에서는 그 숫자가 각각 43퍼센트, 44퍼센트, 13퍼센트였다. 여기에서 북부보다는 남부가 더 잉글랜드화했음을 알 수 있다.

한편 스코틀랜드에서는 그 반대 현상이 일어났다. 그곳에서는 인구의 상당수가 이미 영어를 이해하고 있었기 때문에 종교개혁의 지도자인 존 녹스는 영어 성경책을 사용했고, 그것이 오히려 스코틀랜드어의 소멸을 가져왔다. 녹스가 영어 성경책을 사용하기로 결정했을 때 '스코틀랜드의 언어는 영어'로 귀착되었던 것이다. 그 후 제임스 6세가 잉글랜드의 제임스 1세가 되었을 때 영어가 두 왕국의 언어라는 사실이 명백해졌다. 두 민족이 같은 신앙과 같은 성경책을 가지고 있다는 사실이 확인된 것이다.

영어는 근대적 언어이며 기회의 언어였다. 웨일스에서는 "검은 빵과 짚으로 된 침대에서 자려면 계속 웨일스어를 써라. 그러나 흰 빵과 로스트비프를 먹으려면 영어를 배워야 한다"는 인식이 퍼져 있었다. 반대로 게일어는 문어로나 분석적 언어로 맞지 않는다는 평을 들었다. 실상 근대 이후 게일어는 스코틀랜드의 언어가 아니었다. 위에서도 언급했듯이 고지대를 제외한 대부분 지역에서는 영어가 통용되었기 때문이다. 물론 고지대에는 게일어가 살아남았다. 1794년에는 고지대인들 모두가 게일어를 말했고, 특히 노인들은 전부 게일어를 말할 수 있었다. 그러나 점차 고지대에서도 영어가 사용되었다. 따라서 언어의 잉글랜드화는 잉글랜드로부터 부과된 것이 아니었으며, 게일어의 상실이 반드시 스코틀랜드의 정체성을 약화시키는 결과를 가져오지도 않았다.

18세기 말부터 낭만주의의 영향으로 스코틀랜드에서는 전통문학과 전설에 대한 관심이 일었다. 그러나 스코틀랜드 낭만주의의 최대 문인들인 로버트 번스와 월터 스코트는 둘 다 게일어로 글을 쓰지 않았다. 스코틀랜드 최고의 민족시인으로 추앙받는 번스는 저지대에서 사용되던 스코츠어로 시를 썼고, 스코트는 능란한 영어로 스코틀랜드성을 표현했다.

한편 아일랜드어가 사라진 것도 비슷하게 설명된다. 즉 성직자들이 게일어를 포기하고 영어를 사용했던 것이다. 만약 17~18세기에 아일랜드어로 성경을 편찬해내고 대중을 위한 가톨릭 서적들을 다량

출판했다면, 아일랜드어는 살아남았을 것이다. 1795년 가톨릭 성직자들을 양성하기 위한 메이누스Maynooth 신학교가 개교했을 때 영어가 주된 언어라는 것에 의문의 여지가 없었다. 1800년에 아일랜드 사람들의 반이 아일랜드어를 사용하고 있었는데, 1851년에는 그 수가 23퍼센트로 감소했다.

4. 이중적 정체성

어찌 되었든 19세기를 통해서 영국이 만들어졌다. 그러나 그것은 쉽지도 않았고, 완전한 것도 아니었다. 개선된 교통과 통신에 의해서 영국인들은 전보다 더 통합되었지만, 잦은 접촉은 차이점들을 더 뚜렷이 인식하게 만들 수도 있었다. 연합왕국이 제대로 작동하기 위해서는 각 하위집단들의 분리된 문화와 정체성이 보다 큰 국민적 정체성과 양립할 수 있어야 했다. 켈트 변두리에서는 연합왕국 내에서의 주변부적 지위에 대한 반발로, 자신들의 문화적 정체성을 확인하고 부흥시키려는 시도가 행해졌다. 스코틀랜드에서는 18세기 말에 낭만주의가 그들의 역사적 차이의식을 되살렸다. 이제 로버트 브루스, 윌리엄 월리스, 메리 여왕, 자코바이트 난의 주동자인 찰리 왕자 등이 영웅으로 부각되었으며, 특히 그들의 자부심은 잉글랜드의 엘리자베스 1세를 과소평가하고 스코틀랜드의 메리 여왕을 추앙하는 것으로 나타났다. 시인 로버트 번스가 대표적인 경우인데 월터 스코트도 메리를 호의적으로 그리고 있다. 잉글랜드 사람인 제인 오스틴조차 "사

로버트 번스는 스코틀랜드 서민의 소박하고 순수한 감정을 표현한 시인이었다. 지금도 스코틀랜드의 국민시인으로서 사랑과 존경을 받고 있다.
—

악한 처녀왕(엘리자베스)"에 대해서는 아무것도 좋은 점을 말할 수 없지만 메리 여왕은 반대로 무척 사랑스럽다고 썼다.

문제는 엘리자베스가 '영국의 엘리자베스'가 아니라 '잉글랜드의 엘리자베스'로 인식되었다는 점이었다. 연합왕국이 정착하기 위해서는 잉글랜드와 스코틀랜드의 편견을 넘어서 진정한 영국의 영웅이 될 인물이 필요했는데, 사람들은 넬슨에게서 그 역할을 발견했다. 비록 그가 트라팔가르 해전 직전에 "잉글랜드는 모든 사람이 의무를 다할 것을 기대한다"고 말함으로써 자기 휘하의 스코틀랜드와 웨일스 출신 병사들을 무시했지만, 그럼에도 불구하고 넬슨은 국민적 통일의 상징이었다.

에든버러 출신의 문호 월터 스코트는 스코틀랜드 사람들이 어떻게 켈트인이면서 동시에 영국인이 될 수 있는지를 보여준 대표적 인물이었다. 그는 '스코틀랜드 국가' 없는 '스코틀랜드 민족주의'의 기반을 세웠다. 잉글랜드와의 합병을 지지한 그는 스코틀랜드가 봉건주의와 광신으로부터 벗어나 평화와 번영함으로 나아가는 것을 환영했다. 그는 보수주의자였지만 에드먼드 버크와 마찬가지로 변화가 불가피함을 알고 있었고, 과거에서 가치 있는 것을 보존하고 새로운 것에서 바람직하지 않은 것을 제거하고자 했다. 스코트는 1820년 에든버러에 설립된 켈트 협회의 회원이 되어 스코틀랜드 고래의 복장으로 간주된 킬트 입기를 주도하는 한편, 1822년에는 에든버러를 방문한 국왕 조지 4세를 환영하는 행사를 관장하기도 했다. 그 사건은 스코틀랜드에 아직도 남아 있던 옛 스튜어트 왕조에 대한 충성심을 하노버 왕조로 돌리는 데 기여했다. 스코트는 《아이반호》에서 나라의 미래를 위한 최선의 희망은 색슨족과 노르만족을 동화시키는 것이라고 썼다. 그는 잉글랜드와 스코틀랜드의 진정한 통일을 바라는 자신의 이상을 색슨족과 노르만족이 상호 적대감을 씻어버리고 국민적 통합을 이루어내는 것으로 표현했다. 그 타협은 《아이반호》에서 리처드 1세와 로빈 후드가 함께 노르만 귀족인 프롱 드 뵈프의 성을 공격하는 것에서 상징적으로 묘사된다.

스코틀랜드 사람들은 대체로 스코트가 제시한 길을 따라왔다. 대부분의 스코틀랜드인들은 개신교도였고, 잉글랜드 문화에 큰 불만이 없었다. 1707년에 스코틀랜드가 잉글랜드와 연합왕국을 만들었을 때 그들은 자발적으로 정치적 독립을 포기했으며, 그 후의 역사에서 스코틀랜드의 정치 엘리트나 대중은 그것을 반환하려는 욕구를 보이지 않았다. 스코틀랜드 사람들은 자신들이 잉글랜드와 대등하게 영국을 만들어가고 있음을 확신하고 자신감을 가졌던 것이다. 최근 세력을 확장하고 있는 스코틀랜드 민족당도 공화국의 길을 주장하지 않는다. 1998년 조사에서 스코틀랜드 사람들의 61퍼센트는 만일 스코틀랜드가 독립국이 된다고 해도 영국 왕을 국가의 수장으로 뽑겠다고 답했다.

한편 웨일스 민족주의자들은 영국의 왕정과 제국에 자부심을 가졌지만 웨일스적 특성을 강조하고 웨일스어에서 그것을 찾으려고 했다. 웨일스의 문화 민족주의는 웨일스의 과거와 문화의 차이를 밝혀내고 전파하는 것을 성취했고, 당분간은 그것으로 족했다. 웨일스는 16세기 이래 잉글랜드에 의해서 완전히 통합된 후, 스코틀랜드와는 달리 독립된 법률체제, 교육제도, 교회를 가지지 못했기 때문에 웨일스 정체성에는 초점이 없었다. 그저 언어와 비국교회의 전통이 웨일스의 정체성을 재구성하는 축이 될 수 있었다.

스포츠도 '연합왕국' 내 하위집단들이 연방국가에 대한 충성심을 확인하는 계기가 되는 동시에 잉글랜드와 켈트 변두리의 차이를 명확하게 해주었다. 켈트 변두리 지역에서 스포츠는 복잡한 종족적 표지가 되고 거대한 감정적 힘에 휩쓸리기도 하면서 문화적 민족주의를 재생산했다. 스포츠가 가져온 정체성은 모순적이었다. 스코틀랜드 민족당의 부당수가 자신의 동포들을 두고 "90분간의 애국자들"이

영국의 인구

(단위: 천 명)

	1981	1994	1999
잉글랜드	46,821	48,707	49,752
스코틀랜드	5,180	5,132	5,119
웨일스	2,813	2,913	2,937
북아일랜드	1,538	1,642	1,691
총인구	56,352	58,394	59,499

라고 불렀듯이, 그들의 애국심은 스코틀랜드 독립정부에 대한 요구로 이어지지 못한 채 축구경기가 진행되는 동안에만 분출되었다. 마찬가지로 웨일스에서는 럭비가 웨일스성을 대변했고, 경기장에서는 강한 민족주의가 발현되었지만 웨일스인들이 연합왕국에 가진 적대감은 증오심으로 변하지 않았다.

그러나 켈트 변두리 사람이 느끼는 이중적 정체성은 '영국'이 주는 이점이 감소하면서 흔들리게 된다. 1960년대까지는 영국의 경제적 번영과 복지국가가 스코틀랜드와 웨일스를 잉글랜드에 끌어당겼지만, 그 후 경제적 어려움이 커지고 제국이 수축하면서 켈트 지역의 정체성이 그들을 다시 휘감았다. 영국이 다민족 국가라는 사실, 그리고 19세기에 성취된 영국의 통일은 다시 되돌릴 수 없는 것이 아니라는 사실이 재확인되었던 것이다.

무엇보다도 1945년 이후 웨일스에서는 침체하는 경제가 문제였다. 19세기 중엽부터 론다 계곡으로 대변되는 탄광업이 웨일스 경제의 핵심으로 자리잡았다. 1913년에는 남부 웨일스가 전 세계 석탄 수출량의 1/3을 생산할 정도였으며 25만 명이 탄광에서 일했다. 웨일스

스코틀랜드인의 정체성 인식 조사(2007년)

(단위: %)

잉글랜드인이 아니라 스코틀랜드인	25.1
영국인이기보다 스코틀랜드인	30
영국인이면서 스코틀랜드인	25.9
스코틀랜드인이기보다 영국인	5.4
스코틀랜드인이 아니라 영국인	7.4
기타	6.2

경제는 이처럼 19세기 이래 철강, 석탄산업에 전적으로 의존하고 있었는데, 이 부문이 제1차 세계대전 이래 쇠퇴했다. 경제의 다변화가 필요했고, 실제로 1945년 이후 직물, 소비제품 생산 등이 장려되었지만 단지 부분적으로만 성공했을 뿐이었다. 1970년대 웨일스의 실업률이 두 자리 숫자로 치솟았다. 그 사이 전통적 웨일스 문화도 변하고 있었다. 이제 일요일에 극장이나 술집을 여는 도시들이 늘었으며, 더욱 심각하게는 웨일스어가 더욱 쇠퇴했다.

이러한 경제적, 문화적 쇠퇴가 정치적 민족주의를 부활시켰다. 1960년 이전에는 그저 수만 명의 당원에 불과하던 웨일스 민족당 Plaid Cymru이 1960년대에 크게 신장되어 1966년에 최초로 하원의석을 획득했고, 1970년대에는 의석수를 10석으로 늘렸다. 무엇보다도 웨일스성의 상징으로 간주된 웨일스어의 발견과 확장 노력이 활발해졌다. 이에 대한 대응책으로 영국 정부는 웨일스부를 신설하고(1966), 웨일스 언어법(1967)을 만들어 웨일스어에 영어와 동등한 위치를 부여했다. 그러나 이번에도 언어는 민족감정과는 별개임이 입증되었다. 북부 산업지역에서는 여전히 영어가 지배적이었으며, 1971년에는 인구의 20퍼센트만이 웨일스어를 사용하고 있었다.

　스코틀랜드 경제는 웨일스보다는 나았다. 그곳의 경제도 주로 농업, 철강업, 조선업, 광업이 중심이었지만 더 다양했다. 1945년 이후 산업이 쇠퇴하기 시작했다. 언어적으로 스코틀랜드인들의 고유 언어인 게일어와 스코츠어는 웨일스어보다 더 심하게 사라져버려 1960년 당시 총 주민의 1.5퍼센트만이 게일어를 사용하고 있었다. 언어 대신 고유의 사법, 행정체계, 특히 교회가 강한 민족감정의 중심으로 남아 있었다. 스코틀랜드 민족당Scottish National Party은 1930년대에 창당되었지만 지지부진했고 계속 노동당이 석권했다. 그러나 1967년에 민족당이 첫 의석을 차지한 후 1974년에는 30퍼센트의 지지율과 11석의 의석을 획득할 정도로 세력을 확장했다. 그럼에도 스코틀랜드가 독립국가를 이룰 가능성은 아직 희박해 보인다. 잉글랜드 대항 축구 경기에서의 열기는 경기 후에는 지속되지 않는 것이다.

　모든 영국인들은 이중적 정체성을 가지고 있다. 잉글랜드인들은 가장 적은 정체성의 갈등을 겪는 집단인 반면, 스코틀랜드인의 경우에는 영국인으로서보다 스코틀랜드인으로서의 정체성을 더욱 강하게 느끼는 사람들이 많다. 스코틀랜드인에게 잉글랜드인이냐고 물었을 때 그들이 화내는 모습을 보게 되는 것은 외국인이라면 흔히 겪는 경험이다.

　1970년에는 어느 정도의 권력이양 문제가 영국 정치의 전면에 부각되었다. 결국 웨일스와 스코틀랜드의 권력이양 법안이 근소한 차이로 의회에서 통과된 후 주민투표에 부쳐졌다(1979). 그러나 영국이 이제 해체될지도 모른다는 감정적 대응과 웨일스가 낭만적이며 후진

자치의회 구성에 관한 스코틀랜드와 웨일스 주민투표(1999년)

(단위: %)

	찬성	반대
스코틀랜드	74.3	25.7
웨일스	50.3	49.7

적인 웨일스어나 말하는 소수집단으로 전락할지도 모른다는 공포가 고조된 가운데 반대세력이 논의를 주도했다. 그 결과 웨일스에서는 11.8퍼센트만이, 스코틀랜드에서는 32.9퍼센트가 찬성함으로써 권력이양 법안은 부결되었다. 그러나 1997년 토니 블레어의 노동당 정부가 권력이양을 공약으로 내걸고 총선에 승리한 후 주민투표를 다시 실시했을 때, 위 표에서 보듯이 그 결과는 자체의회의 구성이었다. 그에 따라 스코틀랜드에서는 1707년 이후 처음으로, 그리고 웨일스에서는 역사상 처음으로 각각 의회 구성을 위한 투표가 실시되었다. 현재 외교와 국방을 제외한 광범위한 분야에서 스코틀랜드 의회와 웨일스 의회가 권력을 행사하고 있다.

5. 영국적인 것의 해체?

영국이 당면한 가장 큰 문제점은 영국적인 것Britishness을 구성하고 유지해준 요소들이 더 이상 효력을 발휘하지 못한다는 것이다. 이제 영국은 더 이상 강대국이 아니며, 왕실, 의회, 국교회 등 국가적 정체성을 보장해주던 기관들이 신뢰를 잃고 있다. 영국적인 것의 핵심으로 간주된 개신교는 쇠락했고, 프랑스로 대표되던 타자他者의 대상도 바뀌었으며, 영국의 상업적 성공도 이미 과거지사가 되었다. 한편 켈트 변두리에서 잉글랜드 중심주의에 대한 도전이 강해지면서 잉글랜드적인 것, 스코틀랜드적인 것 등으로 돌아가자는 주장도 제기되고 있다. 이제 잉글랜드가 주도하는 연합왕국의 관계가 더 이상 모두에게 이롭지 않다는 사실은 명백하다. 그러나 웨일스, 스코틀랜드가 완전히 분리되어나가는 것도 문제로 간주되며, 그에 대한 반대가 심하다. 만약 스코틀랜드와 웨일스가 독립국가가 된다 하더라도 소규모 국가라는 문제점이 있고, 켈트 지역들 상호 간의 협조도 아직 불가능하기 때문이다. 연합왕국 내 각 집단의 관계는 앞으로 영국이 유럽 통합과 어떤 관계를 맺느냐에 따라 다시 정립될 수도 있을 것이다.

어떤 면에서 연합왕국의 분리문제보다 더 심각한 문제는 이민으로 인한 다인종 국가로의 행보와 정체성의 갈등이다. 특히 인종적 소수 집단들이 영국 사회의 상당한 부분을 차지하게 된 지금, 다인종 사회의 발달이 주도적 문화에 가하는 위협이 심각하게 인식되고 있다. 그 결과 '영국적 삶의 방식'의 역사적, 문화적 속성이 최근 논의에서 계속 등장하는 주제가 되었다.

영국의 시민권은 원래 태생주의였다. 1948년에 영국 국민은 식민지인들을 포함하는 것으로 정의되었고, 그에 힘입어 1950년대 이민의 물결이 몰려들었다. 그러나 인도, 파키스탄, 서인도제도의 연방국들로부터 이민이 쇄도하자 1960년 이후 시민법 등 일련의 입법에 의해서 영국 시민의 자격을 제한하려는 노력이 행해졌으며, 영국으로의 이주가 어느 때보다 더 어려워졌다. 1971년 영연방 이민들에 대

영국의 인구구성(1991년)

(단위: %)

	영국	런던시
백인	94.5	74.4
흑인(카리브계)	0.9	7.1
흑인(아프리카계)	0.4	4.4
흑인(기타)	0.3	2.0
인도계	1.5	3.0
파키스탄계	0.9	1.2
방글라데시계	0.3	2.8
중국계	0.3	1.1
기타 아시아계	0.4	1.8
기타	0.5	2.3
총인구	54,888,844명	2,504,451명

▪ 반올림 때문에 퍼센트(%)의 합이 100이 아닐 수도 있음

한 특혜가 제거되었으며, 1981년에는 새로운 시민권 법에 의해 태생주의가 포기되었다. 즉 1983년 1월 1일 이후 태어난 아이들 가운데 부모 중 한 명이 영국 시민이거나 영구 거주민일 경우에만 영국 시민으로 간주되게 된 것이다.

점차 피부 색깔이 계급보다 우선하는 사회적 구분의 척도가 되고 있는 가운데 영국민은 이제 민족과 더불어 인종에 의한 분리를 피할 수 없는 형편이 되었다. 다음 표에서 보듯이 소수 인종들은 특히 런던 등 대도시에 집중해서 사는 경향을 보였다. 이미 1958년에 인종분쟁적 봉기가 리버풀 등지에서 일어났고, 1980년대에 여러 도시에서 극심한 폭력사태를 겪기도 했다. 다행히도 관용을 전통으로 하는 영국인들에게 인종주의는 아직 뿌리내리지 않은 것 같다. 영국에도 인종

주의 당파인 국민전선이 조직되었지만(1967), 프랑스에서와 같은 대중 정당으로 발달하지 못했던 것이다. 최고조에 이르렀을 때(1972~1974) 그들의 세력은 고작 1만 4,000~2만 명이었다. 그러나 앞으로는 다를 수 있다. 영국의 인구구성에서 16세 미만의 백인들이 20퍼센트인 데 반해, 방글라데시와 파키스탄계는 그 나이의 청소년들이 40퍼센트를 차지하기 때문에 앞으로 영국 사회에서 비백인이 점점 더 많아질 것은 확실하며, 그들을 성공적으로 포용하지 못할 경우 심각한 인종적 갈등이 생길 수 있다.

이런 가운데 영국적인 것이 과연 무엇인가에 대한 논란이 뜨거워졌다. 1980년대 이후 점차 국수적이고 방어적이며 인종적으로 배타적인 정체성이 통용되었는데, 이 담론은 영국인들을 순수한 혈통인 양 묘사하면서 타민족의 개입과 혼합을 전혀 기억하지 않는 경향을 보이고 있다. 유럽 통합에 대한 오늘날 영국인들의 적대감도 그런 섬나라 근성에서 기인한다. 그러나 섬나라 근성은 오늘의 현상만이 아니다. 《로빈슨 크루소》의 저자 대니얼 디포는 이미 18세기 초에 외국을 싫어하는 잉글랜드인들을 풍자하면서 "순수한 잉글랜드 사람"이란 존재하지 않으며 기원으로 따져본다면 "우리 모두가 이방인들"이라고 꼬집었다.

유럽연합의 정치적 통일 역시 잉글랜드, 스코틀랜드, 웨일스의 상호관계를 바꾸어놓을 것이 확실하다. 유럽 통합에 대해 회의적인 사람들은 광범위한 유럽적 정체성이라는 틀 아래 영국의 국민 정체성이 위험해질 것이라고 경고한다. 미래의 영국은 유럽의 일부일 것이라는 사실을 받아들인다 해도 독특한 국민 문화를 보호하는 것이 중

대니얼 디포는 영국의 저널리스트이자 소설가이다. 1701년 정치풍자시인 〈순수한 영국인〉을 써서 네덜란드계 국왕 윌리엄 3세에 대한 국민의 편견에 반대하고 정당 대립 시대의 정치저널리스트로 활약했다.
—

요하다는 것이다. 당장 연합왕국이 깨어지지는 않겠지만, 한 가지 확실한 것은 영국이 앞으로 '잉글랜드가 주도하는 통일국가'보다는 좀 더 '평등하고 혼성적인 연합국가'로 나아가리라는 점이다. 영국에는 지금 역사상 그 어느 때보다 언어, 습관, 종교적 기원이 다르고 피부 색깔이 서로 다른 사람들이 모여 살고 있다. 영국의 미래는 그런 다양성 속에서 어떻게 하나의 '국민 문화'를 만들고 확인하면서 통합적 영국민을 형성해내는가에 달려 있다고 하겠다.

3장

통치제도

21세기라는 시점에서 영국 왕실은 시대착오로 보일지 모른다. 그러나 영국인들은 대부분 왕실에 대해서 큰 불만이 없다. 왕실이 국민적 통일의 구심점이라는 역할을 그런대로 성공적으로 해내고 있기 때문이다. 영국 정치의 꽃은 의회이다. 영국 의회를 관찰하면 의회정치가 무엇이며, 어떻게 작동하는지를 알 수 있다. 왕실과 함께 의회는 영국적인 것을 대변하는 제도이다. 그러나 의회정치의 중심은 아무래도 수상과 내각에 놓여 있다. 이 장에서는 왕실, 의회, 정당 등 수백 년 동안 통치의 근간을 이루어온 제도들의 발전과정과 현 상태를 점검해본다.

1. 왕실

영국 왕실의 역사에서 우선 주목할 사실은 잉글랜드에서는 국왕이 절대왕정을 확립한 적이 없었다는 것이다. 다른 유럽 국가들이 한창 절대왕정을 다지고 있을 때, 잉글랜드에서는 오히려 왕권의 위축이 일어났다. 왕권에 대한 가장 큰 도전은 1640년대의 혁명에서부터 1688년의 명예혁명에 이르기까지 약 반세기 동안 계속되었고, 잉글랜드의 왕권은 결국 도전을 물리치는 데 실패했다. 명예혁명은 주권이 어디에 있는가의 문제를 해결했다. 이후 정치적 논의와 활동의 중심지가 궁정에서 의회로 이전되었으며, 정부는 국민에게 책임을 지고 국민에 의해서 통제되어야 한다는 국민적 동의가 확실해졌다. 물론 그렇다고 해서 국왕의 권력이 전적으로 소멸된 것은 아니었다. 의회에 대한 왕의 통제는 그 후에도 계속되었고, 왕은 여전히 강력한 정치적 후견제를 행사할 수 있었다. 19세기 초 조지 3세가 정신질환을 일으킬 때까지 군주들은 궁정에서 정치를 주도했고, 영국은 제한적이나마 여전히 왕국이며 왕정이었다. 19세기에 들어서야 "군림하지만 통치하지 않는다"는 왕권의 개념이 확실해졌다. 그렇지만 스튜어트 왕조 때 겪은 소요와 그 뒤를 이은 독일 계통의 하노버 왕조 때 영국의 왕권은 크게 제약받지 않을 수 없었다.

재미있는 사실은 대중민주주의의 도래와 더불어 왕실의 역할이 오히려 더 강조되었다는 것이다. 잉글랜드의 역대 국왕들이 신민의 사랑을 받은 경우는 드물었다. 엘리자베스 1세에 대한 국민의 사랑은 스튜어트와 하노버 왕조에서는 재생되지 않았다. 빅토리아 여왕(1837~1901)은 처음에는 인기있는 군주였으나, 1861년에 남편 앨버트 공이 죽은 후 은둔생활에 빠져들자 비판받았다. 그러나 오늘날 왕실은 국민적 통일의 상징이다. 국왕의 권력은 거의 무無에 가깝지만 상징적 의미는 오히려 증가한 것이다. 영국 왕실이 이러한 상징적 의미를 가지게 된 것은 의도적인 이미지 구축의 결과였다.

영국 왕실의 이미지 형성은 18세기 말부터 시작되었다. 조지 2세의 궁정음악가였던 헨델의 오라토리오가 《구약성서》의 영웅들과 하노버 왕조를 비유했다는 사실에서 알 수 있듯이 그전에도 왕실 이미지의 고양이 있었다. 그러나 대중에로의 전파는 의식되지 않았다. 18세기 말 미국 독립전쟁의 패배와 프랑스 혁명, 나폴레옹 전쟁들에 직면하여 대중을 규합하고 단결을 확인할 절대적 필요성이 생기자 국가적 차원에서의 왕실의 고양과 의식화儀式化가 조지 3세와 대신들에 의해서 시작되었다. 이때부터 공식적인 애국적 기념식이 왕실의 식과 동일시되었다. 그러나 이것은 단순히 위로부터의 부과가 아니라 대중으로부터의 호응에 의한 것이기도 했다. 영국 왕실은 특히 나폴레옹을 의식하여 자신들의 오랜 전통을 부각시키고 나폴레옹의 모방을 비웃는 데에 초점을 맞추었는데, 나폴레옹의 대관식에 대비하여 기사서훈식을 성대하게 거행하기도 했다(1805). 그러나 1870년대까지 왕실의식은 아직 전국적 규모로 발달하지 못한 채 국지적으로 수행되었다. 교통, 통신이 발달하지 않은 전前산업사회의 속성이 어쩔 수 없이 그러한 결과를 낳았다.

나폴레옹 전쟁 후 1870년대까지 조지 3세(1760~1820), 조지 4세(1820~1830), 윌리엄 4세(1830~1837) 및 빅토리아 여왕이 군림했다. 이 시기에는 국왕이 아직 어느 정도 정치적, 사회적 실권을 행사하고 있었는데, 이 사실이 오히려 왕실을 의회와 언론의 정치적 비판의 대상으로 만들었다. 덧붙여서 왕가의 도덕, 애정행각, 생활에 대한 나쁜 평판도 국민의 무관심과 적대감을 불러일으켰다. 언론 또한 전반적으로 왕실에 적대적이어서 왕실은 신문과 잡지 만화의 가장 중요한 풍자 대상이었다.

국력과 왕실의 세력을 상징하기 위한 거대한 기념물들이 건립되고 있던 당시 로마, 파리, 상트페테르부르크와 비교해볼 때 런던은 대규모 왕실의식을 치르지 못할 정도로 초라해 보였다. 그러나 런던은 "절대주의에 저항하는 자유민들의 열정과 가치의 자랑스러운 표현" 이었다. 영국민은 도시의 거대한 건물을 오히려 전제군주와 전제정치의 산물로 받아들였던 것이다. 영국인들은 의식에 별 의미를 부여하지 않았는데, 사치와 허세에 대한 무관심은 영국인들이 과시의 필요성을 느끼지 못했다는 사실을 의미했다. 그만큼 영국인들은 영국의 국력과 문명의 선도자로서의 자부심을 가지고 있었던 것이다. 전국적인 관심을 모은 행사는 왕실행사가 아니라 넬슨 제독이나 웰링턴 공작과 같은 영웅들의 장례식이었다. 왕실의식은 여전히 소수의 의식이었고, 행사 자체도 코미디와 실수 사이를 오락가락했다. 앨버트 공의 사망 후 여왕이 행사에서 모습을 감추자 왕실행사는 최악의 상태로 전락했다.

그러나 1870년 이후 제1차 세계대전까지의 기간에 왕실의 대중적 이미지가 근본적으로 변화하고 왕실의식이 보다 웅장하고 대중적으로 변했다. 어떤 면에서 이것은 왕실이 현실정치로부터 점차 은퇴함에 따라서 가능했다. 다른 나라에서는 왕실의 영향력이 높아짐에 따라 이를 찬양하는 의식들이 발전한 데 반해, 영국에서는 왕실의 영향력이 쇠퇴하면서 오히려 왕실의식을 발달시키고 왕실에 대한 존경심을 증대시켰다. 다시 말해서 영국 왕실은 권력을 포기한 대가로 인기를 얻은 셈이었다. 그 배경에는 19세기 후반의 사회경제적 발전이 자리잡고 있었다. 산업혁명의 결과, 지방의 정체성이 약해지면서 런던이 전국적인 지배력을 다시 인정받았고, 계급갈등이 전국적인 범위로 확대된 산업사회로 진입했다. 이러한 변화와 위기의 상황에서 왕실을 찬양하는 의식은 전통의 고수를 내포했고, 영원함과 국민공동체의 상징을 구현하는 역할을 하게 되었다.

1880년대 이후 매스미디어의 발달도 왕실의 새로운 이미지 구축을 도왔다. 황색언론이 등장하여 왕실을 신성불가침의 존재로 보이게 했으며, 철도의 확장과 자동차의 증가는 왕실의 교통수단인 마차에 '낭만적인 황홀함'을 부여했다. 1876년 빅토리아 여왕이 인도 여제가 된 후 영국 왕실의 의식은 제국의 의식이 되었다. 그러나 이때 이미 영국은 전 세계로부터 도전받기 시작했고 국제적 경쟁이 첨예해진 시기였기 때문에, 그러한 우려를 숨기기 위해서 오히려 왕실의식의 강화가 이루어졌다고 볼 수 있다. 19세기 말에서 20세기 초에 촉진된 국제경쟁은 수도를 대규모로 재건하는 일에서도 나타났다. 로마, 베를린, 파리, 빈 등에서 진행되던 국수주의적 허세로 가득 찬 대규모 구조물들의 건설은 실용적이고 현실적인 영국인들조차 경쟁으로 몰아갔다. 웨스트민스터 대성당이 큰 행사를 치르기에 적합하도록 내부구조를 변경하고 새로 단장된 것도 이때였다. 이제 행사 중의 실수도 드물어지고, 심지어는 그것마저 전통의 일부가 되었다. 1880년대 이후 대중소비 시대의 도래와 더불어 기념 메달, 도자기 판매와 같은 상업적 고려도 왕실의 이미지를 고양하는 데 이바지했다. 요컨대이 시기는 '창조된 전통'의 전성기였다.

이 사진은 1909년 천문학자 로키어가 찍은 것으로, 20세기 초 대규모 구조물들이 건설·재건되고 있는 런던의 모습을 볼 수 있다.

—

1914년 이후부터 엘리자베스 2세의 즉위(1953)까지의 시기는 전쟁과 혁명으로 인해서 유럽 강대국들의 왕정이 전부 폐지되고, 영국만이 유일하게 왕정을 유지하게 되었다는 국제정세의 변화가 영국 왕실을 특별한 것으로 만들었다. 입헌군주로서의 국왕의 지위가 더욱 확고해진 반면, 국왕에 대한 존경은 하층 대중만이 아니라 도시 중간 계급과 지방 젠트리에 이르기까지 확대되었다. 언론이 왕실행사를 엄숙하게 다룸으로써 왕실을 여론의 단결과 사회의 안정성, 그리고 공동체를 구현하는 존재로 비치는 데 일조했고, 라디오 등의 새로운 미디어도 왕실의식을 보다 대중적으로 만드는 데 이바지했다. 1923년 조지 5세의 역사적인 크리스마스 방송이 시작되었을 때, 영국인들은 왕실행사를 그들 모두가 참여할 수 있는 친근한 일로 느끼게 되었다. 왕실의 결혼식이 보다 중요한 행사가 되었으며, 기념우표가 왕의 은혼식 때 발행되었다.

영제국과 영연방 모두에 영향을 미쳤던 최후의 위대한 의식은 엘리자베스 2세의 대관식이었다. 이후 왕실은 여전히 안정과 지속성을 보장하는 제도로서 대중에게 자리잡아왔다. 그러나 더욱 중요한 사실은 영국이 더 이상 강대국이 아니라는 국제정세의 변화였는데, 이 상황에서 왕실은 국제사회에서 영국의 지위가 하락하는 속도를 완화시켜 그것을 덜 느끼게 만드는 역할을 했다. 국력이 쇠퇴할수록 왕실에 대한 자부심은 다른 어디에서도 볼 수 없을 정도로 높아졌다. 텔레비전은 왕실의식을 생생하게 전달하여 이전보다 훨씬 더 높은 참여의식을 가지도록 만들었다. 왕실은 이처럼 국내적 변화의 시기와 국제적 긴장과 지위 하락의 시대에 위안과 지속성을 확인해주는 기능을 수행했는데, 무엇보다도 영국 왕실과 그 의식은 다른 대륙의 국가들과는 달리 두 차례의 세계대전을 겪으면서도 살아남았다는 사실에 힘입어 그러한 기능을 수행할 수 있었다.

입헌군주로서의 성격은 19세기 이래 정착했고, 18세기 말 소피트 수상 이래 하원의 다수당 지도자가 수상이 되는 것이 관행이 되었다. 그러나 빅토리아 여왕은 이 관행을 무시하고 그녀가 싫어하는 글래드스턴이 아닌 다른 사람을 수상으로 만들려고 압력을 행사했지만 성공하지 못했다. 여왕은 또한 찰스 딜크나 조지프 체임벌린 등의 진보적 인사들이 각료가 되는 것을 방해했다. 따라서 1901년 여왕의 장남 에드워드 7세의 즉위와 더불어 진정한 근대적 왕정이 시작되었다고 말할 수도 있다.

여왕은 이제 소득세를 내야 한다. 현재 영국 국왕에게 남아 있는 마지막 권리가 있다면 아마 수상의 임명권일 것이다. 1957년 엘리자

1953년 6월 2일 영국 웨스트민스터 대성당에서 엘리자베스 2세의 대관식이 거행되었다. 20세기 한가운데 펼쳐진 화려한 대관식은 처음으로 텔레비전을 통해 생중계되었고, 대관식 전날 몰아친 비바람에도 불구하고 거리에 늘어선 50만 여명의 영국 국민들은 여왕이 지나가는 모습에 아낌없는 환호와 축하를 보냈다.
—

베스 여왕은 수에즈 사건에 책임을 지고 전격 사임한 앤소니 이든을 대체하기 위해서 해럴드 맥밀런을 수상으로 선택했을 때 이 권리를 완벽하게 행사할 수 있었다. 물론 여왕은 처칠 등 원로 정치인들의 조언을 듣기는 했다. 그러나 앞으로는 그런 권력의 행사조차 없을 것이다. 1957년에는 보수당 내에 지도자 선출의 공식과정이 없었기 때문에 보수당이 집권당일 때 수상이 죽거나 은퇴하면 여왕에게 선택권이 있었지만, 이제는 보수당의 지도자 선출과정이 확실해졌고 다른 정당에는 일찍부터 그 과정이 정립되어 있기 때문이다. 그러나 아직도 총선에서 어떤 당도 다수석을 확보하지 못했을 경우 여왕은 수상을 임명할 수 있다. 의회에 대한 여왕의 실제 권력은 매해 11월에 거행되는 의회에서의 개원행사에 드러난다. 이 행사에서 왕이 연설하기 전에 왕의 사자를 보내면 하원의 문이 그의 면전에서 소리나게 닫히는데, 이것은 의회의 독립을 상징하는 행동이다.

왕정은 왕국 내 통일을 강조하면서 다양한 사회적, 민족적 정체성들의 정당성을 인정해주었다. 보수당과 자유당은 물론 노동당도, 심지어 공산당까지도 연합왕국을 지지하는 정당이라는 사실이 그것을 입증해준다. 영국 내 좌파 지식인들은 왕실이 소수 지배 엘리트의 이익을 위해서 국가를 통합하는 역할을 하고 있다고 비난하지만, 1980년의 조사에 의하면 영국민의 90퍼센트가 미국이나 프랑스 식 공화정보다 왕정을 선호하는 것으로 나타났다. 그러나 이러한 선호도는 최근 왕족들의 결혼과 이혼을 둘러싼 스캔들로 급감했다. 1996년 행해진 여론조사에서는 국민의 반 정도가 왕정폐지에 찬성하는 것으로 나타났으며, 다음 해 다이애나 전 왕세자비의 사망으로 왕실의 인기는 바닥

영국의 황태자비 다이애나 스펜서. 찰스 왕세자와 1981년부터 시작된 우여곡절 많은 결혼생활은 15년 후 1996년 이혼으로 막을 내렸다. 1년 후 불의의 사고로 다이애나 비가 죽었지만 왕실은 냉담했고 영국 국민들은 분노했다. 결국 국민들의 애도와 비난에 당황한 왕실은 장례식을 왕실장으로 치르고 텔레비전을 통해 전 세계에 방영했다.

—

을 쳤다. 다이애나를 좋아한 국민들은 그녀가 왕실로부터 배척당했다고 믿었던 것이다. 여왕의 즉위 50주년 기념식(2003)을 계기로 어느 정도 인기를 회복했고, 2013년의 즉위 60주년 기념식을 바라보고 있는 요즘은 왕실에 대한 지지가 그 어느 때보다 높다.

한편 스코틀랜드에서도 왕실에 대한 충성심은 유지되어왔는데, 최근에 변화가 생겼다. 1991년 스코틀랜드에서 실시된 여론조사에서 주민들의 43퍼센트만이 만약 스코틀랜드가 독립한다면 여왕을 국가 원수로 유지하고 싶다고 답했으며, 48퍼센트는 대통령을 뽑겠다고 대답했다. 이 결과에 당혹한 왕실이 적극적으로 나서서 스코틀랜드와의 관계개선에 힘을 기울였다. 그 결과 1998년 9월의 여론조사에서는 61퍼센트가 영국 왕을 독립 스코틀랜드의 국가원수로 모시겠다고 대답했다. 현재 스코틀랜드 민족당도 공화국의 길을 주장하지 않는다. 아직도 영국 왕실은 국민적 화합의 상징으로 중요한 역할을 하고 있고 그 이유 때문에라도 왕정이 폐지되지는 않겠지만, 빅토리아 여왕 시대의 도덕률과 엄격한 생활상을 회복하고, 국민에게 좀 더 다가가려고 노력해야 왕실의 미래는 보장될 수 있을 것이다.

2. 의회

1) 초기의 역사

의회parliament라는 명칭은 헨리 3세(1216~1272) 시대에 처음 언급되었다. 프랑스어의 동사 '말하다parler'에 기원을 둔 이 말은 유력인사들이 중요한 문제들을 논의하기 위해서 가진 모임을 일컬었다. 따라서 의회는 다양한 신분의 국민 모두를 대변하는 집단으로 시작하지는 않았다. 의회는 근본적으로 왕의 통치를 보완하는 기관으로 성장했는데, 통치자와 피통치자, 왕국의 중심과 주변 간의 접촉을 마련해주는 수단 가운데 가장 중요하고 효과적인 것이 바로 의회였다.

헨리 3세에 대해서 반역을 일으킨 프랑스 태생의 귀족 시몽 드 몽포르(레스터 백작)가 소집한 의회(1265)는 의회사에서 매우 중요한 의의를 가진다. 이전의 의회가 대귀족, 고위 성직자만을 소집한 데 반해서 드 몽포르의 의회는 자치시의 대표들을 포함했기 때문이다. 물론 이들은 선출된 것이 아니었다. 에드워드 1세(1272~1307) 치세 동안 의회는 잉글랜드 정체의 당연한 부분이 되었다. 그가 1295년에 소집한 소위 모범의회Model Parliament는 1265년 의회 다음으로 의회사에서 중요하게 간주된다. 웨일스, 스코틀랜드 및 프랑스와의 전쟁으로 몹시 돈이 필요한 에드워드 1세는 될 수 있는 대로 광범위한 과세를 위해서 광범위한 신민의 대표를 소집했는데, 귀족, 고위 성직자만이 아니라 각 주로부터 기사들, 각 소도시borough¹의 대표들이 참석했다. 이로써 왕국의 신민 전체를 대표하는 의회라는 개념이 발달했고, 의회를 통한 영국민의 정체성 발달에 큰 공헌을 했다.

세금을 부과하고 법령을 통과시키는 의회의 근대적 역할은 초기에는 명확하지 않았다. 그러나 1297년에 이르러 의회는 대헌장(1215)의 원칙, 즉 왕은 납세자나 그의 대표의 동의에 의해서만 과세할 수 있다는 원칙에 입각해서 과세를 비준하는 기관으로 인정받았다. 의회가 여론을 집합하는 기관이라는 원칙이 확실해진 것이다. 하원의장Speaker은 중세 후기에 등장했는데 의원들의 제안을 왕에게 전언하는 사람이라는 의미에서 그런 이름이 붙었고, 그 명칭은 지금도 남아 있다. 의회는 에드워드 1세에게 재정적 지원만이 아니라 정치적으로도 유용했다. 왕은 보다 광범위한 신민집단의 이해관계를 대변하는 정부기관으로서 의회의 권위를 높임으로써 대귀족들의 지배를 효과적으로 막을 수 있었던 것이다. 이처럼 초기 의회는 왕의 발명품이었다

---

1 의회에 대표를 보낼 자격이 있고, 특허장에 의해서 법인격이 주어진, city보다 작은 자치시.

의회에 출석한 에드워드 1세.

는 사실을 잊어서는 안 된다.

　의회는 더욱 발달하여 14세기 들어 제도적 정비가 이루어졌다. 1340년에 이르러 귀족원House of Lords과 서민원House of Commons이라는 양원이 시작되었다. 왕의 자문위원회가 강화되어 귀족원 즉 상원이 되고, 주와 도시에서 선출된 대표들로 서민원 즉 하원이 구성되었다. 당시 발간된 한 책자는 하원이 점점 더 중요하게 되어간다고 증언했다. 이 책은 또한 주의 기사들과 도시민들은 왕국의 공동체 전체를 대변하는 데 반해서 귀족은 자신들만을 대변한다고 지적했다. 에드워드 3세(1327~1377)의 장기간 치세는 왕과 의회의 놀랄 만한 조화의 시대였다. 이때 일어난 가장 중요한 발전은 법을 시행하는 데 의회가 주도권을 잡게 되었다는 것이다. 초기 입법활동은 왕과 그의 가신들이 법안을 작성하면 의회가 승인하는 방식으로 이루어졌다. 그러나 14세기에 이르러 의회 스스로가 법안을 제안하고 확정하는 권력을 획득하게 되었는데, 왕이 의회를 단단하게 통제하지 않아 의회가 보다 큰 정치적 독립을 누리게 됨으로써 가능했다.

스튜어트 왕조 때 의회 발달사에서 획기적 계기가 마련되었다. 제임스 1세 치세하에서 의회의 특권은 왕의 선물이 아니라 왕국 자체로부터 나온다는 개념이 발달했고, 의회가 정치적 주도권을 획득하기 시작했다. 튜더 왕조 시대에 298명이던 하원은 제임스 1세 때 467명으로 증가했는데, 특히 도시 선거구의 수가 늘었고, 의원들의 교육수준도 향상되었다. 그러나 여전히 찰스 1세 때 의회의 권위가 국왕의 권위보다 우선이라고 주장한 의회 지도자 존 엘리엇은 그 대가로 런던탑에 갇혀야 했다. 혁명과 명예혁명이 그러한 상황을 완전히 바꾸어놓았다. 이제 국민주권과 대의제로 무장한 의회는 왕권에 대해서 절대적으로 우월한 위치를 주장하게 되었다. 1714년이 되면 의회는 거의 항상 개회 중이었고 국가재정에 대한 완전한 통제권을 가졌으며, 행정부와 그의 활동(스튜어트 왕조의 왕들이 왕의 특권으로서 그처럼 강력하게 주장하던 대외정책까지를 포함해서)을 통제하게 되었다.

2) 근대 이후의 상원과 하원

의회란 통상적으로 원래 입법, 행정, 사법의 삼권분립 체제에서 입법을 담당하는 기관이다. 그러나 요즘에는 입법조차 행정부가 주도하고 의회는 단지 입법을 정당화해주는 역할에 그치기 때문에 의회의 기능이 많이 쇠퇴한 것처럼 보인다. 그러나 내각이 내린 결정에 권위를 부여하는 일은 여전히 의회가 담당하는 매우 중요한 기능이다. 법안이 하원에 상정되는 것을 제1차 독회라고 부른다. 중요한 것은 제2차 독회인데, 여기서는 법안의 전반적 원칙에 대한 토론이 이루어진다. 제2차 독회는 하원 전체에 의해서 행해지기도 하지만 40~90명으로 구성된 각 상임위원회Standing Committee로 이관되는 것이 보통이다. 하원이 법안의 전반적 원칙을 승인하면 상임위원회에서는 각 조항마다 세밀히 검토하는 작업이 이루어진다. 위원회가 수정하거나 원본 그대로 법안을 다시 본회의에 보고하면 본회의는 이 법안을 다시 토론에 붙인다. 여기서 새로운 수정이 가해질 수도 있다. 이것이 끝나면 제3차 독회에 들어간다. 여기서 다시 한 번 법안 전체에 대한 토론이 있게 되는데, 각 조항에 대한 수정은 이 단계에서는 불가능하다. 제3차 독회가 끝나면 상원으로 넘겨지고 거기서도 비슷한 절차를 밟는데, 하원은 상원의 수정사항을 굳이 받아들이지 않아도 된다. 법안이 상원에서도 통과하면 왕의 재가를 얻어 정식 법으로 공포된다.

의회가 정부를 조사, 감독할 수 있는 또다른 기구로는 특별위원회Select Committee가 있다. 현재 국방, 농업, 교육, 환경, 외무, 내무, 사회복지 등 14개의 특별위원회가 존재하는데, 보통 야당의원이 위원장을 맡는다. 위원회는 정부행정의 세부사항에 대한 초당적 보고서를 작성하여 개별 의원들의 대정부 질의에 이용하도록 한다. 이 제도는 전체 의원들로 하여금 어느 정도 통치에 참여하도록 하는 장치이고, 이를 통해서 의원들이 비록 제한적이지만 정부에 대하여 비판적 접근을 할 수 있다. 그러나 평의원들backbenchers이 권력의 주변부에 머문다는 것은 사실이다. 이처럼 하원이 당면한 가장 큰 문제점은 평의원들의 힘이 약해져서 당 지도부에 반대할 수 없게 되었다는 사실로서, 이것이 의원내각제에 대한 가장 심각한 위협이라고 지적된다. 당 지도부와 행정부에 대한 평의원들의 위상이 높아질 때 진정한 대의정부와 책임정부가 실현될 수 있을 것이다.

위에서 언급했듯이 상원과 하원의 구분은 14세기에 시작되었지만, 상원이 19세기까지 계속 우월한 위치에 있었다. 19세기를 통해서 솔즈베리 수상과 로즈버리 수상 등 지도적 정치가들이 상원에 적을 두고 활동했다. 디즈레일리는 상원과 하원 양쪽에 다 근거를 두었으며, 글래드스턴만이 계속해서 하원에 근거를 두었다. 상원은 실상 대의정부와 책임정부에 거역하는 것으로 보인다. 비록 1875년부터 사법임무를 담당할 유능한 인력을 제공하기 위해서 법률가들을 상원에 받아들임으로써 능력에 의해서 선출된 상원의원이라는 개념이 시작되었지만, 근본적으로 상원의 의석은 선출된 것이 아니라 출생에 의한 것이기 때문이다. 이런 성격의 기관이 민주사회에서 이렇게 오랫동안 살아남았다는 것은 사실 이상하다고 말할 수 있다. 드디어 2000년대 들어 상원의 본격적인 개혁과 축소가 시작되었다.

최초의 중요한 변화는 1911년 의회법인데, 그로부터 상원의 권한이 위축되기 시작했다. 사회보장제도를 실행하기 위한 예산을 확보하려는 자유당 정부의 소위 인민예산안(1909)이 상원에서 부결되자,

정부는 하원에서 결의된 법을 상원이 부결시키지 못하도록 하는 법을 제정했다. 이 법은 상원이 단지 2년 동안 법안을 보류할 수 있도록 했는데, 1949년에 그 권한이 1년으로 단축되었다. 이제 상원은 하원의 경쟁자가 아니라 보완자라는 생각이 확고히 자리잡게 되었으며, 상원의 기능과 영향력은 하원이 제안한 법안의 세부사항을 수정할 수 있을 뿐 직접적 도전은 권한에 속하지 않게 되었다.

1958년에는 점점 더 늘어나는 귀족의 수를 제한하기 위해서 1대 귀족법Life Peerage Act이 제정되어 세습되지 않는 귀족이 생겼지만, 상원에는 여전히 1대 귀족들보다는 세습귀족의 수가 훨씬 많았다. 노동당 정부는 1대 귀족법 이후 세습귀족의 서임을 거부했으나 보수당은 여전히 세습귀족을 만들어냈다. 1992년에는 마거릿 대처 전 수상이 1대 남작이 되었다. 1963년까지 귀족은 상원에 참석할 자격만 가졌고 하원 진출이 금지되었지만, 그 후 귀족의 칭호와 특권을 포기하면 하원에도 진출할 수 있게 되었다. 이 귀족법에 의해서 귀족 칭호를 포기하고 하원에 진출하여 주도적 정치인이 된 가장 유명한 예는 노동당의 급진 좌파인 토니 벤이다. 그러나 이제까지는 단지 15명만이 이 법의 적용을 받았을 뿐이다. 1989년 1월 기준으로 상원은 전통적 세습귀족 759명, 초대 세습귀족 26명, 재판관 귀족 22명, 1대 귀족 354명, 국교회 성직자가 26명 등 총 1,187명으로 구성되어 있었다.

상원에 대한 여러 비판에도 불구하고 하원보다 더 신중하고 당리당략에 좌우되지 않는다는 등 상원의 존재를 인정하는 목소리도 만만치 않았다. 그러나 1997년 집권한 노동당 정부는 상원의 의원 수를 대폭 축소시켜버리는 획기적인 헌정 변화를 시도했다. 즉 노동당 정부는 능력주의에 입각해 출생에 의한 엘리트를 제거한다는 기획을 실천하는 과정을 시작했다. 1997년 선거에서 승리하자 노동당의 블레어 수상은 세습귀족들을 상원에서 제거하고, 상원의 구성과 권한을 대대적으로 축소시키는 2단계 개혁을 주창했다. 상원 지도부의 강력한 반발에 직면하여 블레어 수상은 2단계 개혁이 이루어질 때까지 세습귀족의 약 10퍼센트인 92명을 상원에 잔류시키기로 합의했다. 동시에 블레어는 2005년의 헌정개혁법을 통해 현재의 상원에 소속되어 있는 사법부를 분리하여 독립시키기로 결정했다. 2009년 대법원이 탄생하여 그때까지 상원에서 관장하던 최고 권위의 사법업무를 시작했다. 이로써 영국에도 다른 민주주의 국가와 마찬가지로 삼권분립이 정착되었다. 이 두 가지 개혁은 영국 역사상 대단히 중요한 헌정상의 대변혁이며 아마도 블레어 정부의 가장 중요한 업적으로 역사에 기록될 것이다.

한편 하원의원을 선출하는 과정에서 인구 변화를 고려하여 때때로 선거구 조정이 있는데, 이때 자기 당에 유리하게 조정하려는 정당들의 각축이 치열하다. 오랫동안 스코틀랜드는 인구에 비해 과다한 의석수를 배정받았고, 잉글랜드는 반대로 과소평가되어왔다. 이러한 불공평한 상황에 대한 시정요구가 심각해져 2005년에 선거구 변경이 실시되었다. 그 결과 스코틀랜드는 72석이던 의석에서 13석을 포기한 반면, 잉글랜드와 웨일스의 의석은 증가했다. 2012년 하원의 의석은 649석으로, 잉글랜드 532석, 웨일스 40석, 스코틀랜드 59석, 북아일랜드 18석이며, 여기에 하원의장을 더하여 하원은 총 650명으로 구성되어 있다.

3. 정당제도

1) 정당제도의 역사

영국의 정당체제에도 강한 지속성이 드러난다. 오늘날의 정당체제는 1670년대 왕정복고 시기에 기원을 두고 있는데, 이때 붙여진 토리Tory라는 이름이 여전히 통용되고 있다는 사실은 영국 정당제도의 지속성을 잘 반영하는 것이다. 18세기 전반기에는 양당체제가 거의 작동하지 못하다가 하노버 왕조의 왕으로는 처음으로 조지 3세(1760~1820)가 그의 증조할아버지와 할아버지가 대신들에게 양보했던 왕의 특권을 회복하면서 정당정치가 활성화되었다. 영국의 정당체제는 비록 그 내용은 토리와 휘그, 보수당과 자유당, 그리고 보수당과 노동당으로 변화했지만, 거의 지속적으로 양당체제를 유지해왔다. 양당체제는 너무도 익숙해져서 영국에서는 양당체제가 '자연스러운' 것이라고 주장될 정도이다. 그러나 20세기 전반기와 1980년대 이후 양당체제가 흔들린 시기가 있었다.

토리와 휘그의 구분은 스튜어트 왕조 후기에 왕위계승을 둘러싼 갈등을 겪으면서 나타났다. 제임스 2세의 후계자 문제를 놓고 스튜어트 왕조의 혈통에 의한 계승을 주장한 토리 당과 가톨릭 교도의 왕위계승을 배제하고자 한 휘그 당이 갈등을 벌였는데, 결국 휘그의 명분이 승리하여 하노버 왕조가 시작되었고 이후 휘그의 독점이 계속되었다. 그러나 조지 3세의 즉위와 더불어 정당 간의 경쟁이 다시 시작되었다. 이때의 양상은 토리와 휘그라기보다는 궁정파와 반궁정파로 구분될 수 있었지만, 곧 다시 토리와 휘그로 정비되었다. 19세기 초

의회개혁의 문제, 산업자본가들의 대두와 대중의 독립적 정치활동의 시작이 토리-휘그 양분체제에 새로운 중요성을 부여함으로써 양당체제는 1832년의 선거법 개정을 계기로 보수당Conservative Party과 자유당Liberal Party으로 변모해갔다. 이때 자유당은 새로 부상하는 중간계급을 흡수하고 경제성장과 자유시장을 핵심 가치로 받아들였다.

원래 보수주의의 시금석은 왕실과 국교회 등 국가를 지키는 기존 제도의 옹호였다. 그러나 지주층의 이익을 지탱해주던 곡물법이 토리의 로버트 필 수상에 의해서 폐지되자 토리는 분열했다. 토리 당에서 갈라져나온 사람들이 자유당으로 결집하는 과정을 거쳐 1850년대 보수당과 자유당이 정비되었다. 자유당이라는 정식 명칭은 1859년부터 사용되었다. 보수당이 비교적 동질적인 지주층과 재산소유자로 구성된 데 반해, 자유당은 휘그 대가문들, 토리로부터 갈라져나온 로버트 필의 추종자들, 존 스튜어트 밀과 같은 급진주의적 지식인, 그리고 중간계급 상인과 산업자본가들로 구성되었고, 따라서 극단적으로 반대 성향을 보이는 두 집단의 공존은 항시 폭발의 가능성을 안고 있었다. 그럼에도 불구하고 1850년대가 되면 이들 모두는 자유무역에 대한 신념을 공유했다.

이러한 정당의 구성을 보더라도 보수당과 자유당은 엄격한 의미에서 계급정당이 아니었음이 쉽게 드러난다. 양당은 모두 귀족과 중간계급을 포함했다. 물론 사회경제적으로 자유당이 중간계급의 이익을 더 많이 반영했지만, 양 정당을 구분한 요인은 계급보다는 종교와 이념이었다. 보수당이 확고한 국교회주의자들로 구성되었다면 자유당은 비국교도들을 포함했고 종교적 관용을 지지했다. '교회 대 예배당

church vs chapel'은 단순한 문어상의 표현이 아니었다.[2] 나아가 자유당은 스코틀랜드와 웨일스, 아일랜드 등 '켈트 변두리'를 대변했으며, 노동계급이 대두하면서 이들도 포섭했다. 반면 보수당은 가부장적 질서를 수호한다는 원래의 이념에 더하여, 디즈레일리 수상하에서 "대중의 행복을 위해서 사회개혁을 마다하지 않는 엘리트"라는 개념을 정착시켰으며, 애국주의와 제국을 보수당의 중요한 가치로 설정했다. 그러나 양 정당은 이념에서 현격한 차이를 보이지 않았다. 보수당과 자유당은 모두 19세기 중엽이 되면 자유무역과 자유방임을 신봉했다. "보수주의자는 영국이 신사에 의해서 통치되어야 한다고 믿는 사람이고, 자유주의자는 모든 영국인들이 원한다면 신사가 될 수 있다고 믿는 사람이다"라는 말은 그들의 유사성을 잘 보여준다.

1900년 노동당Labour Party의 창당이 양당체제를 흔들어 세 당의 혼재가 1945년까지 계속되었다. 보수당은 1916~1945년 사이에 3년 정도만 제외하고는 연립내각을 포함해서 집권정당이었다. 자유당이 쇠퇴하고 노동당이 아직 안정되지 않은 상태에서 보수당의 지배가 가능했던 것이다. 1945년 이후에는 다시 보수당과 노동당이라는 양당체제로 돌아오게 되어, 1970년대까지 양당은 98퍼센트의 의회의석을 차지하고 90퍼센트 이상의 득표율을 획득했다. 그러나 이러한 상황은 1981년에 노동당으로부터 분리되어 결성된 보다 온건한 중도파인 사회민주당과 자유당(이 두 정당은 1988년에 통합하여 자유민주당을 이루었다)의 약진으로 달라져서, 1989년에는 국민의 반 정도만이 보수당

---

2 국교회의 집회 장소는 church, 비국교회의 예배 장소는 chapel이라고 불렸다.

과 노동당의 양당에 투표했다. 양당 가운데에서도 특히 노동당에 대한 지지율이 급속하게 하락했다. 1970~1989년 사이에 보수당의 지지율은 10퍼센트 정도 감소한 데 비해, 노동당의 지지율은 25퍼센트 이상 감소했다.

1983년 선거에서 26퍼센트를 득표했던 자유 · 사민당 연합이 1992년에는 18퍼센트 정도로 낮아졌지만 2005년 선거에서는 자유민주당이 다시 22퍼센트의 지지율로 상승했다. 그러나 의석 수는 10퍼센트 미만에 불과했다. 영국 선거제는 비례대표제를 배제한 소선거구제이기 때문에 보수당과 노동당은 낮은 득표율로도 의회에서는 압도적 과반수 의석을 차지할 수 있었다. 영국이 이처럼 불공평해 보이는 양당제도를 유지하는 이유는 그것이 정치의 안정을 위해 효율적이라고 믿기 때문이다.

2) 노동당과 보수당의 구조

보수당의 특성은 지도부의 강력한 권력행사와 비민주적 운영에서 찾아볼 수 있다. 1965년까지 보수당 당수는 전당대회에서 선출되는 것이 아니라 몇몇 지도층 인사들에 의해서 베일에 싸인 방법으로 결정되었다. 그 후에는 전당대회에서 선출되지만 실제로 전당대회는 당 지도부에 별 영향력을 미치지 못한다. 보수당 지도자에게 주어진 권력은 무척 크다. 당수는 야당 시절의 그림자 내각Shadow Cabinet, 당의장, 부의장, 원내총무단을 혼자서 임명할 수 있다. 이에 반해 노동당은 상당히 민주적으로 운영된다. 야당 시절에 구성하는 그림자 내각과 원내총무가 의원들에 의해서 선출되고 선거에 승리하면 반드시 그림자 내각을 그대로 실제 내각으로 임명해야 한다. 당의 서기장은 전국집행위원회에서 선출된다. 보수당 지도자는 선거공약을 만드는 전적인 책임과 권리가 있는 데 반해, 노동당의 선거공약은 전국집행위원회와 그림자 내각의 합동위원회에서 작성되고 전당대회에서 2/3 이상의 다수결로 통과되어야 한다. 또다른 차이는 노동당 당수와 부당수가 전당대회에서 선출되고 전당대회는 당의 정책을 결정하는 역할을 맡는 데 반해, 보수당의 전당대회는 그런 권리를 가지고 있지 않다는 것이다. 보수당의 전당대회는 정책을 협의하는 역할을 할 뿐이다.

이 차이는 두 당의 문화적 차이에서 유래한다. 보수당은 당의 통일과 충성심을 다른 무엇보다 더 높이 평가하기 때문에 전당대회는 단합대회로서 보다 더 중요한 의의를 가진다. 반면 노동당은 이념을 중요시한다. 그러나 실제로는 노동당이 훨씬 비민주주의적이고 보수당은 덜 과두적이라는 관찰이 있는데, 이는 사실과 부합하는 것으로 보인다. 예를 들면 1990년에 있었던 대처 수상의 축출이 그 예가 될 것이다. 반면에 노동당에서는 점차 당수의 권한이 커져갔다. 구성과 조직 면에서도 보수당과 노동당의 차이는 확연히 드러난다. 보수당은 개인들의 당인 데 반해, 노동당은 조직들의 제휴이다. 노동당은 노동당 출신 의원들로 구성되는 의회노동당Parliamentary Labour Party(의원으로 활동 중인 사람들로만 구성되는 원내단체), 전국집행위원회, 그리고 전당대회로 구성되어 있다. 집행위원회는 의회노동당을 감독하게 되어 있지만, 실제로 1945년 이후 의회노동당은 막강한 의석수에 힘입어 거의 무제한적인 권한을 누려 왔다.

영국의 정당들은 국가보조금을 받지 못하기 때문에 순전히 개인이나 기관의 기부금에 의존해야 하는데, 보수당은 전체 수입의 70퍼센트를 기업체의 기부금으로 충당하는 반면, 노동당은 노조의 기부금에 크게 의존해왔다. 그 결과 노동당은 당 예산의 반 이상을 제공하는 노동조합의 눈치를 볼 수밖에 없었고, 대규모 노동조합들은 전당대회나 집행위원회에서 결정적 영향력을 행사할 수 있었다. 1980년대에는 노조가 연례 전당대회에서 89퍼센트의 투표권을 차지했고, 그중 55퍼센트를 5개의 대규모 노조가 좌우했다. 이것의 폐단은 이미 인식되어왔기 때문에 1996년 전당대회에서 드디어 노조의 투표권을 크게 축소시키는 개혁이 단행되었다.

보수당은 마거릿 대처 수상 아래에서 큰 변화를 겪었다. 1945년 이래 보수당과 노동당은 일종의 합의의 정치라는 틀을 고수해왔는데, 대처가 과감히 이 틀을 깨뜨린 것이다. 대처의 보수주의는 개인의 중요성, 근면, 노력에 의한 자기 개선, 자립 등을 강조했다. 대처는 합의가 나약한 타협에 불과하다며 개인적인 것으로 사회적인 것을 대체하고자 했다. 대처의 보수주의는 "빅토리아 시대의 가치로 돌아가자"는 표어로 집약된다.

한편 노동당은 노동조합과 사회주의자들의 동맹이었다. 시간이 지나면서 조직노동자에는 화이트칼라와 전문직이, 사회주의자에는 많은 다양한 신념을 가진 사람들이 포함되었지만 이들을 모두 통일시키는 노동당의 핵심 가치인 평등, 빈곤의 척결, 대중 생활수준의 점진적 향상, 수입과 부의 격차해소, 기회균등 등은 크게 변하지 않았다. 노동당 내의 주된 구분은 노동조합과 사회주의자들 사이에서 발견된다. 노조는 복지국가와 공공봉사를 통해서 노동대중의 환경을 조금씩 개선해나가려는 노동주의를 받아들이고 있지만, 이념을 중시하는 사회주의자들은 사회 자체의 변혁을 원하는 것이다. 이 차이 때문에 양편은 특히 경제와 방위, 외교 문제에서 갈등을 벌인다. 그러나 블레어가 만들어낸 신노동당은 계급정당의 성격을 과감히 벗어던지고 대중정당으로 탈바꿈했다.

대처 수상이 물러난 후 보수당과 노동당 간의 정책상의 차이를 찾기란 어려운 일이 되었다. 1945년 이후 1970년까지 노동당 의원들의 반수 정도가 노동조합 출신이었으나 보수당 의원들은 대부분 부유한 사업가, 경영인, 전문직 종사자들이었다. 그러나 현재는 두 당 모두 의원들의 사회적 배경을 보면 대학교육을 받은 중간계급 백인 남성이 지배적이다. 17년간의 보수당 정권을 패배시키고 다우닝 가街(수상 관저와 정부 부처가 위치한 거리)에 입성한 토니 블레어는 1997년, 2001년, 그리고 2005년 총선에서 연속 승리하는 쾌거를 이루었지만, 자신이 대체했던 보수당 정부가 그랬던 것처럼 장기간의 집권에 지친 모습을 보였다. 블레어는 더욱이 후세인을 제거한 이라크 전쟁에서 조지 부시 미 대통령을 지지함으로써 정치적 부담감이 있었다. 블레어 수상은 2007년 6월에 재무장관 고든 브라운에게 수상직을 물려주고 은퇴했다. 2012년 3월 현재 하원의 구성은 보수당 306명, 자민당 57명으로 이들이 연립정부를 구성하고 있다. 노동당은 255명이다.

데이비드 캐머런은 2001년에 하원의
원, 2005년에는 보수당 당수, 2010년
5월 11일에는 영국 수상으로 선출되었
다. 닷새 동안의 협상을 거쳐 연립정부
를 성사시킨 그는 이를 공식화하는 기자
회견에서 '강하고 따뜻한 정부가 이끄는
새로운 정치의 시대'를 선언했다.
—

4. 수상과 행정부

1) 수상과 내각

　수상직은 1720년대 월폴 시대에 불안하게 시작되었다. 소피트의
정부가 시작될 때까지(1784) 모든 수상들은 왕과의 친분관계로 선택
되었으며, 왕은 자의적으로 대신들을 선택하고 해임할 수 있었다. 소
피트가 근대적 의미에서의 수상의 효시로서 참된 의미의 수상직을
만들어냈고, 왕이 아니라 의회에 대해서 집단적 책임을 지는 내각을
구성했다. 그렇지만 그의 내각은 굳이 의회에서 다수당을 구성할 필
요가 없었다. 수상과 내각의 정치적 역할이 하원에서의 다수 의석에
의존한다는 원칙은 1832년 이후에야 확립되었다. 수상은 처음에는

제1 재무대신First Lord of the Treasury이라는 직함으로 불렸는데, 1878년 디즈레일리가 베를린 회의에 참석했을 때 수상prime minister이라는 칭호가 공식적으로는 처음으로 정부 문서에 기록되었다.

내각은 왕의 추밀원Privy Council에서 발전했는데, 여기에서도 변화 과정은 점진적이었다. 찰스 2세 때 처음 쓰이기 시작한 내각이라는 용어는 왕이 추밀원 의원들 가운데 몇몇 친밀한 사람들을 내실로 불러서 정사를 의논한 것에서 시작되었기 때문에 프랑스어로 사실私室을 의미하는 'cabinet'으로 불렸다. 근대적 내각을 성립시킨 결정적 변화는 조지 3세 때 일어났다. 1780년대 북아메리카 식민지를 잃자, 그전부터 찰스 폭스 등의 급진주의자에 의해서 제기되었던 "왕권이 강해져왔고 강해지고 있으며, 이제 축소되어야 한다"는 주장이 설득력을 얻게 되었던 것이다. 이때 역사상 처음으로 왕은 자신이 선택한 것이 아니라 국민이 선택한 정부를 받아들이도록 강요되었다. 수상직과 내각은 19세기를 통해서 크게 발달했다. 1832년 선거법 개정 이래 수상과 내각은 왕에게가 아니라 하원에 대해서 책임을 지게 되었다. 기억해야 할 또 하나의 중요한 사실은 19세기를 통해서 내각의 세력이 커졌다는 것인데, 이 사실은 19세기 말이 되면 명백해진다. 이때가 되면 의회에 의한 통치가 아니라 의회를 통한 통치가 자리잡게 된다.

수상은 영국에서 가장 중요한 사람이긴 하지만, 그 권한에 대해서는 논란이 제기되어왔다. 수상은 원칙적으로는 "여러 동등한 사람들 가운데 첫째"이지만 실제로는 그것보다 훨씬 더 강력하다. 수상의 권한은 그 직위를 담당한 사람이 만들기에 달렸다는 애스퀴스 수상의 말이 맞을 것이다. 실제로 1980년대 대처 수상 시기에 그 권한이 대폭 커지고 내각의 권한은 약해졌다. 수상은 무엇보다도 정치적 후견 patronage이라는 권한, 즉 정부각료를 임명하고 해임하는 권한을 가진다. 수상은 또한 의회에서도 강력한 권력을 행사하는데, 보수당 출신의 수상이 대체로 노동당 출신의 수상보다 의원들에게 더 큰 영향력을 행사한다.

오늘날의 내각은 전적으로 의회에서 다수석을 차지한 여당으로 구성된다. 그러나 반드시 현역 의원이 아닐 수도 있다. 현역 의원이 아닌 각료는 다음에 실시되는 가장 빠른 총선이나 보궐선거에서 신임을 묻거나, 아니면 귀족의 칭호를 받아야 한다. 1964년 윌슨 수상이 총선에서 패한 고든 워커를 외무장관으로 임명했을 때 그런 예가 있었다. 그는 귀족의 칭호를 받고 다음에 실시된 보궐선거에 나섰으나, 또다시 낙선함으로써 결국 내각에서 사퇴할 수밖에 없었다.

내각의 크기는 들쭉날쭉하여 처칠의 1940년 전시내각은 5명, 윌슨의 1975년 내각은 24명으로 구성되는 등 큰 차이가 있지만 대개 19~24명의 각료들로 구성되어왔다. 내각을 구성하는 원칙은 없고 수상의 뜻에 따라서 각 부처의 장이 포함되기도 하고 포함되지 않기도 한다. 물론 재무부, 외무부, 내무부처럼 항상 포함되는 부처가 있다. 보통은 22명 정도의 각료로 구성되는데, '첫 번째 11명'이라고 불리는 중진 각료들과 '두 번째 11명'의 그보다 권한이 약한 각료들로 구분되기도 한다. 물론 내각에서는 수상이 최후의 결정권을 가진다.

정부는 다수당의 대다수 의원들의 지지를 받아야 지속될 수 있다. 따라서 영국에서와 같은 의회민주주의의 기능에는 당의 결속력이 정부의 안정에 핵심이라고 할 수 있다. 1867년 이후에는 전국적으로 조직된 정당들의 세력이 커짐에 따라서 개별 의원들의 독립은 축소되었고 상대적으로 당 지도자의 위상이 높아졌는데, 글래드스턴과 디즈레일리가 대표적 예이다. 영국 정부에서 전문관료가 아니라 정치적으로 임명되는 고위관리들은 약 100명 정도인데 이들은 모두 의원들이다. 다수당 의원의 약 1/3 정도가 정부 각 요직에 임명된다는 사실은 당의 결속을 강화시키는 데 도움을 준다. 반면 이처럼 많은 의원들이 정부에 속한다는 것은 의회가 정부로부터 독자적인 견해를 전개하는 데 장애가 된다.

2) 정부부서

영국은 역사적으로 소규모 중앙정부를 유지해왔다. 중앙집중적 체제는 다른 어느 나라보다도 일찍 발달했지만, 그것은 중앙에서 파견된 관리가 아니라 지방 유력자들이 통치를 담당하는 '합의에 의한 통치'에 의해서 이루어진 것이었고, 중앙정부의 크기는 매우 작았다. 근대적 관료제는 1780~1830년 사이에 시작되었다. 여기에서도 점진적 과정을 볼 수 있는데, 관료제는 계획적, 체계적으로 정비된 것이 아니라 특수한 정치적, 경제적 요구에 부응하기 위해서 그때그때 만들어졌다.

영국의 중앙정부는 오랜 전통을 가지고 있다. 상서Chancellor[3]는 앵글로색슨 시대의 에드워드 고해왕이 처음 임명했고 재무대신Chancellor of Exchequer은 12세기에 처음 임명되었다. 조지 3세가 1782년 외무부와 지금의 내무부인 Department for Home and Colonial Affairs

를 신설했는데, 이처럼 몇몇 부처는 200년이 넘는 역사를 자랑한다. 물론 1945년 이후 신설된 부서들도 있다. 2012년 현재 22개의 주요 부서가 내각을 구성하고 있는데, 부서들의 규모는 다양하다. 정치적으로 가장 중요한 부서는 재무부, 외무부, 내무부이지만 공공지출 면에서 보면 사회복지부, 보건부, 국방부, 교육부 등이 가장 크다.

각 부처의 장은 장관Secretary of State으로 대체로 내각에 참여한다. 각 부처의 제2인자는 1명 혹은 2명의 차관Minister of State, 그리고 세 번째 수준에 2명 이상의 차관보Under-secretary가 있다. 재무부에서만 내각에 2명의 각료가 참여한다. 각 부처의 관리들의 수도 다양하다. 국방부, 사회복지부 등은 블루칼라 고용인들을 제외하고도 8만 명 이상의 사무직 관리들을 가지고 있지만 재무부에는 단지 3,800명, 교육부에는 2,400명이 속해 있다. 재무부나 교육부는 본질적으로 감독관의 기능을 담당하기 때문에 그렇다고 할 수 있다.

전통적으로 관료들은 전문지식이 없어도 상관이 없다. 필요한 지식을 찾아낼 장소와 방법을 알고 있는 것이 훌륭한 관리라고 간주된다. 그동안 많이 나아지긴 했지만 고위관리들 가운데에는 여전히 옥스브리지 출신이 많고, 이들 대학의 교육상의 성격 때문에 관리들의 능력이 전문적이 아니라 일반적이고, 최신의 문제를 해결하기에는 너무 구식이라는 문제점이 지적된다. 예를 들면 국립관료양성기관

---

3 왕의 비서라고 할 수 있는 상서는 처음에는 문서기록 및 대옥쇄 보관 기능을 담당했다. 점차 사법권을 행사하게 되면서 튜더 왕조 시대에 이르러 대법관Lord Chancellor으로 불리게 되었으며, 일종의 총리대신이 되어 강력한 영향력을 행사했다. 대표적 대법관으로 토머스 울지와 토머스 모어를 들 수 있다.

ENA이나 그랑제콜Grandes Ecole에서 훈련받은 프랑스 관리들과 비교할 때 그렇다는 것이다. 영국 관리들의 강점으로는 무엇보다도 공평성을 들 수 있다. 이들은 전통적으로 공평하며, 어떤 정당이 집권하건 간에 행정에 일관성이 있다. 물론 관리들은 개인적으로는 특정 가치를 가지고 있지만, 전문적으로는 절대로 편파적이 아니라는 것이다. 반대로, 이러한 정치적 공평성은 집권정부의 보다 과격한 정치적 목표를 실현시키는 데 장애가 되기도 한다. 즉 좌우 모두로부터 개혁을 좌절시킨다는 평을 받는 것이다.

최근 관료제 역시 큰 변화를 겪고 있다. 대처 수상의 집권 이래로 관료제의 규모와 비용을 줄이려는 시도가 계속되어 공무원의 수는 1979년의 73만 2,000명에서 1990년에는 56만 2,000명으로 감소했다. 대처 정부는 중앙정부의 기능 중 많은 부분을 지방정부나 민간부문으로 이전했는데, 국방조차 부분적으로 민간부문에 맡겼다가 아일랜드 공화국군IRA의 폭력사태에서 허를 찔리기도 했다. 영국 관료제의 가장 큰 과제는 전통적 장점을 살리면서 동시에 급변하는 세계정세에 대처할 수 있는 보다 더 전문적이고 능률적인 관료제로 변모하는 것이라고 할 수 있다.

19세기 프랑스 역사가 미슐레는 "프랑스는 개인person이고 독일은 국민people이며 영국은 제국empire"이라고 말했다. 영국은 근대사회의 양대 기초가 되는 의회민주주의와 자본주의를 최초로 발전시킨 나라이다. 이 두 가지 요소와 더불어 영국을 위대하게 만드는 데 기여한 세 번째 요소가 바로 제국이었다. 이미 16세기 튜더 시대부터 해외영토를 획득하기 시작한 영제국은 최대로 팽창했을 때 전 세계 지표의 1/4과 총인구의 1/4인 5억 명을 포함하고 있었다. 영제국 다음으로 큰 프랑스 제국은 지표의 9퍼센트와 1억 3,800만 명의 인구를 가지고 있었다. 영제국은 비록 항상 해가 비치지는 않았지만 해가 지지 않는 제국임에 틀림없었다.

수백 년의 역사를 가지는 영제국의 팽창은 정교한 정책의 결과가 아니라 무계획적이고 산발적인 과정이었다. 영제국은 복잡하고 체계적이지 못한 부분들의 집합에 불과했다. 그러면서도 영국의 경제력은 전 세계에 침투해 있었다. 따라서 영제국은 공식적, 비공식적 제국주의가 이상하게 혼합된 것이었다. 1950년대 로빈슨과 갤러거의 연구 이래 비공식적 제국 역시 제국의 일부로 파악해야 한다는 견해가 대두했지만, 이 장에서는 논의를 공식적 제국에 국한시키기로 한다. 제국주의에 대한 최근 연구는 중심국가와 더불어 주변부에서의 상황을 강조하는 경향을 보인다. 즉 유럽 국가들의 제국주의적 성향이 실현되기 위해서는 주변부의 위기상황이나 협력 엘리트의 존재 등의 변수가 작용해야 한다는 것이다. 필자도 이러한 주장에 동의하지만 주변부에서의 발전과정을 일일이 검토하는 작업은 매우 어렵다. 이 장은 그 한계를 명시한 가운데 영국을 중심으로 논의를 전개하고자 한다.

1. 영국의 성격과 팽창

1) 영국 제국주의의 특성

영제국은 무엇보다도 강한 상업적 동기에서 비롯되었다. 17세기 중엽의 내전으로부터 명예혁명에 이르기까지 반세기 동안 정치적, 사회적 대혼란을 겪은 영국은 1688년 이후 비교적 안정된 정치제도를 이룩한 후 강력한 해상력을 바탕으로 상업적 이윤을 위해서 해외로 관심을 돌렸다. 이 과정에서 때로는 적극적으로, 때로는 어쩔 수 없이 영토를 늘리게 되었다. 프로이센 주재 영국 대사는 "우리는 군인이기 전에 상인이어야 한다"는 점과 "영국의 진정한 원천인 부는 무역에 달려 있다"는 점을 기억하라는 훈령을 받았다.

이렇게 시작된 영제국은 1870년까지 대체로 성격이 변하지 않았다. 그때까지 영제국의 두 가지 원칙 가운데 하나는 자유주의적 제국의 개념이었다. 다른 제국들이 폐쇄된 중상주의적 블록으로 의도된데 반해, 영국 식민지는 넓고 개방적인 세계무역의 일부분으로 간주되었다. 물론 영국 정부는 자유무역의 권리를 얻어내기 위해 경우에따라서는 무력을 사용하기도 하고 정치적 합병을 감행하기도 했지만, 될 수 있는 한 직접 개입이나 통치를 피한 채 경제적 이익을 얻으려는 입장을 취했다. 영제국의 또 하나의 원칙은 최소한의 경비주의였다. '싼 제국주의'를 표명한 영국 정부는 특허 회사를 두거나 보호령을 선포함으로써 비용과 의무를 절감하려고 했다. 사기업에 통치의 특허장을 주는 것은 영국 납세자들의 짐을 덜어준다는 이점 때문에 선호되었다. 가장 중요한 식민지인 인도조차 동인도회사에 의해서 관리되다가 반란(1857)을 겪고 나서야, 직접 통치로 전환되었다. 또한 합병이 필요한 경우라도 비용을 많이 들이지 않고 해낼 수 있을 때에야 영국은 합병을 결정했다.

그러나 1870년대 신제국주의 시대에 들어서면서 영국은 적극적이고 침략적인 정책을 추구하게 되었다. 국제정치적으로 독일 통일(1871)에 따른 세력균형의 붕괴와, 경제적으로 다른 나라들의 산업화로 인해서 수세에 몰린 영국이 방어적 태세를 갖추게 된 것이다. 그러나 가능하면 공식적 합병을 피하려는 태도를 한동안 유지했다.

20세기에 들어서자 영제국은 물량적 의미에서 최대의 팽창을 보게되었다. 제1차 세계대전이 끝나고 독일 제국과 오스만 제국의 해체로인해서 떠맡게 된 보호령과 신탁통치령을 포함하면 1920년대 가장큰 규모로 팽창했다. 그러나 이때가 되면 이미 제국은 시대에 역행하

빅토리아 여왕의 통치 동안 전 세계 지표면의 1/4정도까지 영제국의 영토는 확장되었다. 이 지도는 영국 힘의 상징이었다.
—

는 것이라는 사실이 뚜렷해졌다. 19세기에 유럽을 뒤흔들었던 민족주의 이데올로기가 아시아와 아프리카에 침투했고, 이 힘이 결국 제국주의를 패배시킬 것이라는 예측이 가능했던 것이다. 제2차 세계대전이 끝난 후 인도와 파키스탄이 독립했지만 제국의 해체는 느리게 진행되었다. 전후 정치적, 경제적 쇠퇴를 겪으면서도 여전히 영국의 영광이라는 환상을 가지고 있던 그들에게 남은 유일한 영광은 제국이었기 때문에, 영국인들은 제국에 집착하지 않을 수 없었다. 그러나 1960년대 들어서서 '변화의 바람'을 더 이상 거역할 수 없게 되자 제국은 빠르게 해체되어 1970년대에는 홍콩을 비롯한 몇 지역만이 제국에 남게 되었다. 1997년에는 홍콩마저 중국에 반환했다.

2) 1870년 이전

유럽의 강대국들이 개입하여 10년 넘게 계속된 에스파냐 왕위계승 전쟁이 끝났을 무렵(1713), 변두리의 약소국으로 간주되던 영국은 주요 국가의 하나로 부상했다. 그 후 50년 사이에 영국은 유럽의 강대국일 뿐만 아니라 다른 어느 나라보다도 광대한 제국을 소유한 진정한 세계적 강대국으로 발전했다. 영국이 제국으로 발돋움하게 된 계기는 7년전쟁(1756~1763)이었다. 이 전쟁으로 영국은 지중해와 대서양으로부터 북아메리카와 서인도제도 그리고 아시아와 아프리카까지 포괄하는 제국 세력으로 부상했다. 그러나 곧 가장 중요하고 가장 영국적 식민지인 북아메리카 식민지의 손실이라는 큰 타격을 입게 되었다.

미국 독립은 한마디로 영국의 정치적 실패의 결과였다. 북아메리카 이주민들은 처음부터 모국과 밀접한 끈을 맺고 있었고, 독립전쟁이 발발하기 직전은 실제로 북아메리카 식민지가 가장 영국화한 시기였다. 그러나 식민지인들은 로크의 정치이론을 받아들여 자연권, 사회계약, 피치자被治者의 동의에 의한 정부 등의 개념을 확고하게 믿게 되었다. 그러나 이러한 자기 의식이나 정체성의 발달이 독립전쟁의 원인이 되었다고 말할 수는 없다. 보다 중요한 요인은 모국의 행동이었다. 7년전쟁이 끝난 후 거대 제국의 운영에서 생기는 문제점을 깨닫게 된 영국은 그때까지의 '자비로운 무시'라는 태도를 버리고 제국 운영의 합리화를 추진하고 식민지 방위를 식민지가 부담하도록 했다. 가장 중요한 논란은 영국 의회가 식민지를 위해서 입법할 수 있다는 원칙을 두고 벌어졌다. 이 원칙은 식민지가 누리던 자치권에

콜린 전투는 1757년 7월 18일에 벌어진 7년전쟁의 전투 중 하나로 오스트리아가 프로이센을 격파했다.
—

대한 중대한 침해라고 판단되었으며, 결국 영국 의회의 권위의 거부라는 갈등에서 전쟁이 발발했다.

　북아메리카 식민지의 독립으로 제1차 영제국은 종말을 맞이했다. 제2차 제국은 나폴레옹 전쟁 때 실론, 케이프 식민지Cape Colony, 몰타 등을 획득함으로써 시작되어 1840~1860년대에 골드 코스트, 나탈, 홍콩, 쿨롱, 라오스, 트란스발 등지로 확장되었다. 이 시기에는 자유무역 이념이 절정에 달했으며, 국제주의, 불간섭주의, 평화주의가 정부정책의 기조를 이루었다. 따라서 이 시기의 제국주의는 소위 '자유무역 제국주의'라고 불린다. 실제로 영국 정부는 제국 팽창에 관심이 없었으며, 땅에 굶주린 정착민, 야심 많은 군인, 행정가 등 현장에 있던 하부 제국주의자sub-imperialist에 의해 합병이 추진되었다. 어쨌든 1815년의 워털루 전투와 제국주의를 천명한 1872년 디즈레일리의 연설 사이의 기간이 반제국주의적이지 않았다는 사실은 명백하다. 상당수의 자유주의자들은 최소한도론자였다. 그들은 더 이상의 합병에 반대하고 육해군 예산을 삭감하려고 했지만 제국의 해체를 요구하지는 않았다. 영국 정부 또한 자유무역을 전 세계에 실현시키기 위해서 때로 무력을 사용한다는 아이러니에 당면했다.

3) 1870년 이후

그러나 1870년 이후의 제국주의는 그 크기와 성격에서 이전 시기와 다르게 전개되었다. 1900년이 되면 영제국은 4억 인구와 1,200만 제곱마일의 영토로 팽창했다. 영국만이 이러한 팽창을 경험한 것은 아니었다. 서구열강은 1914년 당시 지구의 85퍼센트를 식민지, 보호령, 신탁통치령 등으로 소유하고 있었다. 규모의 급속한 팽창과 더불어 제국주의의 성격도 의식적, 적극적으로 변화해갔다. 왜 1870년대 이후 갑자기 유럽 국가들이 제국 분할 경쟁상태에 돌입했는가, 왜 영국이 자유무역 제국주의를 버리고 공식적 제국주의로 전환했는가에 대해서는 몇 가지 해석이 가능하다.

존 홉슨이나 마르크스주의 학자들은 금융자본의 해외시장에 대한 요구를 가장 중요한 원인으로 간주한다. 그러나 경제적인 면에서 볼 때 자유무역 제국주의가 굳이 공식적 합병으로 전환될 필요는 없었다. 오히려 정치적 요인이 더 중요한 것으로 작용했다. 우선 중요한 것이 1870년 이후 변화된 유럽 국가들의 위상이다. 나폴레옹 전쟁 이후 영국의 주도권하에 유지되던 유럽의 세력균형은 독일과 이탈리아가 통일국가를 형성하면서 깨어져버렸다. 문제는 왜 이러한 변화된 상황이 유럽이 아니라 아시아·아프리카에서 반영되었는가인데, 그것은 균형이 매우 잘 잡혀 있던 중심부에서는 변화가 불가능했기 때문에 유럽의 정치적 투쟁이 주변부로 확장되었다고 설명된다.

1870년대 이후의 제국주의에서 가장 중요한 요인은 비스마르크였다. 비스마르크는 1871년 "나는 식민지를 소유하지 않을 것이다. 독일이 식민지를 가지는 것은 마치 셔츠가 필요한 가난에 찌든 폴란드 귀족이 셔츠가 아니라 실크 담비 코트를 사는 것과 마찬가지일 것"이라고 단언했다. 그러나 그는 식민지 획득이 보불전쟁에서 참패한 프랑스에 대한 유화작전이 될 수 있다는 점에 착안했으며, 주변부에서의 식민지 경쟁이 독일에 대한 유럽 국가들의 견제를 피하는 수단이 될 수 있음을 깨달았다. 비스마르크의 천재성은 독일을 축으로 하는 다각적 동맹관계를 결성하여 반독일적 정서의 확산을 막고 나아가서 유럽 국가들의 심화된 경쟁을 주변부로 돌려버린 데 있었다. 결국 1890년대가 되면 "우리의 외교정책은 식민정책이 되었다"는 로즈버리 경의 말대로 제국주의는 유럽 국제관계의 중심이 되었다.

영국의 국내정치 역시 1870년대 이후의 급속한 제국 팽창에 기여했다. "보수당은 아주 다양한 집단이다. 그러나 그것은 제국의 당"이라고 솔즈베리 경이 지적했듯이, 디즈레일리가 제국을 보수당의 이념으로 만든 후, 제국주의는 국내정치의 중요한 축이 되었다. 게다가 1880년대 아일랜드 자치문제가 제국주의자들을 자극했으며, 대중민주주의의 도래도 중요한 요인이었다. 1880년대에 대중적 제국주의의 존재가 뚜렷해지면서 정치인들은 여론의 압박을 견디기 어려웠다. 글래드스턴이 이집트의 무력 점령을 결정했을 때, 실상 그 결정

존 러스킨은 화려한 예술비평가의 길과 험난한 사회사상가의 길을 차례로 걸었던 19세기 영국의 저명한 지식인이다. 그의 사회적 관심은 윌리엄 모리스 등에게 영향을 주었고, 후기 빅토리아 시대의 빅토리안 고딕의 유행과 미술공예의 원동력이 되었다.
—

은 무시할 수 없는 여론의 압력하에서 이루어졌다. 제국은 쇠퇴하는 무역, 과잉인구, 실업 등 영국이 직면한 문제들에 대한 만병통치약으로 간주되었다.

1870년대 이후의 영국의 위상이 야기한 독특한 사회심리적 현상도 대중적 제국주의를 낳는 데 기여했다. 19세기 말 영국인들에게는 모든 면에서 최고라는 의식이 존재했다. 식민부 장관 조지프 체임벌린은 영국인이 "역사상 가장 위대한 통치 인종"이며 프랑스인이 프랑스를 통치하는 것보다 자기들이 프랑스를 더욱 잘 통치할 수 있을 것이라고 자부했다. 그러나 실상 그 근저에는 불안과 공포가 자리잡고 있었다. 빅토리아 중기의 번영 뒤에 찾아온 것은 자신감의 상실이었다. 산업상 쇠퇴의 기미가 뚜렷했으며 무역수지는 적자로 돌아섰다. 이제 산업자본가, 상인, 언론 그리고 정치인들의 정서에 감지할 만한 변화가 나타났다. 존 러스킨의 "될 수 있는 한 빨리 그리고 멀리 식민지를 찾아내든가, 아니면 멸망하든가"라는 경고는 영국인들이 느끼고 있던 위급함을 표현하고 있다.

1870년 이후 영제국의 팽창에서 가장 특기할 만한 사건은 이집트 점령과 보어 전쟁이었다. 이집트 점령은 글래드스턴의 자유당 정부에 의해서 감행되었다는 사실 때문에 관심을 끈다. 수에즈 운하 회사의 대주주일 뿐만 아니라 인도 항로로서 운하가 가지는 전략적 가치 때문에 이 지역에 큰 관심을 기울이던 영국에 있어서 이집트 민족주의자들의 봉기는 예삿일이 아니었다. 영국은 결국 경제적, 전략적 이익을 지키기 위해서 이집트를 군사 점령하여 보호령으로 만들었다 (1882). 그러나 1880년대의 서아프리카 식민지 획득은 본국 정부보다는 주로 현장에 있는 관리, 상인, 정착민들에 의해 추진되었는데, 이 사실은 로널드 로빈슨과 데이비드 필드하우스 등 주변부 이론가들의 주장[1]이 옳다는 것을 보여준다.

강력한 제국주의 선전의 절정을 이룬 것은 보어 전쟁이었다. 1880년

보어 전쟁 중에 영국군들의 일명 '초토화 작전'으로 불타고 있는 보어인들의 농장 모습
이다.
—

대 이전에도 남아프리카 지역은 인도 항로의 기착지로서 중요했다.
영국의 침투는 이미 17세기부터 이곳에 정착해 살고 있는 보어인들
과의 마찰을 빚었지만, 1870~1880년대 다이아몬드와 금광이 발견
되기까지는 공존이 가능했다. 그러나 귀금속을 찾아 물밀 듯이 밀려
오는 외국인들을 억제하려고 보어 공화국들이 정치적, 경제적 차별
정책을 취하자 영국 이주민들이 항의하게 되고, 이때 케이프 식민지
의 총독 세실 로즈가 트란스발을 합병하려고 시도함으로써 위기가
고조되었다. 결국 보어인들이 1899년 영국령 나탈을 공격하면서 전
쟁이 시작되었다.

---

1 로빈슨과 필드하우스 등은 제국주의적 팽창의 가장 중요한 요인은 제국주의 국가의 야심이
 아니라 주변부에서 일어난 사건이나 상황이라고 주장했다.

영국 정착민들의 도시인 레이디스미스의 함락과 같은 극적인 사건들은 영국민의 맹목적 애국심을 터뜨리는 계기가 되었다. 소수 급진주의 반대자들이 존재했고 정부도 전적으로 호전적인 것만은 아니었지만, 영국민이 오히려 전쟁에 열광했다. 그러나 2년에 걸친 보어 전쟁이 확인한 것은 영국이 제국을 방어할 수 있는 적절한 군대를 가지고 있지 않다는 사실이었다. 육군의 취약함은 보어 전쟁 초기에 이미 명백해졌다. 더욱 충격적인 것은, 영국은 친구가 없다는 사실이었다. 이것은 영국 외교의 오랜 고립정책 때문이었는데, 19세기 말이 되면 '찬란한 고립정책splendid isolation'이 별로 찬란하지 못하다는 점이 명백해졌다. 그 결과 영국은 오랜 고립을 깨고 일본과 영일동맹(1902)을 맺게 되는 것이다.

2. 영국의 제국정책과 인도

1) 제국정책

영제국은 일관된 계획에 의해서 이루어진 것이 아니었기 때문에 정부조직도 매우 엉성했다. 18세기까지는 식민지에 관한 문제만을 처리하는 전문부서가 따로 없이 추밀원과 내무부, 상무부가 함께 책임지고 있었는데, 이들은 전문지식이 부족했고 식민지만을 다루는 상설기구가 아니었기 때문에 적극적인 정책을 추진하지 못했다. 그러다가 1801년 내각에 전쟁 및 식민부 장관직이 신설되었고, 11년 후 식민부Colonial Office와 인도청India Office이 독립 부서가 되어 제국의 행정을 담당하기 시작했다. 그렇지만 1870년대까지 식민부는 형편없는 건물에 들어 있던 형편없는 규모의 부서였다. 1849년에 23명의 관리가 소속되어 있었으며, 1907년에도 125명에 불과했다. 이러한 소규모의 부서로서는 철저한 감독이 불가능했고, 적어도 1920년대까지는 자유방임적 정부의 태도가 제국 경영에 그대로 드러났다.

따라서 19세기 이전에 영국은 경제적 영역에서만 식민지를 하나의 통합된 제국으로 취급했다. 정부는 무역과 산업만큼은 모국의 이익을 위해서 엄격히 통제했다. 영국의 상업체계는 18세기까지는 독점체제였다. 16세기 튜더 시대에 만들어진 항해법은 모든 식민지 무역이 영국의 상선을 통해야 하고, 영국의 항구를 거쳐야 한다는 원칙을 확립해놓았다. 그러나 19세기에 자유방임 이념과 산업혁명의 결과로 제국 경영의 원칙은 대전환을 맞게 되었다. 자유무역을 정책으로 받아들인 영국은 항해법을 폐지한(1849) 후 모든 국가에 식민지와의 무역을 개방함으로써 1931년까지 자유무역 체제를 유지했다.

19세기 중엽 제국에 일어난 또 하나의 변화는 책임정부의 수립이었다. 캐나다에서 일어난 두 차례 반란 사건(1839)이 계기가 되어 책임정부가 허용되었고(1847), 이는 곧 오스트레일리아, 뉴질랜드, 남아프리카 등의 다른 백인 정착 식민지로 확대되었다. 그러나 책임정부가 수립되려면 그것을 경영할 수 있는 충분한 유럽인들의 존재와 자원이 필수적이었기 때문에 백인 정착지와 인도를 제외한 나머지 지역들은 직접 통치를 받는 직할 식민지였다. 이 지역들은 성격상 어떠한 통일성도 없었고, 제국으로서의 필수적인 기능도 가지고 있지 않았다. 어떤 식민지들은 경제적으로 유용하여 고무, 주석, 구리, 원유와 같은 원료의 수출로 영국의 국제수지 균형에 도움을 주었다. 그러나 많은 식민지들이 생산과 소비에서 보잘것없었으며 특별한 이익을 가져다주지도 않았다. 결국 이들 식민지의 획득은 다른 유럽 강대국들의 팽창을 막으려는 방어적, 전략적 합병에 불과했다. 자치령과 직할 식민지를 제외한 영제국의 세 번째 구성요소는 인도였다.

2) 인도

디즈레일리가 "왕관에 박힌 보석jewel in the imperial crown"이라고 부른 인도는 영제국의 꽃이었다. 광대한 영토와 인구를 가진 인도는 그 자체가 하나의 제국이었고, 영국인들도 인도를 다른 식민지와는 다르게 생각했다. 인도는 엘리자베스 여왕 치세인 1600년 특허장을 받은 동인도회사가 시작한 사기업의 상업적 동기에서 생겨난 산물이었다. 동인도회사가 인도에 침투하기 시작한 17세기는 무굴제국의 전성기였지만, 아우랑제브의 사망(1707) 이후 와해되기 시작했다. 동인도회사는 무굴제국과 관계를 맺고 교역권을 얻었는데, 제국의 지배권이 인도 전역에 미치지 않았기 때문에 여러 곳의 지방통치자들과 교섭하는 한편 네덜란드, 포르투갈 및 프랑스와의 경쟁을 통해서 결국 18세기 중엽 독점적 지위를 차지하게 되었다.

동인도회사의 1차적 목표는 상업이었고 통치는 부차적이었다. 그러다가 1773년 영국 의회가 인도규제법을 제정하고 총독을 파견함으로써 동인도회사에게 국왕을 대신하여 통치하는 권위가 부여되었으며, 곧 상업활동과 행정의 구분이 이루어졌다. 19세기 초까지 영국의 인도정책은 그들의 언어와 문화를 허용하고 인도법과 관습에 따라서 통치해야 한다는 견해에 근거하고 있었다. 이러한 사회적 의사소통을 통한 상호 간의 이해가 전 인류에게 이롭다는 것이었다. 그러나 19세기 초 복음주의와 공리주의의 공격에 의해서 이러한 개념이 뒤집혀지고 인도를 영국화하려는 노력이 시작되었다. 벤담주의와 복음주의의 전통을 이어받은 윌리엄 벤팅크가 총독으로 부임하면서 (1826) 법적, 사회적 개혁을 시작했는데, 가장 중요한 개혁은 미망인 화장suttee의 불법화였다. 그러나 전반적으로 영국은 인도에 큰 흔적을 남기지 못했다. 엄청난 규모의 영토와 인구가 수천 년 동안 지켜온 관습과 종교를 변화시키기에는 역부족이었던 것이다. 그럼에도 19세기 중엽이 되면 영국이 도입한 통일된 법률체제와 서구식 교육제도가 인도 사회를 조금씩 변화시키고 있음을 감지할 수 있었다.

인도의 경제적 가치는 매우 컸다. 인도는 거대하고 안전한 상품시장이며 투자시장이었다. 1870년 인도 수입의 80퍼센트가 영국 제품이었고, 1913년에는 60퍼센트 이상이 그러했다. 인도는 아시아에서만이 아니라 전 세계에서 단일지역으로는 가장 큰 영국의 수출시장이었으며, 중국과의 삼각무역에 필요한 아편의 생산지였다. 19세기 중엽이 되면 아편이 인도의 가장 중요한 수출품이었고, 1880년대까지 그러했다. 영국 정부는 제국 내의 모든 곳에서 자유무역을 마치 국교國敎와 마찬가지로 신봉했지만, 인도에서만은 관세를 영국 산업에 유리하게 조작하는 등 강력하게 통제했다.

인도의 경제적 가치는 이처럼 대단한 것이었지만, 진정한 가치는 실상 인도군과 그것으로 상징되는 정치적 세력이었다. 인도는 영국을 동양에서 가장 거대한 영토를 가진 유럽 국가로 만들었을 뿐 아니

미망인 화장을 의미하는 '사티suttee'는 아내가 남편의 시체와 함께 산 채로 화장되던 오랜 역사를 가진 힌두교의 풍습이다. 이러한 폐풍은 인도를 점령하고 있던 영국이 1829년 금지법령을 선포한 후로 차차 소멸했지만 아직도 일부 시골에는 명맥이 유지되고 있다.

라, 육군을 거의 보유하지 못한 영국에게 15만 명의 지상군을 공급해 주었다. 실제로 제1차 세계대전 당시 150만 명의 인도군이 참전했으며, 제2차 세계대전에서도 제국으로부터 동원된 총 500만 명의 병력 가운데 250만 명이 인도인이었다. 1870년대 영국에서 유행한 한 노래가 인도의 군사적 중요성을 잘 지적해준다. 게다가 이 군사력은 모두 인도의 자원으로 유지되었기 때문에 인도는 영국에 아무런 부담도 주지 않으면서 영국을 위대한 국가로 만들었다.

우리는 싸우길 원치 않네,
그러나 정말로 싸워야 한다면
우리는 집에 남아 노래나 부르고
말 잘 듣는 힌두를 보낼 것이네.

세포이 반란 사건(1857) 후 영국은 동인도회사를 해산하고 직접 통치를 결정했다. 소위 라지Raj라고 불리는 영국의 인도 통치는 두 부분으로 구성되어 있었다. 영토의 2/3에 해당하는 영국령 인도는 직접 통치 아래 있었고, 나머지에 있는 600여 개의 토후국Princely India에서는 기존 지배자들에 의한 간접 통치가 행해졌다. 이들 토후국들은 사실상의 보호령이었다. 인도는 처음부터 영국인의 정착 식민지로 의도되지 않았다. 1805년 인도에 거주한 3만 1,000명의 영국인 가운데 2,000명이 정부에, 그리고 2만 2,000명이 군대에 고용되어 있었으며, 1911년에는 16만 4,000명 가운데 4,000명이 정부에, 6만 6,000명이 군대에 고용되어 있었다. 따라서 제국 통치는 피상적 수준에 머물렀고, 영국의 영향력은 지역 엘리트들을 통해 행사되었다.

인도의 정부예산은 주로 토지세와 소금 등의 전매상품 판매수입이었다. 영국은 정부예산의 40퍼센트를 차지하는 토지세 징수를 위해서 구역으로 나누어 징세업자들에게 각 구역을 맡겼다. 이 구역이 사실상의 행정단위였으며 이 징세업자들이 바로 지방의 실질적인 통치자들이었다. 세포이 봉기 이전에 인도 군대는 유럽인 군대와 인도인 군대로 분리되어 있었고, 인도인이 유럽인에 비해서 거의 10배나 많았다. 그러나 봉기로 그러한 체제의 맹점이 드러나자 그 비율을 1:1 내지는 1:2로 고정시켰으며, 충성을 보장받기 위해서 캐쉬미르 등 소수민족에서 충원했다.

그러나 제국체제를 유지하기 위해서 납세자들에게 부담을 주는 것을 원하지 않았던 영국은 통치비용과 군대유지비를 인도가 자체 부담하는 현지부담의 원칙을 취했다. 1870~1900년까지 인도가 담당한 현지부담 비용은 총 국민소득의 0.04~0.07퍼센트로 계산된다. 이것은 인도와 같은 절대빈곤 국가에서는 적은 액수가 아니었다. 더구나 서구식 교육의 도입으로 필요한 기술을 소지한 사람들이 배출되고 있었기 때문에 19세기 후반이 되면 인도는 행정과 군사 기능을 담당할 외국인들을 필요로 하지 않게 되었다. 커즌 총독도 인정했듯이 1900년이 되면 충분한 수의 인도인들이 관료제의 각층에서 영국인을 대체할 수 있었으며, 실제로 20세기 초 리펀 총독은 최초의 지방행정부를 허용하고 인도인들로 지방관료를 충당했다.

앞에서도 언급했듯이 20세기 초에 이르면 수만 명의 백인들이 3억 인구를 지배하고 있었다. 그러나 간디가 되풀이해서 지적했듯이, 3억

인도 총독 커즌 경 부처. 커즌 총독은 영국에 저항하는 세력을 억제하기 위해 벵골 지역을 동과 서로 나누어 통치하는 '벵골 분할령'을 실시했다. 이것은 인도의 종교적 대립을 이용해 민족을 분열시키려는 속셈이었으나 반대운동의 심화로 분할령은 취소되었다.
—

이라는 인구를 이들의 힘만으로 완전히 통제할 수는 없었다. 그렇다면 그렇게 적은 사람들이 그렇게 많은 사람들을 어떻게 오랫동안 통치할 수 있었을까? 여기서 우리는 제국 지배는 애초부터 협력자 없이는 불가능했으며 저항과 협력의 교묘한 균형의 결과였다는 영국 역사가 로빈슨의 협력이론을 상기하게 된다. 제국적 권위의 근원은 식민지인들의 정신적 태도에 있었다고 하는 에드워드 사이드나 데이비드 필드하우스의 주장도 같은 맥락에서 검토될 수 있다.

3. 제국주의에 대한 반응과 선전

1) 제국주의에 대한 반응

19세기 중엽은 자유방임이 절대적 가치로 군림한 시기였다. 자유무역, 최소한의 정부지출, 국제평화를 최고의 가치로 상정한 자유방임론자에게 식민지와 팽창된 군사기구는 '귀족생활의 값비싼 부속물'일 뿐이었다. 그러나 자유주의를 전 세계에 전파한다는 명목하에서 무력행사도 서슴지 않는 공격적 진로를 취한 파머스턴(수상, 1855~1858, 1859~1865)의 자유주의적 제국주의는 국민으로부터 환호를 받았다. 19세기 중엽은 맨체스터 학파의 시대가 아니라 파머스턴의 시대였다. 그는 심지어 국내에서까지 논쟁거리가 된 비도덕적인 아편전쟁(1840~1842)을 일으키기도 했다. 1870년 이후 제국은 영국의 공적 생활에서 불가결한 요소가 되었으며, 제2차 세계대전 발발까지 문화, 대중매체, 사회에 대한 논의에서 빠질 수 없는 것이었다.

1870년 이후 제국주의를 누구보다 먼저 정치적 수단으로 삼은 사람은 보수당 지도자 디즈레일리였다. 파머스턴의 적극적 대외정책이 국민정서에 맞아떨어진 사실을 본 그는 파머스턴이 죽자(1865), 재빨리 그의 이념을 받아들여 자유당에 대항하는 보수당의 이념으로 만들었다. 디즈레일리는 1876년 빅토리아 여왕을 인도의 여제로 즉위시켜 제국의 효과를 극대화했다. 그러나 제국주의는 우파만의 이념이 아니었다. 로즈버리, 애스퀴스, 홀데인 등 당시 지도적 자유주의자들도 제국주의에 몰두해 있었다. 이 자유주의적 제국주의자들 Liberal Imperialists은 자유무역 덕분에 영국이 위대해졌고 영국의 금융 및 상업의 이해관계는 전적으로 자유무역에 의존하고 있다고 확신했지만, 자유무역에 제국주의를 첨가시켰다. 이들은 또한 '목숨을 바칠 만큼 가치 있는 제국'을 만들기 위해서 사회개혁을 지지했다. 제국주의와 사회개혁은 진정 19세기 말 모든 정파 위에 군림한 이념이었다. 사회적 다윈주의로부터 깊은 영향을 받은 강경한 제국주의자들도 제국주의는 국내에서의 진정한 변화를 필요로 한다고 생각함으로써 사회개혁을 주장했다. 활력 있고 부지런하고 용맹스러운 제국적 인종을 배양하기 위해서는 보다 나은 학교, 보다 엄격한 기율, 보다 진보적인 사회보장이 필요하다는 것이었다.

20세기 초 영국 제국주의적 운동의 대명사라고 할 수 있는 관세개혁Tariff Reform 운동에서 제국은 시장의 문제로 귀결되었다. 이 운동을 이끈 조지프 체임벌린은 외국과의 경쟁에 직면한 영국 산업을 회생시키는 수단으로 영국과 식민지의 보다 긴밀한 경제적 연관을 주장했다. 19세기 말 주요 선진 산업국들이 보호무역주의로 전환하면서

버나드 쇼와 시드니 웨브가 주도한
페이비언 협회의 집회 광고이다.
—

영국은 대륙과 미국의 시장을 잃게 되었는데, 체임벌린은 제국우대
관세가 값싼 외국제품을 제거하여 영국 산업을 구제하고, 노동자의
일터를 지켜주어 생활수준을 향상시킬 것이며, 영제국을 구제해줄
것이라고 믿었다. 그러나 국민은 여전히 값싼 빵이라는 자유무역의
매력에 취해서 보호관세의 도입을 거부했다.

　그렇다면 19세기 후반기에 제국주의에 대한 반대세력은 존재하지
않았던가? 물론 소잉글랜드주의자들Little Englanders이 존재했지만, 이
들은 이미 형성되어 있는 제국에는 반대하지 않았다. 글래드스턴은

"우리는 제국주의에는 반대하지만 제국에는 헌신적이다"라는 말로 자유주의자들의 입장을 정리했다. 제국주의에 대해서 가장 강한 비판의 목소리를 내야 할 사회주의자조차 제국주의를 지지했다. 영국의 대표적 마르크스주의자인 헨리 하인드먼은 제국을 옹호한 국수주의자였으며, 그러한 모순된 태도는 페이비언 협회에서도 잘 나타난다. 협회의 주도적 인물인 웨브 부부와 버나드 쇼는 확신에 찬 제국주의자들이었다. 협회의 공식적 선언인 〈페이비언주의와 제국〉(1902)을 작성한 쇼는 제국주의를 국제적 정치체제의 새로운 단계로 파악했다. 문제는 영국이 "미래의 세계제국들 중 하나로 남는가, 아니면 어리석게도 식민지를 잃고 북해의 고립된 작은 섬들로 왜소화하는가"라고 지적한 쇼는 "위대한 국가가 인류문명 전체의 이익을 위해서 통치해야 한다"고 결론지었다.

19세기 말에서 20세기 초에 가장 성공적 사회주의 주간지 《클래리온Clarion》을 창간하여 노동대중의 대변인으로 영향력을 행사한 로버트 블래치포드 역시 열렬한 제국의 지지자였다. "우리는 우선 영국인이고 그 다음에 사회주의자이다"라는 확언이 그의 입장을 대변해준다. 그는 제2차 인터내셔널의 국제적 계급투쟁에 반대해서 영국과 제국의 통일을 강조했다. 이처럼 사회주의자조차 제국에 대한 충성심을 표명하느라고 급급한 상황에서 제국주의 선전은 큰 장애 없이 진행될 수 있었다.

2) 제국주의의 선전

1870년까지의 영제국은 의도하지 않았는데 어쩌다 획득된 것에 불과했다. 그러나 그 후 영국 제국주의는 공격적이 되었고 정당화를 위한 여러 전략이 진행되었다. 이때는 또한 대중민주주의와 대중소비문화의 시대였는데, 이 두 요인이 제국주의와 대중적 요소를 결부시켜주었다. 대중민주주의 시대의 정책결정은 더 이상 소수 정치인이나 고위관리의 고유권리가 아니었고, 여론의 압력이 정책결정에서 중요한 변수가 되었다. 그러나 여론 자체는 자생적이기보다 조작되고 영향받은 것이기도 했다. 이 시기 제국주의의 확산을 도운 지적 조류는 사회적 다윈주의였다. 찰스 다윈의 《종의 기원》(1859)이 발간된 후, 자연계의 적자생존의 법칙을 인류사회에도 그대로 적용시키려고 하는 사회적 다윈주의가 큰 세력을 떨쳤다. 사회적 다윈주의에서 투쟁은 인종적 투쟁을 의미하게 되었고, 전쟁은 필요할 뿐 아니라 그 자체가 선으로서 찬양되었다. "만약 전쟁이 사라진다면, 열등한 인종의 생산을 억제할 기제가 없기 때문에 인류는 더 이상 진보하지 않을 것"이라는 주장이었다.

　1880년 이후의 제국주의는 대중적 성격을 띠었다는 점에서 이전 시기와 구분된다. 당시 이용이 가능해진 대중매체가 활용되었는데, 가장 중요한 문학적 영향은 러디어드 키플링이었다. 인도에서 자라고 그곳에서 언론인으로 경력을 시작한 키플링은 "백인의 짐white-man's burden"이라는 문구를 창안함으로써 제국주의를 영국민의 소명으로 선전하는 데 지대한 공헌을 했다. 1884년 디즈레일리를 기념하기 위해서 만들어진 프림로즈 동맹은 제국에 대한 이념을 전파하는 데 가장 큰 역할을 한 대중단체로서 노동계급이 참여했다는 점에서도 중요했다. 뒤이어 제국연방동맹, 영제국동맹 등의 조직이 결성되

1910년 페이비언 협회의 창립자 가운데 한 명인 작가 버나드 쇼(왼)가 영국 자치의회의 일원인 윌리엄 샌더스(오)와 함께 군중에게 연설하고 있다.
—

어 국민적 효율성의 추구, 인종적 건강을 내세우며 사격 클럽, 훈련 단체들을 조직했다. 자녀에게 복종과 자기통제와 애국심을 가르치는 어머니의 역할이 강조되었고, 여성단체들도 제국주의 선전에 동원되었다. 이에 따라 여성제국동맹, 소녀우애협회 등이 조직되었는데, 소녀우애협회의 첫사랑은 제국이라고 선언되었다.

대중소비 시대의 도래로 제국주의는 더욱 고양되었다. 그러나 그것은 실은 제국을 이용한 돈벌이 사업의 부수물이었다. 차, 초콜릿, 비누, 기름, 담배회사 등 제국의 경제망에 의존하는 기업들이 처음으로 제국을 선전에 이용했으며 그림엽서, 소설과 잡지 등 제국을 주제로 한 상품들이 쏟아져나왔다. 당시 종이생산 기술과 복사 기술 발달이 인쇄물의 대중화에 일조했는데, 이러한 인쇄물에서 유행한 주제는 여행과 탐험, 왕실, 정치인들, 군인, 선교사 등이었다. 19세기 말

대중이 즐긴 뮤직홀 역시 맹목적 애국주의를 퍼뜨리는 데 중요한 역할을 했다. 제국주의적 색채를 띤 노래들이 뮤직홀에서 유행했는데, 특히 〈정말로By Jingo〉라는 노래가 선풍적 인기를 끌었다.[2]

우리는 싸우기를 원치 않네.
그러나 정말로 싸워야 한다면
우리는 배를 가졌네.
우리는 병사를 가졌네.
그리고 우리에게는 돈도 있네.

경쟁국들에 대한 국수주의적 조롱을 담고 있는 이 노래들은 국가적 우월감의 확인이었다. 20세기가 되면 〈바다의 아들들〉, 〈여왕 폐하의 병사들〉 등 개인으로서보다는 영국의 세력을 팽창시키는 데 공헌한 집단을 찬양하는 노래들이 유행했다.

제국주의를 직간접으로 고양한 또 하나의 그룹은 교육자 및 각종 청소년 운동이었다. 베이든 파월이 1908년에 조직한 보이스카우트 운동은 제국 곳곳에 조직을 만들고 단체정신, 집단행동, 협동 등을 주입시킴으로써 제국의식의 고양에 크게 기여했다. 사립학교 교과과정도 중세 기사도와 영웅숭배를 강조했고 애국심, 의무감, 기율, 자기희생 등을 부각시켰다. 역사교육에서는 제국이 처음 건설되기 시작한 튜더 시대가 위대한 시기로 찬양되었으며, 제국의 경제적 이익

---

2 여기에서 맹목적 국수주의를 의미하는 jingoism이라는 단어가 파생했다.

이 특히 강조되었다. 교육에서의 군국주의의 조장은 실상 기독교 구세군운동에서 영향받은 것이었다. 1878년, 당시 진행 중인 러시아–터키 전쟁의 대중적 인기를 이용해서 고안된 구세군은 광범위한 추종자를 얻었으며, 곧 사립학교에서의 군국주의가 뒤따랐다. 19세기말 대중적 여흥이 된 축구와 크리켓 역시 군국주의를 조장하는 데 한몫을 담당했고, 1890년대에는 스포츠 용어와 전투 용어가 동일하게 되었다. 개인을 단체에 종속시키는 단체정신, 명령준수와 군국주의적 경쟁심 등이 이제 지배적 가치가 되었다.

왕실과 국가 역시 대중적 제국주의의 고양에 결정적 역할을 했다. 1870년대 중반까지 왕실은 국민으로부터 존경받지 못한 채 공화주의의 기류마저 흐르고 있었는데, 디즈레일리가 빅토리아 여왕을 인도 여제로 만들면서 상황이 바뀌었다. 1887년 여왕의 즉위 50주년 기념행사는 "사회주의 운동이 쌓아온 수십 년의 역사를 하루아침에 무너뜨렸다"고 평가되었다. 즉위 60주년 기념행사에는 전 제국으로부터 온 하얗고 까만 피부의 신민들이 참가했다. 이제 왕국, 군국주의, 사회적 다원주의의 집합이 애국심의 언어로 연결되었고, 제국 없는 영국이라는 개념은 거의 모순처럼 보였다. 그러나 영국은 다른 유럽 국가들과 비교해볼 때 소극적 태도를 유지했다. 예를 들면 빅토리아 여왕의 탄신일이 민간 차원에서 '제국의 날'로 준수되기 시작했지만(1903), 국가는 이 날을 공식 국경일로 지정하지 않았다. 국가는 또한 BBC 같은 방송망을 독점 운영하면서도 제국의 고양을 위해서 적극적으로 활용하지 않았다.

제국주의는 어떤 강령이나 원칙이 아니라 마음의 태도이고 정신적

빅토리아 여왕이 1863년 윈저궁의 알현실에서 성경을 선물하고 있다.
—

변화이다. 제국주의적 정서가 깨어나기 시작한 1890년대에 비어트리스 웨브는 "제국주의가 어디에나 있다. 모든 계급들이 히스테리적인 충성심에 취해 있다"고 기록했다. 보어 전쟁 때 영국민이 보인 맹목적 애국주의도 이를 입증한다. 아마도 빅토리아 중기의 개인주의적 자유주의의 지배가 너무 강했기 때문에 그에 대한 반작용으로 집단주의와 협동이라는 가치가 그만큼 강조되었던 것 같다. 거기에 독일의 통일에 자극받아 나타난 국가지상주의가 첨가되어 개인이나 계급의 이해관계 위에 존재하는 최상의 조직으로서의 국가가 강조되었다.

4. 제국의 경제적 수익성

자유방임 경제학의 태두 애덤 스미스는 제국은 낭비이며 무역의 자연스러운 흐름을 왜곡시킬 뿐이라고 비난했다. 자유무역 주창자 리처드 코브던도 무역으로부터의 수익은 정치적 세력관계에 상관없이 얻을 수 있기 때문에 제국 통치는 쓸데없는 비용의 지출일 뿐이라고 비판했다. 이러한 반대 의견에도 불구하고 제국의 경제적 가치는 당연시되었는데, 최근 경제사 연구들은 제국이 수지맞는 사업이 아니었음을 밝히고 있다.

1) 상품 및 자본 시장으로서의 가치

19세기 말 영국 경제는 이미 산업자본주의 단계를 지나 금융자본주의 단계에 도달해 있었고, 1870~1914년간 영국 경제의 가장 큰 특징은 해외투자의 급증이었다. 따라서 제국주의의 경제적 가치에 대한 논의도 상품수출보다는 자본수출에 집중되어 있다. 우선 간략하게 원료공급지 및 수출시장으로서의 제국의 가치를 분석해보자. 제국은 원료공급지나 상품시장으로서 크게 중요하지 않았으며 식량공급지로서 오히려 더 중요한 기능을 했다. 1860년에 영국 수입품의 1/5이 제국으로부터 수입되었고 그 비율은 1914년경 1/4로 증가했으며, 제국으로의 수출은 같은 기간 수출액의 1/4~1/3를 차지했을 뿐이다. 따라서 원료공급지 및 수출시장으로서의 식민지의 중요성을 너무 강조해서는 안 된다.

그렇다면 자본시장으로서의 가치는 어떠했는가? 1875년에

10~12억 파운드이던 해외투자는 1914년에는 40억 파운드로 증가하여 영국은 전 세계 자본공급의 44퍼센트를 담당하고 있었다. 이것은 영국의 총자산에서 해외자산이 차지하는 비중이 1850년대의 7퍼센트에서 1913년에는 33퍼센트로 증가했음을 말한다. 역사상 어떤 나라도 국민소득과 저축을 이처럼 해외자본의 형성에 돌리지 않았다는 점에서 영국의 경험은 특이했다. 해외투자가 급증한 시기에 바로 제국주의적 팽창이 일어났기 때문에 양자 간의 관계에 관심이 쏠리는 것은 당연하다. 존 홉슨에 의해서 거론된 후 이 문제는 꾸준히 학자들, 특히 마르크스주의 학자들의 관심이 되어왔다.

그처럼 엄청난 규모의 해외투자가 일어난 원인에 대해서 연구자들 간에 합의된 의견은 없다. 크게 두 가지로 구분해볼 수 있는데, 첫 번째 견해는 국내투자로부터 오는 수익률이 너무 낮았기 때문에 자본수출이 발생했다는 견해이고push, 두 번째 견해는 국내수익률도 괜찮았지만 해외투자가 제공하는 수익률이 국내의 그것보다 월등히 높았기 때문에 자본이 해외로 유출되었다는 주장pull이다. 첫 번째 원인을 중시한 홉슨은 국내이윤율이 낮은 이유를 임금노동자에게 너무 적은 수입이 돌아감으로써 저소비가 발생하여 국내수요가 낮아진 사실에서 찾았다. 이제까지 진행된 연구자들의 논의를 종합해보면, 아마도 1870~1913년의 대규모 자본수출은 해외로부터 끌어당기는 요인과 국내의 밀치는 요인 둘 모두에 의해서 진행되었지만, 후자가 좀 더 강했으리라는 것이다.

그렇다면 이러한 엄청난 규모의 자본수출에서 제국에의 투자는 어느 정도였는가? 한마디로 제국은 주요 수혜자가 아니었다. 투자가들은 명백히 식민지보다는 해외 독립국가를 선호했다. 1860~1914년 사이에 전체 투자액의 1/4만이 제국으로 흘러들어갔으며, 42퍼센트는 외국에, 나머지 33퍼센트는 국내에 투자되었다. 제국 내에서도 백인 자치령이 71퍼센트를 차지했는데, 특히 철도건설이 붐을 이루던 캐나다에 대한 투자가 거의 전부였다.

이처럼 해외로 자금이 몰린 이유는 영국 사회의 법적, 제도적 경직성 때문이었다고 설명된다. 즉 영국 기업의 소규모적 성격, 독일이나 미국에서와 같은 대규모 투자은행이 없어서 자본이 국내 사용처를 효과적으로 발견할 수 없었으며, 회사법의 미비 등으로 국내투자가 이루어지지 않았다는 것이다. 그러나 보다 근본적 문제는 영국의 금융자본이 국내산업에 관심이 없었다는 사실이었다. 〈이코노미스트 Economist〉는 1911년 런던 금융시장이 캠브리아 광산의 파업보다 캐나다에서 일어난 파업에 더 우려를 보인다고 지적했다. 결론적으로 영국의 자본투자와 이 당시 진행되던 식민지 획득과는 거의 관련이 없었다는 것이 연구자들의 대체적 견해이다.

그렇다면 만일 제국이 없었다면 영국은 경제적으로 더 성장했을까 아니면 덜 성장했을까, 성장률이 둔화했다면 어느 정도 둔화했을까? 이 문제를 고려하기 전에 두 가지 사실이 우선 지적되어야 한다. 만약 식민지들이 독립국이었다면 식민지 경제는 실제로 이루어진 것만큼 국제경제체제에 통합되지 못했을 것이다. 그러나 만약 식민지들이 독립해 있었다면 그들은 보다 다양한 무역 상대자를 찾을 수 있었을 것이고, 영국 무역은 어느 정도 위축되었을 것이다.

만약 이들 지역이 독립국가였다면, 분명히 영국으로부터의 수입품에 관세를 부과했을 것이고, 관세가 20퍼센트였다고 가정한다면 영국이 식민지의 무관세로부터 얻은 이익은 1913년 당시 GNP의 2.6퍼센트에 해당할 것이라는 계산이 나와 있다. 만약 식민지가 독립국이었고 실제보다 낮은 정도로 국제경제에 참여했다면 영국과의 무역은 실제의 25퍼센트에 그쳤을 것이며, 제국에 대한 영국 자본의 투자는 실제의 70퍼센트 정도에 머물렀을 것으로 추정된다. 따라서 무역과 투자를 합쳐서 제국으로의 수출은 실제로 행해진 것의 45퍼센트 수준이었을 것으로 추정된다. 그러므로 1913년 현재 GNP의 5.4퍼센트가 제국에 대한 상품과 용역의 수출로부터 얻은 수익이었다는 것이다. 영국의 입장에서 볼 때 제국이 없었다면, 제국에 관련되어 동원된 국내노동과 자본은 경제활동에 참여하지 못했거나 혹은 덜 생산적인 다른 분야에 사용되었으리라는 가정이 가능하다. 후자의 경우 1913년 현재 영국의 GNP는 1퍼센트 낮았을 것이고, 전자의 경우에는 5퍼센트가 낮았을 것이라는 추산이 나온다. 결론은 무역과 투자에서 모두 제국은 영국 경제에 이익이었으며, 제국은 1870년보다 1914년에 더 중요해졌다는 것이다.

그러나 이러한 주장에 대해서 이의가 제기되었다. 즉 영국은 식민지와의 무역에서 자유무역 원칙을 고수하고 경쟁가격을 지불했기 때문에 제국이 특별한 이익을 제공하지 않았으며, 식민지로부터의 수입품은 같은 가격으로 다른 곳에서도 구입이 가능했을 뿐만 아니라, 식민지로 수출되지 않았다고 해도 영국 상품은 쉽게 다른 수출지역을 찾았으리라는 주장이다. 설사 식민지와의 무역이 이루어지지 않았다 해도 영국 경제와 같은 성숙한 경제는 얼마든지 다른 해결책을 강구했으리라는 것이다. 역사학자 폴 케네디는 인도의 경우 영제국이 없었다면 인도라는 정치적 개체조차 존재하지 않았을 것이며, 존재하지도 않았을 정치적 단위의 경제활동을 계산하는 일은 무의미하다는 입장을 취하는데, 그의 주장에도 일리는 있다.

제국이 19세기 말부터 시작된 영국 경제의 쇠퇴를 만회할 기회를 놓치게 만들었다는 주장도 제기되었다. 즉 차라리 좀 더 일찍이 제국을 포기했다면 영국 경제는 더 빨리 도전에 응할 수 있었을 텐데, 세계시장에서 어려움에 봉착하자 제국에 안주함으로써 손쉬운 해결책을 찾았고, 그럼으로써 가장 바람직한 시장인 유럽에서 독일 및 다른 경쟁국들에 대항할 기회를 놓쳤다는 것이다.

2) 방위비

현재까지의 연구성과를 종합해볼 때 제국으로부터의 경제적 수입은 피상적으로 인정되어온 것처럼 큰 액수는 아니었지만 분명히 존재했다고 결론지을 수 있다. 문제는 수입 총액보다 지출 총액이 더 많을 수 있다는 것이다. 즉 제국을 유지하는 데 든 비용이 만만치 않았기 때문에 총수입에서 총비용을 빼면 반드시 흑자가 아닐 수도 있다는 것이다. 제국으로부터의 이익을 계산하는 방법으로 가장 간단한 것은 전체 수입에서 전체 경비를 빼는 법이다. 여기서 가정은 영제국이 없었어도 영국의 식민지들은 동일한 경제적 기회를 가졌으리라는 것인데, 앞에서도 언급했듯이 제국에 속하지 않았다면 식민지 경제의 동원과 발전의 정도는 확실히 낮았을 것이기 때문에 이 가정은 제국이 없는 상황에서 가능했을 식민지의 경제발전을 과대평가하고 있다.

어쨌든, 제국의 수지 계산에서 중요시되는 요인이 바로 방위비이다. 폴 케네디는 그의 저서 《강대국의 흥망》에서 일반적으로 한 국가의 경제적 세력과 군사적 세력 간에는 균형점이 있게 마련인데, 일단 그 균형이 깨어져 군사적 지출이 더 커지면 강대국은 결국 쇠퇴의 길을 걷게 된다고 주장했다. 실제로 19세기 말이 되면 영국민 1인당 방위비는 다른 유럽 국가들보다 훨씬 더 높고 세금도 더 높게 책정되었다. 국민 1인당 방위비 절대액을 비교해보면, 같은 시기에 영국은 캐나다나 인도보다 10~11배를 지출했으며, 프랑스나 독일의 2배를 지출했다. 따라서 일부 학자들은 자치령과 식민지들이 만약 독립국가로서 부담했을 만큼의 방위비를 실제로 부담했다면 영국민의 세금은 10퍼센트 이상 감소했을 것이고, 만약 제국을 해체하고 영국민이 독일 및 프랑스 국민이 지출했던 것과 같은 정도의 1인당 국방비만을 지출했다면 세금은 1/4만큼 줄었을 것이며, 그럴 경우에 국가자원이 보다 생산적 활동에 사용될 수 있었을 것이라고 지적한다. 결국 제국은 화려하지만 실속 없는 장식품에 불과했다는 것이다.

그러나 방위비의 절대액을 단순 비교하는 것에는 문제가 따른다. 영국은 다른 나라들보다 훨씬 더 부유한 국가였고 국민 1인당 소득도 다른 나라보다 더 높았기 때문이다. 영국이 세계 최대의 부국일 때 방위비용은 국민소득의 1~2퍼센트에 불과했다. 또한 영국의 높은 방위비는 제국 때문이라기보다 지원병제에서 기인했다는 지적도 있다. 독일의 징병제와 달리 지원병제를 채택하고 있던 영국은 병사들에게 노동시장에서의 임금에 준하는 임금을 지급해야 했기 때문에 비용이 훨씬 많이 들었다. 또한 제국을 위한 방위비와 본국만을 위한 방위비를 명확하게 구별할 수 없다는 문제도 발생한다. 영국 경제의 세계 지배를 유지하기 위해서 그 정도의 방위비는 어쨌든 필요했다는 주장이다.

마지막으로 제국을 유지하기 위해서 쓰인 비용이 누구의 부담이었고 이익은 누구에게로 돌아갔는가의 문제가 크게 주목받았다. 구체적으로 누가 가장 많이 제국에 투자했는가를 사회계층별로 분석한 한 연구는 제조업자들이 해외투자에 대해서 가장 관심이 적었고 특히 제국에의 투자에 관심이 없었던 반면, 지주 등 엘리트층이 제국에 가장 열성적이었다는 사실을 밝혀주었다. 비록 전체로서의 영국은 제국으로부터 경제적 이익을 얻지 못했지만 개별 투자가들은 이익을 얻었다. 반면 부담은 국민 다수에게 이전되었다. 1903년경 연수입 1,000파운드 이상의 고소득자들은 국민총소득의 40~45퍼센트를 차지하면서도 전체 세수입의 11퍼센트만 부담했는데, 이들은 다른 사회계층보다 더 많이 제국에 투자함으로써 제국으로부터 더 많은 수익을 챙겼다. 결국 제국주의란 대다수 납세자로부터 소수 투자가에게로 수입이 이전되는 과정이었다는 것이다.

5. 제국의 해체

1947년 8월 인도와 파키스탄의 독립과 함께 식민지 해방의 막이 올랐지만, 힘찬 출발과는 달리 1960년까지 영제국 해체의 실적은 미미했다. 그러나 1960~1970년대에 대부분의 식민지들이 독립하여 결국 영국은 지브롤터와 포클랜드 섬을 포함하는 작은 규모의 식민지만을 보유하게 되었다. 1945년에 들어선 노동당 정부의 입장은 "만약 당신이 당신의 존재를 원치 않는 곳에 있다면, 그리고 당신을 원치 않는 사람들을 분쇄해버릴 힘이나 의지가 없다면, 당신이 할 수 있는 유일한 일은 그곳을 떠나는 것이다"라는 재무장관 휴 돌턴의 발언에 의해서 대변된다고 이해되어왔다. 그러나 반드시 그런 것만은 아니었다. 노동당 정부는 전반적으로 식민지 독립에 소극적이었고, 제국문제에 대해서 무지했으며, 말라야 민족해방운동의 탄압에서 보듯이 영국에 우호적이 아닌 민족해방 세력이 주도권을 쥐고 있을 때에는 무슨 수를 써서든지 독립을 막으려고 꾀했다. 탈식민화에 소극적인 원인 가운데 중요한 것은 영국이 1945년 이후 여전히 강대국으로 인정받음으로써 스스로 위대하다는 환상을 품고 있었다는 사실이었다. 노동당, 보수당을 막론하고 영국 정부는 어떤 형태로든지 영국이 누려왔던 지위를 유지하려고 했던 것이다.

그럼에도 불구하고 서서히나마 탈식민화가 진행되었는데, 그 원인은 크게 세 가지로 볼 수 있다. 첫째, 제국 유지의 부담이 너무 커지는 반면 기대했던 경제적, 전략적 이득을 얻지 못하기 때문이었고, 둘째는 전후 미소 두 강대국이 주도하던 세계에서 영국은 세계체제를 유지하기에 너무 약했으며, 마지막으로 식민지 민족주의의 발달이 필연적으로 독립을 가져왔던 것이다. 20세기 들어 모국과 식민지의 경제적 유대는 점차 약해지고 있었다. 1918~1938년 인도의 수입에서 영국이 차지하는 비중은 54퍼센트에서 30퍼센트 미만으로 감소한 반면, 미국과 일본으로부터의 수입은 증대하고 있었다. 국제정

세의 변화도 중요했다. 1945년 후 이념적으로 제국에 반대하는 미국

과 소련의 출현은 기존 제국들을 곤란에 빠뜨렸다. 전쟁 중 처칠은

"나는 영제국의 파산을 관장하기 위해서 국왕 폐하의 재상이 된 것이

아니다"고 반발했지만, 결국 미국의 압력으로 제국의 해체를 언□□

지 않을 수 없었다.

문제는 식민지 저항운동 없이도 제국주의 국가가 식민지를 포□

기로 결정했을 것인가이다. 여기에서 우리는 민족저항운동의 역□□

평가해야만 한다. 간디가 1930년대에 끊임없이 지적했듯이 4,0□□

의 영국인 고위관리가 3억 인도인을 지배할 수 있었던 것은 결□ □

력자의 존재 때문이었다. 따라서 식민지 독립은 협력자의 고갈□

가 빚은 결과였다고 간주될 수 있다. 탈식민화가 협력체제의 붕□□

문이라고 본다면 다음은 왜 그렇게 되었는가가 설명되어야 할 것이

다. 물론 민족주의의 발달이 중요한 요인이었지만, 민족주의는 □□

적으로 발달하게 마련이라는 주장은 많은 것을 설명해주지 못□□

왜 이때 이르러 민족주의가 대중의 지지를 얻고 협력체제의 대□□

이 될 수 있었는가가 분석되어야 하는 것이다.

그 원인으로는 우선 제국정부가 더 이상 식민지 지도자들의 □

심에 호소할 수 없게 되었다는 사실을 들 수 있다. 제국이 주는 □

이 1945년 이후 흔들리게 되었는데, 특히 전후 영국의 경제적 □

는 식민지의 경제적 의존을 불가능하게 만들었다. 게다가 심각□

제적 어려움을 겪게 된 영국이 식민지 경제를 자국의 목표에 맞□□

영하려고 했다는 사실도 중요하다. 소위 '제2의 식민 정복' 때문□

민지 엘리트들은 협력체제를 종결짓고 제국의 지배를 종식시키□

해서 대중을 동원하고 조직할 수 있었다. 가장 결정적 요인은 제2차 세계대전이었다. 1942년 싱가포르, 홍콩, 말레이, 버마(1989년 미얀마로 개칭)가 일본군에 점령되고 인도도 위험한 지경에 이르렀는데, 이것은 유럽 제국의 군사적 권위라는 신화를 깨뜨려 제국주의적 지배를 흔들어놓았다. 뿐만 아니라 일본은 점령기간 동안 반제국주의적 활동을 조장함으로써 제국이 형성해놓은 협력체제를 교란시켜버렸다. 그러나 전후 식민지에 돌아온 네덜란드와 프랑스가 민족해방운동을 억제한 데 반해, 영국은 신속하게 식민지로부터 떠나기로 결정한 사실은 영국의 융통성 있는 태도와 실질적 사고방식을 보여준다.

인도의 독립은 지역적, 국제정치적 사건의 전환을 잘 이용함으로써 가능했던 좋은 예이다. 인도 독립운동의 첫 징조는 인도 국민회의 Indian National Congress의 성립(1885)이었지만, 처음에는 대중적 지지 없이 소수 엘리트의 움직임에 불과했다. 1890년대에 이르면 인도 민족주의 운동이 영국에 성가신 것이 되었다. 제국정부에 협조적이던 엘리트들은 이제 인도인들의 더 많은 참여와 승진의 기회를 요구하고 국가예산을 제국의 목표가 아니라 인도를 위해서 사용할 것을 주장했다. 그러나 영국은 제1차 세계대전 이전에는 별다른 양보를 하지 않았다. 그러다가 150만 명의 인도인들이 참전하고 6만 2,000명 이상이 사망하는 등 인도인이 전쟁 중 보인 노력에 대한 보상으로 인도인들의 지방정부 참여를 확대했는데(1917), 그것이 개혁의 물꼬를 텄다. 전쟁은 또한 인도의 공업화를 크게 촉진시켰다. 전후 영국이 인도에게 재정독립을 허락하자(1919), 인도는 즉각 자유무역을 포기하고 보호관세를 도입했다. 1930년대가 되면 인도는 더 이상 영국 경

인도 국민회의는 전 정부의 내무장관이었던 영국인 흄이 인도협회를 결성하고 있었던 버너지 든 것으로 인도 통치를 개선하려는 목적으로 결성된 단체였다. 그러나 이러한 '친영' 단체는 1905년 벵골 분할령을 실시하자 '반영' 단체가 되어 민족운동을 주도하게 된다.

—

제에 이익이 되지 않았다. 나아가서 1933년부터 영국이 인도 주

의 비용을 보조하게 되자 인도는 이제 자산이 아니라 부담이 돼

그러나 제국으로부터의 후퇴는 간디가 국민회의를 장악할 때

는 점진적이었다. 간디는 국민회의의 지도자가 되면서(1919), 북

아지와 농민을 결합하여 국민회의를 대중정당으로 만든 후 시민

운동을 성공적으로 이끌었다. 영국의 문인인 에드워 아널드는

가 민족이 되면 영국인들은 떠나야 할 것"이라고 예인했는데,

언은 실현되었다. 간디는 영국이 도저히 불가능하리라고 여겼

두교도와 무슬림의 협조를 실현시켜 민족주의 운동을 강력한 다

동으로 발전시켰다. 간디가 선택한 시민저항운동, 엘리트 정치

민의 결합은 식민지 내부와 국제정세의 상황 변화를 잘 포착한

적 정책이었다.

결론적으로 탈식민화는 민족주의의 강화만이 아니라 국제정치적, 사회경제적 요인들로 인해서 제국 지배에 유리하게 작용하던 주변부에서 협력의 균형이 반제국주의자에게로 기울고, 대중의 민족주의 의식이 발달하여 협력이 더욱 어려워진 반면에, 중심부가 압도적 힘을 행사할 수 없을 때 가능해진다고 말할 수 있다.

식민지의 민족주의적 추세를 간파한 영국은 1926년 영연방 Commonwealth of Nations이라는 개념을 공식적으로 규정했다. 동등한 지위를 누리는 제국의 자치령들이 자유롭게 형성한 연합체인 연방은 웨스트민스터 법(1931)에 의해 권위를 부여받았고, 1945년 이후 독립된 식민지들이 가입함으로써 규모가 커졌다. 영국은 식민지 해방 후에도 영연방을 통해서 세계적 영향력을 행사할 수 있으리라고 믿었다. 그러나 영연방은 기대되던 정치적, 전략적, 경제적 역할을 수행하지 못했다. 1962년 미국의 전前 국무장관 딘 애치슨이 "영국은 제국을 잃었고 아직 새로운 역할을 발견하지 못했다"고 지적했듯이, 이때가 되면 제국은 더 이상 영국 영광의 마지막 보루가 아니었다. 영국은 그 대안으로 유럽경제공동체EEC에 가입하기로 결정했으나, 프랑스 대통령 드골의 방해로 가입이 좌절되었다(1963). 계속되는 무역 수지 악화와 파운드화 위기로 경제적 위기가 심화되자 영국인의 제국과 영연방에 대한 열정은 심각한 시련을 겪게 되었다. 1967년 윌슨 정부는 유럽 이외의 지역에 주둔한 군대를 철수함으로써 드디어 힘에 부치는 세계적 역할을 포기하기로 결정했으며, 대부분의 식민지가 독립국가가 되었다.

1982년 일어난 포클랜드 전쟁은 제국으로서의 영국의 자존심을
키려는 마지막 안간힘이었다. 약 100년 전에 일어났던 보어 전
상기시킨 이 전쟁은 그때에 버금가는 국민적 열광을 폭발시켰
영제국의 영광이 다시 돌이킬 수 없는 과거라는 사실은 명백히
1997년 홍콩의 반환은 그나마 남아 있던 영제국을 더욱 축소시켰
그러나 식민지의 존재 여부는 더 이상 영국의 운명에 큰 영향이
다. 영국민은 이미 스스로를 제국이 아닌 다른 정체성으로 인식
있었기 때문이다.

---

3 현재 영연방은 전 세계 54개국으로 구성되어 있다. 그 가운데 31개국은 공화국이
  에서 영국 여왕은 여전히 명목상이나마 국가수반의

5장
개혁가들

이 장에서는 18~19세기 영국 사회에서 개혁을 추구한 지식인들을 살펴보기로 한다. 18세기 후반 이후 영국에는 복음주의와 공리주의라는 사조가 나타나 거대한 영향력을 발휘했으며 지속적인 개혁의 물꼬를 텄다. 복음주의자들 덕분에 노예무역과 노예제가 근절되었고, 공리주의자들은 보다 합리적인 국가운영이 확립되는 데 기여했다. 이들의 노력에도 불구하고 19세기 영국은 여전히 여러 가지 사회적 악이 잔재해 있고, 오늘날과 비교할 때 불평등한 사회였다. 그럼에도 이들 개혁가들의 노력이 없었다면 영국은 손볼 곳이 훨씬 더 많은 사회였을 것이다.

1. 제러미 벤담과 공리주의

영국 역사에서 19세기는 각종 개혁이 추진된 '개혁의 시대'였다. 이때 개혁운동의 한 축을 마련한 것이 제러미 벤담의 이름과 밀접하

게 결부되어 있는 공리주의utilitarianism였┄┄┄┄┄┄┄┄┄┄┄┄┄┄┄┄

의 디자인을 바꾸지 않고는 배드민턴조┄┄ 칠 수 없는 사람이라┄

사한 적이 있다. 법률가인 아버지 밑에서┄┄┄┄┄┄┄┄┄┄┄┄┄┄

러미는 이미 6세 때 라틴어와 그리스어┄┄┄┄┄┄┄┄┄┄┄┄┄┄

대학에 입학했다. 그러나 그는 음침한 ┄┄종교, 진부한 고전교육┄

와 학생들의 난폭함과 현학적 태도에 ┄┄┄감을 가지게 되었고┄

한 거부감은 15세에 링컨 법학원에서 ┄┄┄시작한 훈련과정에서 반┄

발전하여 인간의 모든 이념과 행동을 ┄┄┄┄┄┄┄┄┄┄┄┄┄┄

게 되었다. 법학원의 훈련은 실제 법정┄┄┄┄┄┄┄┄┄┄┄┄┄┄

찰하는 것으로 이루어졌는데, 벤담은 법┄┄┄┄┄┄┄┄┄┄┄┄┄┄

스의 법철학과 계몽주의 사상에 깊이 ┄┄┄┄┄┄┄┄┄┄┄┄┄┄

적이고 돈 버는 데 급급한 현실적 법집┄┄┄┄┄┄┄┄┄┄┄ 정교하고┄

하며 철학적 기반을 가진 법연구에 더 ┄┄어울린다고 생각했다. ┄

이것은 아들을 대법관으로 만들고 싶어┄┄┄┄┄┄┄┄┄┄┄┄┄┄

졌고, 따라서 부자 간의 갈등이 생기게 ┄┄┄┄┄.

  벤담은 철저한 경험주의자였다. 그는┄┄┄┄┄┄┄┄┄┄┄┄┄┄

다음 같은 단어들을 단순히 추상적인 ┄┄┄것으로 치부해버렸다. ┄

은 이 세상에 진정으로 존재하는 사물을┄┄┄┄┄┄┄┄┄┄┄┄┄┄

말을 쓰는 것은 사람들로 하여금 추상적┄┄┄┄┄┄┄┄┄┄┄┄┄┄

게 만든다는 주장이었다. 그는 자신의┄┄┄┄┄┄┄┄┄┄┄┄┄┄

획이라는 개념과 분리시켜 철저하게 물질적 철학 위에 두었다┄

가 아는 모든 것은 감각을 통해서 비롯된다고 확신한 벤담은 ┄

리를 사고하는 것이나 미와 진리를 추구하는 것에는 관심이 없┄

벤담은 영국 산업혁명기의 급진 부르주아지 사상을 대표하는 철학자이자 법학자이다. 자연권과 같은 추상적 개념이 아니라 '유용성utility'을 윤리적, 법제적 척도로 삼았으며 각 개인의 이익을 만족시키는 '최대 다수의 최대 행복'을 주장했다. 그의 이론은 개인주의와 경제적 자유주의에 힘을 더했다.
—

벤담은 뉴턴이 물리학에서 이루었던 ... 것을 도덕철학에서 이루...원했다. 즉 모든 데이터를 하나 혹은 몇 ...것이 그의 목표였다. 그는 공리의 원칙에서 그것을 발견했다. ...본질은 이기적이며, 인간은 오직 쾌락을 ...해서 행동할 뿐인데, 쾌락을 최대화하고 ...로 공리라는 것이다. 벤담은 쾌락을 계산...다. 모든 경험을 강도, 지속성, 확실성, ...사람에게 미치는 영향 등의 요인에 의해 ...을 계산할 수 있다는 것이다. 질이 다른 ...문에 쾌락은 질...존 스튜어트 밀은 벤담이 쾌락의 양은 평등하며, 시 poem와 푸... push-pin(핀을 가지...했다. 여기에서 벤담 사상의 민주적 성격...담의 원칙은 단순...에게 영향을 미칠 경우 다른 개개인이 ...최대인 길을 선...주의의 '최대 다수의 최대 행복'이라는 ...

젊었을 때 그...미국 독립전쟁이나 프랑스 혁명에 반대...을 싫어한 것은 자유라는 추상적 개념에 ...까지는 에드먼드...에 대해서 벤담은 ...혹은 이떤 다른 ...에 적합한가 분석...

지, 사회의 행복을 증진시키는지 또는 감소시키는지를 물어야 한다고 주장했다. 또한 사회는 개인들의 집합 이상도 그 이하도 아니라고 믿은 점에서 벤담은 사회를 유기체로 본 버크와 달랐다. 개인들의 행복과 고통의 합이 바로 사회 전체의 행복이다. 벤담에 의하면 모든 동기는 그 자체가 좋거나 나쁜 것이 아니라 단지 결과에 따라서 옳고 그름이 판단될 수 있으며, 법률과 통치도 마찬가지라는 것이었다.

벤담이 역점을 둔 것이 법제도와 감옥의 개혁이었다. 벤담은 볼테르와 달랑베르 등 계몽주의자들과 서신을 교환했으며, 예카테리나 2세, 윌리엄 피트 등의 계몽주의 정치인들의 후견을 얻어 자신의 뜻을 펴보고자 했다. 그가 러시아를 방문한 것도 예카테리나 2세가 자신의 이상을 실현할 수 있는 군주라고 기대했기 때문이었다. 거기서 그는 건축적으로 그리고 경영상으로 아주 혁신적인 이상적 감옥, 판옵티콘Panopticon을 구상하고 저술했다(1791). 판옵티콘 감옥의 통제의 기본은 사람들이란 자신들이 관찰되고 있다는 사실을 알면 기존 규칙과 규범에 복종한다는 것이다. 따라서 판옵티콘은 효율적 감독을 통해서 수감자들의 프라이버시를 최대한으로 빼앗는 것을 목표로 했다. 미셸 푸코가 근대국가의 권력과 통제의 대표적 예로 거론한 것이 바로 판옵티콘이었다. 판옵티콘은 그때까지 구상된 것 가운데 가장 철저한 물리공학과 사회공학의 결합체였다. 이 계획이 돈을 벌 수도 있는 프로젝트라고 생각한 그는 실제로 수상 소피트를 설복시킬 수 있었다. 그리하여 막상 재무부와 계약을 맺고 설립에 필요한 법도 의회에서 통과되었지만, 감옥이 자기 땅 주변에 들어서면 땅값이 떨어질 것을 예상한 지주층의 반대로 좌절당했다. 이 투쟁과정에서 정

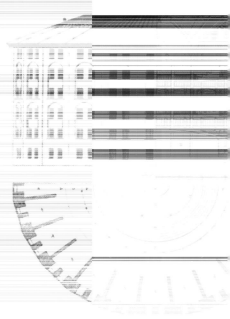

판옵티콘은 죄수를 효[...]으로 감시[...]지만이
이 감옥은 중앙에 높은 [...]감시탑을 세우고 [...]사탑 바깥의 원
방을 만들도록 설계했다. [...]는 감시탑을 볼수 [...]감옥의 [...]은
죄수들은 늘 감시받고 있[...]

부의 역할에 대[...]

더욱으로 그[...] [...]감시 소음은 [...]

들이 그처럼 자[...]만[...] 경[...]와 법[...] 경[...]

붕쳐진 상금과 [...] [...] [...]

강하게 단순화[...] [...] [...]

그가 법의 강화[...]

의 행동을 제한[...] [...] [...]

최소화으로 제한[...] [...] [...] [...]

해서 자신이 원하던 감옥과 법률개혁을 이루지 못하자 통치자들을 바꾸기 위한 정치개혁을 주장하게 되었다. 그의 정치강령은 보통선거, 대의제, 능력 있고 책임지는 행정부, 보편적 교육 등 궁극적으로 19세기의 자유주의 강령에 거의 일치했다. 마지막으로 제임스 밀과 만나 지적 동반자가 된 후, 자유방임 경제학이 그의 법적, 정치적 개혁논리와 결합되었다.

벤담의 저서는 영국보다 다른 나라에서 먼저 출판되었다. 그의 문체의 난해함을 빗대어 당대인은 "벤담의 저서는 이제 영어로 번역될 차례"라고 꼬집기도 했다. 실제로 그의 사상은 초기에는 실현되지 않았다. 공리주의가 영국에서 인정되기 시작한 것은 사회에서 일어나고 있던 개혁운동의 지배적 성향과 접목되었을 때였다. 벤담주의는 필의 추종자, 휘그, 토리들과의 협력하에서 실질적 성공을 거둘 수 있었으며, 존 스튜어트 밀이 공리주의를 복음주의적 윤리로 희석시켰을 때 가장 큰 영향력을 발휘할 수 있었다. 밀은 '쾌락'의 범주에 '의무'를 부가하고, '고통'의 범주에 '양심의 가책'을 포함시켰던 것이다.

모든 정부는 최대 다수의 최대 행복을 목표로 해야 한다는 벤담의 주장은 국가개입의 기반을 마련해준 것처럼 보일지 모른다. 실제로 그의 추종자 가운데 개입주의 사회공학을 실천한 사람들이 많았고 이들에 의해서 19세기 개혁은 크게 진전될 수 있었다. 그러나 그는 나이가 들면서 개인이 누구보다도 그 자신의 이익을 가장 잘 알고 있다는 자유방임의 전제에 동의하면서 점점 더 국가의 개입을 부정적으로 보았다. 그의 영향으로 수도권 경찰법(1829), 교육법(1833), 공장

법(1833), 구빈법
사회를 크게 변
벤담은 사람
의 알지 못했
경험주의적이었
에 나오는 거대
[illegible]
[illegible]
크스가 벤담을
르주아 사상의
의 철학자"라고
벤담은 생전
인류가 소그만
용으로 기증하
다. 1832년 전시
담이 죽은 지
들이 그의 유언
[illegible]
하여 지금에
[illegible]
지도자인 프랜
[illegible]
리지에 전시했

에 머리 부분이 왁스로 교체되었는데, 옷, 뼈, 지팡이들은 진품인데 머리만 진품이 아니라는 것은 일종의 아이러니이다. 즉 그가 창시한 종교의 가장 중요한 성상인 머리가 빠져버린 것이다. 벤담은 법, 제도, 정부, 교육 등 공공조직과 공적 통제의 교사로서 19세기 영국 역사에 지대한 영향력을 행사했다. 뿐만 아니라 한정된 자원으로 나라 살림을 꾸려야 하는 현대국가에게 벤담의 최대 다수의 최대 행복의 원칙은 아직도 중요한 지침이 되고 있다.

2. 존 스튜어트 밀과 자유주의

"모든 영국인들은 다 자유주의자이다. 보수주의자는 우측에 있는 자유주의자이고, 노동당 지지자는 좌측에 있는 자유주의자이다"라는 말이 있다. 자유주의의 절대적 군림을 표현한 말이다. 그 자유주의가 가장 절정에 이르렀을 때, 그 이론을 정석화한 사람이 바로 존 스튜어트 밀이었다. 밀은 1806년 런던에서 제러미 벤담과 데이비드 리카도의 친구인 제임스 밀의 아들로 태어났다. 어린 시절 밀에게 가장 뚜렷한 존재는 아버지였다. 그의 아버지는 단순한 아버지가 아니라 일생 단 한명의 스승이었다. 그의 아버지는 "모든 종류의 열정적 감정, 그런 감정을 표현하는 말이나 글을 혐오한" 사람이었다. 그는 아버지를 존경했지만 사랑하지는 않았다. 밀의 자서전에 어머니에 대한 언급이 전혀 없다는 사실은 그가 어머니에게 아무런 유대감을 느끼지 못했다는 사실을 말해주는데, 그는 형제들에게도 마찬가지로

에 포함되지 않았다. 철저한 공리주의자로 교육받은 밀에게는 감정이 결핍되어 있었고, 이것은 결국 그를 신경쇠약 증세로 몰고 갔다. 20세가 되었을 때 그는 모든 것을 회의하게 되었다. 자서전에서 밀은 "지금 나의 인생의 모든 목표가 실현되었다고 가정해보자. 내가 그토록 바라던 제도와 의식의 개혁이 이루어졌다고 상상해보자. 나는 극도의 기쁨과 행복을 누릴 수 있을까? 나의 자의식은 뚜렷하게 '아니다'라고 대답했다"고 당시의 절망감을 토로하고 있다. 그는 결국 워즈워스와 콜리지, 칼라일에게서 영감을 얻어 낭만주의에 경도하게 되었다. 아버지가 타계한 후(1836) 벤담에 대한 비판적 글을 출판하기도 했지만, 생의 후반기에는 점차 젊었을 때의 지적 위치로 돌아갔다. 대신 벤담식의 공리주의를 개량해서 인간정신을 고양하는 공리주의로 만들려고 노력하게 되었다.

밀이 24세 때 일생 최대의 사건이 일어났다. 사업가의 아내인 해리엇 테일러를 만난 것이다. 테일러 부인에 대한 사랑은 그가 일생 처음으로 인간에 대해서 느낀 사랑이었고, 그녀는 곧 그의 존재의 가장 큰 '기쁨과 은총'이고 '세계의 중심'이 되었다. 두 사람은 플라토닉한 관계였지만, 빅토리아 사회의 윤리로는 용인될 수 없는 스캔들로 여겨졌다. 20년 동안 지속된 이들의 관계는 테일러 부인의 남편이 사망함으로써 드디어 합법적이 될 수 있었다(1851). 밀은 30년 이상 근무한 동인도회사에서 은퇴한 후(1858), 1865년에 자유당 의원으로 의회에 진출하는 데 성공했지만, 그렇게 성공적인 의정활동을 하지는 못했고 다음 선거에서 낙선했다.

밀이 계승한 공리주의는 벤담의 공리주의와는 다른 얼굴의 공리주

밀과 의붓딸 헬렌 테일러Helen Taylor. 헬렌은 어머니인 해리엇 부인이 사망한 뒤 15년 동안 밀의 학문 활동을 도왔다.
—

하는 역할을 부여했다. 밀은 이처럼 국가개입이 자유와 양립할 수 있다고 믿었다. 문제는 어떤 개입은 환영하고 어떤 개입은 거부해야 하는지를 결정하는 것이었다.

　밀이 영국의 모든 제도 가운데에서 가장 높이 평가한 것은 의회제도였다. 당시 영국의 엘리트들은 대중이 정치적 권력을 가지게 되면,

참정권을 주어서는 안 된다는 것이었다. 따라서 그는 민주주의의 하향적 평준화를 방지하는 방책으로 대의정부를 지지했으며, 교육과 재산에 따른 유권자의 제한과 복수선거권도 필요하다고 생각했다. 그러나 중요한 점은 그가 복수선거권의 기반을 재산이 아니라 교육과 전문적 능력에 두고 있다는 점이다.

무엇보다도 공리주의자들은 대중을 불신한 것보다는 귀족을 더 혐오했는데, 밀도 마찬가지였다. 그는 리카도의 제자로서 단지 인구증가에 의한 결과로 지대상승의 이득을 챙기는 지주층을 기생충으로 간주했다. 그는 세습귀족을 교육받고 선출된 엘리트로 대체할 것을 원했다. 즉 독립적이고 교육받은 집단이 보통선거에 의해서 나라를 통치하도록 선출되면 귀족정을 제거할 뿐만 아니라 다수의 세력을 제한할 수 있을 것이라고 믿었던 것이다.

밀은 정치경제학에서도 큰 업적을 이루었다. 그의 저서 《정치경제학 원리Principles of Political Economy》(1848)는 당대의 베스트셀러이며 교과서로 수십 년간 출판계를 독점했다. 애덤 스미스 이래 고전경제학자들은 수요와 공급의 법칙이 자연의 법칙이므로 경제활동에 어떤 제약도 가해서는 안 된다는 자유방임을 주장했다. 밀도 처음에는 이를 받아들였지만, 개인의 자유가 부유한 고용주와 가난에 찌든 노동자 사이의 간극을 메워주지 못한다는 사실을 깨닫게 되었다. 그 결과 부의 생산은 자연적 '경제법칙'에 따라서 결정되지만 부의 분배는 사회적 문제, 인간의 의지에 달린 것이라고 주장하여 고전경제학의 법칙이 된 자유방임을 변형시켰다. 그 자신은 이것을 정치경제학에 대한 가장 큰 공헌이라고 자부했다. 현실적으로 밀은 누진세를 통한 부

하게 되어 있었다. 그러나 밀은 이 원칙을 받아들이지 않았다. 그는 노동자들에게 노동조합을 조직해서 자신들의 이익을 지키라고 충고했고, 일생 노동조합을 지지했다.

그는 1848년 이후 사회주의가 유럽의 정치에서 돌이킬 수 없는 뚜렷한 문제가 되었다고 생각했으며, 자본주의의 악을 제거하고 그 장점만 추린 것으로 보고 협동조합을 지지했다. 그는 나아가서 정부에 대해서도 자유방임을 포기하고 사회개혁에 앞장설 것을 권고하는 한편, 여러 개혁법, 공장법, 아일랜드 토지동맹 등을 지지하고 그 실현을 위해서 활약했다. 그러나 혁명적 변화는 치유책이 아니라 오히려 더 큰 악폐를 낳는다고 생각했기 때문에 마르크스주의를 기피했다. 게다가 사회주의가 주장하는 생산에서의 정부 통제는 자유사회를 억압할 것이라고 생각했다. 이처럼 밀은 자유방임적 자유주의를 변형시킴으로써 신자유주의로의 발전을 열었지만, 여전히 자유주의자로서의 본질을 유지하고 있었다. 밀은 자유주의를 끝까지 견지했고, 경쟁은 좋은 것이고 근면과 효율성을 고무한다고 믿었다.

다수의 횡포에 대한 밀의 우려는 그가 제시했던 대로 교육과 토론의 힘에 의거해 점차 순화되어갔다. 어찌 되었든 밀의 가장 큰 업적은 개인의 자유란 인간의 노력과 투쟁의 위대한 목표라는 확신을 심어준 것이었다. 이것은 21세기를 바라보는 지금 시점에서도 가장 중요한 가치로 남아 있다. 밀은 정계를 떠난 후 아내의 무덤이 있는 남부 프랑스에 은퇴하여 그곳에서 타계했다. 한 여인과 자신이 믿는 바에 대해서 바친 변치 않은 사랑과 충성심을 그의 생애에서 찾아볼 수 있다.

윌리엄 모리스는 처음으로 '장식예술'이라는 강연을 하고, 고대건축보존협회를 설립하는 등 사회 활동을 벌였다. 문학에서의 유미주의적 경향은 공예가로서 모리스의 중세 예찬과 교착하면서, 점차 19세기 문명에 대한 비판이라는 형태를 취하게 된다.
—

윌리엄 모리스가 디자인한 스테인드글라스에 묘사된 아서 왕과 랜슬롯이다. 스테인드글라스는 14세기 이후에 유리 제작기술의 발달로 세부적인 표현은 뛰어났지만 오히려 그림과 같이 표현되어 초기의 유리가 나타내는 독특한 미가 없어졌다. 그러나 19세기 후반에 모리스 등의 예술운동을 계기로 중세의 미가 재인식되었다.
—

결과적으로 일은 불유쾌한 것이 되었다. 일은 유쾌한 것이어야 하는데, 근대사회는 무엇인가 개별적이고 새롭고 아름다운 것을 창조한다는 만족감으로부터 일을 분리시켰다는 것이다. 더 나쁜 것은 일이 고통이 된 사실이었다. 사회는 경쟁사회가 되었고, 경쟁사회는 생산의 목표가 아름답고 유용하고 좋은 것들을 만들어내는 것이라는

모리스의 아내가 된 제인을 발견한 것이 로세티였고, 두 사람이 결혼한 후에도 로세티는 계속 제인과의 관계를 유지했다. 제인은 정신을 아찔하게 만드는 미인이었다. 빅토리아 시대의 전형적 미인과는 달리 사지가 길고 늘씬하고 암울한 인상을 풍기는, 라파엘전파 화가들이 "미, 그 자체의 구현"이라고 평가한 미모였다. 제인에 대해서는 하층계급 출신이라는 것 말고는 별로 알려진 것이 없다. 그녀는 결혼 후에도 로세티의 그림 모델이면서 연인관계를 유지했으며, 시인이며 난봉꾼인 윌프리드 블런트와도 염문을 뿌렸다. 그녀의 행동은 모리스에게 깊은 상처를 남겼다. 모리스는 삶과 일에서 기쁨과 행복의 중요성을 사람들에게 가르쳤지만, 그 자신은 그것을 누리지 못했다.

모리스는 인생 후반기에야 정치적으로 눈을 뜨게 되었다. 처음에는 글래드스턴을 존경하여 전국 자유주의연맹에도 가입했지만 나중에는 그를 "저 늙은 위선적인 불한당"이라고 비난하게 되었다. 모리스는 1876~1883년 사이에 존 스튜어트 밀이 푸리에에 대해서 쓴 글을 읽고 개인주의 경제학이 잘못되었고 푸리에가 옳다고 믿게 되었으며, 급진주의 주장만으로는 부족하며 목표는 혁명적 사회주의여야 한다고 생각하고 마르크스주의를 추종하는 사회민주연맹Social Democratic Federation의 창설 멤버가 되었다. 그러나 모리스는 마르크스주의자는 아니었다. 그의 사회주의는 개인주의에 대한 낭만적 증오와 근대 산업사회의 저속한 일생생활에 대한 혐오였다. 그의 유명한 말, "나는 마르크스의 노동가치설을 이해하지도, 이해하고 싶지도 않다. 그러나 나태한 계급은 부자이고 노동계급은 가난하며, 부자는 가난한 사람들을 벗겨먹기 때문에 부자라는 것을 알 정도로는 정치경제학을

게이브리얼 로세티가 1874년에 그린 〈성스러운 백합〉이다. 이 그림은 로세티가 죽은 아내와 애인 제인 사이에서 정신적으로 몹시 불안정했던 시기에 그려졌다. 부제인 '축복받은 다모젤'은 로세티가 지은 같은 제목의 시에 나오는 여주인공이기도 하다.

었다. 그렇기 때문에 둘째 딸 메이가 결혼할 뻔했던 버나드 쇼와 친밀한 관계에 있었지만, 페이비언 사회주의의 무미하고 비정서적 접근을 싫어했다.

모리스는 곧 하인드먼과 갈등을 빚고 사회민주연맹을 탈퇴하여 별도로 사회주의동맹Socialist League을 결성했다. 사회주의동맹은 현실적으로 한계를 가진 단체였다. 그들은 자본주의 사회의 어떠한 제도와도 타협하기를 거부했기 때문에 의회도 적으로 간주함으로써 당시 노동계급이 염원하던 정치적 진출에 반대했다. 동맹은 자연 수백 명에 국한된 소규모 단체 이상이 될 수 없었다. 그러면서도 모리스는 사회주의는 위로부터 부과되어서는 안 되며 노동계급으로부터 나와야 한다고 믿었다.

그의 시 〈희망의 순례자The Pilgrim of Hope〉(1885)는 "이제 더 이상 분

'생명의 나무 Three of Life'라는 제목의 이 직물은 윌리엄 모리스가 라파엘
전파로 활동하던 시기에 만들어졌다.
—

동자가 진정으로 유용하고 아름다운 물체를 생산하는 데 기쁨을 느
끼는 사회를 만들고, 이 세상을 개혁하고, 삶을 보다 단순화하고, 보
다 보람 있고, 보다 아름답고, 보다 정의롭게 만들려고 노력하는 데
에 일생을 바쳤다. 그의 그러한 사심 없는 투신이 예술가로서, 작가
로서, 사회주의자로서 역사에 족적을 남기게 만들었던 것이다.

른 사람들의 불행한 처지에 대해서 죄의식을 느끼는 것을 배웠다.

지적으로 조숙했던 비어트리스는 소녀 시절 아버지의 친구인 철학자 스펜서와 실증주의의 영향을 받아 사실을 중시하게 되었다. 가장 바람직한 사회봉사는 무엇보다도 사회현상을 정확하게 파악하기 위한 사회조사라고 결론을 내린 비어트리스는 찰스 부스가 행한 런던 사람들의 삶과 노동에 대한 조사에 참여하여 런던 동부지역 노동계급 여성들의 착취노동에 대한 부분을 저술했다. 이때 비어트리스는 키가 크고 매우 위엄이 있으면서 아름다운 얼굴을 가진 '약간 독일적 모습'의 여인으로서, 전문직 여성의 모델로 보였다.

1883년 포터 가의 근원지인 랭커셔에서 사회조사를 하면서 그곳 사람들의 따뜻함, 친밀한 관계를 처음 경험하게 된 비어트리스는 이제 목표를 박애에서 사회정책으로 전환하게 되었다. 즉 단순히 빈곤을 완화시키는 것이 아니라, 그 원인을 제거하는 것이 중요하다는 결론에 도달했던 것이다. 그러던 차에 개인적으로 매우 중요한 계기가 찾아왔다. 1883년 6월 스펜서가 베푼 야유회에서 조지프 체임벌린을 만났던 것이다. 47세의 부유한 기업가인 체임벌린은 자유당 내 급진주의의 기수로 가장 촉망받는 정치인이었다. 두 번 상처한 그는 세 번째 아내를 찾고 있었는데, 비어트리스는 첫눈에 체임벌린에게 호감을 느꼈다. 두 사람은 대화를 통해서 대다수 사람들의 삶을 보다 즐겁게 만든다는 공통의 관심사를 가지고 있다는 사실을 확인하게 되었다. 그러나 체임벌린은 카리스마적이었고 남성에 대한 여성의 순종을 확고하게 믿는 사람이었다. 비어트리스는 그녀의 이성이 거부하는 남자를 사랑하는 모순 때문에 무척 괴로워했다. 체임벌린과

고, 20대 중반에 받은 상처에서 오랫동안 벗어나지 못했다.

시드니 웨브는 1859년 런던의 하층 중간계급 가정에서 태어났다. 아버지는 회계사였고 어머니는 미용원을 운영해서 가계를 도왔다. 아버지는 지적 호기심이 강하고 정치에 관심이 많았으며 존 스튜어트 밀의 열렬한 지지자였는데, 웨브의 정치성향은 아버지로부터 영향받은 것이었다. 시드니는 소년 시절 외톨이였지만, 지적 능력이 뛰어나 학교에서 많은 상을 받았다. 가정형편 때문에 17세에 런던 금융가에 일자리를 구한 그는 공부를 계속하여 런던 시립대학에서 저녁 강의를 듣고 공무원 시험에 합격하여 식민부에 취직했다. 비록 수줍음을 타고, 볼품없는 용모에 코크니 발음을 가졌지만, 칸트, 헤겔, 밀, 스펜서의 주요 저작들을 독파하여 광범위한 지식으로 무장하고 있었다.

페이비언 협회에 가입한 것이 그의 일생에 중요한 전기가 되었다 (1885). 당시 고전분투하는 저널리스트이자 극작가로서 웨브보다 한 해 먼저 협회에 가입한 버나드 쇼는 웨브가 볼품없는 외모였지만 백과사전적 지식을 가지고 있었다고 회고했다. 무엇보다도 런던 생활에서 중간계급의 안락함 밑에 놓여 있는 노동대중의 비참함, 즉 "이 세계에서 가장 부유한 도시인 런던에 가난과 비참에 찌든 대규모 군중이 있다"는 현실이 그를 사회주의자로 만들었다. 웨브는 이들을 밑바닥으로부터 끌어올리는 것을 개인적 의무로 생각하게 되었다.

그러나 웨브가 받아들인 사회주의는 혁명적 사회주의와는 거리가 멀었다. 그것은 인간의 상호의존성과 노동자들이 그의 노동의 전부를 차지할 권리를 가진다는 두 가지 원칙에 근거했다. 웨브도 다른 페이비언들과 마찬가지로 리카도에게서 많은 영향을 받았는데, 마르

어트리스는 시드니와 대화하면서 "내가 사회주의자였고 또는 사회주의자여야 한다는 생각이 번개같이 스쳐 지나갔다"고 토로했다. 그녀 속에 잠재해 있던 사회개혁적 이상이 이제 확실하게 사회주의라는 이름으로 모습을 드러낸 것이었다. 그러나 웨브에 대한 인상은 "왜소한 체격, 창백한 안색, 형편없는 매너, 코크니 발음을 하며, 가난한", 한마디로 전혀 매력 없는 남자였다. 그러나 첫눈에 비어트리스에게 빠져버린 시드니는 끈질긴 구애작전을 벌였다. 감정적으로 체임벌린과의 관계에서 크게 상처를 입은 후였기 때문에 비어트리스는 결코 시드니에게 끌릴 수 없었지만, 그와의 생활이 그녀의 지적, 사회적 활동에 도움이 될 것이라는 사실은 깨달았다.

두 사람의 약혼은 1892년에 공식화되었다. 약혼 직전 그녀는 "당신을 신뢰하지만 사랑하지는 않는다"고 솔직하게 웨브에게 토로했다. 비어트리스의 가족은 그들의 약혼을 그런대로 받아들였지만 친지들이 더 비판적이었다. 스펜서는 비어트리스가 사회주의자와 결혼할 것이라는 소식을 듣고 그녀를 자신의 저술 비서로 만들려던 결정을 바꾸었으며, 찰스 부스도 절연을 선언했다. 1892년 결혼했을 때, 그녀는 시드니의 두상을 찍은 사진을 요구했다. 머리가 그의 육체에서 조금이나마 흥미를 유발하는 유일한 부분이기 때문이었다. 결혼 후에도 비어트리스는 여전히 감정적으로 남편에게서 멀리 떨어져 있

---

2 웨브 부부의 현실 참여는 '침투permeation'라는 전술에 의해서 구체화되었다. 그들은 자신들의 정치적인 성향과 관계가 없는 사람들의 태도까지 변화시켜 자신들의 목적을 관철시키려고 했다. 서로 정치적 입장이 다른 밸푸어 경과 로즈버리 경에게 접근했고, 이 전략이 실패하자 노동당에 '침투'했다.

흥분시킨 것은 기존 치안판사제도를 폐지하고 주민들에 의한 직접선거로 선출되는 지방위원회로 대체하기로 한 지방정부법의 시행이었다(1888). 페이비언들은 지방정부를 통제함으로써 사회주의를 실현할 수 있을 것으로 확신했고, 런던 시의회를 장악하기 위해서 런던의 급진주의자들을 규합하여 진보당을 결성했다.[3] 시드니도 1891년 노동자 거주지역에서 진보당 후보로 나와서 당선되었다. 그 후 20년 가까이 시드니는 런던 시의회 의원으로 활동하면서 집산주의의 뿌리를 내리는 데 전념했다.

웨브의 목표는 한마디로 '국가적 효율성national efficiency'의 실현이었다. 그리고 그것을 추진하기 위해서는 빈곤, 열악한 노동조건, 부적합한 주거환경과 위생, 낮은 교육제도, 구태의연한 의회와 관료제 등 모든 것이 개혁되어야 했다. 단지 시의회에서의 활동에 만족하지 않은 웨브 부부는 자신들의 목표를 진척시키기 위해서 공동작업 클럽Co-efficient Club을 조직했다(1902). 이 클럽의 모토는 국내에서는 국가적 효율성을 증진시키고 해외에서는 문명화의 사명을 촉진하는 것이었는데, 리처드 홀데인, 에드워드 그레이, 허버트 웰스, 버트런드 러셀, 버나드 쇼 등이 참여했다. 이들은 처음에는 정치적으로 중도노선을 추구하는 정당을 결성할 것을 계획했으나, 점차 활동이 시들해졌다. 어쨌든 웨브 부부는 국가적 효율성의 증진을 위해서 초기 복지국가의 기본을 다져놓은 사상가로 역사에 기록되었다.

---

3 진보당은 전국적 정당이 아니라 런던의 급진주의자들의 모임이었으며, 정당체제를 갖춘 것도 아니었다.

있다. 그들의 판단기준은 획일적으로 효율성과 서양식 문명이었고, 각 사회가 가지고 있는 역사적 배경에는 거의 관심이 없었던 것이다. 일본 방문 뒤 6일간 한국을 방문한 웨브 부부는 한국인에 대한 태도에서 서양 중심적 태도를 나타냈다. 일본의 서양문명 수용에 찬탄을 보낸 이들은 이제 한국인들을 '더럽고 작은 인종'으로 보았다. 이들은 쇼에게 보낸 편지에서 한국인을 "더럽고, 타락하고, 뚱하고, 게으르고, 종교도 가지고 있지 않은 1,200만의 야만인"으로 묘사하고 있다. 중국 역시 이들의 획일적인 판단에서 벗어날 수 없었다.

제1차 세계대전은 웨브의 정치활동에도 큰 영향을 미쳤다. 일반적 상식과는 달리 페이비언들은 노동당의 창당에 큰 역할을 하지 않았다. 그들은 오히려 노동계급이 독립정당을 만드는 것에 반대했다. 웨브 부부의 노동당에 대한 태도는 "노동당은 존재하고 우리는 그것과 함께 일해야 한다. 불쌍한 존재이지만, 우리의 것이다"는 말에 적나라하게 표현되어 있다. 그러나 제1차 세계대전 중 페이비언 협회의 대표로 노동당 비상위원회에 참여하게 된 시드니 웨브는《노동당의 전쟁목표》 등을 집필하고 나아가서 1918년의 당헌을 작성하는 데 결정적 역할을 했다. 1922년 총선에서 하원에 진출한 시드니는 제1차 노동당 정부(1924)에서 상무장관을 지냈고, 제2차 노동당 정부에서는 식민부장관을 역임했으며, 1929년에는 패스필드 남작의 작위를 받았다. 그러나 성공적인 장관은 되지 못했다. "시드니는 상관의 명령에 충실하게 복종하는 훌륭한 관리이지만, 우두머리는 되지 못한다"는 비어트리스의 판단은 옳았다.

웨브 부부의 말년은 그들의 정치적 판단력을 의심하게 만드는 커

비어트리스의 1898년 1월 11일의 일기 중 일부분이다. 웨브 부부는 처음으로 산업민주주의의 개념을 체계적으로 제시했는데, 산업민주주의가 언론에 보도된 것을 기뻐하는 내용이 보인다.

—

쿨락을 제거했다고 주장했다.

1970년대 이래 공개된 웨브 부부의 일기와 편지 등을 통해서 그들의 인간적 진면목을 알 수 있다. 우리는 여기서 웨브 부부의 헌신과 동시에 인간성의 결여를 발견하게 된다. 비어트리스 쪽이 훨씬 더 냉정하고 비인간적이었다. 그들과 쇼의 친밀한 관계는 일생 계속되었지만, 비어트리스의 지배적 성격은 다른 친지들과의 관계를 지속되기 어렵게 만들었다. 대표적으로 1902년에 이들과 알게 된 허버트 웰스는 웨브 부부의 고압적 태도에 불만을 느끼고는 《새로운 마키아벨리The New Machiavelli》라는 책에서 이들을 매우 악랄하게 묘사하고 있다.

이 페이비언들의 심정을 대변하는 것이 될 것이다.

우리는 당신들을 무시해왔습니다. 우리는 당신들에게 해를 끼쳤고 잘못을 저질렀습니다. 우리를 용서해주면 일생을 당신들을 위한 봉사에 바치겠습니다.

비록 그들이 대중에 대해서 품은 감정이 추상적이었다는 명백한 한계를 보여주지만, 부르주아 생활의 안락함을 버리고 사회개혁에 일생을 바친 웨브 부부의 생애는 높게 평가되어야 할 것이다.

가 두드러졌다. 무엇보다도 영국의 특이성은 자본주의 사회로의 변모에서 발견되었다. 대륙에서 봉건적 생산양식이 지배적일 때 영국에는 벌써 자본주의적 발달이 진행되고 있었다. 산업자본주의만이 아니라 농업 및 상업자본주의도 영국에서 먼저 발달했다. 어떤 면에서 볼 때 영국 역사에서 산업혁명보다 더욱 중요한 사건은 부르주아 사회로의 전환인데, 그것은 농업에서 일어난 변화에서 먼저 시작되었고, 그 추진자는 지주층이었다. 영국 역사의 특징은 토지소유층이 중간계급보다 먼저 자본주의의 미덕을 익히고 기업가적 자질을 발휘함으로써 경제적, 사회적 변화를 가져왔다는 것이다. 이 장에서는 영국 자본주의가 걸어온 특수한 길을 살펴보기로 한다.

1. 지주층과 자본주의의 발달

논의를 전개시키기 위해서 우선 자본주의를 정의하는 것이 필요하다. 마르크스와 베버 등은 1475~1700년 사이에 잉글랜드에서 봉건제로부터 자본주의로의 혁명적 이행이 일어났다고 보았다. 후대 학자들 역시 16세기 혹은 17세기를 봉건적, 중세적, 전 자본주의적 세계에서 근대적, 개인주의적, 자본주의적 세계로의 분수령으로, '혁명의 세기'로 파악했다. 그러나 최근 역사가들은 잉글랜드는 이미 중세부터 다른 나라들과 달랐으며 잉글랜드의 특수성의 근간이 되는 법과 정부체제는 13세기 이전에 자리잡았다는 사실을 지적하고 있다.

마르크스나 베버에게 잉글랜드는 자본주의의 요람이었다. 생산수

법을 국왕의 사법권으로 대체하면서 절대왕정을 수립하는 데 기여하는 동시에, 사회경제적으로는 농민이 가지고 있던 관습적 권리들을 앗아가버렸다. 그러나 잉글랜드에는 관습법이 살아남았고, 농민이 누리던 관습이 침해받지 않았다. 또한 잉글랜드에서는 지대가 금납화로 바뀌고 영주 직영지가 간접적으로 경영됨으로써, 점차적으로 봉건적 관습이 무너지게 되어 15세기 말이면 농노가 사라지고 거의 모든 농민이 자유민이 되었다. 이제 농민은 토지를 자유롭게 사고팔 수 있었는데, 이 권리는 장자상속제에서 표현되었다.

자본주의의 발달은 또한 일찍부터 정착한 중앙중심적 통치체제로부터 도움받았다. 섬나라이며 비교적 규모가 작다는 사실, 그리고 1066년 이후 한 번도 외부로부터 침략을 받지 않았다는 사실로 인해서 잉글랜드에는 국왕 중심의 꽉 짜여진 통치체제가 일찍 자리잡았다. 물론 이 체제는 지방 유력자들이 왕의 권위를 위임받아 통치하는 체제였으며, 중앙정부 차원의 관료제는 매우 허약했다. 그렇지만 중앙에 집중된 강력한 체제가 봉건영주들 간의 싸움을 통제하고 교역과 공업이 발달할 수 있는 안정과 통일성을 제공했다. 또한 효율적 중앙정부가 존재함으로써 비교적 공정하고 낮은 세금이 부과되었으며, 재산권을 둘러싼 분쟁의 해결에도 정의가 보편적으로 시행되었다. 여기서 경쟁적 개인주의가 발달할 수 있었다.

사적 소유권을 강화시킴으로써 잉글랜드 농촌의 자본주의적 발전에서 결정적 역할을 한 것은 중세 후기부터 진행된 인클로저였다. 중세 장원경제는 공동체적 보유권 때문에 비효율적이었는데, 효율적 농업경영이 가능하려면 이 관습이 깨어지고 소유권이 명백해져야 했

저는 튜더 · 스튜어트 시대에 활발히 진행되었다. 당시 왕들은 농민층의 소요가 가져올 정치적 불안을 고려하여 인클로저에 대해서 갖가지 제재를 가했지만, 세력이 강한 지주층에 의해 추진되는 인클로저를 저지할 수 없었다. 17세기 중엽에 일어난 내전과 명예혁명으로 정치권력의 균형이 바뀌면서 인클로저는 가속화했다.

1700년이 되면 잉글랜드의 경작 가능한 토지의 거의 반이 종획(인클로저)되었다. 그러나 전국적으로 골고루 행해진 것이 아니라, 처음에는 중부지방에서 집중적으로 진행되었다. 레스터셔의 경우 1550년까지 이미 총 경작지의 45퍼센트가 종획되었는데, 그 후 1600년까지 50년간은 뜸하다가 1600년부터 100년 동안 다시 24퍼센트가 종획되는 진척을 보였다. 인클로저의 진행방법으로는 2~3개의 농민보유지를 합하여 큰 농장을 만들거나, 공유지와 황무지에 울타리를 쳐서 사유지로 만드는 방법이 있었으며, 소규모 차지농의 등본보유권을 약화시킴으로써 지대를 마음대로 올려서 소작인을 쫓아내거나, 등본copy을 임대계약lease으로 바꾸면서 지대를 높이는 방법도 사용되었다. 이제 관습과 전통이 합리성과 계약으로 대체되었다.

1790년이 되면 지주들이 경작지의 75퍼센트를 소유했으며, 종획된 땅은 자본가적 차지농에게 장기간 임대되었다. 하층 농민의 삶은 공유지에의 접근이 없이는 불가능했기 때문에 이 과정에서 빈부의 차가 격심해졌다. 1750년이 되면 잉글랜드 인구의 40~50퍼센트가 자신의 경작지를 가지지 못한 채 임금을 받고 노동하는 처지가 되었다. 더 이상 자신의 소비를 위해서 생산하지 못하는 사람들의 존재는 시장경제의 확장을 가져왔다. 마르크스에게 인클로저가 원초적 축적

왕에 의해 임명되었다. 그러나 그 대가로 봉급을 받지는 않았는데, 사회에 대한 봉사라는 개념은 20세기까지 젠트리에게 전해 내려오는 전통이었다.

젠트리는 튜더·스튜어트 시대에 급부상했다. 세습귀족과 함께 귀족사회aristocracy를 구성한 젠트리는 의회 의원직과 치안판사직 등을 독점하고 지방의 통치자로 자리잡았다. 이들의 위치를 확보, 유지할 수 있도록 만들어준 것이 토지소유의 놀랄 만한 집중이었다. 그들은 헨리 8세의 종교개혁(1534)이 야기한 수도원 재산의 몰수와 매각으로 큰 이익을 보았으며 수적으로도 팽창하여, 1540~1640년까지 잉글랜드 인구가 채 2배가 못 되게 증가하는 사이에 3배로 늘었다. 17~18세기 사회적 피라미드를 분석해보면 맨 위에는 500~600명의 귀족들이 위치했고, 그 아래에 약 1,500개 가문의 대지주들이 있었으며, 그 밑에 소젠트리 가문이 2,000개가량 존재했다. 1870년이 되면 토지의 80퍼센트가 7,000개 가문에 의해서 소유되었고, 1만 에이커 이상을 소유한 대지주 360명이 전체 토지의 25퍼센트를 차지했다.

이처럼 젠트리는 영국 농촌사회의 구조를 변화시키는 데에 결정적 역할을 했다. 그들은 법적, 정치적으로 하층 농민층의 희생 위에서 인클로저를 추진하면서, 다른 한편으로는 농업발전의 선구자로서의 역할을 수행했다는 사실에서 양면성을 보였다. 그들은 또한 상업과 교역에도 눈을 돌렸는데, 튜더·스튜어트 시대 귀족의 2/3가 교역이나 산업활동에 관계하고 있었다. 젠트리의 위치는 내전과 명예혁명으로 절대적이 되었다. 찰스 1세는 젠트리를 약화시키고 의회의 동의 없이 세금을 부과했으며, 치안판사의 세력을 공격함으로써 내전을

1900년대 초 잉글랜드 은행의 모습이다. 1694년 윌리엄 패터슨의 제안에 따라 설립된 최초의 주식회사 형태의 은행으로 프랑스와의 전쟁비용 조달에 바쁜 윌리엄 3세의 재정난 해소를 위해 만들어졌다.
―

대두했다.

　18세기에 이르러 시민사회는 이미 농업과 상업 부문에서 뿌리내렸다. 지주층은 절대적 소유권을 옹호하고 해외에서 이윤을 추구하는 등 완벽하게 자본주의적이 되었으며, 시민사회의 급속히 팽창하는 교환망은 재산소유자로 하여금 농업, 상업, 식민지에서 그들의 부를 확대시킬 수 있게 만들었다. 안정된 투자, 도시 자산의 형성, 주식시장, 무엇보다도 시장에서의 경쟁, 유인동기로서의 이윤 등이 이미 18세기 후반기 영국 경제의 모습이었다. 여기에는 문자해독과 인쇄물의 발달로 인한 부르주아 공공영역의 발달과, 도로, 운하, 우편배달 등 새로운 교통과 의사소통의 하부구조 형성도 기여했다. 영국은 고대

추구는 사회 전체의 발전으로 이어지기 때문에 국가의 규제가 불필요하다는 것이 스미스의 주장이었다. 이 관점에서 볼 때 정부의 주요 업무는 개인의 자유로운 활동을 방해하는 장애를 제거해주는 것이 된다.

실제로 19세기 영국인들의 국가에 대한 인식은 "정부의 기능은 실질적으로 헌법을 보존하고 외교정책을 수행하는 것"이었다. 이 말은 곧 국내문제에 대해서 국가는 아무것도 하지 않는다는 것을 의미했다. 다른 나라에서 중앙정부의 군대, 경찰 그리고 관료제에 의해서 수행된 법과 질서유지 등의 국내문제들은 대개 지방에 자리잡은 지주층의 의무로 넘겨졌다. 정부는 경제를 통제하는 의무를 포기했고, 거의 모든 관세를 폐지했다. 영국 국가의 기능이 얼마나 제한적이었는가는 1880년대에 지방에 거주하던 시민이 정기적으로 접할 수 있는 단 하나의 중앙정부 대리인은 우체국 직원이었다는 사실에서 적나라하게 드러난다. 자유방임주의와 자유주의 국가는 중간계급의 이념이고 그들의 요구에 의해서 성취된 것이라는 견해가 최근까지도 학계의 지배적 의견이었다. 그러나 자유방임은 중간계급이 그것을 받아들이기 전에 이미 구체제 엘리트의 정치경제학이었다. 앞에서도 살펴본 바와 같이 시민사회와 국가의 분리는 이미 17세기 말 지주층의 주도하에서 확립되기 시작했고, 중간계급은 이들의 제도를 이용함으로써 돈을 벌 수 있었던 것이다.

영국 경제의 성격에 대한 전통적 해석은 산업자본주의가 19세기 영국 경제를 주도했고, 그 담당자인 산업자본가가 지주층을 제치고 사회의 엘리트로 대두했다고 주장했다. 이러한 견해의 대표적 주창

을 인정할 수밖에 없게 되어 선거법 개정을 통해서 정치적 국민에 포함시켰다는 것이다.

이러한 전통적 견해에 대항하여 오히려 19세기를 통해서 중간계급이 완전히 성숙하지 못한 반면, 토지귀족이 여전히 지배계급으로 존재하고 있었다는 사실에서 영국 역사의 특수성을 찾는 수정주의적 견해도 있다. 영국에는 진정한 헤게모니를 가진 산업자본가가 존재하지 않았다는 것이다. 18세기 말 산업혁명이 시작되었지만 그 여파는 매우 미미했으며, 19세기를 통해서 지주층이 계속 통제권을 유지한 반면 산업자본가들은 런던으로부터 소외되었고, 사회적 지위에서 열등했으며, 정치적 영향력도 별로 없었다는 주장이다. 수정주의적 해석은 1832년과 1867년의 선거법 개정 후에도 지주층이 정치적 영향력을 유지했다는 사실을 '강한 지주' 세력과 '약한 중간계급'의 증거로 간주하며, 체임벌린이 20세기 초에 산업자본가들의 이익을 대변하여 주도한 관세개혁운동이 실패한 것도 같은 현상으로 파악한다.

최근 일부 학자들은 영국이 한번도 진정으로 산업화하지 못했다고 주장한다. 19세기 중엽 산업이 가장 전성기에 이르렀을 때에도 영국은 다른 산업국을 따돌릴 만큼 경쟁적이지 않았으며, 별로 복잡하지 않은 제조업 기술을 가진 아직 산업화되지 않은 다른 나라들을 제치고 독점적 위치를 누렸을 뿐이라는 것이다. 그때까지 영국이 누린 이점은 높은 경제성장률과 높은 생산성, 투자와 혁신적 기술에 근거한 것이 아니라, 몇몇 수출 주도산업과 풍부한 석탄 및 미숙련 노동력 덕분이었다는 것이다. 이들은 영국의 산업혁명이 기술적인 측면에서가 아니라 오히려 구조적인 의미에서 일어났다고 본다. 즉 농업으로

정도로 지주층과 상인의 교류가 성했다. 1870년 이후에는 그 경향이 더 심해져 금융자본주의가 꽃피게 된다. 영국 자본은 이제 전 세계적 조망을 가지게 되고, 국내산업에 대한 투자보다는 해외투자에 열을 올려 1900년이 되면 런던은 세계 금융의 중심지가 되었으며, 귀족과 금융가의 동맹은 20세기 초 에드워드 7세 때 절정에 이르렀다는 것이다. 이러한 관점에서 보면 영국은 명예혁명 이후 300년간 금융과 두제와 결합된 지주층이 지배한 것이 된다. 영국 자본주의의 상업적, 금융적 성격을 강조하면, 산업혁명의 의의는 그만큼 축소되게 마련이다. 이 견해에 의하면 신사적 자본가층에 비해서 산업혁명을 주도한 산업자본가들은 허약하고 소외된 집단으로 남아 있었다. 실제로 앞에서 살펴본 바와 같이 영국 자본주의는 도시에서도 농촌에서도 번성했고, 산업적이면서 상업적이었으며, 산업화는 오래된 시장자본주의에 의해서 뼈대가 만들어졌다.

이 주장은 영국 역사가 실제로 진행된 과정에 부합한다고 할 수 있다. 산업혁명이 토지소유층의 위치를 약화시키지 않은 것은 사실이다. 비록 어떤 측면에서는 산업화와 농업의 쇠퇴가 토지귀족을 위협했지만, 재빠른 몇몇에게는 돈을 벌고 영향력을 확장할 수 있는 새로운 기회를 제공했다. 산업혁명은 석탄, 철강 등을 필요로 했는데, 이 자원들은 일반적으로 토지소유자의 것이었을 뿐만 아니라 교통, 운송수단, 운하, 항구, 부두, 철도 등도 모두 토지와 대자본을 필요로 했다. 이러한 상황이 토지소유자에게 막대한 부를 획득할 기회를 제공했고, 결과적으로 19세기를 통해서 가장 부유한 사람들은 여전히 토지귀족들이었다. 19세기에도 농업 이외의 부는 제조업이 아니라

3. 중간계급의 성격과 역할

영국 자본주의 발달에서의 구체제 엘리트가 한 주도적 역할을 강조하다 보면 중간계급의 역사적 역할은 무엇이었는지가 심각한 문제로 제기된다. 잉글랜드에서는 이미 16세기 튜더 시대부터 중간부류 middle sort라고 불리는 사회집단이 대두하기 시작했다. 중간부류는 위로는 성공한 은행가, 대상인, 아래로는 자영농과 수공업 장인까지를 포함했다. 18세기를 통해서 이들의 중요성은 점점 더 커지고 있었다. 1730년 당시 상인, 소규모 제조업자, 법률가, 언론인 등 전문직업인이라고 부를 수 있는 직종에 6만 명이 종사하고 있었는데, 1800년이 되면 적어도 50만 가구의 중간부류가 있었다. 중간부류의 대두는 도시화에서도 검증된다. 18세기가 되면 인구의 약 30퍼센트가 도시민이었고, 커피하우스, 극장, 서점, 도서관, 교회, 독서 클럽 등의 도시문화가 발달했다. 중간부류의 존재는 사치품에 대한 점증하는 수요에서도 발견할 수 있는데, 그들은 교육받고 사치품을 살 수 있는 돈을 가진 계층이었다. 그러나 아직은 이들을 계급 개념으로 파악할 수 없었다.

18세기 말이 되면 중간부류는 스스로를 중간계급 middle class으로 정의하기 시작했다. 그러나 이들은 자신만만한 부르주아, 자유주의, 개인주의적, 기업가적 가치를 내세우기보다 지주층의 문화를 모방하는 데 열심이었다. 그들이 원한 것은 엘리트의 전복이 아니라 선거권을 부여받고 정책결정 과정에 참여함으로써 지주들의 과두제로부터 벗어나는 것이었다. 따라서 일부 역사가들은 19세기 산업자본가가 대

를 획득했다. 이들은 또한 사립학교와 대학의 경험을 지주층과 공유했다. 그러나 19세기 기업인들이 토지를 구입한 이유는 지주층의 생활습관을 흠모해서가 아니라 사업적 타산 때문이었다는 반론도 제기된다. 즉 자식이 금융가에서 살아남기에는 능력이 부족하지만 지주로는 충분하다고 판단했기 때문이라는 것이다.

새로운 산업자본가층은 기존 중간부류와는 달리, 뚜렷한 중간계급 의식을 가지고 있었고, 자신들만의 정체성을 찾아냈다. 그들은 귀족 지주층을 게으르고 비생산적이라고 비난하면서 자신들의 근면을 강조했다. 19세기 중엽이 되면 중간계급은 정치적 자유주의 및 비국교회와 대체로 동일시되는데, 물론 모든 중간계급이 비국교도는 아니었다. 그들은 토지 엘리트의 권력장악을 혐오했으며, 그런 가운데 독특한 중간계급적인 삶의 형태가 발달하기 시작했다. 그러나 그들의 세력은 전통적으로 생각되어온 것처럼 그렇게 막강하지 않았다. 19세기 초 영국에서는 실상 뚜렷하게 전국적인 산업 부르주아지를 발견하기 힘들었다. 그 원인은 무엇보다도 영국의 산업화가 그리 강력하게 추진되지 못했다는 사실에서 찾을 수 있다.

산업혁명이 전근대적 농촌사회를 급격하게 대규모적으로 변화시켰다는 전통적 해석은 이제 발붙일 데가 없게 되었다. 영국의 산업혁명에는 도약단계가 없었다. 초기 산업화는 복잡한 과학을 필요로 하지 않았고, 대규모 공장이 아니라 작은 작업장에서 이루어졌으며, 대규모 자본 없이 기업가 개인과 가족자본으로 충당되었다. 경제의 어떤 부문, 특히 면직물 공업과 철강산업에서는 혁명적 변화를 경험했지만, 전체적으로 볼 때 사회변화 과정은 점진적이고 고르지 못했다.

고, 개혁을 장려하는 제도적 장치를 마련했다. 그 대가로 그들이 원한 것은 사회적 평화였다. 그 결과 점진적 선거권의 확대와 노동조합의 합법화가 가능했다. 그러나 노동계급은 20세기 이전에는 영국 사회의 완전한 구성원이 되지 못했다.

지주층은 매우 천천히 중간계급에게 자리를 넘겨주었다. 이들의 세력은 1880년대 이후에야 쇠퇴하기 시작했다. 1870년 이후 농업의 불경기로 지대가 하락했고, 정치적으로 대중민주주의 사회로 돌입함으로써 이들의 위치는 약화될 수밖에 없었다. 또한 1888년 기존 치안판사제가 폐지되고 선거에 의해서 주의원을 선출하는 제도가 도입되자 그들의 세력은 더욱 약화되었다. 무엇보다도 20세기 초 자유당 정부가 도입한 토지상속세가 결정타였다. 따라서 진정한 중간계급의 부상은 1880년 이후에 시작되었다고 말할 수 있다. 이때부터 지주층은 하원에서 다수를 차지하지 못했고, 1885년 이후에는 기업인과 전문직업인의 수가 점차 증가하여 중간계급이 하원을 지배하게 되었다. 1902년 솔즈베리가 귀족 출신으로는 마지막 수상이 되었고, 1908년부터 중간계급 출신 수상들이 배출되기 시작했다. 그러나 중간계급이 부상했다고 해도 그 내적 구성을 보면 산업자본가보다는 전문직업인의 우세로 나타났다. 산업자본가의 약세는 19세기를 통해서 확실시되었다.

역설적이지만 귀족의 쇠퇴는 그들의 융통성 때문이기도 했다. 즉 금융, 산업, 언론 등 토지가 아닌 다른 기반에서 부를 축적한 사람들을 귀족층에 합류시킴으로써 귀족의 경계가 희미해졌던 것이다. 1886~1914년 사이에 200명의 새로운 귀족이 탄생했는데, 그 가운

18세기 말 세계 최초의 산업혁명을 수행할 정도로 창의력이 있고 앞서 가던 영국 기업인들이 1세기 후에는 그렇지 못했는가? 이 문제는 기업가entrepreneur와 경영인manager을 구분함으로써 설명된다. 경영인의 직무가 합리성이라면 기업가의 역할은 혁신인데, 19세기 말 영국 기업의 실패는 경영인의 잘못이 아니라 기업가의 실패였다는 것이다.

1980년대 초에 영국 기업가의 실패보다 더 근본적인 문제는 영국인들이 산업정신을 상실했다는 주장이었다. 이것은 역사학자 마틴 위너가 집중적으로 거론한 명제로서, 19세기 후반기에 이르면 반反산업적 문화와 생활태도가 지배적이 되어, 열심히 일하는 기업가가 아니라 여가를 즐기는 신사가 존경받게 되고, 전원생활에 대한 희구가 영국 사회를 휩쓸었다는 것이다. 즉 귀족적 가치가 산업가의 가치를 압도했다는 것이다. 위너는 전원의 이상을 19세기 영국 산업의 쇠퇴를 가져온 범인 중 하나로 지목하면서, 그러한 퇴폐적 변화에 기여한 요소로 러스킨 같은 사회비평가들의 반산업적 견해, 교회의 반물질주의적 입장, 토리 낭만주의자들과 사회주의자들이 찬양한 '즐거운 잉글랜드'의 농촌과 오두막집을 지목했다.

그러나 이 주장에는 억지가 포함되어 있다. 즉 반드시 엘리트의 조작이 아니더라도 도시생활에 지친 사람들은 시골 이미지에서 위안을 찾으려는 당연한 충동을 가지기 때문이다. 게다가 대중은 비록 시골 경치의 아름다움과 여가선용의 가능성을 인식했지만 전통적 시골의 사회구조가 봉건적이고 시대착오적이라는 사실을 잊지는 않았다. 또한 반산업적 태도는 유럽의 다른 곳에도 나타나는 현상이었고, 대부

교육이념은 종교적이고 도덕적이었으며, 고전교육에 치중하여 과학과 기술교육을 무시했고, 제국에 대한 충성 등 점차 시대에 뒤떨어져 가는 정치적 이념과 강령을 엘리트에게 주입시켰다는 것이다. 교육제도와 더불어 대표적으로 경직된 제도로 꼽히는 것이 금융기관이다. 앞에서 설명했듯이 최근 학자들은 영국 자본주의의 성격을 분석하여 그것이 한번도 산업자본주의적이지 않았으며 항상 금융자본이 우월했음을 지적한다. 영국에서는 금융과 산업이 분리되어 산업이 금융기관과 밀접한 실용적 관계를 구축하지 못했다는 것이다. 영국 금융기관은 국내산업에 대한 투자보다는 보다 이윤을 많이 남길 수 있는 해외투자에 열중했고, 새롭고 보다 생산적인 산업에 대한 투자를 꺼린 반면, 제국 내 열대지역의 고무, 아마, 금, 다이어몬드 등 1차산업과 철도 등의 사회간접자본에 투자했다.

영국의 금융기관은 동시에 제조업체들을 주식시장에서 내몰아 적절한 시기에, 적절한 양의, 적절한 조건에 의한 자본투자를 불가능하게 함으로써 산업의 근대화를 방해했다고 지적된다. 주식시장의 자본이 모험적 투자를 거부했기 때문이다. 금융자본가들은 학연과 지연을 통해 재무부와 잉글랜드 은행의 경제정책을 자신에게 유리하게 유도할 수 있었다. 금융자본으로부터 소외된 영국 기업은 소규모로 남게 되었고 노사관계나 산업조직, 기업경영에서 혁신을 이루지 못했다. 그 결과 영국 기업은 대량생산이라는 규모의 경제학을 창출하지 못했으며, 독일이나 미국에서처럼 새로운 법인구조를 갖추지 못한 채 소규모 가족기업과 낡아빠진 경영구조를 그대로 유지했다는 것이다.

런던의 하이드 파크에서 여가를 즐기고 있는 중간계급의 모습이다. 이 그림은 1920년에 발행된 그림엽서에 실린 것이다.
—

것이 되어버린 지 오래이다. 중간계급이 19세기에 지주층을 누르고 사회의 지배계급으로 부상했다는 전통적 해석도 이미 옛말이 되어버렸다. 19세기 후반에 이르러서도 귀족과 지주층이 여전히 영국 사회 곳곳을 장악하고 있었기 때문이다.

또한 계급을 결정하는 유일한 요인으로서의 경제적 토대도 흔들린 지 오래다. 최근 다양하고 유연한 역사적 접근방법을 시도하는 학자들은 계급이란 경제적 조건만이 아니라 정치적, 도덕적, 종교적 요인들에 의해서도 형성되는 것이라고 주장한다. 계급은 처음부터 사회경제적 실체라기보다 정치적, 도덕적 개념이었기 때문이다. 예를 들어 19세기 초 중간계급이라는 단어가 처음 사용되었을 때 그것은 한편으로는 보수주의자들, 다른 한편으로는 급진적 혁명가들 사이에서

고 중간계급의 성격을 형성하는 데 지주층이 지대한 영향력을 미쳤다는 것이다. 근대 영국의 진정한 기적은 혁명을 겪지 않았다는 사실이 아니라 산업적, 경제적, 사회적, 정치적, 문화적인 다양한 혁명들을 실제로 혁명에까지 이르기 전에 동화시켰다는 사실일 것이다. 그리고 그러한 역사적 과정의 틀은 상당 부분 지주층의 손에서 만들어졌다. 영국의 특징은 과격한 혁명 없이 전통적, 사회적 계서제 사회가 계급사회로 변했다는 사실에서 찾을 수 있다. 영국은 산업혁명을 처음으로 경험했지만, 권력관계는 혁명을 겪지 않았다. 그것은 영국이 프랑스에서와 같은 부르주아 혁명 없이 산업혁명을 경험했다는 사실에서 기인하며, 따라서 영국에서는 지주 엘리트에 의해서 이루어진 제1차 혁명 후에 제2의 혁명이 야기되지 않았고 귀족적 질서가 살아남을 수 있었던 것이다. 이 장에서 살펴보았듯이 전통적 엘리트층은 흔히 말하는 것처럼 배타적이지 않았다. 그들은 사회적, 경제적 물결을 잘 탔고 새롭게 부상하는 기업 및 전문직 엘리트와 결합하는 능력이 뛰어났다. 그 결과 영국에서는 귀족적 질서가 살아남았지만, 귀족은 대륙에서와는 달리 출생이 아니라 돈에 근거한 새로운 형태로 정비되었고, 이러한 '부의 귀족'은 항상 열려 있었다. 물론 사회적 특권과 구분이 많았지만 뛰어넘지 못할 장애는 아니었던 것이다.

영국 사회의 이러한 독특한 발전은 경제적 요인 때문만은 아니었다. 그것은 보다 광범위한 근대화가 함께 수행되었으며, 무엇보다도 정치개혁을 통해서 구체제가 새로운 자유주의 색채를 띤 채 살아남을 수 있었기 때문에 가능했다. 영국에서는 산업자본주의가 발달하

부의 33퍼센트를 차지하고 있다. 엘리트가 여전히 건재하고 있음을 알 수 있다. 그러나 엘리트의 위치는 돈만으로는 얻을 수 없는 것이다. 앞에서 설명했듯이 영국의 엘리트 사회는 개방사회였지만, 그렇다 해도 그 문간에서는 상당한 실랑이가 벌어졌다. 안으로 들어가려는 사람들은 돈의 중요성이 어디서 멈추고 매너의 중요성이 어디서 시작되는지를 알아야 했다. 다시 말해 졸부는 엘리트로 진입하기가 무척 어려웠는데, 엘리트가 되기 위해서는 돈이 아니라 가족 배경, 사립학교와 옥스브리지 교육으로 맺어진 학연 등 네트워크가 훨씬 중요했기 때문이다.

그러나 영국의 엘리트층은 일방적으로 권리만을 향유하지 않았다. 녹을 받지 않고 봉사하는 치안판사의 예에서 보듯, 그들은 이미 오래전부터 사회봉사라는 직무를 떠맡았다. 영국 신사들은 또한 많은 경우 "시류에 저항하면서 더욱 넓은 국가적, 역사적 전망을 가지고, 사리를 버리고 소신을 관철했던 사람들"이라는 평을 듣는다. 다시 말해 노블리스 오블리제가 무엇인지를 안 사람들이었다는 것이다. 영국의 계급구조에 대해서 매우 비판적이던 작가 조지 오웰조차 영국의 엘리트가 '불한당들'은 아니었다고 인정한다. 오웰에 의하면 그들은 공적 생활에서 의무감이 무엇인지를 안 사람들이었고, 나라를 위해서 기꺼이 목숨 바치고자 했으며, 실제로 전쟁터에서 가장 많이 희생된 계급이다. 이튼 졸업생 5,700명이 제1차 세계대전에 참전해서 거의 반수가 죽거나 부상당했다. 오웰은 영국 지배계급이 도덕적으로 상당히 건전하다는 사실은 그들이 전쟁에서 죽을 준비가 되어 있다는 것에서 드러났다고 평했다.

격차는 역사상 최고를 기록했다. 그러나 가장 가난한 사람들을 '노동 계급'이라고 부르는 것은 이제 옳은 표현이 아니다. 사회 최하층에는 실업자들과 이민자들이 있다. 오늘날 계급은 느슨한 사회적 표현 이상이 아니며, 지금은 계급 밖, 계급 너머를 바라볼 때라는 주장이 설득력을 얻고 있다.

적인 것 외에 정치체제에서의 위치, 법적 지위 등이 있다. 즉 역사적으로 볼 때 계급은 생산수단의 소유 여하에 의해서 결정되는 것이 아니라 도덕성이나 사회적 지위의 구분 또는 정치적 위치를 의미할 수도 있는 것이다.

이러한 새로운 연구경향의 결과, 계급은 요즘에는 노동대중의 경험을 묘사하고 분석하기에는 미흡한 개념으로 간주된다. 영국의 산업혁명은 느리게 진행되었기 때문에 단순간에 동질적인 프롤레타리아를 만들지 못했다. 산업화는 고르고 획일적이 아니라 무척 다양하게 진행되었기 때문에 노동자들의 비숙련화도 직선적 과정이 아니었다. 계급은 대중의 정치적 동기를 확인하는 데 부적합하며, 실제 역사에서는 계급을 넘어선 호소력이 종종 더욱 중요했다. 물론 사회 내세력관계를 분석하는 데 계급은 여전히 적절한 개념이겠지만, 이제까지 노동사 연구에서 계급과 계급갈등이 차지했던 절대적 위치는 사라져버렸다.

에드워드 톰슨의 유명한 연구《영국 노동계급의 형성The Making of the English Working Class》은 1820~1830년대를 영국 노동계급의 형성기로 보았다. 이에 대해서 이의를 제기한 에릭 홉스봄은 진정한 영국의 프롤레타리아는 1880년 이후에나 출현했다고 주장했다. 그의 주장의 근거는 이때가 되어서야 영국 사회는 진정한 산업사회로 변했고, 노동계급이 동질적 문화에 기반을 둔 계급의식을 가지게 되었다는 것이다. 그러나 패트릭 조이스의 최근 연구는 그 시기를 더욱 늦춰, 진정한 영국 노동계급의 형성기를 1910년대 이후로 파악한다. 조이스는 19세기 말에서 20세기 초에 나타나는 노동계급문화를 계

로기를 가진 노동정당을 결성하여 사회혁명을 추구하는 노선이 그것이다. 노동조합이 일찍이 발달했던 영국에서는 노동정당이 늦게 출현했다. 영국의 상공업과 자본주의는 산업혁명 이전에 상당히 발달해 있었다. 애덤 스미스의 《국부론》이 발표되었을 때(1776), 자본과 노동은 일반적으로 분리되어 있었고, 농업과 수공업 부문에서는 임금노동이 광범위하게 시행되고 있었다. 영국에서는 일찍부터 수공업자들의 조직이 존재했다. 수공업 단계의 특징은 직능의 세분화인데, 영국은 수공업의 토대 위에서 산업혁명을 겪었기 때문에 세분화된 직능체제가 그대로 이전되었고, 그 결과 후발산업국인 독일이나 미국에서 발달한 산별 노조가 아닌 직능별 노조들이 산만하게 존재했다.

1799년 프랑스 혁명의 외중에 입법된 결사금지법이 1824년에 폐지되자 적어도 임금과 노동시간에 관한 평화적 단체교섭이 허용되었고, 노동조합도 활발히 조직되기 시작했다. 이 시기에 발달한 노동조합은 숙련공들만의 조직이었다. 그들의 요구는 관습적 임금의 지속과 숙련공의 특권 유지였고, 산업화 이전의 민중저항운동이 그렇듯이 도덕경제의 존속에 대한 신념을 토대로 하고 있었다. '시장'이라는 자본주의 체제의 근본적 개념에 대항하여 전래의 '정의'라는 개념을 고집했던 것이다.

1830~1840년대 영국 노동자들은 인민헌장운동Chartist Movement이라는 정치투쟁에 집중했다. 성년 남자 보통선거, 의원의 재산제한 철폐 등을 요구하며 10여 년간 계속된 이 운동은 기본적으로 정치운동이었고, 정치적 요구를 정치적 언어로 담아낸 것이었다. 물론 중간계급을 계급의 적으로 비난하는 언어가 발견되지만, 중간계급에 대한

1848년 초봄 런던에서 이루어진 선거법 개정을 위한 집회의 모습이다. 그해에는 프랑스 2월혁명으로 전 유럽의 혁명적 분위기 속에서 세 번에 걸쳐 570만 명의 청원 서명을 모아, 대청원 시위운동을 시도했다. 그러나 시위는 무력에 의해 억제되고, 청원은 하원에 전달되었으나 역시 부결되었다.
—

(1868) 사회 여론을 이롭게 전개하려는 숙련공 노조들의 노력뿐만 아니라 기독교 사회주의자 등 자본주의의 악폐를 개선해보려는 중간계급 지식인들의 노력도 일조했다. 1869년에 이르면 보수적 여론의 대변자인 〈타임스〉지조차 "국가의 법이 보호하건 안 하건 노동조합은 지속될 것이다. 이제는 노조를 사실로서 인정하고 합법적으로 발전할 수 있도록 자유로운 영역을 허용하는 것이 정치적으로 현명한 일"이라고 주장하게 되었다.

1880년대까지 지속되던 온건한 노동조합운동은 1889년 여름 런던 부두노동자들의 파업으로 시작된 신조합주의New Unionism에 의해서 새로운 국면에 접어들었다. "존중할 수 없는 노무자unrespectable labourer"

하게 팽창한 공제조합의 주기능은 유사시나 장례식의 보조였다. 그 외에도 회원들은 매달 모여 맥주를 마시고 놀았으며, 연례 축제행사 를 벌이기도 했다. 1892년경이 되면 700만 남성 산업노동자의 80퍼 센트가 회원이었던 것으로 추정된다.

　노동운동의 또 하나의 갈래인 협동조합cooperative society운동은 노조 운동처럼 드러나지는 않았지만 보다 깊숙이 그리고 광범위하게 노동 계급의 삶에 파고들었다. 19세기 말에 노동조합에 의해서 조직된 노 동자 수가 150만 명 정도인 데 반해, 협동조합원은 300만 명에 가까 웠다는 사실에서도 협동조합운동의 실세를 알 수 있다. 로버트 오언 의 생산자 조직이라는 이상에서 시작된 협동조합운동은 1830년대에 경쟁적 자본주의에 대한 대안으로 제시되었다. 그러나 이 운동은 어 떻게 협동적 경제가 자본주의 경쟁사회를 대체할 것이지를 제시하지 못했기 때문에 실패하고 말았다. 또한 이 운동은 1832년 선거법 개정 이후 시작되어 인민헌장운동과 맞물려 진행되었는데, 당시 노동자들 이 너무도 정치에 몰두해 있었다는 사실도 실패의 한 요인이었다. 그 러나 1844년 7명의 오언 추종자들이 랭커셔의 로치데일에 협동조합 상점을 열면서 협동조합운동이 되살아났다. 협동조합 상점은 소매업 에 주력했고 시장경제를 초월하는 것이 아니라 그것을 완화시키려는 것이었다. 1860년에 발족한 협동조합 도매협회는 1914년에는 300만 명의 회원을, 1945년에는 900만 명의 회원을 보유할 정도로 성장했 다. 협동조합운동은 비정치적 성격으로 남아 있었고 19세기 말에 이 르면 여행자 클럽, 자전거 클럽 등의 여가활동을 통해서 노동자들의 삶에 보다 더 밀접하게 파고들었다.

2) 마르크스와 영국

마르크스에게 영국은 여러 가지 의미에서 중요했다. 우선 그가 발간하던 급진적 성격의 〈라인 신문〉이 강제 폐간된 후(1843), 파리와 브뤼셀 등지를 전전하다가 1840년대 말 정착한 곳이 런던이었다. 당시 영국은 산업자본주의의 길을 걷고 있던 유일한 나라였고, 그곳에서 발달한 고전경제학은 마르크스가 경제이론을 형성하는 데 기초를 제공해주었다. 또한 인민헌장운동이라는 대중운동이 전개되어 영국은 노동자들의 사회정치적 요구가 집단적으로 표출될 수 있음을 입증한 최초의 나라였다. 따라서 마르크스는 영국 노동운동에 큰 기대를 걸었다. 그에 의하면 "영국은 세계자본의 메트로폴리스로서 그리고 세계시장을 지배해온 나라로서 노동계급 혁명에서 가장 중요한 나라이며 혁명을 위한 물적 조건이 성숙한 유일한 나라"였다. 그러나 마르크스의 영국 노동자에 대한 기대는 시간이 지남에 따라서 약해졌다.

영국인들과 마르크스의 만남은 몇 가지 경로를 통해서 이루어졌다. 그는 우선 영국인들에게 혁명적 저널리스트이며 정치논객으로 알려졌다. 마르크스는 독일에 있을 때부터 몇몇 차티스트 지도자들과 접촉했지만, 1850년대 이후 그들과의 교류는 소원해졌다. 두 번째 기회는 그가 제1차 인터내셔널에 관계할 때였다. 마르크스는 인터내셔널의 설립(1864)에 적극적으로 참여했지만 무정부주의자 및 푸르동주의자들과 갈등이 빚어졌다. 세 번째 만남은 1880년대 영국에서 사회주의의 부흥이 시작된 때였다. 마르크스주의를 표방한 단체는 헨리 하인드먼이 조직한 사회민주연맹과 윌리엄 모리스가 설립한 사회주의동맹이었는데, 이들의 선전을 통해서 마르크스 사상이 알려지

이 부르주아지의 이데올로기와 사회통제의 매개체가 되어 하위 노동자들을 오도한 데서 찾았다.

그러나 이들의 설명은 영국 역사 발달의 실상을 제대로 반영하지 못했다. 산업화가 수반하는 기계화가 즉각적으로 숙련공들의 지위하강을 가져올 것이라고 믿은 마르크스의 예상과는 달리, 영국의 산업자본주의는 19세기 중엽까지도 숙련노동에 의존했고 그 때문에 숙련공들의 위치는 오히려 상승했으며, 이들은 노동조합 등을 통해서 자신의 특권적 위치를 강화할 수 있었다. 숙련공과 미숙련 노동자는 별개의 사회적 그룹이었다. 따라서 노동귀족이 자신들의 가치관을 하위 노동자들에게 전가시킬 만큼 상호교류가 있지도 않았다. 숙련공 노조의 조직은 폐쇄적이고 엘리트적이었으며 이들의 성향은 타협적이고 개량주의적이었다. 그들의 가치관은 중간계급과 마찬가지로 자조, 체통respectability 등의 개념을 주축으로 하고 있었다. 그러나 독립과 체통 등의 가치는 중간계급으로부터 배운 것이 아니라 산업화 이전 수공업 시대 숙련공의 전통에도 이미 존재했다. 따라서 노동귀족은 부르주아 이데올로기의 매개체가 아니었다. 결국 하위 노동자 역시 자체적으로 개량주의적이었다고 결론지을 수밖에 없다.

그렇다면 영국 노동계급의 비혁명성은 어떻게 설명할 수 있을까? 그 원인은 마르크스가 생각한 것처럼 영국 자본주의의 독점적 위치 때문도, 노동귀족의 탓도 아니라 노동계급에게 압도적 불만이 없었다는 사실에서 찾을 수 있다. 영국 사회 자체의 타협적, 개혁적 성격으로 인해서 노동계급의 불만이 점진적으로 타개될 수 있는 길이 열려 있었으며, 19세기 중엽 이후 계속된 물질적 생활수준의 향상이 노

제의 확립은 국가와 시민사회의 분리, 즉 정치와 경제의 분리를 낳았다. 그 결과 노동자들의 투쟁은 국가, 즉 정치권력의 전복이 아니라 경제적 영역 안에서 그들의 몫을 극대화하려는 노력으로 나타났다. 마르크스주의가 주장하는, 경제가 정치의 토대가 되는 상황은 영국의 경우 일어나지 않았던 것이다.

3) 노동대중의 일상활동

일과 여가의 분리, 근대적 의미의 여가의 등장은 산업사회의 산물이다. 전 산업사회에서는 일과 여가가 명확히 구분되지 않았고, 일터와 가정은 혼재되어 있었다. 그러나 산업자본주의 시대로 들어서면서 작업과정은 엄격한 노동규율을 필요로 했고, 이는 전 산업사회의 자연적 리듬과는 양립하기 어려웠다. 노동습관이 '시계'로 특징지어지는 새로운 작업장의 윤리로 바뀌고 작업시간의 엄수, 작업 중 금주 등이 강조됨으로써 일과 여가가 분리되었다. 산업화 초기에는 인류 역사상 노동시간이 가장 길었다. 1830년대까지 노동시간은 계속 늘어났지만 워낙 저임금에 시달리던 노동자들은 노동시간의 단축보다는 더 많은 임금을 요구했다. 1850년 이후 노동시간이 축소되어 1870년대에는 9시간 노동일이 확립되었는데, 이때가 되면 노동자들은 임금인상보다는 노동시간의 단축과 여가를 요구했다.

전 산업사회의 가장 대표적 노동습관은 성 월요일Saint Monday에서 발견된다. 이것은 공장제 이전에 시행되던 선대제하에서 토요일에 받은 임금이 아직 남아 있으면 월요일에 일을 하지 않던 습관이었다. 토요일 오후부터의 과음으로 일을 하고 싶어도 할 수 없는 상황도 종

간절약의 가치가 노동계급에 침투하면서 노동자 자신이 성 월요일을 경제적 지평을 가로막는 속박으로 간주하기 시작했다. 토요일 반공휴일제는 실상 성 월요일을 없애기 위해서 고안된 것인데, 1850년 이후 노조도 이를 요구하게 되고 1890년대 초가 되면 토요일 반공휴일제가 정상적인 것이 되었다.

전 산업시대 농촌문화 가운데 소위 '거친 음악rough music'이 있었다. 이것은 마을 사람들이 잘못을 범한 사람의 집 앞에서 솥이나 냄비 등을 두들기며 시끄럽게 하거나 그 사람의 허수아비를 앞세우고 행진하는 습관이었다. 특히 나이 차이가 심한 재혼이나 아내를 구타하는 행위에 대해서 '거친 음악'이 행해졌다. 그러나 '거친 음악'은 산업화와 더불어 자취를 감추었다. 전 산업시대 노동자들은 닭싸움, 개싸움, 소싸움 등 대체로 피를 보는 놀이를 즐겼는데, 이 놀이들도 사회적 규율을 깨뜨리고 도덕성을 저해한다는 비난을 받게 되었다. 숙련공들의 저항을 두려워한 산업자본가들은 19세기 초까지 별다른 문제제기를 하지 않았지만 1840년대 들어 복음주의자들과 그 외의 개혁가들의 활동으로 변화가 시작되었다.

복음주의자들은 노동대중에게 오래된 문화 형태를 버리고 새로운 삶의 양식을 받아들이도록 충동했다. 1820년대부터 동물학대방지협회와 수많은 금주운동 단체들이 조직된 결과, 피를 보는 여흥은 1850년대가 되면 거의 사라져버렸다. 다른 한편으로는 적극적으로 여흥을 제공함으로써 합리성에 기반을 둔 세속적 개혁문화를 선전했다. 이들의 활동에는 공원 조성, 도서관 건립, 브라스밴드, 축구팀, '즐거운 일요일 오후협회' 등의 조직이 포함되었다. 19세기 후반에 뮤직홀,

는 반론도 있다. 어쨌든 영국의 노동계급은 도박, 비둘기 키우기, 화초 가꾸기, 축구 등 정치적 성격을 지니지 않는 문화를 즐겼다. 영국의 특수한 상황은 다음의 장면에서 여실히 드러난다. 레닌과 카우츠키가 카페에 앉아서 혁명을 꿈꾸며 거대한 이론을 작성하고 있을 때, 20세기 초 가장 중요한 영국 노동계급 지도자의 한 사람인 아서 헨더슨은 감리교의 평신도 설교사로 그리고 잔디 볼링의 선수로 활약했던 것이다.

2. 20세기 전반기의 노동계급

1) 노동당의 창당과 발전

영국 노동운동사에서 가장 중요한 사건의 하나는 노동당의 대두이다. 노동당 창당에 대한 해석에는 계급의식 강화의 결과를 결정적 요인으로 보는 견해와 자유당의 전략적 실수를 결정적으로 보는 견해가 있다. 첫 번째 견해는 1890년대 신조합주의로 인해서 고양된 계급의식과 역량이 노동당의 창설로 이어졌다고 본다. 즉 노동당은 동질적 노동계급의 결집된 힘을 행사하려는 소수의 깨어 있는 사람들의 노력의 결과로, 자유당에 압력을 행사하여 노동계급의 이해관계를 지키려던 소극적 태도에서 벗어나서 자체 대표를 의회에 진출시키려는 의도의 표출이었다는 것이다.

분명히 1880년 이후 한 세대는 계급사회의 성격이 훨씬 강화된 시기였으며, 전국적 수준의 노동계급의 조직과 문화가 이때 만들어졌다. 1873년 이후 불경기가 닥쳐왔지만 생계비가 하락했기 때문에 노

키어 하디는 1893년 노동자들의 대표를 의회로 보내기 위해 독립노동당을 설립했다. 이 사진은 1906년 하원 의사당의 테라스에서 찍은 것으로 중앙에 키어 하디가 앉아 있다.
—

1867년 이래 노동자들의 대표는 자유당의 공천을 받아 의회에 진출했는데, 이렇게 당선된 노동계급 출신의 의원은 리브-래브Lib-Lab 라고 불렸다. 노동계급은 보다 많은 대표를 의회에 진출시킬 것을 원하게 되었고 자유당 지도부도 그것을 원했지만, 지역구의 반대로 리브-래브 의원들의 수는 소수로 남아 있었다. 키어 하디, 램지 맥도널드, 아서 헨더슨 등 노동당의 창당 멤버들은 이념적으로는 자유주의자들과 별 차이를 보이지 않았다. 자유당의 공천을 받았다면 기꺼이 리브-래브로 만족할 사람들을 저버림으로써 자유당은 노동당 창당에 기여했다.

그러나 태프 베일 판결이 없었다면 노동당의 창당은 훨씬 더 늦어졌을 것이다. 1900년 태프 베일 철도회사에서 파업이 일어났고, 회사 측은 파업 중 일어난 손해를 보상할 것을 노조에게 요구하며 제소

1909년 노동당은 예기치 않은 타격을 입게 되었다. 철도노조원이던 오스본이 노동당에 대한 강제기부를 거부하고 소송을 제기했는데, 노동조합이 노동당에 지원하는 기금은 불법이라는 법정판결이 내려진 것이다. 이로써 당은 재정적으로 마비되었고, 이제 노동당은 노동조합법을 개정해야 살아남을 수 있게 되었다. 노동당에 있어서 1910~1914년의 기간은 가장 어려운 시기였다. 1913년 드디어 노동조합법이 개정되어 노조가 정치적 목적을 위한 기부금을 받을 수 있게 됨으로써 노동당의 재정문제는 일단 해결되었다.

제1차 세계대전은 노동계급에게 획기적 사건이었으며, 노동당도 전쟁을 계기로 크게 변했다. 4년 넘게 지속된 전쟁은 노동계급의 위치, 국가와 개인의 관계 등에 대하여 다시 생각하는 계기가 되었다. 게다가 자유당의 분열과 러시아 혁명의 충격은 계급의식을 강화시켰다. 그 결과 1918년 선거에서 노동당에 대한 지지는 4배로 증가했다. 그때까지 이렇다 할 강령을 마련하지 못했던 노동당은 '생산수단의 국유화'라는 조항을 포함하는 당 강령을 정비하고 사회주의 정당으로서 생명을 시작했다. 1922년에는 자유당보다 26석이 더 많은 142석을 획득함으로써 제1야당의 위치를 차지했다. 그러나 이때 이미 의원의 반수 이상은 노동계급 출신이 아니었는데, 이 사실은 노동당이 중간계급에 깊이 침투하고 있었음을 보여준다.

2) 노동당 정부 수립

1924년 1월 드디어 노동당은 집권하게 되었다. 소수내각이었고 단지 9개월밖에 안 되는 짧은 기간이었지만 제1차 노동당 정부는 국가

러나 사무직 근로자는 단지 5~8퍼센트의 실업률에 그쳤다.

실업자 수가 급증하고 실업수당 지급이 늘면서 정부의 공공지출이 늘어야만 문제가 해결될 수 있었다. 그러나 정부는 실업문제보다는 국제통화인 파운드 스털링[1]의 신용문제를 더욱 심각한 문제로 생각하여 실업수당을 포함한 공공지출의 삭감을 결정했다. 이에 맥도널드 수상과 스노든 재무장관을 제외한 각료들이 사퇴함으로써 제2차 노동당 정부는 붕괴했다(1931).

노동당은 장기적으로는 사회주의의 꿈을 가지고 있었지만, 단기적으로는 자본주의의 위기를 처리할 책략을 가지고 있지 않았을 뿐만 아니라 1세기 이상 지배하던 자유방임의 경제철학을 이어받았기 때문에, 대공황에 직면하여 어떠한 적극적 경제정책도 수행할 수 없었다. 맥도널드를 당에서 제명시킨 노동당은 케임브리지 출신의 클레멘트 애틀리를 당수로 맞아 당을 재정비했다. 카랑카랑한 목소리를 가진 소심한 성격의 애틀리는 맥도널드와 정반대의 인간이라는 사실 때문에 지지를 받을 수 있었다. 애틀리는 제2차 세계대전 후 노동당이 최전성기를 맞았을 때 정부를 이끌게 된다.

20세기 전반기에 노조의 세력은 점진적으로 확장되고 있었다. 1910~1913년간 노조 가입원은 260만 명에서 410만 명으로 58퍼센트 증가했는데, 전쟁 중 단체교섭이 권장되었다. 이에 힘입어 노조운동이 크게 신장되었다. 1915~1920년 사이에는 430만 명에서 830만 명으로 거의 2배로 늘어 조직노동자의 비율이 20퍼센트를 넘어섰다.

---

1 영국 통화인 파운드를 다른 나라의 파운드화들과 구분하여, 특히 파운드 스털링이라고 부른다.

액을 보상해주던 정부보조금이 1921년 3월에 끊기자 고용주들은 임금삭감을 결정했고, 광부들은 동맹을 맺고 있던 철도노조와 교통운수노조의 동조파업을 요청했다. 그러나 그들의 거절로 파업은 마지막 순간에 철회될 수밖에 없었다. 이를 일컬어 '검은 금요일Black Friday'이라고 부르며, 노동계급 결속의 상징이던 삼자동맹Triple Alliance은 '절름발이 동맹Cripple Alliance'으로 불렸다. '검은 금요일' 이후에도 영국 광산업의 문제점은 해결되지 않았다. 전쟁 중 잠시 유보되었던 금본위제가 복귀되자(1925) 석탄산업은 큰 어려움에 빠졌다. 금에 대한 파운드화의 교환율이 실제 가치보다 높게 책정됨으로써 석탄의 수출 부진이 심각해지자 사용자 측은 당연히 더 이상의 임금삭감으로 대처하려고 했다. 노사협상은 결렬되고 파업이 불가피해졌다.

200만 명 이상이 참여한 총파업은 1830년대 이래 가장 혁명적 사건으로 불리지만, 실은 전혀 혁명적이지 않았다. 노동조합회의의 의도는 정부를 전복시키는 것이 아니라 단지 노동계급의 결속력을 보여주려는 것이었다. 그 의도에서는 성공이었지만, 총파업은 전략면에서 형편없는 패배였고 노동운동 내부의 협조도 제대로 이루어지지 않았다. 정부가 파업에 대비하여 면밀한 준비를 해온 것에 비해 노동조합회의는 전혀 계획을 가지고 있지 않았기 때문에 단 9일 만에 총파업을 중단시켰다. 광부들만이 혼자서 6개월간을 더 버티었다. 결국 총파업의 실패 이후 노동계급 지도자들은 다시는 정치적 목표를 위해서 산업적 세력을 이용하지 않게 되었다. 노동조합이 입은 손해는 심각했다. 1926년 520만 명이던 노동조합원 수는 다음 해 490만 명으로 줄었고, 대공황이 겹친 1933년에 이르면 440만 명이라는 최저

건립됨으로써 주택부족 상황은 끝나게 되었다. 30년대 대량실업 기간에도 라디오, 다리미, 축음기 등의 소비제품이 대량생산되어 직업을 가진 사람들의 생활은 더욱 안락해졌다. 디즈레일리가 상정한 "두 개의 국민"은 이제 실업자와 취업자 간의 구분으로 나타났다.

　전간기 대중생활의 중요한 국면은 여가활동이었다. 20세기 초가 되면 근로자들은 훨씬 더 많은 여가시간을 즐기게 되었다. 8시간 노동일이 1920년대에 일반적으로 시행되었고, 유급휴가도 1930년대에 급속히 확산되었다. 라디오, 유성영화 등이 널리 보급되었는데, 1937년이 되면 2,000만 명이 매주 영화를 관람했고, 이중 1/4은 1주일에 한 번 이상 영화관을 찾았다. 그 외에 축구, 여행 및 신문보급률도 증가했다. 19세기에 가장 심각한 사회문제로 간주되던 음주습관도 크게 변화하여 1인당 술 소비량이 100년 전보다 1/5 미만으로 감소했다. 교육에서는 의무교육 연한이 14세로 상향 조정되었다(1918). 그러나 노동계급의 중등교육은 여전히 매우 제한적이었다. 1936년에는 의무교육 연한이 다시 15세로 상향되었으며, 중등교육기관에 취학하는 아동 수가 1937년에는 1913년보다 2.5배 증가했다. 보이스카우트로 대변되는 청소년 조직이 활발했고, 많게는 청소년의 1/3이 그런 조직에 속해 있었다. 이 단체들은 제국주의적 색채를 강하게 띠고 있었지만 노동계급이 반드시 이데올로기에 현혹되어 가입했다고 볼 수는 없다. 단체활동은 여가활동의 일환이었고, 대중은 활동에 참가하고 싶으면 누가 주도하는 것인지에는 별 관심이 없었던 것이다.

서 86명으로 현저하게 감소했다. 좌파의 기관지인 〈트리뷴〉지조차 "러시아에서 1917년 이후 3년간 행해진 것보다 더 혁명적인 일이 노동당 정부의 초기 3년간에 행해졌다"고 인정했다.

그러나 1970년대 이후 영국 경제의 쇠퇴가 문제점으로 등장하면서 복지국가 건설이 쓸데없는 낭비였다는 주장이 제기되었다. 전후 영국이 당면한 가장 중요한 과제는 산업의 재조정이었는데, 그것에 사용해야 할 자금을 복지국가 건설에 잘못 사용했다는 것이다. 어쨌든 복지국가 건설이 노동당 정부가 자랑하는 업적이었다면, 정부가 표방한 또 하나의 목표인 산업의 국유화는 실패였다고 평가된다. 사회주의 경제의 기본이라고 할 수 있는 계획경제는 사실상 노동당의 정책에 존재하지 않았다. 비록 1946년부터 4년간에 걸쳐 잉글랜드 은행, 광산, 항공, 전기, 가스, 철도 및 육상교통 그리고 철강산업 등 산업의 20퍼센트가 국유화되었지만, 국유화가 어떤 식으로 노동당의 전반적인 경제, 사회적 책략에 들어맞는지, 어떻게 조직되어야 하는지에 대해서 체계적 아이디어가 없었다. "당은 50년 이상 광산의 국유화에 관해서 이야기해왔지만, 실제로 그것에 대한 준비작업은 생략해왔다"고 한 당내 정객은 솔직히 고백했다.

결과적으로 산업의 국유화는 단지 소유권이 사기업으로부터 국가기관으로 이전된 것에 불과했으며, 경영권은 여전히 예전 경영인에게 있었다. 생산성은 국유화 이전보다 나아지지 않았고, 노동자들은 국유화가 아무런 변화도 가져오지 않았다고 생각하게 되었다. 1947~1948년이 되면 국가의 최대 목표인 생산과 수출의 증가라는 관점에서 볼 때 국유화가 최선책이 아니라는 사실이 자명해졌다.

1979년 5월 마거릿 대처는 총선에
서 승리하여 영국 최초의 여성 수상
이 되었다. 이 사진은 1979년 미국
의 시사잡지 《타임》에 실린 마거릿
대처의 모습이다.
—

아이들은 극소수에 불과했다. 복지제도도 제한적으로밖에 실시되지
않았으며, 여성들의 상황은 열악했다. 이혼도 불가능했고 낙태는 불
법이었다. 노동조합이 강해지고 있었지만 노동당은 역사가 얼마 되
지 않았고 아직 집권한 적도 없었다.

　이에 비해서 1970년의 상황은 한마디로 모든 면에서 큰 진전이었
다. 1945~1951년 사이에 완전고용과 복지국가가 이루어졌으며, 경
제적 향상만이 아니라 개인의 자유도 크게 신장되었다. 이것은 부분
적으로는 취업의 안정성 때문이기도 했으며, 성적 자유와 미니스커
트로 대변되는 1960년대의 관용의 결과이기도 했다. 남성과 여성의
동일임금이 법제화되었고(1975) 여성에게 더 많은 일자리와 낙태의

쟁에서 성공함으로써 노조의 기세를 결정적으로 꺾어놓았다. 대처가 내세운 신보수주의는 개인의 창의력과 자조, 기업문화를 강조하고 국가에 지나치게 의존하던 사회주의적 전통에 일침을 가했다.

대처 정부는 또한 국민을 주택소유자와 주식소유자로 만들어 '탐욕은 좋은 것'이라는 가르침을 전파함으로써 노동당과 노동조합운동이 설파해온 '사회 정의'와 '계급결속력'을 침해했다. 대처 시기에 일어난 가장 주목할 만한 경제적 변화 가운데 하나는 제조업 종사자가 서비스업 종사자보다 현저하게 적은 탈산업화 현상을 보이게 된 것이다. 그에 따라 노동계급의 구성도 변화했다.

무자비하다고 할 정도의 대처의 정책으로 1979~1992년 사이에 노동조합은 조합원의 1/3 내지 1/2을 잃었다. 대처가 이룬 의외의 업적은 노동당의 재생이었다. 대처는 철저하게 영국 사회를 흔들어놓았고, 노동당은 살아남기 위해 자기 변신을 꾀하지 않을 수 없었다. 그 결과 오늘날의 노동당은 대처 이전의 노동당과는 전혀 다른 모습을 보이고 있다. 노동당은 1979년 이후 근 20년간 집권하지 못하다가 1997년에 40대 기수인 토니 블레어의 지도하에 총선에서 승리했다. 그 후 두 차례 더 승리하여(2001, 2005) 3기 연속 집권당이 되었는데, 그것은 노동당이 좌파 계급정당이 아니라 대중정당으로 다시 태어남으로써 가능했다. 블레어는 생산수단의 국유화를 규정한 강령을 폐지하고, 노조에 대한 당의 의존도를 줄였다. 노동당은 예산의 반 이상을 노동조합에 의존했기 때문에 대규모 노동조합들이 결정적 영향력을 행사했다. 그러나 1996년 전당대회에서 노조의 투표권이 대폭 축소됨으로써 당은 노조의 조합주의적 전망에서 벗어날 수 있게

1984년에 런던에서 벌어진 탄광 파업 노동자들의 시위 현장이다.

했다는 사실은 강성 노동운동이 오늘날 어떤 위상을 차지하고 있는지를 여실히 보여준다. 물론 이러한 변화가 노동계급으로 하여금 더이상 노동계급이 아니라고 느끼게 만들지는 못한다. 노동자들은 스스로를 중간계급이라고 생각하지 않으며, 여전히 계급을 삶의 중요한 부분으로 간주한다. 그러나 그들이 탈정치화한 것은 사실이며, 점점 계급이 아니라 시민권, 낙태, 인종, 여성의 권리 등이 새로운 쟁점으로 부각되고 있다. 오늘날 노동력의 거의 50퍼센트는 여성이거나 소수집단이며, 가장 큰 구분은 일자리가 있는 사람들과 실업자들의 차이이다. 영국 노동대중의 정체성이 계급을 넘어서서 어떻게 형성되어갈 것인지는 흥미로운 문제로 남아 있다.

고 재생의 길을 걸었는지는 우리에게 좋은 반면교사의 역할을 할 것이다.

1. 북아일랜드 문제

합병[1] 후 아일랜드는 계속 영국에서 화약고와 같은 존재였고, 스코틀랜드, 웨일스와 달리 한번도 진정으로 영국에 통합되지 않았다. 아일랜드는 현재 한반도와 마찬가지로 분단국이며, 아직 북아일랜드의 미래를 놓고 각 정파들의 갈등이 해결되지 않은 상황이다. 일단 아일랜드가 분단국이 되는 과정을 살펴보자.

1884년 제3차 선거법 개정 이후 아일랜드 문제는 영국 정치의 한 중간에 위치하게 되었다. 모든 가구의 가장에게 참정권을 부여한 이 법은 어느 곳보다 아일랜드에 큰 영향을 미쳐 이곳의 유권자 수를 대폭 늘렸다. 1885년 선거에서 아일랜드에 할당된 85석을 전부 차지한 아일랜드 자치당Irish Home Rule Party은 이제 보수당과 자유당 사이에서 세력균형을 담당하게 되었으며, 자유당은 이들의 협조 없이는 정부를 구성할 수 없었다. 물론 아일랜드의 자치를 허용해야 한다는 신념도 굳건했지만 정치적으로도 그들의 지지에 의존할 수밖에 없었던 글래드스턴은 1886년 아일랜드 자치법안을 상정했다. 글래드스턴의 자치법안은 실상 아일랜드인들조차 기대하지 않았을 정도로 과격한

---

1 아일랜드 합병에 대해서는 제1부 1장 참조.

이고 게일적인 것'만을 아일랜드적인 것으로 인식하려는 배타적 민족주의가 대두하면서 기존의 온건하고 통합적인 민족주의와 대립했다. 1890년대 게일어와 게일 문화의 회복을 추구하며 조직된 '게일 연맹'과 '게일 체육협회' 등은 영국에 대한 증오심에서 동기를 구했고 많은 추종자들을 찾을 수 있었다. 폭력적이고 호전적인 민족운동도 점차 확산되고 있었다. 피안나라는 전설적 전사집단에서 이름을 받아들인 피니언들Fenians이 1860년대 활동을 시작하면서 폭력적 민족주의 운동이 전개되었다. 이들의 움직임은 영국에 충성을 바치는 얼스터 신교도들Ulster Unionists로 하여금 마찬가지로 호전적인 결집을 도모하게 했다. 신교도인 이들에게 자치Home Rule는 로마의 지배Rome Rule를 의미했다. 글래드스턴 정부의 1886년 자치법안 이후 아일랜드의 독립을 저지하려는 신교도들의 의지는 더욱 강해지고 폭력적이 되었으며, 이들에 맞서 20세기 초부터는 아일랜드 공화국 군대IRA의 폭력활동이 본격화했다. 그러는 사이에 처음에는 아일랜드의 독립을 요구하지 않던 민족주의자들의 요구도 '자치'로부터 '완전 독립'으로 바뀌었다.

제1차 세계대전은 스코틀랜드와 웨일스에서는 영국인으로서의 의식을 더욱 강화하는 계기가 되었다. 그러나 아일랜드인들에게는 영국의 어려움이 그들의 기회로 인식되었고, 전쟁 중에도 영국의 지배를 종식시키려는 시도가 행해졌다. 가장 중요한 사건은 부활절 봉기(1916)였다.

---

2 자유당의 자치법안은 두 차례(1886, 1893) 의회에 제출되었지만 두 번 다 의회를 통과하지 못했다.

1984년 10월 12일 대처 수상이 묵었던 그랜드 호텔의 욕실이 IRA의 폭탄 테러로 파괴되었다. 이 테러로 5명이 죽고 34명이 부상당했는데 희생자들은 각료들과 보수당 의원들, 그리고 그들의 부인들이었다.
—

대하지 않았다. 1949년 드디어 아일랜드 공화국이 탄생했다. 동시에 북아일랜드 의회의 동의 없이는 그 지역이 영국 왕의 통치지역이라는 상황이 변하지 않는다고 못 박음으로써 얼스터 신교도들의 위치

다음 해 12월에는 런던의 유명한 백화점 해로즈에서 폭탄이 터져 6명이 죽고 91명이 부상을 입었다. 가장 심각한 위기는 1984년 10월 전당대회를 위해서 대처 수상과 보수당 지도부가 묵고 있던 브라이튼의 그랜드 호텔에서 저지른 테러였다. 대처는 간신히 목숨을 건졌지만 많은 사상자가 나왔다. 그러나 대처는 이런 일련의 사태를 겪으면서 오히려 북아일랜드 문제를 해결해야겠다는 의지를 다지게 되었다.

1985년 대처와 아일랜드의 피츠제럴드 수상이 만나 북아일랜드에서 평화와 안정을 증진시키기 위한 협정에 조인했다. 이 협정은 "아일랜드의 두 개의 주된 전통이 화해하도록" 돕기 위해서 더블린이 북아일랜드 사태에 대한 자문 역할을 맡는다는 조항을 포함했다. 그러면서 동시에 북아일랜드 정체政體의 미래를 결정하는 데 다수의 의견이 무시되어서는 안 된다는 사실을 재확인함으로써 신교도들의 위치를 확보해주었다. 한편 남쪽의 아일랜드 공화국에는 무력이 아니라 대화와 합법적 절차에 의해서 북아일랜드와의 통일이 이루어져야 한다는 분위기가 지배적이 되었다. 이에 테러 행위의 한계를 깨닫게 된 IRA도 1998년 '성聖 금요일 협약'을 통해 무력사용 중단에 동의했다. 영국 측이 내놓은 제안은 1972년에 활동이 정지된 북아일랜드 의회를 다시 성립시켜 내정문제를 스스로 결정케 하되, 아일랜드 내 모든 정파가 다 참여한다는 것이었다. 신교도 정당들은 그때까지 신페인 당을 대화 상대로 간주하지 않았기에 이 합의는 획기적인 것이었다. 드디어 1999년 모든 정파가 선거를 치르고 의회를 구성해 권력 공유가 이루어졌다. 그러나 IRA는 2000년 중반까지 무기를 폐기하기로 한 약속을 지키지 않았고, 내부적으로 반발하는 분파들도 있어 북아일랜

행하던 때는 북쪽과의 통일을 지상 목표로 생각하던 사람들이 배부르고 등 따스워지자 이제는 짐만 될 것 같은 가난한 북녘 동포들을 멀리하게 된 것이다.

1930년대 영국의 어떤 역사가는 "만일 아일랜드가 대서양 한중간으로 떠밀려간다면 우리 모두 얼마나 행복할까"라고 말했는데, 아직도 그것은 영국 사람들이 아일랜드에 대해 느끼는 정서의 정곡을 찌른 표현인 듯하다. 남쪽의 아일랜드 주민들도 이제 통일문제에 별 관심을 보이지 않는다. 북아일랜드 의회는 아직 불안한 위치에 있으며 정쟁으로 인해 의회 활동이 정지되기도 한다. 이런 상황에서 아일랜드의 미래가 어떻게 풀릴지는 예측하기 어렵다. 그러나 이제 폭력이 아니라 대화와 의회 정치를 통해서 북아일랜드의 미래를 결정하려는 분위기가 대세를 이루고 있음은 확실해 보인다.

2. 유럽 통합과 영국

영국인들은 전통적으로 "영국은 유럽에 있지만, 유럽의 일부가 아니다"는 인식을 가지고 있었다. 20세기 들어 양차 대전을 겪으면서 그런 인식이 많이 흔들린 것은 사실이지만, 아직도 대부분의 영국인에게 유럽과의 동일시는 불가능한 것으로 보인다. 1996년에 행해진 한 조사는 영국인의 반 정도만이 유럽인으로서의 정체성을 느끼고 있음을 밝혀주었다. 그럼에도 불구하고 1945년 이후 영국의 유럽에의 접근이 제한적이나마 차근차근 진행되어왔다. 제2차 세계대전 후

OEEC가 결성되고 나토NATO가 설립되면서 유럽과의 협조도 한 단계 진전했다.

유럽의 경제적 통합을 향한 보다 강력한 추진력은 프랑스로부터 나왔다. 프랑스 외무장관 로베르 슈만은 1950년 5월 서유럽의 석탄과 철강자원을 공동 출자하고 공동 관리하여 중공업에서 관세를 점진적으로 철폐하자는 계획을 제안했다. 이 계획은 궁극적으로는 정치공동체를 지향하는 첫 단계로 간주되었다. 그러나 영국 정부는 슈만플랜을 거부했는데, 우선 이 계획이 영국 철강산업에 이익이 되지 않을 것으로 판단했기 때문이었다. 영국은 1950년 당시 유럽석탄철강공동체ECSC를 구성하기로 한 6개국이 생산하는 철강 총량의 1/3, 석탄의 1/2을 생산하고 있었기 때문에 굳이 그러한 공동체로부터 이득을 얻을 것이 없다고 생각했던 것이다. 노동당 정부로서는 또한 철강산업 노조와 광부 노조의 반응을 우려하지 않을 수 없었고, 공동체가 영연방과의 유대를 파괴할 것이라는 점도 지적되었다. 그러나 가장 중요한 문제는 국가주권의 문제였다. 슈만플랜은 넘어서는 안 될 선인 주권의 양도를 의미하는 것으로 보였다. 그 결과 서독, 이탈리아, 네덜란드, 벨기에, 룩셈부르크가 프랑스에 동조하여 유럽석탄철강공동체를 결성하여 활동에 들어갔을 때(1952) 영국은 참여하지 않았다. 서유럽이 경제공동체로 변화하고 있는 동안 영국이 그처럼 믿었던 영연방과 스털링 지역은 와해되기 시작했으며, 1956년 이후에는 미국과도 관계도 껄끄러운 관계로 변했다.

프랑스가 주도한 또다른 초국가적 구상은 유럽방위공동체European Defence Community였다. 이것은 원래 현실적으로 서독의 재무장 필요

제도와 이해관계가 서유럽의 그것과 양립할 수 없다는 주장을 내세워 또 한 번 거부권을 행사했고, 영국의 가입은 또다시 좌절되었다. 그러는 사이에 공동체는 발전을 거듭하여 유럽원자력공동체, 유럽경제공동체, 유럽석탄철강공동체로 나뉘어 있던 집행부를 하나로 통합하여 단일위원회를 구성함으로써 유럽공동체European Community를 만들었다(1967). 영국의 유럽공동체 가입문제는 드골의 대통령직 사임(1968)으로 급진전을 보게 되어 1973년 1월 1일자로 회원국이 되었다. 영국과 프랑스는 무역에서 유럽이 미국에 대항해서 공동전선을 펼쳐야 한다는 데 합의했는데, 이것은 미국에 밀착했던 전통적인 영국 입장에서 크게 달라진 것이었다. 이때 미국도 브레튼우즈 체제를 이탈함으로써 종전 후 세계경제에서 지켜왔던 지도적 위치를 포기하기 시작했다.

영국인들은 유럽공동체의 가입이 당장 경제적 번영을 가져다줄 것으로 기대했지만 시간이 갈수록 실망하게 되었다. 가입 후의 경제적 손익계산에서 영국은 70년대를 통해서 매년 10억 파운드의 적자를 기록했다. 이것은 공동체 예산에의 기부금 계산방법이 영국에 불리했기 때문이었다. 특히 공동농업정책Common Agricultural Policy에 대한 영국의 불만이 컸는데, 1970년대 말이 되면 공동농업정책은 총예산의 2/3를 잡아먹게 되고 그로부터 이득을 얻는 나라는 프랑스와 덴마크 등의 농업국가였다. 공동체 운영의 부조리를 시정할 것을 선거공약의 하나로 내세워 1979년 총선에서 승리한 마거릿 대처 수상은 영국의 불공평한 예산부담금을 시정하는 데 주력했고, 이에 성공했다. 브뤼셀에 대항하는 투쟁은 영국의 국제적 위상을 높이는 동시에 국

류의 분열에서 이득을 보았다. 영국민들 사이에는 여전히 영국의 역할은 세계문제에서 독립된 목소리를 내는 것이라는 믿음이 존재하고 있다. 게다가 영국인들은 '유럽적' 영국보다는 '국제적' 영국이라는 이미지가 더 마음에 든다고 느낀다. 영국은 1066년 이후 외부로부터 침략을 받은 적이 없었다. 나폴레옹도, 히틀러도 결국 영국해협을 건너지 못했다. 유럽인들은 언제나 영국에 방문자나 피난민으로 갔지, 결코 정복자로 간 것이 아니었다. "한 번도 노예가 된 적이 없다"는 영국의 전통은 영국인의 자부심이 되었다.

물론 영국은 대륙의 권력정치에 냉담할 수 없었고, 장기적으로 볼 때 유럽에 대한 영국의 태도는 프랑스와의 관계에 의해서 결정되었다. 영불관계는 노르만 정복과, 중세 스코틀랜드와 프랑스의 동맹관계로 소급되는데, "내가 알기로 잉글랜드와 프랑스 사이에 있는 가장 좋은 것은 바다"라는 어떤 19세기 어떤 영국인의 말에서 두 나라의 관계를 엿볼 수 있다. 양국의 적대감은 20세기 들어 양차 대전에서 함께 싸웠어도 남아 있었다. 제1차 세계대전은 영국인으로 하여금 프랑스에 더 큰 친밀감을 느끼게 만든 것이 아니라 더 큰 경멸감을 가지게 했으며, 이 감정은 제2차 세계대전 이후에도 사라지지 않았다. 프랑스는 프랑스대로 1960년대에 영국의 유럽 공동시장 가입을 거부함으로써 영국에 대해서 품고 있던 감정의 일단을 보여주었다.

나아가서 영국이 유럽으로부터 거리를 두려는 정서는 의회민주주의와 산업화의 선구자로서, 또한 근대적, 민주주의적 국가발전의 선구자로서의 자부심에서 기인한다. 무엇보다도 영국을 대륙의 다른 나라들과 뚜렷이 구분해주는 것은 상대적으로 순조롭게 절대왕정에

1992년 2월 7일 네덜란드 림뷔르흐
주 동남부 마스트리히트 지역의 정부
건물에서 마스트리히트 조약의 서명
이 이루어지고 있다.
—

않음으로써 상대적 쇠퇴를 겪은 영국으로서는 유로화에 가담하지 않는 것이 후대에, 똑같은 실책으로 간주될 수도 있다는 우려를 느끼고 있다.

이처럼 유로화와 정치적 통합 모두 영국민의 지지를 받지 못하고 있다. 영국민 사이에는 아직도 영국은 유럽의 일부가 아니라는 인식이 퍼져 있고, 유럽과의 좀 더 긴밀한 통합을 지지하는 사람들조차 유럽연합의 운영 방식에 대해서 불만을 가지고 있으며 더 이상의 정치적, 경제적 통합에 유보적 태도를 취하고 있다. 영국인들이 가지고 있는 외국에 대한 깊은 의구심은 1960년에도 영국인들 대부분이 식

락해버렸다. 그러던 영국이 요즘은 다시 부활하여 탄탄한 경제성장의 길을 걷고 있다. 그 과정을 짚어본다.

1) 영국병

1950년대 이후 영국 경제의 쇠퇴는 다음과 같은 현상으로 나타났다. 첫째, 1950년 이래 세계 공업제품 생산과 교역에서 영국이 차지하던 몫이 꾸준히 감소하고 공업부문의 노동력도 감소했다. 1975년이 되면 세계 공산품 수출의 9.3퍼센트만이 영국 제품이었고, 국제수지도 지속적으로 적자 상태였다. 둘째, 국내총생산GDP 성장률이 경쟁국들보다 낮았다. 1955년에는 영국의 1인당 국내총생산은 미국 다음으로 2위였으나, 그 후 이탈리아에도 추격당할 정도로 성과 미달을 보였다. 셋째, 1945년 이래 노동생산성이 지속적으로 독일 및 프랑스 경제가 성취한 것보다 낮았다. 넷째, 1973년의 오일쇼크 이후 영국의 인플레이션율과 실업률은 다른 선진국보다 훨씬 더 높았다. 영국의 경우 인플레이션이 21.8퍼센트까지 치솟았는데, 같은 시기 독일과 프랑스는 4퍼센트도 채 안 되었다.

이러한 여러 현상은 결국 영국병이라는 이름으로 불리게 되었고, 그 원인을 두고 노사 양진영이 서로를 비방했다. 실상 나태한 경영진과 강성 노조가 모두 원인이었을 뿐만 아니라, 구조적으로 1945년 이후 영국 사회가 추구해온 합의의 정치에도 책임이 있었다. 보수당이 집권하든 노동당이 집권하든 합의의 정치하에서 경제는 완전고용과 복지국가를 근간으로 하는 케인스식 경제정책을 따랐다. 그러나 그것은 오일쇼크 이후 도저히 유지될 수 없는 체제였다. 문제점

많이 반영되었다.

　노동조합에 대한 이상의 비판은 상당 부분 사실이었다. 영국은 산업혁명 이전부터 상공업이 발달했는데, 17세기 말부터 조직된 노동조합은 오랜 역사가 남긴 특권을 누려왔고 상당한 세력을 행사해왔다. 노사관계의 어려움은 노조 조직률이 매우 높을 뿐만 아니라 단체교섭이 이중으로 이루어진다는 사실에도 기인했다. 즉 노조가 기업단위나 산업단위로 조직된 것이 아니라 수공업 시대에 만들어진 직능 조직에 기반을 두고 있기 때문에 한 직장에 많게는 수십 개의 노동조합이 존재했다. 뿐만 아니라 그들과 회사의 단체협상은 작업장과 전국적 차원의 이중구조로 이루어졌다. 1980년 2,000명 이상의 고용인을 가진 대규모 기업의 40퍼센트가 6개 이상의 노동조합들과 협상을 해야 했다. 이러한 복잡한 구조가 노사협상을 더욱 어렵게 만들었다. 게다가 제2차 세계대전 종결 후 거의 완전고용이 이루어짐에 따라 노동력 부족현상이 야기되고 노사 간 세력균형을 변화시켰다. 특히 숙련공을 확보하는 것이 상당히 어려운 문제가 되었기 때문에 사용자는 해고를 노동통제의 무기로 사용할 수 없었다. 그 결과 잦은 파업, 동조파업, 정치적 파업 등이 1970년대 영국 경제를 악화시켰다.

2) 대처의 등장

　'영국병'의 원인에 대한 논란이 무성한 가운데 대중은 무엇보다도 노조의 과다한 요구와 그들에게 휘둘린 노동당 정부를 주요인으로 지적했다. 1978~1979년 '불만의 겨울'을 지내고 난 국민들은 1979년

마거릿 대처는 '영국병'의 원인을 나태한 경영진과 호전적인 노동조합에서 찾았으며, 국유화된 기업의
사유화, 복지 규모 축소, 최상위층 과세율 하향 조정 등의 조치를 단행했다.
—

노동자들의 파업은 급격히 줄었고, 노동생산성도 1985년 이후 크게 향상되었다. 1980년대를 통해서 노동조합의 세력은 대단히 약화되었다. 1980년 당시 1,300만 명이던 조직노동자 수는 대처 정부 말기에는 700만 명으로 줄었으며, 1970년대 50퍼센트를 넘어섰던 노조 조직률은 1/3 이하로 떨어졌다. 1970년대에는 파업으로 연 1,300만 근로일이 손실된 데 반해, 1981년에는 420만 일로 줄어들었다.

노조의 성격도 보다 협조적이 되었으며, 파업을 첫 번째가 아니라 마지막 수단으로 생각할 정도로 온화해졌다. 그 결과 노동시장이 유연해지고, 노동대중도 사회적 공정함과 경제적 효율 사이의 화해를 추구하는 게 옳다고 믿게 되었다. 이러한 상황의 변화는 여론에도 반영되었다. 1979년의 여론조사에서는 응답자의 73퍼센트가 노조를 나라가 당면한 가장 중요한 문제점이라고 본 데 반해, 1987년에는 단지 1퍼센트만이 그렇게 생각했다. 또한 1979년 응답자의 82퍼센트가 노조가 너무 강하다고 생각했으나 1989년에는 41퍼센트만이 그렇다고 답했다.

대처는 광부노조와의 갈등에서 승리함으로써 사회적 효율성이 최고의 가치라는 원칙을 확립시켰다. 이로써 영국의 저생산성과 비효율성, 새로운 일자리 창출 등에 저해가 되는 가장 중요한 요소가 제거된 셈이었다. 대처는 지속 가능하게 생활수준을 향상시킨 나라들은 자본과 노동이 모두 생산적으로 고용되고 있는 나라라는 사실에 주목했다. 대처는 국가경제의 효율성을 성취하는 과정에서 나타나는 단기적 실업은 마치 환자의 병을 치료하기 위해 투하된 약이 가져오는 고통과 마찬가지라고 국민을 설득했다. 실상 대처의 집권 초기에

관계는 더 이상 정당이나 제도들의 지지를 얻어내기 힘들었고, 더 이상 현실을 반영하지도 않았다.

3) 빅토리아 시대의 가치로 돌아가자

대처 정부하에서 진행된 변화는 '대처 혁명'이라고까지 불린다. 대처는 오늘날 영국인들이 사회구조, 사회적 관계, 사회적 정체성에 대해 생각하는 방법에 커다란 변화를 야기했는데 그것은 실로 혁명이라고 불릴 만한 대변화였다. 11년 반 동안 집권한 대처는 영국 역사상 리버풀 경 이래 어떤 수상보다도 지속적으로 오랫동안 수상직을 유지했으며, 영국 역사상 자신의 이름이 붙은 이데올로기를 남긴 최초의, 그리고 유일한 정치인이다. 대단히 종교적인 가정에서 태어난 마거릿은 독실한 감리교 신자였던 아버지로부터 근면과 자립, 자기 향상을 가장 중요한 가치로 학습받았다. 아버지는 딸에게 "자기 자신의 두 발로 우뚝 서는 법을 배워야 한다", "노력하면 반드시 보답이 온다"는 것을 확신으로 가르쳤다.

노동조합 길들이기에서 드러나듯이, 대처는 1945년 이후 영국 사회를 장악해온 합의의 정치에 쐐기를 박았다. 그는 개인이 사라지고 사회가 과다하게 커진 1945년 이후의 사회문화 현상에 도전하여 개인을 다시 역사의 주체로 돌려놓으려고 했다. 소위 대처 혁명은 빅토리아적 가치를 되살리는 작업이었다. 즉 자조와 독립을 강조하고 개인이 자기 자신을 책임지게 만들며, 어려운 상황이 닥칠 때마다 국가에 떠맡기는 습관을 근절하려는 시도였다. 대처는 또한 부를 창조하는 것은 국가가 아니라 개인이라는 사실을 지적하고, 부를 노력과 모

비까지도 민영화하려고 한다"고 비난했다. 그에 대해서 대처는 "하느님이 비를 내리시기는 하지만 수도관이나 기계설비 같은 것도 함께 보내주시지는 않았다"고 반박했다. 민영화로 마련된 돈은 수돗물의 질을 개선하는 데 필요한 투자를 위해서 사용되었고, 또 더 많은 돈을 자본시장을 통해서 마련할 수 있었다. 물론 민영화로 인해서 수돗물 요금은 증가했지만 대중도 결국 민영화를 지지하게 되었고, 대처의 정책은 상당한 사회적, 정치적 효과를 볼 수 있었다.

대처의 이 모든 정책은 실상 경제 그 자체보다 개인과 국가 사이의 관계를 재정립하려는 의도에서 나왔다. 대처는 국가재정이 적자에서 벗어나지 못하는 이유는 국민들이 필요 이상의 것을 국가에 요구하기 때문이라고 보았다. 국민 모두가 자립정신을 발휘하면 국가재정의 적자는 자연스럽게 소멸된다는 것이었다. 정부는 단지 국민이 자립정신을 발휘할 수 있는 환경과 분위기를 마련해주면 된다는 것이었다. "많은 현명한 주부들이 수입 범위 안에서 알맞게 지출하고 있습니다. 이처럼 가정주부들도 잘해내는 일을 어째서 정부가 하지 못한단 말입니까?"

대처 혁명은 궁극적으로 개인과 국가의 관계를 다시 생각하고 정립하게 만들었다. 그녀는 노조의 무리한 관행을 제한하는 입법을 단행해 전투적 노동운동의 입지를 약화시키고, 소비자로서의 국민의 권리를 회복시켰으며, 집단에 묻혀 사라져버린 '책임지는 개인'의 존재를 발굴해냈다. 합의의 시대가 계속되는 동안 너무나 많은 사람들이 국가에 의존하게 되었는데, 대처는 국가란 개인의 '주인'이 아니라 '종'이며, 국가는 여전히 그 강력한 권력을 발휘해서 소름끼치는

제 정책을 추구한 결과라고 할 수 있다. 영국 경제의 부흥은 처음에는 잉글랜드 남동부로부터 시작되어 새로운 일자리가 창출되었지만, 그 현상은 남부에만 국한되지 않았다. 오랫동안 침체해 있던 스코틀랜드도 금융 서비스, 첨단기술에 힘입어 발전하기 시작했다. 현재 영국 총 주택의 2/3가 거주자 소유인데, 이것은 유럽에서 가장 높은 수치이다. 또한 성인의 25퍼센트가 주식을 소유하고 있는데, 이것은 대처 집권 전보다 5배가량 증가한 것이다. 물론 부작용도 보인다. 무엇보다 사회정의와 결속력 같은 개념이 약해지고, 영국인들은 예전보다 더 이기적이고 투쟁적이 되었다. 또한 지난 20여 년 동안 영국의 공공시설이 낙후되고 있는 것은 사실이며, 빈부의 격차와 지역적 격차도 훨씬 심해졌다. 그러나 영국인들은 그것을 하이테크 사회가 낳는 어쩔 수 없는 결과물로 받아들인다. 바람직한 방법은 경제의 효율성을 계속 추진하면서, 그 과정에서 탈락하는 사회적 약자를 보호하기 위한 사회 안전망을 보충하는 정책에서 찾을 수 있을 것인데, 노동당 정부는 그런 노선을 추진했다. 2010년에 정권을 잡은 보수당과 자민당의 연립정부 정책도 그 노선에서 크게 이탈하지 않았다.

참으로 힘든 과정을 거쳐 다시금 부상하는 영국의 경험은 현재 일종의 '한국병'을 앓고 있는 우리에게 무엇을 가르쳐주는가?

1장
여명:
로마·앵글로색슨 시대

B.C.100경	켈트인의 마지막 브리튼 섬 이주
B.C.55	카이사르의 브리튼 섬 침입 ; 역사 기록 시작
A.D. 122	하드리아누스에 의한 스코틀랜드와 잉글랜드 경계의 방벽 구축
300경	앵글로색슨족의 침략 시작
410	마지막 로마 군대 철수
731	성聖 비드의 《잉글랜드인들의 교회사》
835	데인족의 침략 시작
871	앨프레드 대왕 즉위
1016	크누트 왕이 잉글랜드와 덴마크 왕위 계승
1066	앵글로색슨의 마지막 왕 에드워드 고해왕 사망

영국 역사를 특징짓는 중심적 요소는 섬이라는 영국의 지리적 위치이다. 영국은 대륙으로부터 21마일 떨어져 있을 뿐만 아니라 유럽의 변두리에 위치하고 있는데, 이 사실이 영국 역사 형성에 근본적 요인으로 작용했다. 브리튼의 초기 역사는 침입과 이주의 연속이었다. 대륙으로부터 여러 부족들이 브리튼 섬에 상륙한 후 마지막으로

윌트셔 주에 있는 가장 유명한 기념물은 스톤헨지이다. 신석기 시대에 지어진 스톤헨지는 세 단계를 거쳐 완성되었다. 우선 기원전 3000년 경 원형의 기초공사가 이루어졌다. 두 번째로 대략 1000년 후 각각 4톤에 이르는 80여 개의 푸른 돌들이 웨일스로부터 운반되었고, 2개의 완전한 원으로 배열되었다. 마지막 단계는 상인방이 놓여진 지름 100피트인 원의 건설로 말버러의 구릉지대로부터 각각 50톤에 이르는 사암을 가져와 사용한 것으로 보인다.
—

에도 각각의 문화집단이 이주했다.

선사 시대 브리튼의 가장 인상 깊은 유적은 스톤헨지Stonehenge일 것이다. 솔즈베리 평원에 세워진 이 거석주군巨石柱群은 아마도 기원전 2500년경에 만들어지기 시작하여 기원전 1900~1400년 사이에 첨가되었을 것으로 추정된다. 지름이 100미터에 가까운 이 거석주군의 건립에는 근처에서 나는 돌 말고도 135마일이나 떨어진 웨일스산 청색 돌도 사용되었다. 스톤헨지를 세운 정착민들인 비커족Beaker은 금속을 다루는 데 놀라운 솜씨를 보였을 뿐만 아니라, 모직과 마직으로 된 옷을 만들어 입었고 귀금속 세공에도 열심이었다. 이전 거주민

하던 언어는 아일랜드어와 게일어의 기원이 되었다. 켈트인 사회는 친족집단이 토지를 공유하는 농경사회이자 부족사회였으며, 전사귀족, 드루이드Druid라고 불린 사제층, 농사짓는 평민으로 구성되었다. 통일을 이루지 못하고 자기들끼리 투쟁하던 이들은 로마인들의 침략을 막아낼 수 없었다.

2. 로마 시대 (기원전 55~기원후 410)

카이사르의 침략과 더불어 로마 시대가 시작되었다. 카이사르는 기원전 55년 약 1만 명의 병사들을 이끌고 브리튼 섬에 접근했으나, 상륙할 곳을 찾지 못해 돌아가야만 했다. 그러나 다음 해에 1만 2,000명의 보병과 2,000명의 기병들을 데리고 다시 와서 템스 강 입구에서 벨가에인들과 싸움을 벌여 승리한 후 조공관계를 맺고 떠났다. 그 후 카이사르는 브리튼에 다시 돌아오지 않았다. 카이사르가 왜 브리튼 침략을 결심했는지는 확실하지 않으나, 몇 가지 요인을 추측할 수는 있다. 우선 경제적인 요인을 생각할 수 있다. 이때 브리튼은 이미 로마 제국의 여러 곳과 교역하고 있었는데, 브리튼에 금, 은, 주석 등이 풍부하다는 소문이 퍼져 있었던 것이다. 또한 전략적으로 볼 때 로마 군이 막 점령한 프랑스 북부 갈리아 지방에서 반란이 일어날 가능성과 그런 사태가 발생하면 인종적으로 갈리아인과 가까운 브리튼인들의 원조가 있을 가능성을 생각할 때, 브리튼의 확보가 필요했을 것이다. 그러나 무엇보다도 중요한 것은 그의 개인적 명성을

픽트인들을 몰아내고 국경을 확실히 하기 위해 쌓은 하드리아누스 방벽은 방위와 주거시설을 겸비했으며, 383년 로마 군대가 철수하자, 17세기 초까지 스코틀랜드의 침입에 대비한 방벽으로 쓰였다. 처음에는 흙과 이탄泥炭으로 쌓고 그 사이에 넓은 도랑을 만들었으나 셉티미우스세베루스 황제 때 돌로 대체했다.
—

스코틀랜드 경계 부근에 건재해 있다.

로마의 속주가 된 브리튼은 로마 제국의 흥망성쇠에 영향받지 않을 수 없었다. 3세기 말 디오클레티아누스 황제 때 시작된 후기 로마 제국 시대의 개혁으로 브리튼도 재정비되었는데, 콘스탄티누스 대제의 아버지인 콘스탄티우스가 제국 서반부를 담당한 부제副帝로서 스코틀랜드 원정을 완결짓기 위해서 브리튼에 왔다. 이때 동행했던 콘스탄티누스는 황제가 된 후 브리튼 섬을 다시 방문했는데, 그는 런던을 아우구스타로 개명하고 요크의 요새를 증축했다고 전해진다.

60~70년 동안 계속된 개혁 노력에도 불구하고 로마 제국은 4세기 후반기에 이르면 전반적 쇠퇴기에 돌입했다. 로마인들은 브리튼에서도 마찬가지의 후퇴를 맛보게 되었다. 367년 아일랜드의 켈트인, 스코틀랜드의 픽트인, 대륙의 색슨인들이 동시에 로마인들을 공격해온 것이다. 드디어 410년에 종말이 왔다. 로마 제국 중심지의 수호에도 힘겨워하던 로마 군대가 브리튼으로부터 철수했던 것이다. 이제 로마인들이 남기고 간 공간은 앵글족과 색슨족에 의해서 채워지게 되었다. 로마인들은 브리튼 섬에 영구적 흔적을 거의 남기지 못했다. 로마 문화에 흡수되었던 켈트인들이 잉글랜드에서 쫓겨났기 때문이었다. 도로와 도시 등도 퇴락해갔고 정부체제와 라틴어 모두 사라져 버렸다. 아마도 로마가 남긴 가장 중요한 유산은 기독교였을 것이다. 로마 시대에 전파된 기독교는 로마인들이 떠난 후에도 살아남았다.

로마인들은 도로를 건설함으로써 브리튼에 군사적, 행정적, 상업적 커뮤니케이션 체제를 마련했다. 이 도로들은 로마인 기술자들의 지휘로 현지인들이 건설했는데, 정부의 우편이 이 도로들을 통해서

트인과 마찬가지로 문맹이었기 때문에 로마인들의 철수와 더불어 잉글랜드에 대한 기록은 사라져버렸다. 따라서 앵글로색슨 시대의 처음 200년간의 역사는 고고학적 유적과 후대의 기록으로 알 수밖에 없는데, 노섬브리아 성직자 성聖 비드의 《잉글랜드인들의 교회사》가 비록 후대에 쓰이기는 했지만, 상당히 정확하게 앵글로색슨족의 초기 역사를 말해준다.

아서 왕의 전설은 로마의 지배가 무너지고 게르만족의 침입이 시작되던 때를 다루고 있다. 이 전설의 인물들은 거의 모두가 가공인물들로 12세기 이후에야 낭만적으로 만들어졌다. 그러나 아서 자신은 아마도 브리튼 원주민으로 앵글로색슨인을 물리치려고 한 실제 인물이었을 것으로 추정된다. 아서의 분투에도 불구하고 6세기 초에 앵글로색슨인들이 거의 모든 잉글랜드를 지배하게 되었다. 역사가 타키투스는 이미 1세기에 게르만인의 특징으로 친족과 지도자에 대한 충성을 언급했는데, 이러한 특징이 브리튼에 들어온 앵글로색슨인에게도 적용되었을 것이다. 로마인들과는 달리 앵글로색슨인들은 켈트인들과 잘 섞이지 않았다. 침입자들은 켈트인들을 서쪽으로 내몰고 땅을 차지했기 때문에, 켈트인들은 웨일스와 콘월 지역, 혹은 바다 건너 프랑스의 브르타뉴로 쫓겨갈 수밖에 없었다. 지금도 웨일스와 콘월 지역 사람들은 기본적으로 켈트인들이다. 브리튼 섬은 대혼란기인 5~6세기에 인구도 대폭 감소하여 로마 시대의 600만 명에 육박하던 인구가 가까스로 200만 명에 머물렀다.

갈리아에 정착한 프랑크족 및 서고트족은 로마의 생활방식을 비교적 잘 알고 있었던 반면, 앵글로색슨인들은 그렇지 못하여 브리튼에

지 않은 채 하나의 언어, 즉 고대 영어Old English를 발달시켰다.

앵글로색슨의 여러 부족들은 각기 다른 지역에 정착하여 궁극적으로 7왕국을 형성했다. 동색슨인은 에식스Essex, 남색슨인은 서식스Sussex, 서색슨인은 웨식스Wessex 왕국을 건설했고, 앵글인들은 동쪽해안에 이스트 앵글리아East Anglia, 중부에 머시아Mercia, 그리고 북부에 노섬브리아Northumbria 왕국을 건설했으며, 주트인들은 동남부에 켄트Kent 왕국을 건설했다. 그러나 이러한 왕국들의 성립과정은 명확하지 않아 초기에는 서로 혼합되어 있었으며, 왕국 사이의 경계도 서서히 등장했다. 실제로 노섬브리아와 같은 곳은 몇 명의 지도자들에 의해서 지배되었고, 웨식스와 머시아는 종주왕이 있고 그 밑에 하위 왕들을 두는 체제였다. 앵글로색슨 통치의 특징은 정치적 단편화와 서로 간의 싸움이라고 할 수 있다.

초기 앵글로색슨 시대를 특징짓는, 끊임없는 왕국들의 흥망성쇠가 지속되어 500년대에는 켄트가, 600년대에는 노섬브리아가, 그리고 700년대에는 머시아가 강성하다가 800년경에는 웨식스가 부상하여 통일 왕가로 군림했다. 그 과정은 결국 잉글랜드 통일의 과정이었다. 이미 8세기 초에 쓰인 비드의 저서에서 통일된 잉글랜드 교회 안에서 공통의 운명을 겪는 잉글랜드인이라는 인식이 발견된다. 이러한 정체성의 발달에는 머시아의 두 왕이 크게 공헌했다. 애설볼드(716~757)는 강력한 통치력을 발휘하여 다른 왕들 위에 군림하는 종주왕이 되었고, 그 후계자 오파(757~796)는 노섬브리아와 웨식스를 제외한 모든 왕국을 통치했다.

오파는 앨프레드 대왕이 출현하기 이전의 가장 강력한 왕으로서

아 있었다. 웨일스 역사에서 6세기는 성인들의 시대로 불릴 정도로 기독교가 성했고, 아일랜드에서도 선교사들이 해외로 파견될 정도였다. 그러나 켈트인들은 침략자들에게 기독교를 전하지 않았는데, 아마도 굳이 이들을 영원한 지옥으로부터 구원해줄 필요가 없다고 생각해서 그랬을 것이다. 그러나 시간이 지남에 따라서 기독교가 아일랜드와 스코틀랜드를 거쳐 잉글랜드 북부로 전파되었다. 그러는 가운데 다른 경로로도 기독교가 전파되었다. 교황 그레고리우스 1세가 로마의 노예시장에서 잘생긴 앵글로색슨 젊은이들을 보고 잉글랜드에 관심을 가지게 되었다고 전해진다. 교황은 이들이 "앙글레스 Angles(앵글인들)가 아니라 앙겔스angels(천사들)임에 틀림없다"고 찬탄하면서 잉글랜드에 선교단을 보내기로 결정했다는 것이다.

교황의 명령으로 597년 성 아우구스티누스가 켄트 해안에 상륙했는데, 갈리아 출신의 켄트 왕비가 이미 기독교인이었기 때문에 그의 선교활동은 쉽게 진행되었다. 성 아우구스티누스는 캔터베리 성당을 건립하고 잉글랜드 전역으로 선교활동을 확대했다. 그러나 가장 활발한 선교활동은 잉글랜드가 아니라 아일랜드에서 전개되었다. 원래 브리튼 출신인 성 패트릭은 납치되어 아일랜드에 팔려가 노예생활을 하다가 도망쳐 대륙으로 갔다. 그곳에서 교육받고 주교가 된 후 아일랜드로 돌아와서 맹렬한 선교활동을 펼친 결과, 6세기 초 아일랜드인 거의 모두를 기독교로 개종시켰다. 7세기에 브리튼 섬의 교회는 서유럽 기독교와 밀접한 관계를 맺게 되고, 대주교가 있는 캔터베리와 요크 두 곳을 정점으로 체계화되었다. 그러나 이러한 교회의 통합도 브리튼 섬을 정치적으로 통일시키지는 못했다.

가 상업의 중심지로 크게 발전했다. 오파의 사망 후 머시아의 세력이 약화되기 시작하여 802년에는 웨식스가 머시아의 지배로부터 벗어나서 종주국이 되는 등 왕국들 간의 흥망성쇠가 이어졌다. 그러는 가운데 바이킹의 상륙이라는 중대 사건이 발생했다.

4. 후기 앵글로색슨 시대(871~1066)

1) 제1차 데인인의 침입과 앨프레드 대왕(871~899)

바이킹은 데인인과 노르웨이인을 함께 지칭하는 말로, 데인인은 노스멘Norsemen 혹은 노르만Norman이라고도 불렸다. 잉글랜드와 프랑크 왕국을 주로 침략한 데인인들은 이미 787년부터 잉글랜드 동해안을 침략했고, 런던을 약탈한 적도 있었다. 835년 대규모로 켄트에 쳐들어간 이들은 거의 매년 침략을 계속하여 노섬브리아와 머시아를 황폐화시킨 후(865), 드디어 웨식스로 눈을 돌렸다. 웨식스는 이때 비교적 안정된 왕국을 이루고 있었다. 데인인의 침략 당시(870)에는 앨프레드의 형인 애설레드가 웨식스의 왕이었다. 앨프레드가 형에 이어 왕이 되었을 때 그는 단지 22세였다. 앨프레드 대왕은 잉글랜드인들의 특별한 존경을 받게 된 왕으로 1,000년이 넘는 왕국 역사에서 '대왕'으로 불리는 유일한 왕이다. 당대인에 의해서 전기가 쓰일 정도로 존경을 받았던 그는 결국 침략자로부터 잉글랜드를 구해냈을 뿐만 아니라, 모든 잉글랜드 사람들의 왕이 되었다.

871년 데인인과의 전투에서 패한 앨프레드는 시간을 벌려고 일종

는 귀족계층을 만들어 그들에게 토지와 권위를 부여하는 대신 전투를 책임지도록 했다. 덧붙여 그는 배를 짓고 성채를 쌓았으며, 도로망을 확충하여 요새를 건설했다.

준비를 마친 앨프레드는 878년 데인인과 전쟁을 재개하여 그들을 제압할 수 있었다. 그는 데인인들로 하여금 대체로 잉글랜드 북부와 중부를 포함하는 데인로Danelaw에 한정해서 거주하게 하고, 남쪽은 자신의 통치하에 두도록 협정을 맺었다. 시간이 지남에 따라서 데인로에 정착한 데인인들은 나름대로 사회를 형성했다. 지금도 이전에 데인로 지역이었던 곳에는 스칸디나비아적 요소가 많이 남아 있다. 데인인들은 점차 앵글로색슨인들과 결혼하고 그들의 언어와 법을 수용하게 되었다. 스벤과 크누트 왕 때 잠깐 잉글랜드는 스칸디나비아와 브리튼 섬의 일부를 포함하는 데인 제국의 일부분이 되었지만, 그 구도는 오래 가지 않았다.

앨프레드는 전쟁에서 승리하여 왕국을 방어하는 것에 그치지 않고 치세 후기에는 정치적, 지적 사업에 치중했다. 그는 잉글랜드를 주州로 분할하여 행정의 편의를 도모했고 통일된 사법체계를 도입했으며, 효과적인 통치를 위해서 유력인사들과 정기적으로 만나서 국사를 논의하는 자문위원회를 설치했다. 앨프레드는 또한 왕국의 정신적, 지적 문화를 회복하고 백성들을 유럽 문명으로 복귀시키고자 문예부흥을 시도했다. 성직자들에게 라틴어 교육을 강제했고, 귀족과 세인의 아들들에게 문자를 가르침으로써 일종의 사립학교를 처음으로 세웠으며, 앵글로색슨어를 단일한 문어로 확립하여 수도원에 앵글로색슨어로 기록되는 연대기를 남기도록 했다. 그는 스스로 라틴

강화하지 못했다. 그가 한 일은 단지 노르망디 공작의 딸과 결혼함으로써 후일 잉글랜드와 노르망디가 결합하는 길을 열어준 것뿐이었다. 애설레드는 1003년 덴마크 왕 스벤이 다시 공격해오자 대항할 꿈도 못 꾸고 노르망디로 도주했다. 애설레드의 무능과 실정에 환멸을 느낀 데인로 사람들은 스벤이 브리튼 섬에 다시 왔을 때(1013) 그를 환영했다. 스벤이 죽고 큰아들 해럴드가 스칸디나비아 제국을 계승하면서 잉글랜드는 둘째인 크누트가 상속(1014)하게 되었다.

노르망디에 머물던 애설레드는 1016년 잉글랜드로 돌아왔지만, 크누트에 대항하여 제대로 전투를 벌이지는 못했다. 애설레드의 사후 그의 큰아들도 사고로 죽자 왕위계승 문제가 제기되었다. 웨식스 가에서는 실제로는 혈통에 의한 계승이 이루어지고 있었지만 형식적으로는 위턴Witan이 회의를 통해 왕을 선출했다. 그러나 1016년의 위턴 회의는 형식을 넘어선 것이었다. 애설레드에게는 두 번째 결혼에서 얻은 두 아들이 있었지만, 아직 어렸기 때문에 위턴 회의는 왕위를 데인인의 왕 크누트에게 넘겨주었던 것이다.

이제 정복자가 아니라 합법적 왕으로 통치자의 자리에 오른 크누트 왕(1016~1035)은 데인인이었지만, 앵글로색슨의 관습에 따라서 왕국을 평화롭게 통치했다. 그는 위턴 회의를 유지하고 데인인과 앵글로색슨인을 함께 관리로 등용했기 때문에, 많은 데인인들이 이때 귀족층에 합류했다. 형이 죽자 스칸디나비아 제국을 상속받은 크누트는 해외에 머무는 동안 잉글랜드의 통치를 위해서 왕국을 노섬브리아, 이스트 앵글리아, 머시아와 웨식스 등 4개 백작령으로 분할했는데, 그의 부재 중에도 왕국은 탈없이 통치되었다.

정복왕 윌리엄의 업적과 중세 신화 등이 기록되어 있는 바이외Bayeux 벽걸이의 일부이다. 이 직물 벽걸이는 전투 방식, 신화 등을 자세히 알 수 있게 해주는 귀중한 문화재이다. 이 장면은 헤이스팅스 전투에서 해럴드 왕이 전사하는 모습을 묘사한 것이다.
—

다. 우선 웨식스 백작의 아들들인 해럴드(머시아 백작)와 토스티그(노섬브리아 백작)는 그들의 누이인 에디스가 에드워드의 왕비였다는 점을 들어 권리를 주장했다. 그러나 그들은 선왕의 처남일 뿐 실제로 왕가의 혈통은 아니었다. 세 번째 후보인 노르망디 공작 윌리엄은 노르망디 공작의 딸이면서 잉글랜드 두 왕의 아내였던 엠마와 같은 혈통이라는 점을 내세워 왕위계승을 주장했다. 그러나 그의 피에는 잉글랜드 왕가의 피가 전혀 흐르지 않았을 뿐만 아니라 서자였다.[1] 윌리엄은 에드워드 고해왕이 그에게 왕위를 약속했다고 주장했는데, 그 말은 아마도 사실이었겠지만, 에드워드에게는 윌리엄에게 그런 약속을 할

5. 앵글로색슨인의 사회

17세기 혁명기 이래 '노르만의 굴레Norman Yoke'에 대비해서 앵글로색슨 사회를 민주적이라고 찬미하는 것이 유행했고, 이 주장은 토머스 페인 같은 정치적 급진주의자들에 의해서 반복되었다. 그러나 우리는 실상 초기 앵글로색슨 사회를 거의 모르고 있을 뿐만 아니라, 남아 있는 증거에 의하면 앵글로색슨 사회는 강력한 왕정과 귀족들에 의해서 유지된 사회였다. 왕가는 게르만의 신들로부터 유래한다고 믿어졌으며, 윈체스터에 남아 있는 왕궁에서는 강력한 왕정의 흔적을 엿볼 수 있다.

1066년 이전에 지방정부가 상당히 발달하여 왕국은 주로 분할 통치되었는데, 이 골격은 1972년 지방정부법에 의해서 바뀔 때까지 거의 그대로 유지되었다. 각 주에서는 얼더먼earldorman(이 용어에서 나중에 백작earl이 파생되었다)이라고 불리는 귀족이 주정부를 지배했다. 얼더먼은 종종 전쟁터에 나갔는데, 중요한 사안은 아니더라도 일상적인 일은 그들의 부재 중에도 결정되어야 했기 때문에 왕은 주장관shire-reeve(즉 sheriff)을 따로 임명했다. 8세기 애설스탠 이후 법이 더 많이 만들어지고 내용도 더 상세해졌으며, 앵글로색슨 시대 말기가 되면 국가의 치안을 유지하는 것이 왕의 의무이자 권리라는 개념이 자리 잡았다.

10세기에 법적, 행정적 목적 때문에 주가 헌드레드hundred로 세분되었다. 헌드레드는 100명의 병사들을 차출할 수 있는 100개의 가족으로 이루어졌다. 헌드레드 밑에 구역이 만들어졌는데, 그 중심에는

앨프레드 대왕의 딸이자 잉글랜드 머시아의
통지차 애설플래드.
—

위치를 누렸다. 그 이유는 로마나 노르만이 전사적 사회인 데 비해, 앵글로색슨 사회는 비교적 평화의 시대를 보냈기 때문이었다. 기독교 교회도 여성해방에 일조했다. 여성은 재산권 및 토지를 계승할 권리를 가졌고, 남편과 재산을 공동소유할 권리를 인정받고 있었다. 앵글로색슨 시대의 유명한 여성 가운데 앨프레드 대왕의 딸인 애설플래드가 있다. 머시아 왕과 결혼하여 '머시아인들의 귀부인Lady of the Mercians'으로 불린 그녀는 남편과 동등한 권력을 누렸고, 남편 사후 7년간 통치했으며, 오빠인 웨식스 왕과 함께 웨일스 및 바이킹에 대항한 싸움을 주도했다. 그녀 말고 학식 있고 영향력 있던 여성으로는 두 국왕의 왕비였던 엠마를 들 수 있다.

2장

태동: 중세

1066	노르망디 공작 윌리엄이 해럴드를 헤이스팅스 전투에서 패배시킴
1086	둠즈데이 조사
1154	앙주 가의 헨리 2세 즉위
1215	존 왕이 대귀족에게 굴복하여 대헌장에 서명
1258	옥스퍼드 조례로 귀족회의가 설치되고 헨리 3세의 권력이 제한됨
1301	에드워드 1세가 장남을 웨일스 공으로 서임하고 웨일스의 종주권을 주장
1337~1453	백년전쟁
1348~1349	흑사병 만연
1381	농민반란
1399	리처드 2세의 폐위와 랭커스터 가의 시작
1413	헨리 5세의 즉위와 백년전쟁의 재개
1431	잔 다르크의 화형
1455~1485	장미전쟁
1461	요크 가의 첫 번째 왕 에드워드 4세의 왕권 주장
1485	헨리 튜더가 리처드 3세와의 전투에서 승리하여 요크 가를 종식시킴

노르만의 정복 이후 15세기 말까지 계속된 잉글랜드의 중세는 다

치자, 왕국의 중심과 주변부 간의 접촉을 마련해준 가장 중요하고 효과적인 수단이었다. 그러나 의회는 다양한 신분의 국민 모두를 대변하는 집단으로 출발하지 않았으며, 왕권을 제한하거나 통제하는 도구도 아니었다.

중세 말에 백년전쟁과 흑사병으로 잉글랜드는 장기적인 경제적 쇠퇴를 경험하기 시작했으며, 장미전쟁으로 대표되는 귀족들의 투쟁으로 왕권과 귀족의 권력이 모두 쇠퇴했다. 그럼에도 불구하고, 왕국은 두 가지 측면에서 안정이 확립되었다. 법체계와 행정이 점진적으로 발달하면서 통일된 국가로 나아가고 있었던 것이다.

1. 중세 전기 : 노르만과 앙주 제국

1) 윌리엄 1세(1066~1087)와 노르만 정복

에드워드 고해왕이 후손을 남기지 않았기 때문에 일어난 노르만 정복은 우연한 사건이었지만, 잉글랜드에 근본적인 변화를 가져왔다. 정복으로 인해서 사회와 정부가 재조직되었고, 그 결과 잉글랜드에는 로마 시대와 비슷한 이중구조가 형성되어 약 1만 2,000명의 노르만인들이 귀족적 통치자가 되고 200만 명의 색슨인들은 평민층을 구성하게 되었다. 정복 후 색슨인들의 반항이 있었지만, 무계획적이고 상호협조가 없었기 때문에 쉽게 진압되었다. 노르만 귀족들은 피통치자인 앵글로색슨인들과 의사소통도 제대로 못했을 뿐만 아니라 다수는 노르망디에도 넓은 영지를 소유하고 있었기 때문에 잉글랜드

센트의 토지만이 잉글랜드인의 손에 남아 있었다. 색슨 시대의 지주들 가운데는 단지 2명만이 기록되어 있었다. 이러한 변화는 봉건제의 도입으로 토지소유권이 철저히 바뀌어버렸기 때문이었다.

노르만 정복의 결과, 학문과 통치의 언어로서의 고대 영어가 쇠락했다. 이미 앨프레드 대왕 치세에 영어의 위치가 확고해진 것은 앞장에서 살펴본 바와 같다. 노르만 정복과 더불어 프랑스어와 라틴어가 학문과 행정에서 독점적 언어로 부상했고, 영어는 농부와 하인 등 낮은 신분들의 구어로 전락했다. 교회 언어의 프랑스화와 라틴화는 더욱 심각했다. 영어는 13세기에 이르러서야 다시 복귀하게 되는 것이다.

봉건제와 색슨의 유산

노르만 정복이 일으킨 여러 변화들 가운데 가장 중요한 것은 봉건제의 도입이다. 프랑스에서 시행되던 봉건제는 지방행정과 군대유지비용을 부담하기 위해서 고안되었다. 물론 앵글로색슨 시대에도 군사적 의무를 지는 신하가 있었지만, 봉건제로 발달하지 않았고 문서화된 계약도 아니었다. 봉건제는 주군은 봉토fief를 주고 봉신은 그 대가로 충성과 봉사를 바친다는 단순한 원칙에 근거했다. 문제는 봉토의 세습으로부터 발생했다. 왕은 세습되는 봉토에 대해서 반드시 상속세를 요구했고, 반대로 상속인은 부가되는 의무 없이 유산을 가질 수 있도록 법적 조치를 마련하려고 고심했다. 왕과 최초의 수봉자 baron[1]만이 아니라 피라미드형 계서제의 하부에서도 같은 일이 반복되었다. 왕은 미망인의 재혼문제에도 간섭했다. 따라서 봉건제하에

집하는 것은 비경제적이었기 때문에 금전적 대체가 장려되었다. 돈만 있으면 대륙에서 용병을 고용하는 일은 수월했다. 마지막 봉건적 군사모집은 리처드 2세의 스코틀랜드 원정 때(1385)였지만, 그 이전에 이미 군사적 봉사는 돈으로 대체되었다. 이러한 차이들이 잉글랜드가 다른 나라들보다 먼저 봉건제를 벗어나 근대사회로 나아가는 데 기여한 요인으로 간주된다.

확실히 노르만 정복은 잉글랜드 사회에 획기적 변화를 가져왔다. 그러나 더 깊숙이 들여다보면 변화와 더불어 지속성도 찾아볼 수 있다. 무엇보다도 정복자들의 수가 소수라는 사실이 색슨 시대의 제도들을 유지시켰다. 노르만인이 물려받은 것에는 우선 행정조직이 있다. 노르만인은 앵글로색슨인으로부터 지속적이고 잘 가동하고 있던 행정조직을 물려받았다. 앵글로색슨의 유산인 주(노르만 정복 이후 프랑스 어에서 기원한 county라는 명칭으로 바뀜)는 정복 당시 이미 제도적으로 상당히 발전해 있었고, 단순한 지역적 구분이 아니라 왕의 정부로부터 명령을 받고 그 명령을 집행하고 그 결과를 왕의 정부에 보고하는 행정 단위로 작용하고 있었다. 주는 또한 중앙과 지방 유력인사의 협력을 공고히 하는 역할도 했다. 정복자들은 색슨 시대의 제도를 수용함으로써 왕권과 지방 권력 사이의 균형을 유지하는 잉글랜드의 전통을 받아들이고 발전시켰다.

세제에서도 노르만인들은 앵글로색슨 시대의 전통을 답습했다. 토지를 기반으로 한 세금 징수 역시 앵글로색슨 시대의 것이 그대로 인수되었는데, 이것은 데인겔트에서 유래한 전통이었다. 앵글로색슨 통치자들은 데인겔트 징세를 위해서 토지대장과 같은 것을 준비했

이 그림은 〈윌리엄 루퍼스의 죽음〉 이라는 알퐁스 드 누빌의 석판화이다. 윌리엄은 개인적인 영광과 왕국의 영토 확장을 이루었으나, 또한 수많은 정적들도 만들었다. 이로 인해 그는 1100년 8월 2일 동생인 헨리와 명사수로 유명했던 퐁티외 남작 월터 티럴이 동행한 뉴포리스트의 사냥터에서 의문의 죽음을 맞는다.
—

있는 정복왕의 영토가 이제 윌리엄 루퍼스의 단일 통치에 들어왔다.

옅은 머리색과 혈색 좋은 얼굴 덕분에 루퍼스Rufus 라는 별명을 얻은 윌리엄 2세는 몇 차례의 반란음모를 제압하고 왕권을 강화시키려고 한 훌륭한 전사였지만 평판이 좋지 않았다. 윌리엄 루퍼스는 사냥터에서 화살을 잘못 맞고 죽었는데, 마치 예견이나 한 듯이 동생 헨리가 재빨리 국고를 장악하고 곧바로 웨스트민스터로 가서 왕위에 즉위했다. 형이 죽은 지 3일 후의 일이었다. 그러자 그는 살해혐의를 받게 되었는데, 실제로 그가 형을 살해하도록 사주했는지는 알 수 없

배녁번•

에든버러•

더블린•

보마리스•
콘위•
캐나리언•

보스워스 필드•

노샘프턴• 케임브리지•

튜크스베리•
옥스퍼드• 세인드 올번즈•
이튼• •런던
윈저• •캔터베리
러니미드•

네덜란드

•칼레

플랑드르
•아쟁쿠르
크레시•

노르망디

•파리

브르타뉴

블루아

푸아투
•푸아티에

아키텐

중세의 잉글랜드와 프랑스
—

잉글랜드에서 바다 건너 피레네 산맥에까지 이르는, 당시 유럽에서 가장 부유한 지배자였고 프랑스 왕보다 훨씬 많은 영토를 소유하고 있었다. 그는 자연히 잉글랜드보다 대륙에 더 많이 거주했는데, 34년 동안의 치세기간 중 21년을 대륙에서 보냈다. 그의 끊임없는 정력과 지배적 성격만이 그의 제국을 통합할 수 있는 요인이었다. 헨리는 일생 동안 끊임없이 그의 영지를 돌아다녔다. 그는 너무나 빨리 돌아다녀서 사람들에게 동시에 모든 곳에 있는 것 같은 인상을 주었는데, 그것이 신민들의 충성을 묶어두는 데 큰 도움이 되었다.

헨리 2세는 잉글랜드에 오자 내전기간 동안 강화된 귀족들의 권력을 약화시키는 작업에 착수하여 왕의 허가 없이 건축된 대귀족들의 성을 파괴했다. 그는 또 내전 때 빼앗긴 스코틀랜드와 웨일스에서의 종주왕의 권리를 다시 회복했다. 그는 누구보다도 잉글랜드의 정부재정과 봉건제를 변화시킨 사람이었다. 노르만 왕들은 앵글로색슨에게서 상속받은 겔트 부과권을 계속 이용하여 1130년까지 매년 겔트를 부과했다. 그러나 헨리 2세는 겔트보다는 관세와 도시에 부과한 부조금으로 국가재정을 충당했다. 관세는 헨리의 아들들인 리처드와 존 왕 치세 동안 대프랑스 전쟁을 수행할 때 큰 액수로 부과되었다. 의회도 세금부과에 국가적 동의를 얻는 데에 필요한 정치적 기구로서 발달했다.

헨리 2세는 여기에 덧붙여 군대를 지원하기 위해서 방패세scutage라는 새로운 형태의 세금을 도입했다. 봉건계약하에서 잉글랜드의 봉신들은 잉글랜드 밖에서 벌어지는 왕의 전투에서는 봉사할 의무가 없었다. 그러나 끊임없이 전쟁을 수행한 헨리 2세는 용병을 사기 위

헨리2세와 논쟁을 벌이고 있는 토머스 베켓.
—

다. 그의 생존시 이미 헨리는 맏아들 헨리에게 잉글랜드와 노르망디를, 둘째 아들 리처드에게는 아키텐과 그 주변지역을, 셋째 아들 제프리에게는 브르타뉴를 주기로 작정했다. 막내아들 존은 물려받을 땅이 없었기 때문에 '영지 없는 존 John the Lackland'이라고 불렸다. 그러나 정력적인 헨리는 아들들에게 권력을 나누어줄 생각이 없었고 아버지의 죽음을 기다리지 못한 아들들이 이미 아버지 생전에 반란을 일으켰다. 4명의 아들 중 2명이 먼저 죽음으로써 후계자가 좁혀졌지만, 아버지가 막내를 총애한다는 사실을 안 리처드가 프랑스의 존

였다. 기능상 문자를 아는 성직자들이 주로 상서가 되었다. 1290년대에 이리저리 돌아다니는 왕으로부터 대옥쇄Great Seal를 분리해야 할 필요성이 제기되면서 상서청이 왕실로부터 독립되었다.[2] 헨리 1세는 또한 왕의 부재시 왕권을 대신할 권위를 가진 대신을 임명하기 시작했다.

정부재정

소자문회의에 참석하는 관리 가운데 상서와 더불어 가장 중요한 사람은 재무관Treasurer이었다. 노르만 시대에 들어서서 체계화된 회계청Exchequer은 원래 왕의 영지로부터 거두어들인 돈과 세금을 받아들이고 지출을 감독하던 기관이었다. 각 주의 주장관은 돈을 모아 웨스트민스터에 있는 회계청에 전달하는 것까지 책임졌다. 당시에는 돈을 세는 데 아라비아 숫자가 아니라 로마 숫자를 썼을 뿐만 아니라, 파운드와 실링도 십진법이 아니었기 때문에 계산이 무척 복잡했다. 회계청 관리들이 체크 무늬의 테이블 위에서 이리저리 돈을 움직이며 계산했다고 해서 엑스체커라는 이름이 유래했는데, 점차 중앙 정부의 재정을 관장하게 되어 1170년경부터 강력한 부서가 되었다. 회계청은 중앙집중화와 효율성의 상징이었다. 회계청은 또한 결산과정에서 발생하는 분쟁을 해결하기 위한 법정을 두었는데, 이 기관들은 다른 어떤 나라에도 없는 제도와 부서였다.

---

2 상서의 역할은 점차 사법체계의 관장에 집중되어 튜더 시대에 이르면 대법관Lord Chancellor 으로 불리게 되었다.

체제의 성립에는 보편적 정의의 실현이라는 고상한 목표도 작용했지만, 법정 수수료나 벌금 등을 통해서 들어오는 수입을 얻으려는 동기도 있었다.

헨리 1세는 최초로 순회판사를 임명했는데, 후에 특정지역 범위 내에서 정기적으로 법정을 여는 순회재판소Justice of Assize로 발전했다. 헨리 2세가 임명한 칙명 재판관royal judge들이 전국을 돌면서 왕의 법을 시행했다. 이 과정은 동시에 봉건법정과 교회법정을 훼손시키는 과정이기도 했다. 법정은 민사소송을 주로 다루는 일반법정Court of Common Pleas과 형사소송을 다루는 국왕법정Court of King's Bench으로 나뉘었다. 형사소송이 특히 국왕법정에서 다루어진 이유는 법과 질서유지에 대한 침해는 그것을 책임지고 있는 왕에 대한 도전이라고 생각되었기 때문이었다. 배심원 제도도 헨리 2세 때 도입되었다. 뜨거운 쇳물에 손을 넣는 등의 시련에 의한 재판 혹은 결투에 의한 판결이 이제 배심원들의 토의에 의한 판결로 대체되었다. 그 결과 전문지식을 가진 법률가가 등장했다. 잉글랜드의 세속 법률가들은 중세 유럽에서 교회와 상관없는 유일한 전문직 종사자였다. 이들은 법학원Inns of Court에서 교육받았는데, 법학원은 성직자 양성소인 대학과 더불어 전문직의 교육을 담당한 양대 기관이었다.

국왕 법정체제의 발달은 자본주의의 발달에도 크게 기여하는 결과를 낳았다. "보통법, 국왕의 법, 국가의 법이 봉건제의 성채를 장악하고 있다"는 당시의 표현이 나타내듯이, 사법권이 분산되어 있던 대륙과 달리 잉글랜드에서는 왕의 법정이 왕국 전체를 장악했다. 13세기 중반이 되면 이미 잉글랜드는 가장 봉건적이면서 동시에 가장 덜 봉

계속되었다.

1) 리처드 1세(1189~1199)와 존 왕(1199~1216)

리처드는 사자심왕Richard the Lionheart이라고 불릴 정도로 전장에서 용맹을 떨친 용사였지만, 프랑스에서의 전쟁과 제3차 십자군 원정 때문에 거의 부재중이었다. 원정에서 돌아오는 도중에 독일에서 체포된 리처드는 몸값을 지불한 후에야 잉글랜드로 돌아왔는데, 전투에서 다시 치명상을 입고 다음 해 사망했다. 리처드 1세는 재위 10년 동안 통틀어서 1년 남짓 잉글랜드에 머물렀을 뿐이다. 그의 부재중에도 잉글랜드가 정상적으로 통치되었다는 사실은 정부의 능률과 대신들의 능력 덕분이었다. "아무도 그를 신뢰할 수 없다"는 당대인의 말대로 끊임없이 아버지와 형에 대해서 반역음모를 꾸미던 존은 리처드가 체포되었다는 소식에 또다시 반역을 도모했지만, 그 계획이 성사되기 전에 리처드가 돌아오자 형에게 용서를 빌고 사면받았다. 형의 그늘 밑에 얌전히 있던 존은 리처드의 죽음의 순간에 후계자로 지명되었다.

존은 영국의 역대 국왕들 가운데 최악의 국왕 가운데 한 명으로 간주된다. 존의 문제는 우선 프랑스에서 시작되었다. 당시 프랑스의 존엄왕 필리프가 왕권강화를 결심했기 때문이다. 존이 이미 한 귀족과 약혼했던 부유한 프랑스의 상속녀와 결혼하면서 문제가 발생했다. 약혼녀를 빼앗긴 이 프랑스 귀족의 호소를 듣고 필리프가 내린 출두령에 존이 응하지 않았을 때, 필리프에게 절호의 기회가 찾아왔다. 봉신으로서의 의무를 지키지 않았다는 구실로 존의 프랑스 내 영지

대헌장의 원본으로 1215년에 영국의 존 왕이 귀족들의 강요에 의해서 서명한 문서이다. 왕권을 문서로 명시하여 귀족의 권리를 신장시켰다.

—

2) 헨리 3세(1216~1272)

존이 남긴 후계자는 9세의 어린 아들이었다. 헨리 3세가 왕위에 오를 수 있었던 이유는 아마도 무정부나 찬탈보다는 정통성 있는 왕이 낫다고 생각되었기 때문일 것이다. 헨리 3세는 반세기 이상 왕위에 있었지만, 공헌한 것이 거의 없었다. 그는 총신들에게 둘러싸여 다른 사람들의 말을 듣지 않았고, 끊임없이 귀족들과 갈등을 벌였지만, 실제로는 나약하고 지도력이 결여된 인물이었다. 헨리 3세는 그의 아버지가 잃은 앙주 제국을 회복하려고 했지만, 끝내 실패하고 노르망디, 메인, 앙주마저 포기했다. 그는 프랑스 왕에게 신서하고서야 가스코뉴를 유지할 수 있었다. 이처럼 허약한 왕권 밑에서 대귀족의 세력은 더욱 강성해졌다.

에드워드 1세는 여러 가지 입법을 단행했고, 왕권의 신장, 국가기구의 정비 등에서 괄목할 만한 발전을 가져왔다. 자신이 직접 군사를 지휘하여 먼저 웨일스를 정복하고 이어서 스코틀랜드를 공격했으나, 스코틀랜드인이 반란을 일으켜 정벌 중에 진중에서 죽었다.

고 했지만, 소녀가 스코틀랜드로 돌아오는 항해 도중에 죽자 침입을 결정했다. 스코틀랜드는 프랑스와 동맹을 맺고 대결했지만, 결국 잉글랜드가 승리했다(1296). 그러나 승리는 결국 일시적인 것이었다. 잉글랜드는 1296년 이후 반세기 동안 스무 번에 걸친 침략을 통해서 스코틀랜드의 저지대에 불안정한 군사적, 행정적 통치체제를 성립했으나, 이를 유지하기 위해서는 대규모의 재정지원이 필요했다. 스코틀랜드인들은 윌리엄 월리스, 로버트 브루스의 지도하에서 끊임없이 봉기했다. 이때부터 잉글랜드와 스코틀랜드의 300년간에 걸친 갈등이 시작되었다.

에드워드 1세는 최근 평가절하되기는 하지만, 어쨋든 왕권을 강화한 대단히 강력한 왕이었다. 그는 엄격하면서도 정의로운 정부를 만들었으며, 법령들을 정비하여 '잉글랜드의 유스티니아누스'가 되었다. 그의 한 가지 실책은 유대인들을 잉글랜드에서 쫓아낸 것인데(1290), 일시적으로는 그들의 몰수재산을 이용할 수 있었지만 결국에는 황금알을 낳는 닭을 죽여버린 꼴이 되었다. 에드워드 1세가 남긴 기념물의 일부를 지금도 런던에서 발견할 수 있다. 그가 일생 사랑했던 왕비 카스티야의 엘리너가 죽자(1290), 12개의 커다란 돌십자가를 만들어 그녀의 관이 웨스트민스터 대성당까지 도착하는 동안 머문 곳에 표지를 남겼다. 현재 남아 있는 것들 가운데 가장 유명한 것이 런던의 체어링 크로스Charing Cross 이다.

4) 에드워드 2세(1307~1327)

에드워드 1세에 이은 에드워드 2세는 아버지와는 정반대의 인물이

랑 등에 빠져 있던 그의 궁정은 언제나 기사들로 가득 차 있었다.

에드워드 3세는 프랑스와의 백년전쟁을 시작한 왕으로 기억된다. 120년 가까이 계속된 이 전쟁은 직접적으로는 1327년 프랑스의 카페 왕조가 단절됨으로써 계기가 마련되었다. 에드워드 3세는 어머니의 혈통에 근거하여 프랑스의 왕위계승권을 주장할 수 있었다. 어머니가 필리프의 딸이었기 때문에 모계를 따라서 계승할 수 있다면, 에드워드 3세에게도 자격이 있었다. 그렇지만 프랑스의 살리 법Loi Salique은 모계의 왕위계승을 금지했으며, 더구나 후보자가 잉글랜드 왕일 때에야 당연한 것이었다. 가장 가까운 계승자인 필리프 왕의 조카가 이제 발루아 가의 필리프 6세로 즉위했다.

그러나 백년전쟁의 개전에는 왕위계승만이 아니라 보다 뿌리 깊은 원인이 자리잡고 있었다. 무엇보다도 에드워드는 선조들이 소유했던 앙주 제국을 회복할 의무가 있다고 생각했다. 게다가 잉글랜드 왕은 아직 가스코뉴를 소유하고 있었는데, 이 땅을 유지하기 위해서는 프랑스 왕에게 신서를 해야만 했다. 에드워드 3세는 이 사실을 혐오했다. 또한 기사도를 사랑하던 그에게는 영웅적인 기사로 군림하고 싶은 개인적 야망도 있었던 것 같다.

전쟁 초기에는 잉글랜드가 유리했다. 에드워드 3세는 탁월한 전략가의 모습을 보여 곧 칼레를 함락시켰다(1347). 칼레는 그 후 2세기도 넘게 잉글랜드 영토로 존속되었다. 에드워드 3세의 맏아들 에드워드 흑태자Edward the Black Prince는 프랑스 왕을 푸아티에에서 체포하여 50만 파운드의 몸값을 받기도 했다. 1360년이 되면 에드워드의 원래 요구조건이 다 충족된 것처럼 보였다. 칼레, 아키텐, 그 외의 정복지

갑옷 빛깔이 검은 데서 '흑태자'라고 불렸다고 전해지며, 이 그림은 프랑스로 향하는 흑태자와 잉글랜드 군대를 보여준다. 흑태자는 최초의 카터 기사단의 한 사람으로 백년전쟁 당시 크레시 전투, 칼레 전투 등에서 활약했다.
—

야만 한다.

에드워드 3세의 장기간의 성공적 통치는 자식들을 대귀족들의 자손과 결혼시켜 그들을 하나의 거대한 집안으로 만들고, 자신은 그들의 지도자이고 친구로서 군림함으로써 가능했다. 그는 12명의 자식을 두었는데, 그중 살아남은 5명의 아들들이 정치를 어지럽혔다. 장자인 현명한 에드워드 흑태자가 1376년에 죽은 데 이어 에드워드 3세도 타계하자, 확고히 자리잡은 장자상속제에 힘입어 삼촌들을 제치고 흑태자의 아들인 10세의 리처드 2세가 즉위했다. 새 왕은 미성년이었으므로 삼촌인 곤트의 존John of Gaunt(랭커스터 공작)이 섭정이 되었다.

(선(腺)페스트)은 1340년대에 유럽에 확산되기 시작했다. 유럽에서는 프랑스가 먼저 타격을 받았는데, 런던에 병이 번지기 시작한 것은 1348년이었다. 1350년경 1차 주기는 지나갔지만 1360~1370년대에 다시 확산되었다. 당대인들은 병이 어떻게 전염되는지 몰랐기 때문에 병을 억제할 수 없었다. 연대기 작가는 흑사병으로 인구의 1/10만이 살아남았다고 기록하고 있다. 물론 이것은 과장된 기록이고, 아마 사망률 40퍼센트가 가장 합리적 계산일 것이다. 40퍼센트라는 것도 상상할 수 없는 숫자이지만, 90퍼센트라는 비율은 당대인들에게 재앙이 그만큼 혹독했음을 말해준다.

흑사병 이후 많은 읍과 마을들의 규모가 줄어들고 어떤 곳들은 완전히 폐허가 되기도 했다. 흑사병의 경험은 윤리, 종교, 경제 등 인간 생활의 모든 측면에 심각한 영향을 미쳤다. 어떤 사람들은 현세 중심적이 되는 반면, 어떤 사람들은 더욱 경건해지고 금욕적이 되기도 했다. 사회경제적으로 중요한 결과는 땅을 경작할 사람들이 감소했다는 사실이었다. 농민들은 이전보다 더 나은 조건에서 일하게 되었으며 생활수준도 향상되었다. 흑사병은 농노제가 사라지고 점차 화폐경제가 도입되면서 장원경제의 기반이 무너지는 계기가 되었다.

1381년 켄트와 에식스에서 시작되어 런던에까지 진출한 농민봉기의 직접 원인이 된 것은 백년전쟁의 비용을 충당하려고 모든 사람들에게 1인당 1실링씩 부과한 인두세였다. "아담이 밭을 갈고 이브가 길쌈할 때 누가 신사였나"라고 말했다고 전해지는 과격한 수도사 존 볼이 그들을 자극했다. 농민들의 요구사항에 농노제 폐지, 고정된 낮은 지대가 포함되었다는 사실은 사회경제적 불만이 반란의 근저에

4) 랭커스터 가의 헨리 4세(1399~1413) 헨리 5세(1413~1422)

헨리 4세는 왕관을 얻는 것보다 훨씬 더 큰 어려움에 직면하게 되었다. 그의 과제는 그가 진정한 합법적 통치자라는 것을 확인시키고 끈질긴 적들을 제거하여 잉글랜드를 통일시키는 것이었다. 헨리는 궁극적으로 이러한 목표를 달성했지만, 왕좌에서 거의 즐거움을 느끼지 못했다. 비록 인기 없는 왕이기는 해도 기름부음을 받은 왕을 강제로 퇴위시킨 데 대해서 일생 죄책감에 시달렸던 헨리 4세는 47세에 이미 노인이 될 정도로 지쳐 있었다. 혈통의 정통세습이 정치적 이론과 행동의 중심에 자리잡고 있었기 때문에 그것은 큰 부담이 되었던 것이다. 어쨌든 헨리 4세의 업적은 새로운 왕조를 열고 그것을 온전히 아들에게 넘겨준 것이었다.

왕세자일 때에는 방탕하고 놀기 좋아하여 아버지를 실망시켰던 헨리 5세는 왕이 되자 역사상 가장 유능한 왕 가운데 한 사람이 되는 놀랄 만한 변신을 했다. 그가 왕이 되어 제일 먼저 착수한 것은 백년전쟁의 재개였다. 1만 명의 궁수와 무장병사들을 이끌고 해협을 건넌 그는 아쟁쿠르의 전투에서 5만 명의 프랑스 군과 싸워서 눈부신 승리를 거두었다(1415). 이 전투에서 프랑스 기사 6,000명이 피를 흘렸는데, 헨리는 400명 미만을 잃었을 뿐이었다. 그의 아버지가 13년 동안 하려고 했던 일을 아쟁쿠르에서 단 하루 만에 해냈던 것이다. 아쟁쿠르에서 잉글랜드의 주력부대는 보병이었고, 프랑스는 기병을 사용했다. 잉글랜드는 매우 효율적인 긴 화살을 사용했는데, 이것은 중세의 '따발총'이라고 불릴 정도로 힘이 좋고, 사정거리가 180~200야드에 이르렀다고 한다.

헨리 5세는 프랑스 샤를 6세의 딸 카트린을 왕비로 맞아들이는 조건으로, 프랑스 왕위계승권을 인정하게 한 트루아 조약을 1420년에 맺었다. 그러나 프랑스의 다수 귀족들이 이를 인정하지 않음으로써 전쟁은 계속되었고, 결국 남프랑스 뱅센의 진중에서 병사했다.
—

입증되었다.

　1420년 헨리 5세와 샤를 6세의 딸인 발루아의 카트린의 결혼식이 거행되었다. 헨리는 3년 반 동안 잉글랜드를 비워두었기 때문에 왕비를 동반하고 잉글랜드에 돌아왔다. 그러나 카트린이 아들을 낳고 이제 잉글랜드와 프랑스의 통일왕국을 건설할 기회가 목전에 와 있을

유전인자 때문이었던 것 같다. 왕의 통치가 불가능해지자 요크 공작 리처드가 왕의 보호자로 자처하다가 왕위를 탐내어 전쟁이 시작되었다(1455). 30년간 계속된 이 전쟁을 장미전쟁Wars of the Roses이라고 부른다. 헨리의 적대자인 요크 가 백장미를 상징으로 사용하자 랭커스터 가도 붉은 장미로 대적했기 때문인데, 실상 장미전쟁이라는 명칭은 후대에 월터 스코트가 붙인 것이다. 랭커스터 가는 에드워드 3세의 넷째 아들인 곤트의 존의 자손이었고, 요크 공작 리처드는 어머니 쪽으로는 에드워드 3세의 셋째 아들, 아버지 쪽으로는 여섯째 아들로 거슬러 올라가는 혈통을 가지고 있어 양측은 모두 에드워드 3세의 후손들이었다.

장미전쟁은 한마디로 왕의 와병으로 통치체제가 붕괴되고 오랜 전쟁으로 인해서 사회가 무정부상태에 빠진 상태에서 백년전쟁이 끝나자, 프랑스에서 돌아온 병사들을 사병으로 거느린 대귀족들이 벌인 권력쟁탈전이었다. 실제 전쟁은 그리 치열하지 않았다. 실제로 전투가 벌어진 기간은 단지 12~13주 정도에 불과했으며, 군대 규모도 각각 4,000~5,000명 정도였다. 1461년 전투에서 헨리 6세가 패하고 스코틀랜드로 도주하자 요크 가가 열리게 되었는데, 막상 도전자 리처드는 그 직전에 죽었기 때문에 그의 아들이 에드워드 4세로 즉위했다.

6) 에드워드 4세(1461~1483)와 요크 가

20세가 채 안 된 나이로 요크 가의 첫 번째 왕으로 즉위한 에드워드 4세는 중요한 신민들의 이름과 재산상태를 기억하는 놀라운 재능

을 가지고 있었다. 10년 후 쾌유한 헨리 6세가 왕위를 되찾으려고 시도했지만, 또다시 전투에서 패하고 런던탑에 갇혔다가 살해되었다 (1471). 그의 아들도 전투에서 전사했기 때문에 랭커스터 가는 단절되고 에드워드의 왕위는 확고한 것처럼 보였다. 에드워드 4세는 대단히 잘생긴 바람둥이였는데, 미망인 엘리자베스 우드빌와 결혼함으로써 사태가 복잡해졌다. 미천한 출신의 왕비 일가가 정계를 어지럽혔던 것이다. 새로운 가문 출신의 왕으로 그는 전에 헨리 4세가 직면했던 것과 같은 문제, 즉 자신의 정통성을 확인하는 문제에 봉착했지만 유능한 군주였고, 신민들은 그의 통치를 긍정적으로 받아들였다. 특히 그는 재능을 발휘하여 정부재정을 개선하는 데 기여했다. 에드워드가 죽었을 때 그의 두 왕자는 겨우 12세와 9세의 미성년들이었다. 그때까지 얌전히 자신의 영지관리에만 몰두하고 있던 그들의 삼촌 글로스터 공작 리처드는 섭정이 시작되자 갑자기 음모와 야심으로 가득 찬 사람으로 변해버렸다. 에드워드 5세로 단지 두 달간 왕위에 있던 12세의 소년은 즉위식도 가지지 못한 채 동생과 함께 런던탑으로 보내졌다.

7) 리처드 3세(1483~1485)

셰익스피어는 리처드를 철저히 악한 사람으로, 몸과 마음이 비정상적이고 항상 왕관에 눈이 가 있던 사람으로 묘사했다. 셰익스피어의 극에 의하면 리처드는 그의 형 클래런스 공작을 반역죄로 몰아 큰 포도주통에 가라앉혀 죽이고 어린 조카들을 런던탑에서 죽인 무정한 인간이다. 최근 일부 역사가들은 이러한 이미지로부터 리처드 3세를

는데, 이 전투에서 리처드는 왕관을 머리에 쓴 채 전사하고 말았다. 장미전쟁이 마침내 종결되었고 튜더 왕조가 열렸다.

잉글랜드에서는 1300년 이후 2세기 동안 4명의 왕이 살해되거나 왕위를 찬탈당한 뒤에 살해되었고(에드워드 2세, 리처드 2세, 헨리 6세, 에드워드 5세), 왕들의 1/5이 전쟁에서 죽었다. 이런 상황에서도 왕권이 지속되었다는 것 자체가 왕정에 대한 찬사라고 할 수 있는데, 그것이 가능했던 가장 중요한 이유는 왕과 더불어 귀족들도 죽었기 때문이었다.

4. 의회의 발달

'parliament(의회)'라는 용어가 처음 사용된 것은 1236년이었지만, 의회사의 진정한 시작은 1258년부터였다. 이때 헨리 3세가 정기적 의회소집을 약속했는데, 이때의 의회는 대자문회의의 구성원들만이라는 한계가 있었다. 시몽 드 몽포르가 대귀족들뿐만이 아니라 주의 기사들과 도시 대표들을 포함하여 소집한 1265년 의회는 의회사에서 매우 중요한 위치를 차지한다. 물론 이들도 선출된 대표들이 아니었다.

의회가 잉글랜드 정치체제의 당연한 한 부분이 된 시기는 에드워드 1세 치세 때(1272~1307)였다. 그는 지방과 도시의 대표들을 포함하는 의회를 자주 소집함으로써 잉글랜드 국민의 정체성 발달에 큰 공헌을 했다. 이후 의회의 정기적 모임이 기정사실이 되었고, 기사와 도시민들을 포함하는 것도 당연시되었다. 드 몽포르의 의회 다음으로

되었다. 즉 왕의 자문위원회가 강화되어 상원House of Lords이 되고, 주와 도시에서 선출된 대표들로 하원House of Commons이 구성되었다. 에드워드 3세 치세 동안 일어난 가장 중요한 발전은 법을 시행하는 데에 의회가 주도권을 잡게 되었다는 것인데, 왕이 의회를 단단하게 통제하지 않아 의회가 더욱 독립적이 됨으로써 가능했다. 백년전쟁 동안 끊임없이 돈이 필요하자 의회의 영향력은 더욱 강화되었다. 의회는 또한 국가의 최고법정으로 작용했다.

14세기 의회 가운데에서 가장 중요한 것이 소위 선량의회Good Parliament이다(1376). 그렇게 불리는 이유는 이 의회가 효과적으로 신민들의 관심을 대변했기 때문이다. 선량의회는 특히 백년전쟁에서의 군사적 패배에 대해서 대단히 비판적 태도를 취하고, 높은 세율과 관료들의 부패에 날카로운 비판을 가했으며, 실제로 몇몇 관리들을 탄핵하기도 했다. 이 선량의회에서 하원의장에 대한 언급이 처음 나타난다. 흥미로운 사실은 이제 왕과 그의 반대자들이 모두 의회를 등에 업고 활동하게 되었다는 것이다.

장미전쟁이 계속된 15세기에는 정치적 투쟁이 전장에서 행해졌기 때문에 의회는 14세기에 누렸던 지배적 위치를 유지하지 못했고, 자주 소집되지도 않았다. 그럼에도 중요한 변화가 이 시기에 일어났는데, 가장 중요한 것은 의회의 특권으로 인정받은 권한이 많아졌다는 것이다. 즉 입법을 주도하고 신민이 제출한 청원에 동의하는 의회의 권리가 확고해졌다. 과세가 왕만이 아니라 의회의 권위에 의한 것이기도 하다는 개념은 1433년 처음으로 표현되어 에드워드 4세 때 일반적인 것이 되었다. 1429년부터 주를 대표하는 기사들이 정기적으

기에 보다 세분화되었다. 노르만 정복 초기에는 백작과 남작이 있었는데, 중세 말이 되면 요즘과 같은 작위체계가 나타났다. 가장 높은 작위인 공작의 수는 적었고 거의 왕실 혈통이었다. 버킹엄 공작, 글로스터 공작의 예와 같이 공작, 후작, 자작들은 칭호에 자신의 영지의 이름을 사용했다. 귀족 가운데 가장 수가 많은 남작은 단순히 경Lord으로 불렸다.

귀족 바로 다음에 위치한 집단이 젠트리였다. 대지주인 이들은 귀족과 더불어 토지 엘리트를 형성했다. 젠트리 중 약간은 기사knight 칭호를 지니기도 했는데, 정복 후 1세기 동안에는 전장에서 용맹을 떨친 사람들에게 기사 작위를 수여했지만, 나중에는 각계에서 정부를 도운 인사들이 포함되었으며, 혹은 단지 부와 사회적 지위의 상징으로 간주되기도 했다. 기사는 귀족처럼 자동적으로 의회에 소집되지 않았고, 써Sir로 불렸으며 세습되지 않았다.[4]

봉건영주들은 자기 영지의 법과 질서를 유지하는 임무를 지고 있었다. 14세기 중엽, 이들은 치안판사가 되어 왕명에 의해서 그 지방의 범죄와 비행을 조사하고 처리하는 권한을 가지게 되었다. 치안판사들은 점차 전에 주장관이 행하던 중앙정부의 명령을 집행하는 의무도 떠맡게 되었고, 왕에 의해서 임명되었다. 그러나 그들은 봉급을 받지는 않았는데, 사회에 대한 봉사라는 개념은 20세기까지도 신사들에게 전해내려오는 전통이 되었다.

젠트리 밑에는 몇개의 중간 집단들이 있었다. 먼저 요먼yeoman이

---

4 써Sir의 부인은 레이디Lady로 불렸는데, 남작부인도 레이디로 불렸기 때문에 혼동할 수 있다.

속되어 있는 농민은 거의 없었다. 어떤 이유 때문인지 명확하지 않지만, 부역이 현금지대로 대체되면서 비자유농민들이 경제외적 의무로부터 벗어났다. 이 추세는 특히 흑사병 창궐 이후 가속화되었다. 중세 후기에 이르면 농민층 내부의 지위가 더욱 복잡해져서 농노들이 돈을 내고 자유를 사는 경우가 생기게 되었다. 이처럼 자유농민과 농노의 차이가 희미해지면서 상호 결혼도 성행했다. 16세기가 되면 농노제가 명목상으로 존재했지만, 실제로는 거의 사라졌다.

중세사회는 전반적으로 농업사회였지만 14세기에는 양모교역이 점차 성해지고 있었다. 양모는 중세 잉글랜드의 가장 중요한 수출품으로 귀족과 젠트리의 영지에서 생산되어 플랑드르와 이탈리아로 수출되었다. 양모교역은 중세 초기에는 주로 이탈리아 상인들의 손에서 이루어지다가, 나중에는 한자동맹의 독일 상인들에게로 넘어갔다. 15세기에는 양모교역이 쇠퇴했지만, 런던은 점점 제조업과 더불어 금융의 중심지가 되어갔다. 상업 및 수공업 분야에서는 길드제가 엄격히 행해졌다. 상인 길드와 수공업 길드가 생산과 유통을 규제하고 상품의 질도 엄격하게 통제했다. 길드제하에서는 보통 7년의 도제기간을 거쳐 직인이 되었고, 성공하면 장인이 되기도 했다. 길드는 독점 형태로서 비난받기도 했지만, 교육, 품질유지, 어려울 때 상호부조 등을 제공하여 긍정적 역할을 했다고 볼 수 있다.

가족제도는 핵가족제였다. 최근의 연구는 흑사병 만연 이전의 잉글랜드 사회는 만혼이 관습이었으나, 중세 후기에는 조혼으로 바뀌었다는 사실을 밝혀준다. 20대 초반, 어떤 경우에는 10대에도 결혼이 이루어졌다는 것은 흑사병 이후 농민에게 돌아온 토지와 수입에

존 위클리프는 영국의 선구적 종교개
혁자로서 교황에 바치는 공세를 반대
하고, 특히 교회령 재산에 대해 공격
했다. 또한 성직자의 악덕을 비판하는
등 교회개혁에 앞장섰다.
—

이룬 스테인드글라스는 글을 모르는 대부분의 사람들의 교육용으로
이용되었다.[5]

　헨리 2세와 베켓의 경우도 있었지만, 교회와 왕권은 대체로 상호보
완적이었다. 그러나 교황의 아비뇽 유수사건 이후 반교황 정서가 특
히 강해졌다. 교황직이 프랑스인들에 의해서 독점되고 백년전쟁 때
교황이 잉글랜드 적들의 우두머리가 되자, 왕과 의회가 함께 교황권

---

5 장식유리들은 17세기 내전 때 청교도들의 손에 많이 파괴되었다.

었고, 1640~1642년이 되면 552명 가운데 고등교육을 받은 의원들은 70퍼센트였다.

14세기 말에서 15세기가 되면 글을 읽고 쓸 수 있는 사람의 수가 늘어났다. 영어가 점점 더 널리 전파되었는데, 1373년 런던의 한 소송사건의 증인 28명 중 11명이 라틴어를 약간 이해할 수 있는 것으로 밝혀졌다. 런던 이외의 지역이나 계층에서는 문자해독률이 훨씬 낮았지만, 반면 영어의 해독률은 라틴어보다는 더 높았을 것으로 추정된다. 가장 오래된 특권층의 문법학교인 윈체스터(1382)와 이튼(1440)에서는 성직이나 관리직으로 나아갈 소년들에게 라틴어 문법을 가르쳤다. 영어 clerk과 cleric의 어원이 같다는 사실에서 나타나듯이 성직과 관리직은 실상 같은 사람들이 겸직했다.

옥스퍼드와 케임브리지는 12세기부터 발전하기 시작했다. 일단의 학자들이 이 지역에 모이고, 그 밑에서 배움을 얻으려는 학생들이 모여들면서 숙소가 세워졌고, 이것들이 학생들의 공부를 감독하고 숙식을 제공하는 칼리지로 변했다. 13세기 옥스퍼드에 배리얼Barriol, 머튼Merton 칼리지 및 케임브리지에 피터하우스Peterhouse 칼리지 등이 생겨났으며, 14세기에 뉴 칼리지New College가 첨가되었다. 대학에서는 문법, 웅변, 윤리학, 산수, 기하, 천문학, 음악의 7개 교양학과를 가르쳤다. 법률교육도 중세 후기가 되면 제도화되었다. 함께 숙식하고 강의를 들으면서 법률가들의 조수 역할도 하는 4개의 법학원이 런던에 설립되었다.[6] 중세 말이 되면 법학원은 옥스퍼드와 케임브리

---

6 4개의 법학원은 Gray's Inn, Lincoln's Inn, Inner Temple과 Middle Temple이다.

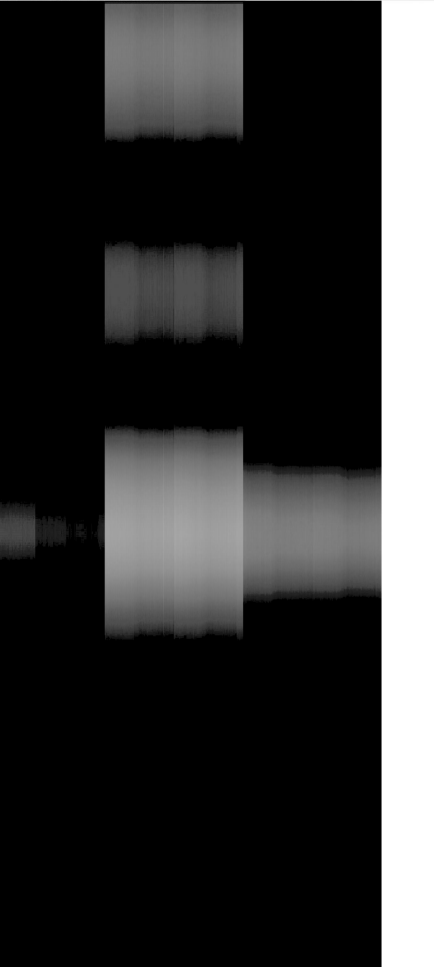

리잡았으며 사법, 의회, 재정 체계 등이 확립되었다. 읍과 도시가 성장하고 상업이 확대되었으며, 화폐경제가 발달했다. 또한 교육기관도 발달했기 때문에 중세를 암흑기로 해석하는 것은 잘못이다. 물론 중세에는 전쟁과 질병, 범죄와 폭력이 끊이지 않았지만, 동시에 상당한 부와 평화를 만끽하기도 했다.

14세기 중엽이 되면 잉글랜드인들은 잉글랜드가 모든 면에서 프랑스보다 더 우월하다는 자신감을 가지게 되었고, 그들보다 뛰어난 사람들이 없으며 잉글랜드보다 더 훌륭한 곳이 없다고 생각하게 되었다. 15세기 중엽 존 포티스크는 모든 다른 나라들이 전제군주하에서 신음하면서 농민들은 채소만으로 연명할 때, 잉글랜드의 왕은 신민들의 적극적 합의에 따라서 통치하고 사람들은 질 좋은 고기를 먹고 있다고 자부했다. 신의 선택된 자식이라는 국수주의가 발달한 것인데, 이 감정은 특히 프랑스와의 전쟁을 통해서 프랑스에 대한 혐오감으로부터 나왔다. 이제 잉글랜드는 국민국가를 향해서 나아가고 있었다. 그러나 국민의식이 어느 정도로 하층민에게까지 퍼져 있었는지는 쉽게 가늠할 수 없는 일이다.

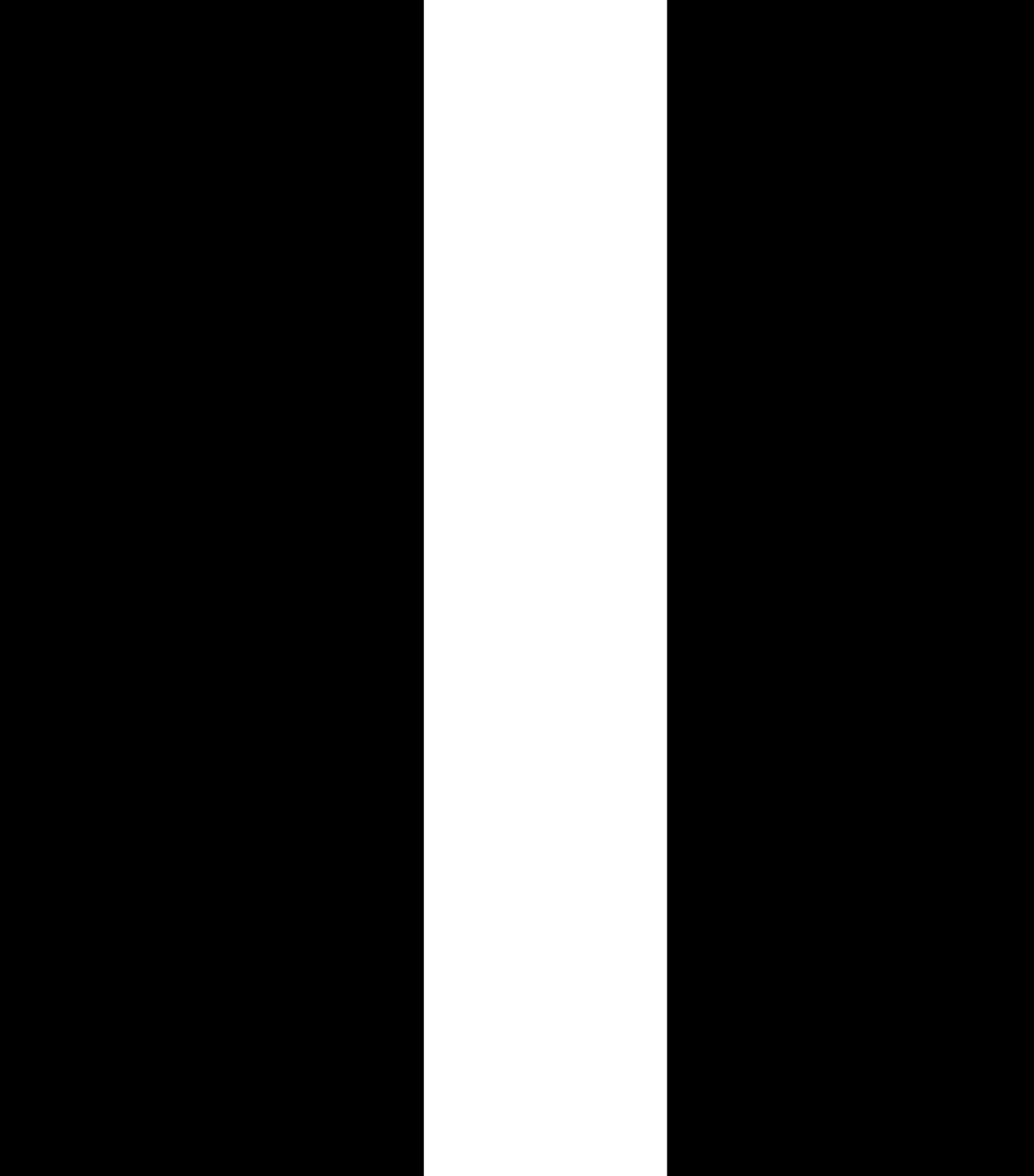

시대는 잉글랜드 역사상 절대왕정 시대로 간주된다. 정부행정이 중앙집중화, 관료화되었고, 이것이 또한 왕권을 강화하는 결과를 낳았다. 헨리 8세의 이혼문제로 단행된 종교개혁은 교회를 왕권에 종속시켰다. 종교개혁은 잉글랜드가 국가통일로 나아가고 있을 때 나타난 국민주의의 확인이었다고 볼 수 있다. 초기 신교 개혁파들은 애국자이며 왕정의 강력한 지지자들이었던 것이다.

16세기 잉글랜드 경제는 번영하는 상업과 토지의 급속한 상업화로 특징지어진다. 물론 심각한 인플레이션과 인클로저의 시작으로 경제적, 사회적 소요가 있었고, 대외전쟁도 계속 걱정거리였다. 그러나 튜더 시대에 잉글랜드인들은 하나의 국민으로 성장하고 있었으며, 해외제국을 건설하기 시작하여 팍스 브리타니아의 기반을 마련해놓았다. 동시에 잉글랜드인들의 눈부신 지적 역동성은 셰익스피어에서 그 절정에 달했다. 튜더 시대는 한마디로 국민의식과 자신감이 자라난 시기였다.

1. 헨리 7세(1485~1509)

헨리 튜더는 요크 가의 왕들과 마찬가지로 싸움으로 분열된 왕국을 통일하고 확고한 중앙정부를 재건해야 하는 과제에 직면했다. 1485년 요크 가의 리처드 3세와의 전쟁을 위해서 망명지 브르타뉴에서 잉글랜드로 출정하기 전, 그는 만약 전투에서 승리하여 잉글랜드의 왕이 된다면 에드워드 4세의 딸인 요크 가의 엘리자베스와 결혼하

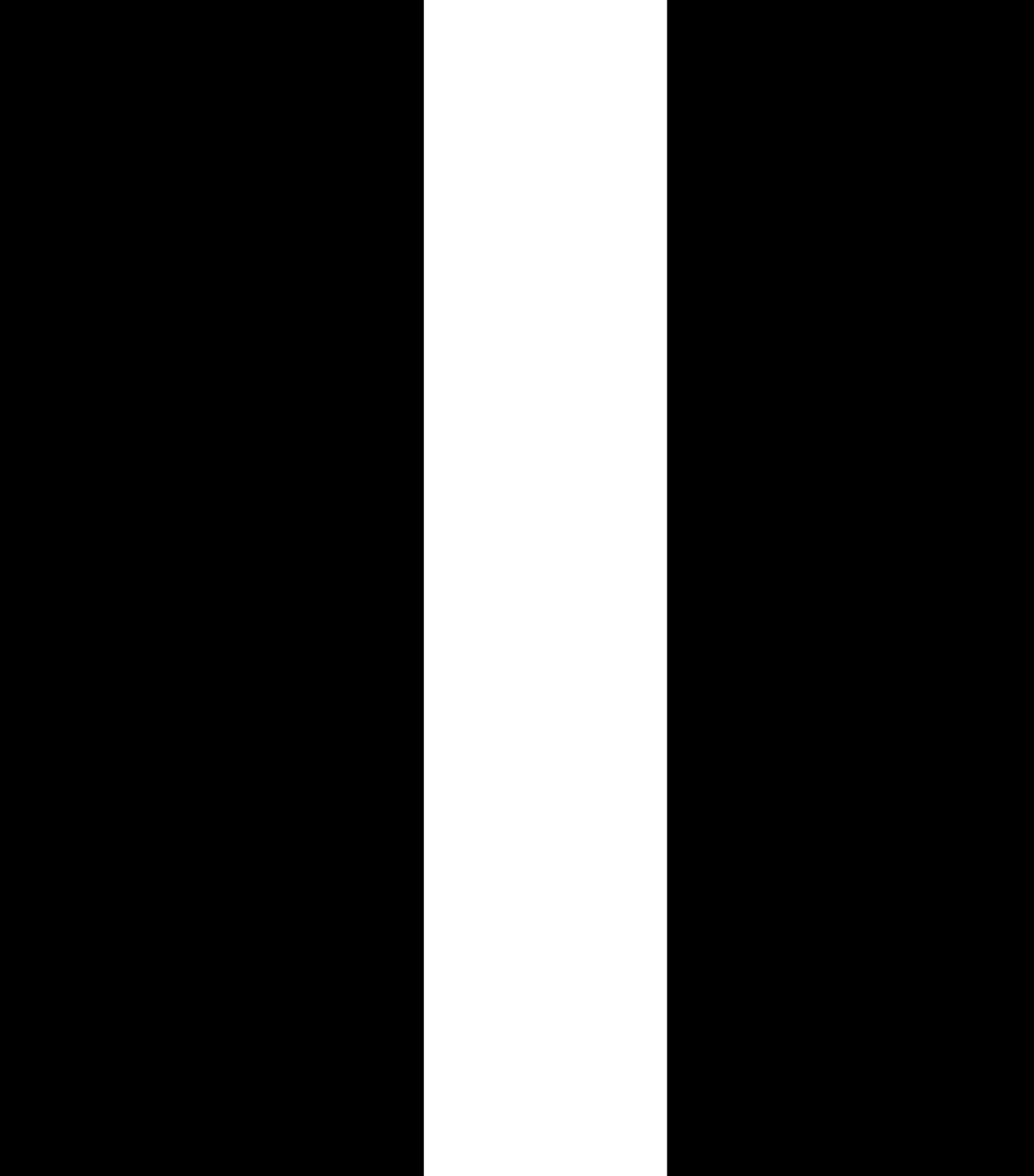

으며, 전통적인 회계청이 불편하다는 이유로 국가재정을 왕실 내탕고chamber로 이전시켰다. 헨리 7세에게는 장미전쟁 때 몰락한 귀족들의 몰수재산이 있었기 때문에 선왕들처럼 굳이 의회에 의존하지 않아도 되었지만, 종종 의회에 과세 동의를 요청했다. 한번은 죽은 지이미 두 해나 지난 아들 아서의 기사서임을 위한 봉건적 보조금을 부과하기도 했다. 헨리 7세는 또한 해외무역을 장려했으며, 영국을 해상국가로 올려놓는 데에 크게 기여한 항해법Navigation Act(1489)을 원초적으로나마 시행했다. 보르도 지방으로부터 수입하는 포도주 운송에 영국 선박을 사용하도록 강제한 항해법은 잉글랜드의 선박건조와해운업을 지원하게 되었는데, 이 정책에 대한 보상으로 신흥 중간계급은 왕을 지지했다.

2. 헨리 8세(1509~1547)

헨리 7세의 사후 18세의 헨리 8세가 등극했다. 헨리 8세의 위치는아버지보다 훨씬 더 강력했다. 랭커스터 가와 요크 가의 피를 다 받았기 때문에 그의 정통성에 대한 의문이 있을 수 없었던 것이다. 헨리는 또한 아버지의 차가운 성격에 대비되는 다혈질이었고, 정치에크게 관심이 없어서 통치는 주로 고문들에게 의존했다. 헨리는 즉위후 곧 유럽과의 외교 및 전쟁에 개입하게 되었다. 당시 분열된 상태에 있던 이탈리아를 넘보던 프랑스가 16세기 초 이탈리아 북부를 침입하여 교황령을 위협하자, 교황을 돕기 위한 신성동맹이 결성되었

헨리 8세는 튜더 왕가의 두 번째 왕으로 절대왕정의 기반을 닦았다는 평을 받는다.
그러나 여섯 번 결혼하고 왕비 두 명을 처형했으며, 두 번 이혼한 화려한 여성편력
으로 더 유명하다.
—

언약을 받고 나서 결혼에 동의했는데, 실제로 루이는 곧 사망하고 메
리는 매력 있는 잉글랜드의 귀족과 재혼할 수 있었다.

　한 역사가는 헨리를 "멋지고, 당당하고, 낭비가 심하고, 호색적이
고, 게으르고, 시기심이 많고, 교활하고, 탐욕스럽고, 어리석을 정도

는 캐서린이 더 이상 아이를 낳지 못하게 되자, 왜 신이 자신에게 아들을 허락하지 않는지를 고민하게 되었다. 그는 이리저리 성경을 뒤적이다가 《레위기》에서 형제의 미망인과 결혼을 금하고, 만약 그러한 결혼이 이루어지면 그 결혼에는 후사가 없으리라고 저주한 말을 발견했다. 동시에 헨리는 앤 불린이라는 젊고 매혹적인 처녀를 사랑하게 되었다. 헨리는 앤과 결혼하기 위해서 이혼을 성사시키도록 울지에게 명했으나, 울지는 교황으로부터 이혼허락을 받아낼 수 없었다. 당시 유럽의 최강국이던 에스파냐의 카를로스 1세(신성 로마 제국 황제 카를 5세)가 바로 캐서린의 조카였던 것이다. 1527년 에스파냐 군대가 이탈리아를 침입해서 교황을 교황청에 가두어버렸는데, 그런 상황에서 교황은 이혼을 허락할 수 없었다.

울지에게 실망한 헨리는 울지의 모든 관직을 박탈하고 요크로 쫓아버린 후 토머스 모어를 대법관으로 임명했다. 왕의 이혼에 반대하던 모어는 대법관이 되면서 그 일에는 개입하지 않기로 왕과 타협을 보았지만, 결국 대법관직을 사퇴하고(1532) 3년 후 처형되었다. 토머스 크롬웰이 등장함으로써 이혼문제는 새로운 국면에 접어들었다. 크롬웰 역시 울지에 못지않는 입지전적 인물이었다. 대장장이의 아들인 크롬웰은 정규교육도 받지 않은 채 용병으로 유럽 대륙을 떠돌아다니다가 외국어를 습득하고 정치와 법에 대한 견문을 넓히게 되었는데, 오직 능력만을 기반으로 왕의 재상이 될 수 있었다.

전통적 방법으로는 결코 왕의 이혼을 얻어내지 못하리라고 확신한 크롬웰은 의회를 통한 방법을 구상했다. 그의 구상에 의해서 의회는 교회를 로마로부터 독립시켜 잉글랜드 국교회Church of England를 설

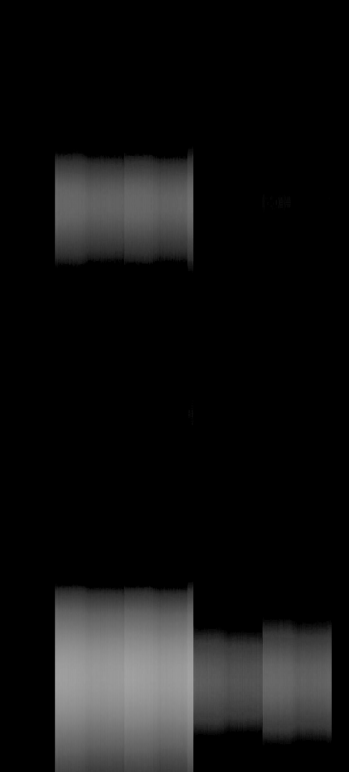

그 재산을 몰수했다. 수도사와 수녀들은 서약을 포기하면 연금을 받을 수 있도록 조치했다. 의회가 법을 통과시키자마자 헨리는 즉시 앤 불린과 결혼했지만, 9개월 후 태어난 아기는 그의 기대와는 달리 딸이었다.

왜 의회는 로마 교회와의 단절이라는 그처럼 급격한 변화를 지지했는가? 종교개혁이 가져올 근본적이고도 엄청난 변화를 생각할 때 어떻게 해서 의회가 별 논의도 없이 종교개혁법을 결의했는지를 밝히는 것은 매우 중요하다. 우선 대부분의 의원들은 헨리를 동정하고 교황을 비합리적이라고 생각했음이 틀림없다. 하원이 신학적인 문제에 거의 관심이 없었다는 사실도 헨리에게 유리했다. 의원들은 신학상의 문제보다는 왕의 이혼이 잉글랜드 무역에 악영향을 미칠 것인가를 더 심각하게 토의했다. 무엇보다도 종교적 변화가 내포하는 영구성과 중요성을 깨달은 사람들이 거의 없었다. 중세를 통해서 왕과 교황 간의 논쟁과 갈등은 수없이 많았고, 결국엔 흐지부지되어버렸기 때문에 이번 경우도 그럴 것이라고 생각했던 것이다. 헨리 생전에 외국인은 물론 영국민의 상당수도 헨리와 교황의 간극이 결국 해결될 것이라고 기대했다.

종교개혁은 불가피한 것이 아니었다. 잉글랜드가 개신교 국가가 되었다는 사실이 이후의 영국 역사에 매우 중요한 요인이 되었지만, 그 시초는 거의 개인적 동기에 의해 실행되었다. 물론 잉글랜드에는 이미 13세기부터 반反교황적 정서가 감지되고 있었다. 에드워드 1세는 교황의 허락없이 성직자들로부터 세금을 거두어들였고, 위클리프는 교회조직과 권위를 부정하고 성경의 권위를 강조하여 루터를 예

토머스 크랜머는 종교개혁가로서 헨리 8세의 이혼을 옹호하여 왕의 인정을 받았다. 1533년 캔터베리 대주교로 임명되어 '기도서'와 '42개 신조'를 제정하고, 영어 성경인 《크랜머 성서》를 사용했다. 특히 성직자의 결혼을 허용하는 등 잉글랜드 국교회의 기초를 닦았다.
—

3년 동안 독신으로 지내다가 정치적 명분이라는 크롬웰의 제의를 받아들여 북부 독일의 한 공국의 공주에게 청혼했다. 이 결혼은 프랑스 국왕과 신성 로마 제국 황제를 견제하기 위한 크롬웰의 외교정책의 산물이기도 했다. 초상화로 본 공주의 용모는 만족스러웠지만, 막상 신부가 도착했을 때 헨리는 속았다고 생각했다. 곧 이혼이 추진되었고, 이 결혼을 주선했던 크롬웰은 헨리의 신임을 잃어 1540년 처형되었다. 헨리는 크롬웰이 사라지고 나서야 그의 진가를 깨달았다. 다음에 왕비로 맞은 캐서린 하워드를 헨리는 열렬히 사랑했지만, 결국 부정행위가 발각되어 처형당했다(1542). 마지막 부인은 캐서린 파였는데, 그녀는 말년의 헨리와 각기 어머니가 다른 3명의 자녀에게 정상적인 가정을 마련해주려고 노력했고 어느 정도 성공했다.

헨리의 말년, 잉글랜드의 종교는 보수파와 개혁파 사이를 왔다갔다했다. 보수파가 이겼을 때에는 성직자의 결혼이 무산되고, 빵과 포도주가 그리스도의 살과 피가 된다는 교리가 인정되었으며, 무식한 이들이 하나님의 말씀을 잘못 해석할 위험이 있다는 이유로 영어 성경이 금지되었다. 반대로 개혁파가 득세하면 이 모든 것이 다시 반전되곤 했다. 헨리의 말년에는 보수파가 몰락하고 그 지도자들이 처형되었다. 크롬웰이 처형된 후 뚜렷한 외교정책의 자문관이 없어지자, 헨리는 다시 프랑스와 스코틀랜드를 적대시하는 전통적 정책으로 돌아가서 스코틀랜드를 침략했다(1542). 이 소식을 접한 스코틀랜드 왕 제임스 5세가 충격으로 사망하자 생후 1주일밖에 안 된 딸이 여왕으로 즉위했는데, 이 아기가 후에 엘리자베스 여왕과 숙명적 대결을 벌이게 되는 메리 여왕이었다.

메리는 헨리 8세와 캐서린의 딸이다. 열렬한 구교도로서 즉위 이듬해에 구교의 나라 에스파냐의 펠리프 2세와 결혼하여 종교개혁 사업을 부정하고 구교 부활에 주력하며 많은 신교도를 처형했다.
—

　헨리 8세의 말년에는 심각한 인플레이션이 시작되었다. 왕이 군사 행동에 소요되는 비용을 충당하기 위해서 주화의 귀금속 함유량을 줄여 화폐가치를 떨어뜨렸기 때문이었다. 이제 화폐가 제 가치를 지니지 않는다는 것을 깨닫게 된 사람들은 더 비싼 가격을 요구하게 되었는데, 그렇게 시작된 인플레이션은 1640년까지 약 1세기 동안 지속되었다. 헨리 8세는 아버지의 위업을 이어 잉글랜드를 해상국으로 도약시키려고 했다. 그는 즉위 5년 만에 선박수를 4배로 늘렸고, 해군부를 창설했으며(1546) 함대를 근대화했다. 이제 에스파냐인보다 사정거리가 길고 기동력이 뛰어난 포대로 무장한 잉글랜드는 해상에서 지배권을 누리기 시작했다. 해군력은 전쟁뿐만 아니라 무역에도 사용할 수 있는 장점을 가지고 있었다. 표면적의 2/3가 바다인 지구에서 해상력은 모든 곳으로의 접근과 전 세계를 상대로 한 세계경제의 창출을 가능하게 했다. 해군은 또한 의회의 반대에 부딪히지도 않았다. 육군은 언제든지 국왕이 절대권력을 휘두르기 위한 억압수단으로 사용될 수 있기 때문에 두려움의 대상이었지만, 해군은 그렇지 않았기 때문에 의회는 해군 육성을 방해하지 않았다.

죽음을 앞에 둔 헨리는 왕위계승에 대한 유언장을 마련하여 에드워드에게 후사가 없을 때에는 메리가, 메리에게 후사가 없을 때에는 엘리자베스가 계승하도록 명시했다. 이것은 그들의 어머니들과 이혼하기 위해서 메리와 엘리자베스를 서자로 낙인 찍은 자신의 결정을 뒤집는 것이었다.

3. 에드워드 6세(1547~1553)와 메리 여왕(1553~1558)

강력한 왕이 되어 튜더 왕조를 강력하게 만들어줄 것을 소원한 아버지의 희망과는 달리 에드워드는 심신이 유약한 소년이었다. 10세

레이디 제인 그레이의 처형 모습이다. 불과 9일 동안만 튜더 왕가의 네 번째 여왕이었다. 메리 1세가 런던에 입성하자 반역죄로 런던탑에 갇혔다가 이듬해인 1554년 2월 12일 만 열여섯 살의 나이로 참수당했다.

에 즉위하여 6년 후에 죽었기 때문에 그의 짧은 통치는 별로 역사에 기억될 일이 아니었다. 왕이 미성년이기 때문에 외숙인 서머싯 공작이 섭정으로 통치했는데, 에드워드는 외숙을 싫어하여 그가 농민반란과 폭동진압의 실패와 부정축재 혐의로 참수되었을 때 전혀 구원하려고 하지 않았다. 서머싯을 축출하는 데 주동 역할을 한 노섬벌랜드 공작은 개혁파의 지도자였다. 그는 가톨릭 교도인 메리의 왕위계

승을 두려워하여 자신의 며느리인 레이디 제인 그레이를 에드워드의 후계자로 만드는 음모를 꾸몄다.[1]

　레이디 제인은 프랑스 왕실로 시집갔다가 재혼한 헨리 7세의 둘째 딸과 그녀의 둘째 남편의 후손이었다. 이복누이인 메리를 싫어한 에드워드는 이 음모를 지원했지만, 국민들은 레이디 제인이 누구인지도 잘 몰랐다. 음모대로 레이디 제인이 즉위했지만, 곧 반격을 가한 메리가 런던에 입성했을 때 그녀는 시민들의 열렬한 환영을 받았고, 노섬벌랜드 공작의 음모는 실패로 돌아갔다. 단지 9일간 왕좌를 차지했던 레이디 제인은 음모의 희생양이 되어 처형당했고, 그녀의 남편과 시아버지도 같은 운명에 처해졌다.

　메리의 즉위는 왕권이 얼마나 굳건한가를 보여준 사건이었다. 혈통의 정통세습의 원칙이 지켜졌던 것이다. 불행히도 시민들의 열렬한 지지로 왕위에 오른 메리는 곧 그들을 실망시켰다. 가톨릭 교도로 자란 데다 어머니를 폐비시킨 신교세력을 증오한 그녀는 국민을 다시 로마가톨릭으로 돌이키려고 한 광신자였다. 그녀는 즉위하자마자 라틴어 미사를 부활시켰다. 여왕과 국민 사이가 벌어지게 된 또 하나의 계기는 여왕의 결혼이었다. 그녀는 사촌인 에스파냐 왕자 펠리페와 결혼하기를 원했지만, 국민은 잉글랜드를 에스파냐 왕국에 종속시킬 가능성이 있는 이 결혼에 반대했다. 게다가 에스파냐하면 종교재판과 화형의 이미지가 떠올랐던 것이다.

　그러나 메리는 결혼을 강행했고, 결혼 직후 교황의 위치를 종교개

---

1 레이디Lady는 귀족가문의 여성에게 붙여지는 칭호이다.

혁 이전 상태로 돌려놓았다. 곧 로마가 파견한 캔터베리 대주교가 도착해서 그때까지 왕국 전체가 행한 죄악을 면죄해주었다. 이에 반발한 많은 신교도들이 종교적 압박을 피해서 제네바 등으로 이주했다. 메리는 또한 잔인한 신교도 박해를 시작했다. 펠리페조차 이단자의 화형은 잉글랜드에서는 권장할 일이 아니라고 생각했지만, 메리의 4년여 치세 동안 300여 명이 이단으로 처형당했으며, 그녀는 '피의 메리Bloody Mary'라는 별명을 얻게 되었다. 크랜머 등 신교 지도자들이 이때 화형에 처해졌다. 메리의 또 하나의 실책은 국민의 뜻을 저버리고 에스파냐와 프랑스 사이의 전쟁에 개입하여 프랑스 땅에 남아 있던 마지막 잉글랜드 영토인 칼레를 빼앗긴 것이었다(1558).

4. 엘리자베스 1세(1558~1603)

메리가 후사 없이 암으로 죽고 24세의 엘리자베스가 즉위했을 때, 국민들은 그들을 "참을 수 없는 고통과 처형의 물줄기에서 구원해준" 젊은 여왕을 열광적으로 환영했다. 엘리자베스는 메리 치하에서 목숨이 위태로웠지만, 그때마다 이복언니에 대한 절대적 충성을 맹세함으로써 살아남을 수 있었다. 신교도로 자란 엘리자베스는 메리가 왕국을 가톨릭으로 복귀시켰을 때에도 모호한 태도를 취함으로써 위기를 모면했다. 엘리자베스는 국민의 사랑을 받은 군주였다. 잉글랜드 역사상 가장 지적으로 탁월한 군주라고 평가되기도 하는 그녀는 외국어에 능통해서 외국대사들과 그 나라 언어로 대화를 나눌 수 있

엘리자베스 1세는 잉글랜드 절대주의의 전성기를 이루었다. 국교의 확립을 꾀하고 종교적 통일을 추진했으며 화폐제도를 통일하고 중상주의 정책을 펼쳤다. 빈민구제법으로 인해 토지를 잃은 농민의 무산화를 방지하고 영국의 동인도회사를 설립했으며, 스페인의 무적함대를 대상으로 한 전투에서 잉글랜드를 승리로 이끌었다.
—

었으며, 옥스퍼드와 케임브리지 대학교를 방문해서 유창한 라틴어로 연설하기도 했다. 엘리자베스가 공주 시절에 배운 수사학은 평생 그녀에게 정치적 무기가 되어주었다. 엘리자베스는 자신의 강점을 알고 있었다. "나는 자랑스럽게 내밀 얼굴을 가지고 있지 않지만 정신만은 내놓기에 결코 부끄럽지 않을 것이다." 그녀가 이복동생인 에드워드에게 쓴 편지의 내용이다.

엘리자베스는 처녀왕에 대한 환상을 만들어내는 데 성공했다. 음악가들과 시인들이 앞다투어 그녀를 '처녀왕', '요정의 여왕Fairy Queen'으로 칭송했다. 그녀는 에스파냐 왕 펠리페 2세, 스웨덴 왕, 프랑스 왕자들로부터 청혼을 받았지만, 그것들을 외교적으로 이용하면서도 심각하게 결혼을 고려하지는 않았다. 왕위를 둘러싼 갈등과 투쟁을 수없이 보고 들어온 의회는 후계를 염려해서 여왕에게 결혼하도록 청원했지만, 받아들여지지 않았다. 어느 외국대사는 엘리자베스가 "모든 사람들이 자신을 사랑하기를 원하지만, 결혼할 만큼 한 남자를 사랑할 것 같지는 않다"고 진단했다.

그러나 그녀에게도 일생의 사랑은 있었다. 그녀의 가장 큰 사랑은 레스터 백작 로버트 더들리였는데, 아마도 여왕이 누군가와 결혼했다면 그와 결혼했을 것이다. 그와 결혼하지 않은 이유는 아마도 남편과 권력을 나누어가지기를 원치 않았기 때문이었을 것으로 추측된다. 여왕이 자신과 결혼하지 않을 것임을 깨달은 레스터 백작이 다른여자와 비밀결혼을 하자, 그 소식을 들은 엘리자베스는 분노했지만, 곧 월터 롤리의 등장으로 위안을 찾았다. 롤리는 그때 막 개척되기 시작한 아메리카 식민지에 '처녀왕'을 기리는 버지니아 주를 건설하

로버트 더들리는 며느리였던 제인 그레이를 여왕으로 만들었다가 처형된 노섬벌랜드 공작의 다섯째 아들로 부친과 함께 사형선고를 받았다가 특별 사면되었다. 엘리자베스 여왕의 어린 시절 친구였던 그는 여왕의 총신이 되어 1559년 추밀원 의원, 1564년에는 레스터 백작이 되었다.
—

기도 했지만, 여왕은 그와도 결혼할 생각이 없었다. 여왕은 말년에 더들리의 의붓아들인 젊은 에식스 백작을 총애했는데, 그는 반란을 일으켜 여왕을 배반하고 처형되었다. 여왕의 진정한 사랑이 레스터였다는 사실은 그가 죽었을 때 입증되었다. 레스터가 죽었을 때 여왕은 며칠이고 두문불출하여 대신들의 애를 먹였던 것이다.

1) 국내정치와 외교정책

엘리자베스가 당면한 우선 과제는 혼란을 거듭해온 국교회를 안정시키는 것이었다. 엘리자베스는 1559년 최종적으로 국교회의 기본을 정하여 신교 원칙을 재확인하고 칼뱅주의 예정설을 교리로 결정하는 한편, 가톨릭식의 주교와 교회조직은 그대로 두었다. 국민이 라틴어 폐지를 지지하고 교황에 대한 종속을 거부하면서도 가톨릭 교회의 의식을 원하는 경향이 있다는 것을 알았기 때문이었다. 성직자의 결혼과 영어 기도서 및 영어 예배가 최종적으로 허용되었다. 국교회 수호는 처음에는 그리 엄격하지 않아 예배에 참석하지 않은 경우 벌금을 내면 그만이었다. 그러나 1570년 이후, 프랑스에서 성 바르톨로뮤 축일에 일어난 학살과 교황의 엘리자베스 파문 등으로 가톨릭 교도에 대한 더욱 엄중한 처벌이 결정되어 수백 명이 처형되었다.

종교개혁은 이제 영구적인 것이 되었다. 그러나 '정화시킨다'는 의미로 청교도Puritan라고 불린 보다 경건한 신교도들은 그 정도의 개혁에 만족하지 않았다. 성찬식, 교회예술이나 교회음악을 부정하고 성경 읽기, 신과 개인의 관계, 도덕, 설교를 중시한 그들은 가톨릭 교회를 연상시키는 모든 것을 말소시키려고 했다. 그러나 엘리자베스는 극단적 신교주의를 왕권에 대한 위협으로, 그리고 민중신앙에 어긋나는 것으로 우려했다. 청교도들은 지하에 남아 있다가 17세기 중엽 혁명기에 다시 존재를 드러낸다.

대중의 신앙을 제대로 파악하는 것은 어렵기 때문에 16세기 후반에 잉글랜드인들이 얼마나 개신교를 받아들이고 있었는지를 추정하기는 거의 불가능하다. 종교개혁 직후에는 여전히 가톨릭교에 집착하는 대중도 있었고, 반대로 자진해서 성상을 파괴하는 사람들도 있었다. 그러나 1580년대에 이르면 잉글랜드는 자타가 인정하는 최첨단 신교국이 되었다. 물론 국교회 교리에 대한 시비는 계속되어 예정설을 거부하고 인간의 자유의지를 강조하는 비정통파 교리들도 있었는데, 그중에서 아르미니아 파가 1590년대에 크게 세력을 확장했다.

16세기 국제정치는 종교를 떼어놓고는 생각할 수 없었다. 엘리자베스의 가장 큰 우려는 가톨릭 세력의 반란이었다. 에스파냐, 프랑스, 스코틀랜드[2]의 연합작전도 가능할 것으로 판단되었다. 그러나 사실 그러한 동맹은 불가능했다. 에스파냐와 프랑스는 엘리자베스를 미워하는 것보다 상대편을 더 미워했기 때문이다.

엘리자베스의 또 하나의 심각한 문제는 국가재정이었는데, 여기서 여왕의 정책은 실패였다. 의회에서 점차 우세해지고 있던 청교도들은 집요하게 종교적 요구를 내걸고 재정지원을 거부했다. 여왕은 재정문제를 근본적으로 해결할 과세방법을 고안하지 않은 채 단지 의회에 의존하기 싫다는 이유로 왕령지를 매각하여 정부재정을 조달했다. 이 조치는 세수의 근원을 감소시켜 재정문제를 더욱 악화시키는 결과를 낳았다. 엘리자베스의 후계자는 잉글랜드의 왕좌와 더불어 심각한 정부의 부채도 세습받았던 것이다.

모자라는 재원은 여왕의 기발한 투자로써 약간 충당될 수 있었다. 여왕은 당시 맹위를 떨치던 잉글랜드 해적들에게 투자하고 이윤배당금을 받았다. 프랜시스 드레이크가 남아메리카에서 금은보화를 싣고 유럽으로 항해하는 에스파냐 선박들을 약탈하여 에스파냐로부터 엄중한 항의를 받았을 때, 그의 활동은 잉글랜드에서 크게 칭송되었다.

---

2 곧 장로교도가 이끄는 종교개혁을 겪게 되지만, 엘리자베스의 등극시에는 아직 가톨릭 국가로 남아 있었으며 프랑스의 동맹국이었다.

에스파냐는 가톨릭 국가이며 잉글랜드에 정치적, 상업적 위협일 뿐만 아니라 내란을 선동하는 세력이었던 것이다. 여왕도 공식적으로는 에스파냐에 사과했지만, 돌아서서는 막대한 배당금을 지불받고 드레이크에게 기사작위를 수여하여 공로를 치하했다.

2) 스코틀랜드와 메리 스튜어트(1542~1567)

엘리자베스의 마지막 어려움은 스코틀랜드의 여왕 메리였다. 생후 1주일 만에 요람에 누운 채 여왕이 된 메리 스튜어트는 프랑스에서 자랐는데, 이때 스코틀랜드는 아직 종교개혁 이전이었다. 성장하여 정략결혼을 하게 된 메리는 남편인 프랑스 왕 프랑수아 2세가 요절하자 스코틀랜드로 돌아올 수밖에 없었다(1559). 이때에는 사태가 급변하여 스코틀랜드에서 종교개혁이 한창 진행 중이었다. 스코틀랜드에서는 주교제를 거부하고 민주적 교회운영을 주장하는 과격한 장로교가 개혁의 중심세력이었고, 지도자 존 녹스는 여자이며 가톨릭 교도인 메리를 군주로 인정하지 않았다.

메리는 스코틀랜드로 돌아오자 사촌인 헨리 스튜어트 단리 백작과 결혼하여 아들을 낳았다(1566). 단리는 잉글랜드 왕실의 피를 받았기 때문에 그들의 아들은 잉글랜드 왕위계승권을 주장할 수 있었다. 그러나 매력적이고 바람기가 있던 메리는 경솔하고 비열한 남편에게 실망하여 새로운 연인을 가지게 되었는데, 그가 단리를 살해하는 사건이 벌어졌다. 그때는 이미 엄격한 장로교 신도들이 된 스코틀랜드 신민들이 여왕의 행동을 용납하지 않았음은 당연했다. 그들은 반란을 일으켜 메리를 감금하고 생후 1년 된 아들 제임스에게 양위하도록

메리 스튜어트는 스코틀랜드 여왕이자 프랑스의 왕비였다. 메리와 엘리자베스 1세는 5촌 지간이었지만 평생 경쟁자였다. 생전에는 엘리자베스가 승리했지만 엘리자베스 사후에 메리의 아들이 잉글랜드 왕이 되었다는 점에서 메리가 궁극적 승자였다고 말할 수도 있다.
—

강요했다. 이 아기가 제임스 6세이다. 메리는 다음 해에 미인계를 써서 감옥을 탈출, 잉글랜드로 도주했다.

메리는 헨리 7세의 증손녀로 엘리자베스와는 오촌간이었으며, 잉글랜드의 왕위계승권을 가지고 있었다. 자연 메리는 가톨릭 반체제파의 구심점이 되었다. 두 여인 사이에는 시기심도 작용했다. 메리는 매우 아름다운 여인이었다. 엘리자베스는 한번도 메리를 직접 만나지 않았지만, 사람들에게 자기와 메리 중 누가 더 예쁜가를 묻는 등 여자다운 관심을 보이기도 했다. 게다가 1570년 교황이 엘리자베스를 파문하고, 그녀를 제거하면 신의 은총을 받을 것이라고 선언하자 사태는 심각해졌다. 메리는 유형생활 19년 동안 실제로 몇 차례 반역음모에 가담했지만, 그때마다 엘리자베스는 왕족의 처형을 거부했다. 그러나 1586년 또다시 반역음모가 발각되자 엘리자베스도 어쩔 수 없이 메리의 처형을 승인할 수밖에 없었다.

3) 네덜란드와 에스파냐의 무적함대

엘리자베스의 즉위 후 곧 에스파냐의 식민지인 네덜란드에서 반란이 일어났다. 반란의 배경에는 민족주의와 종교문제가 자리잡고 있었다. 같은 신교도인 네덜란드는 잉글랜드에 지원을 간청했다. 신교주의와 신중한 외교정책 사이에서 갈등하던 여왕이 결국 지원을 결정함으로써 에스파냐와의 전쟁이 시작되었다(1585). 근본적으로 잉글랜드와 에스파냐의 전쟁은 종교와 식민지 팽창이라는 두 뿌리에 근거하고 있었다. 에스파냐는 반종교개혁의 기수, 잉글랜드는 신교주의의 기수가 된 상황에서 잉글랜드 해적들이 에스파냐의 선박을 괴롭히는 것이 두 나라의 대립을 불가피하게 만들었다. 네덜란드의 반란을 종결시키고 잉글랜드를 가톨릭으로 복귀시키려고 결심한 펠리페 2세는 메리

스튜어트의 처형을 계기로 무적함대를 출정시켰다(1588).

이때 무적함대는 아직 준비가 안 된 상태였지만 펠리페는 신이 그의 편에 있다는 확신하에서 계획을 진행시켰다. 그러나 신은 구교도 편이 아니라 신교도 편인 것으로 판명되었다. 상선까지 포함해서 모든 선박을 동원하여 기다리고 있던 잉글랜드에 다행스럽게도 에스파냐 함대가 도버 해협을 건넜을 때 폭풍우가 일었다. 이 '신교도의 바람' 때문에 에스파냐 함대는 제대로 싸워보지도 못하고 크게 파손된 채 돌아가야 했다. 이번에는 영국해협을 피해서 스코틀랜드 북쪽과 아일랜드 서쪽으로 진로를 정했는데, 이 항로가 오히려 더 위험해서 대부분의 배가 좌초되었다. 작지만 속도가 빠른 잉글랜드의 배와 장거리 대포도 중요한 역할을 했다. 이 전투로 잉글랜드는 에스파냐를 누르고 막강한 해상세력으로 부상하게 되었다. 그렇다고 해서 에스파냐의 해상세력이 단번에 무너져버린 것은 아니었다.

말년의 엘리자베스는 외로웠다. 당시의 평균수명으로는 너무 긴 70세까지 사는 바람에 가까이 있던 신하들과 친구들이 모두 타계해버렸던 것이다. 또한 말년에 애정을 쏟았던 에식스 백작의 반란사건으로 여왕은 심한 타격을 받았다. 1601년 그녀는 자신의 죽음을 예견이나 한 듯 하원에서 고별연설을 하고 자신의 일생을 뒤돌아보았다. 여왕은 자신이 어떤 한 남자가 아니라 잉글랜드 왕국과 결혼했다고 말함으로써 자신과 국가의 관계를 요약했다. 2년 후 여왕은 삶을 마감했다. 잉글랜드 역사상 가장 사랑받은 군주 가운데 한 사람인 그녀는 튜더 왕조의 마지막 군주였고, 왕조 역시 그녀와 함께 사라져버렸다.

5. 사회경제적 상황

15~16세기 잉글랜드인들이 겪은 가장 심각한 문제는 종교개혁도, 대외전쟁도 아니라 바로 인구증가였다. 중세 후기에 안정을 유지하던 인구는 16~17세기에 급속히 팽창했는데, 흑사병 만연 직후인 1377년에 250만 명에 불과하던 잉글랜드 인구는 1540년에 300만 명 그리고 1603년 엘리자베스 여왕이 사망했을 때에는 410만 명이 되었고, 1688년에는 490만 명에 이르렀다. 1630~1640년대에 신세계로의 이주로 인구증가가 약간 둔화되었고, 1650년대에는 내전 때문에 오히려 약간 감소했지만, 주된 경향은 증가 추세였다. 인구증가는 토지생산력을 심각하게 압박했다. 특히 런던은 급속하게 팽창하여 1520년에 6만 명이던 것이 1603년에는 20만 명, 1689년에는 근 60만 명에 달했다. 1603년 당시 제2의 도시인 노리치의 인구가 1만 5,000명에 불과했다는 사실에 비추어볼 때, 런던의 과대팽창을 알 수 있다. 1600년에는 잉글랜드 인구의 6퍼센트가 1만 명 이상의 도시에 살고 있었다. 웨일스와 스코틀랜드에서도 마찬가지 인구증가를 볼 수 있는데, 그 원인은 영양상태 및 주거환경의 개선과 더불어 결혼연령이 낮아졌기 때문이었다.

튜더 시대의 사회경제적 혼란의 주원인은 무엇보다도 인플레이션이었다. 1540년 이후 소비자물가가 크게 상승했는데, 신세계로부터 에스파냐로 금은이 많이 유입되었을 뿐만이 아니라, 헨리 8세의 사치와 군사비용이 주요 원인이었다. 헨리는 전비를 부담하기 위해서 화폐의 실질가치를 낮추어 주화했는데, 이것이 인플레이션의 직접 원인이 되었다. 엘리자베스 여왕은 즉위 초에 화폐를 원래 가치로 돌려놓아 인플레이션율을 완화시켰지만, 완전히 없애지는 못했다. 여왕의 재정고문이던 토머스 그레셤이 정립한 '악화가 양화를 구축한다'는 법칙은 20세기 들어 지폐가 주화를 대체할 때까지 타당성 있는 이론으로 남아 있었다. 그러나 인플레이션의 가장 중요한 원인은 인구 증가였다. 간단히 말해서 물품은 한정되어 있는데, 그것을 요구하는 인구가 늘었다는 사실에서 원인을 찾을 수 있다.

사회경제적 혼란을 가져온 또 하나의 현상은 인클로저 운동이었다. 인클로저는 중세 장원에서 보이던 개방된 공유지에 울타리를 쳐서 사유재산화한 것을 일컫는데, 특히 이처럼 울타리가 처진 땅은 주로 양을 치는 목초지로 전용되었다. 면직물이 아직 발명되지 않았기 때문에 당시 사람들의 의복은 거의 전부 양모로 만들어졌는데, 양을 치는 일은 곡물재배보다 훨씬 더 적은 노동력으로 훨씬 더 높은 이윤을 보장하기 때문에 지주에게는 수지맞는 일이었다. 인클로저로 양모 생산이 증대했고, 1450년에 직물은 이미 가장 중요한 수출품이 되어 있었다. 농업만이 아니라 엘리자베스 치세에는 경제가 팽창하고 제조업이 발달한 덕분에 수입하던 물품들을 국내에서 제조할 수 있게 되었다. 유리창에 부과한 세금 때문에 그때까지는 부유한 사람들만이 달 수 있던 유리창을 이제 수수한 집에서도 볼 수 있게 되었다.

그러나 인클로저는 농업노동자들에게는 재앙이었다. 정부도 이 점을 우려해서 헨리 7세 때부터 인클로저 금지령과 법을 공포했지만, 지배 엘리트인 귀족과 젠트리의 반대로 이 법은 제대로 집행되지 않았다. "양이 사람을 잡아먹는다"는 유명한 말로 인클로저를 비판한 토머스 모어의 《유토피아》가 1516년 발간되었다는 사실에서 16세기 초가 되면 인클로저가 이미 상당히 진척되었음을 알 수 있다. 인플레이션을 따라잡기 위해서, 그리고 토지획득에 필요한 돈을 마련하기 위해서 지주들이 지대를 올림으로써 농민의 생활은 심각한 타격을 입었을 뿐만 아니라, 인플레이션 역시 심각한 사회심리적 동요를 가져와서 봉기가 종종 일어났다. 대표적인 것이 1549년의 농민반란이었다.

최근 역사가들은 인클로저의 의미가 과대평가되었다고 평한다. 15~16세기의 인클로저는 주로 잉글랜드의 중부지역에 국한되었고 매우 완만한 속도로 진행되었으며, 1689년에도 토지의 반은 여전히 개방경작지로 남아 있었다는 것이다. 그렇지만 사람들이 겪은 고통은 그러한 양적 계산과 맞아떨어지는 것이 아니다. 인클로저로 쫓겨난 사람들은 걸인이나 유랑민으로 전락할 수밖에 없었고, 결국 이들을 구제하고 통제하기 위해서 구빈법Elizabethan Poor Law(1601)과 정주법Act of Settlement(1662)이 제정되었다. 신체 정상의 걸인들은 구걸하기 위해 허가증을 얻어야 했고, 정주법을 어기면 태형에 처하거나 감옥에 보내졌다. 이때 만들어진 구빈법은 1834년 개정될 때까지 사회정책의 기본이 되었다.

엘리자베스 시대에는 전반적으로 만혼이 행해졌다. 즉 여자의 경우 26세, 남자의 경우 28세가 평균 결혼연령이었으며 인구의 10~20퍼센트가 평생 미혼으로 남았다. 셰익스피어가 그린 10대의 로미오와 줄리엣의 사랑은 역사적으로 실제 일어난 일이라고는 생각할 수 없다. 물론 귀족층의 결혼연령은 평민들보다 낮았다. 대부분의 사람들은 평균수명이 짧았기 때문에 살아서 손자를 본다는 것은 거의 불가능했다. 16세기 말부터 결혼연령이 조금씩 낮아졌는데, 이는 점차 나아지는 경제여건을 반영한 것이었다. 사회 상층부에서는 계약결혼이 행해졌지만, 하층에서는 당사자들의 합의에 의한 결혼이 흔했다.

1500년에 잉글랜드와 웨일스의 인구는 200만 명이 조금 넘었고, 50만 명 정도가 스코틀랜드에, 그리고 약 80만 명이 아일랜드에 살고 있었다. 런던은 중세 초에 이미 2만 5,000명이 거주하는 대도시였고, 웨스트민스터까지 합치면 더 큰 규모였다. 한편 에든버러는 1500년경에 제임스 4세의 궁전이 들어서면서 확실한 스코틀랜드의 수도가 되었다. 1500년경 인구 5,000명이 넘는 도시는 잉글랜드에 12개, 스코틀랜드에 1개가 있었고, 웨일스와 아일랜드에는 없었다. 그러나 1750년에는 잉글랜드에 45개, 스코틀랜드에 7개, 아일랜드에 5개로 늘게 된다.

1500년에는 잉글랜드의 모든 귀족이 전장을 경험했지만, 엘리자베스 시대에는 귀족 가운데 절반만이 그러한 경험을 했으며, 17세기 중엽에는 거의 아무도 전투에 나가본 적이 없게 되었다. 이제 전투라는 전통적 임무에서 벗어난 귀족은 각종 이윤사업에 뛰어들어 부를 축적하기 시작했다. 튜더·스튜어트 시대는 급속한 사회변화의 시기로서, 특히 주목할 것은 젠트리와 농업자본주의의 발달이었다. 장미전쟁으로 가장 큰 타격을 입은 집단은 귀족이었다. 1485년 이후 200년간 세습귀족의 세력은 어느 정도 쇠퇴한 반면, 젠트리의 부와 세력은 눈에 띄게 성장했다. 특히 종교개혁으로 몰수된 수도원 토지를 사들인 지주층의 수와 재력이 크게 증가했고, 왕들은 젠트리를 자신의 지지자로 신임했다.

메리의 반종교개혁이 실패한 것도 결국 종교개혁으로부터 이익을 본 지주층이 수도원과 교회의 토지와 성직자들의 원상회복에 반대했기 때문이었다. 젠트리는 상당한 부를 소유한 독립인이었고, 국가의 완벽한 시민으로서 대학과 법조계는 물론 의회에서도 주도권을 행사했으며, 치안판사직의 대부분을 차지하고 있었다. 튜더 시대에 확고해진 젠트리의 지배는 19세기 말까지 지속되었다.

잉글랜드의 르네상스 시대라고 불리는 튜더 시대는 그 명성에 걸맞게 인재들을 배출했다. 특히 튜더 시대에는 인문주의가 위력을 떨쳤는데, 무엇보다도 토머스 모어와 그의 친구 에라스무스의 영향이 컸다. 모어는 《유토피아》에서 사회조직, 개인의 욕심과 사유재산, 정부 내에서의 지식인의 역할 등 지금도 여전히 논의되고 있는 문제들을 다루었다. 엘리자베스 시대에는 윌리엄 셰익스피어, 에드먼드 스펜서, 필립 시드니 등의 위대한 시인들이 활약했다.

1476~1640년 사이 잉글랜드에서는 2만 권 이상의 책자가 인쇄되었다. 1500년에는 잉글랜드의 성인 남자 중 단지 10퍼센트만이 글을 읽고 쓸 줄 알았지만, 1600년에는 25퍼센트 이상이 읽고 쓸 수 있었으며, 1700년에는 약 반이 이 범주에 들었다. 여자들은 1500년에 2퍼센트, 1600년에는 10퍼센트, 1700년에는 25퍼센트의 문자해독률을 보여 역시 다른 나라들보다 훨씬 높은 수준이었다. 아마도 성경을 읽고 직접 신과 교통한다는 신교문화가 잉글랜드인의 문자해독에 가장 큰 기여를 했을 것이다.

6. 국민국가의 발달

튜더 시대의 잉글랜드는 해외제국의 건설만이 아니라 브리튼 섬 내에서 잉글랜드의 세력을 확장하는 과업을 추진했다. 헨리 튜더가 웨일스의 피를 받았다는 사실에 힘입어 웨일스의 합병(1536)은 비교적 순조롭게 진행되었다. 그러나 아일랜드와의 관계는 웨일스와는 다르게 전개되었다. 잉글랜드 정부는 아일랜드의 유력가문을 통해서 대리 통치를 했으나, 이들이 주도한 반란이 일어나자(1534) 새로 이민을 보내 이들을 대체했다. 그 후에도 반란과 저항은 계속되었다. 스코틀랜드는 웨일스와도, 아일랜드와도 다른 장면을 연출했다. 메리 여왕이 프랑스의 왕비가 되었을 때 두 왕국의 합병이 가능했지만, 프랑스 왕의 죽음으로 그것은 무산되어버렸다. 엘리자베스 여왕이 등극했을 때에는 여전히 스코틀랜드 문제에 대한 해결책이 없는 것처럼 보였지만, 스코틀랜드의 종교개혁과 반란, 메리 여왕의 도주 등은 스코틀랜드 내에서 친잉글랜드적 요소가 강해지는 계기를 마련해주었고, 잉글랜드에 스튜어트 왕조가 열리면서 이 경향은 당연히 더 강화되었다.

튜더 시대에 영국의 대외팽창은 활발하게 진행되었다. 실상 팍스 브리타니아의 기원을 튜더 시대로 보기도 하는데, 이때 식민지 개척이 국가사업이 되었다. 중국과 향료산지로의 항로개발이 활발하게 이루어졌으며, 개인 차원의 해적행위 외에 특허장을 받은 회사들이 무역을 담당했다. 소아시아와의 무역은 레반트 회사가, 인도양 주변은 1600년에 특허장을 받은 동인도회사가 담당하여 설탕, 실크, 향료 등의 사치품을 수입하고, 목재, 생선, 가축, 모직물을 수출했다. 북아메리카의 식민화도 이때 시작되어 종교적 동기에 의한 식민정착이 뉴잉글랜드에서 이루어졌다.

잉글랜드 역사상 절대왕정이 있었다면, 튜더 왕정이 그렇다고 말할 수 있을 것이다. 그러나 궁극적으로 잉글랜드의 절대주의는 강력한 군사기구와 관료제를 결여하고 있었으므로 근본적 한계가 있었고, 대륙에서와 같은 패턴으로 발달하지 못했다. 어쨌든 튜더 시대의 잉글랜드에는 뚜렷하고 중앙집중화된 왕국이 발달하고 있었다. 특히 헨리 8세의 즉위 후 150년간은 통일국가가 확립되어간 과정이었다. 해외로부터의 위협과 신교도의 언어가 잉글랜드의 국민정서를 구체화하여 정치적, 종교적 국민의식을 강화시켰다. 경제적 발달도 자신감을 부여하는 데 한몫을 함으로써 잉글랜드 국민은 신이 선택한 국민이라는 선민의식이 발달했다.

4장
혁명:
스튜어트 시대

1603	스코틀랜드 왕 제임스 6세가 잉글랜드 왕 제임스 1세로 즉위
1609	북부 아일랜드(얼스터)의 몰수와, 잉글랜드와 스코틀랜드로부터의 이주
1625	찰스 1세 즉위
1640	장기의회 소집
1642	왕이 노팅엄에서 군대 일으킴 ; 내전 시작
1645	의회파의 신형군이 왕당파를 격퇴
1649	찰스 2세 처형 ; 군주정과 국교회 폐지
1658	크롬웰 사망
1660	군주정과 국교회의 복고
1685	제임스 2세 즉위
1687	아이작 뉴턴의 《프린키피아》 출간
1688	명예혁명
1689	권리장전
1707	잉글랜드와 스코틀랜드의 통합으로 연합왕국 성립
1714	앤 여왕 사망 ; 스튜어트 왕조의 단절

스튜어트 시대 정치의 핵심에는 '왕권'과 '의회주권'의 갈등이 있

었다. 동시에 인플레이션, 부상하는 젠트리의 영향력, 국교회에 불만을 품은 청교도들이 야기한 문제들이 점증했고, 결국 내전으로 폭발했다. 처음에는 왕과 의회 젠트리 사이의 주도권 쟁탈전으로 시작된 내전은 군대와 올리버 크롬웰의 승리로 끝났고, 그 과정에서 혁명으로 변했다. 따라서 이 장에서는 내전과 혁명이라는 용어를 혼용하기로 한다. 의회재판에 의한 국왕의 처형은 당시 어떤 유럽 국가에서도 찾아볼 수 없는 과격한 해결책이었다. 크롬웰이 실험한 공화정은 왕정에 대한 대안을 찾으려는 시도였지만, 결국 실패하고 1660년에 잉글랜드는 다시 왕정으로 돌아갔다. 왕정복고 후 잉글랜드는 또 한 차례 종교문제로 갈등을 겪은 후, 가톨릭 교도인 제임스 2세를 축출함으로써 명예혁명을 성공시켰다. 명예혁명은 왕권에 대한 의회주권론을 최종적으로 확정지었고, 이 원칙은 그 후 다시는 도전받지 않았다. 영국민의 가장 큰 자부심인 의회민주주의의 기반이 마련된 것이었다. 의회정치는 토리와 휘그를 중심으로 발달하기 시작한 정당에 의해서 뒷받침되었다.

명예혁명 이후 의회를 장악한 지주층은 농업자본주의를 진척시켰고, 팽창하고 있는 식민지 및 해외무역에 적극적으로 참여함으로써 잉글랜드가 부르주아 사회로 전환하는 데 주도적 역할을 했다. 스튜어트 왕조 말기에 영국은 유럽에서뿐만 아니라 세계적으로도 중요한 국가로 부상했다. 뉴턴의 새로운 과학과 다니엘 디포, 조너선 스위프트 등이 이룬 문학적 업적은 잉글랜드가 새로운 세기를 향해서 나아가고 있음을 보여주는 증거였고, 17세기 말에서 18세기 초의 잉글랜드는 아우구스투스 치세의 로마에 비견되었다. 1707년에 성립된 잉글랜드와 스코틀랜드의 합병은 수백 년 동안 투쟁관계에 있던 브리튼 섬의 두 왕국을 통합하여 영국이라는 연합왕국을 탄생시켰다.

1. 스튜어트 왕조 전기

1) 제임스 1세(1603~1625)

1603년 엘리자베스 여왕이 사망하자 스코틀랜드의 제임스 6세가 잉글랜드의 왕좌에 초빙되었다. 제임스 6세는 부모가 모두 헨리 7세에서 유래하는 혈통을 이어받았기 때문에 정통 계승자였다. 실상 엘리자베스 1세는 끝까지 후계자를 지명하지 않았지만 제임스의 계승은 공공연한 사실이었다. 한 신하는 여왕 생존시에 이미 "주여 당신의 왕국에 왕림하실 때 저를 기억하소서"(예수와 함께 십자가에 못 박힌 도적의 말)라는 성경 귀절을 새긴 선물을 제임스에게 보내기도 했다. 스코틀랜드에서는 제임스 6세이지만 잉글랜드에서는 제임스 1세로서 왕위에 오르게 된 그는 성을 스코틀랜드의 표기법[Stewart]에서 잉글랜드 식[Stuart]으로 바꾸었다.

이처럼 왕위계승 자체는 순조로웠지만, 곧 문제점이 노출되었다. 제임스는 그의 새로운 신민들의 요구를 전혀 이해하려고 하지 않았고, 잉글랜드의 역사와 정치가 어떻게 작용해왔는가를 알지 못한 채 왕권신수설을 고집했다. 스코틀랜드는 11세기에 대체로 중앙의 국왕 권위에 복속되었지만 대귀족들의 군사적 성격이 강하고 의회가 별로 중요하지 못했다. 그런 나라에 익숙해 있던 제임스 1세는 잉글랜드

의회가 가진 세력을 깨닫지 못했다.

제임스의 개인적 문제점은 엘리자베스가 남긴 문제들, 특히 재정 문제 및 종교문제와 결합되어 심각한 결과를 야기했다. 잉글랜드에는 중세 이래 위기의 순간을 제외하고는 왕은 자신의 수입에 의존해야 한다는 원칙이 확립되어 있었다. 봉건적 수입과 왕령지로부터의 지대로 충분히 왕실 살림을 꾸려갈 수 있다는 것이었다. 엘리자베스 여왕은 의회에 과세를 요구하는 대신 왕의 영지를 팔아 지출을 충당했기 때문에 왕실의 수입이 줄어든 상태였다. 그러나 에스파냐 및 네덜란드와의 전쟁 때문에 의회가 별 문제 없이 과세를 허용했지만 제임스처럼 평화를 지향하는 왕은 충분한 돈을 얻을 수 없었다.

제임스에 대한 가장 큰 불만은 이미 과거사가 되어버린 왕의 봉건적 권리를 고집한다는 것이었다. 즉 관세 및 미성년 상속자를 대신하여 영지를 관리하고 그 수입을 챙기는 후견제에 대한 불만이 높아지고 있었다. 제임스는 그러한 권리들이 왕의 특권이라고 주장한 데 반해, 의회는 그것은 의회가 논의할 문제이며 관세를 제외한 나머지 봉건적 잔재는 폐지되어야 한다고 주장했다. 종교문제도 해결되지 않은 채 남아 있었다. 국교회의 위치는 불안했고 반대파의 세력은 막강했다. 지하에서 때를 기다리고 있던 청교도들은 제임스가 장로교 전통에서 자란 것에 고무되어 왕과의 면담을 요구했다. 왕은 그들과 만났으나 더 많은 개혁을 약속하지는 않았다. 면담 결과 《제임스 왕 성경》이라고 불리는 성경을 번역하게 되었는데, 그것만이 유일한 결과물이었다. 1611년에 발간된 이 성경은 아름답고 정교한 문체 때문에 유명해졌다.

제임스 1세는 스코틀랜드 여왕 메리 스튜어트의 아들로 어머니의 퇴위로 인해 1세 때 스코틀랜드 왕에 즉위했으나, 엘리자베스 여왕이 후계자 없이 서거하자 혈연에 따라 잉글랜드 왕위에 올랐다.
—

 동성애 소질이 있던 제임스는 비천한 출신의 젊은 미소년을 총애하고 그를 버킹엄 공작으로 만듦으로써 비난받았다. 버킹엄은 제임스뿐 아니라 왕세자 찰스와도 친해져 그의 즉위 후에는 찰스의 총애도 받았으나, 한 해군 장교의 손에 살해당했고(1628), 이 해군 장교는 대중적 영웅이 되었다. 또한 제임스는 대외관계에서 친에스파냐 정책을 추구함으로써 의회의 의혹을 샀다. 엘리자베스 치세 동안 잉글랜드는 줄곧 에스파냐와 전쟁을 벌였는데, 이제 180도 방향전환을 한 것이었다. 의회의 이의제기에 대해서 제임스는 외교정책은 왕의 특권이라며 귀를 기울이지 않았다.

제임스의 어려움은 의회와의 관계에서 가장 심각하게 드러났다. 왕은 1604년 처음으로 의회를 소집한 후 7년 동안 매년 의회를 소집했고, 의회와의 관계도 그리 나쁘지는 않았다. 그러나 그 후 7년간이나 선거를 실시하지 않을 정도로 관계가 악화되었다. 대륙에서 벌어지고 있던 30년전쟁(1618~1648) 때문에 제임스는 1621년 어쩔 수 없이 의회를 소집했다. 제임스는 개인적으로는 참전할 명분을 가지고 있었다. 그의 딸 엘리자베스의 남편인 독일의 팔라틴 선제후Elector Palatinate가 30년전쟁이 일어난 원인 중 하나였기 때문이다. 신교도인 선제후가 보헤미아 국왕으로 추대되자, 보헤미아의 왕위는 전통적으로 합스부르크 왕가 출신의 가톨릭이 차지하던 자리라는 명목하에 합스부르크 왕가가 전쟁을 시작했기 때문이다. 평화주의자였을 뿐만 아니라 전쟁비용을 걱정하던 제임스는 개입을 피하려고 했지만, 결국 신교도를 지원할 의무가 있다는 의회의 주장에 굴복하여 의회가 경비를 부담한다면 참전하겠다고 양보했다. 이에 대해서 하원은 경비조달을 조건으로 왕의 친에스파냐 정책을 거론함으로써 왕의 특권과 의회의 권한이라는 양쪽의 주장은 계속 평행선을 그었다.

왕은 의회의 반대에도 불구하고 친에스파냐 정책을 지속하여 왕세자 찰스와 에스파냐 공주의 결혼을 추진했다. 에스파냐 공주가 신교도와 결혼하려고 들지 않았기 때문에 이 결혼은 성사되지 않았지만, 어쨌든 왕의 친가톨릭적 태도는 의회의 구미에 맞지 않았다. 1620년 에는 종교의 자유를 찾아서 102명의 청교도들Pilgrim Fathers이 메이플 라워 호를 타고 아메리카 대륙을 향해 떠났다. 그들이 뉴잉글랜드에 최초의 식민지를 건설했다.

2) 찰스 1세(1625~1649)

에스파냐 공주와의 결혼이 무산된 후 찰스는 프랑스 공주와 결혼 했는데, 이 결혼은 당시 종교적 대립이 얼마나 극심했는지를 보여주 는 에피소드를 제공한다. 가톨릭 교회가 신교도와의 결혼을 인정하 지 않기 때문에 결혼식은 신랑이 참석하지도 않은 채 노트르담 사 원의 문 밖에서 거행되었던 것이다. 찰스의 즉위 후에도 의회와의 갈 등은 계속되었다. 찰스가 1625년과 1626년에 이어 세 번째 외희를 소집했을 때(1628) 의회 지도자들은 왕이 그들의 불만을 해소해줄 때 까지 어떤 보조금도 지불하지 않기로 결심했다. 그들은 왕의 자의적 권력행사를 제한하는 내용의 권리청원Petition of Right을 제시했는데, 찰스는 다급한 재정문제 때문에 이 청원서에 서명했다. 그러나 그의 자의적 행동은 줄어들지 않았다.

찰스는 가톨릭적 경향의 아르미니아 파를 지지하는 주교를 임명했 다는 이유로 하원과 대립하게 되었고, 그 후 11년간 의회를 소집하지 않았으며, 비판자들을 자의적으로 체포했다. 그 가운데 런던탑에 갇 혀 있다가 죽은 존 엘리엇은 의회정부를 수호하다가 희생된 순교자 로 칭송되었다. 의회와의 관계가 악화되자 찰스는 더 이상의 군비지출을 피하기 위해서 프랑스 및 에스파냐와 평화를 맺음으로써 30년 전쟁에서의 신교의 명분을 포기했다. 찰스는 각종 사업상의 독점권을 나누어주는 후견제를 통해서 자신의 세력을 강화했을 뿐만 아니라, 재정 충당을 위해서 봉건적 관습의 재생 등 여러 방법을 고안했다. 무엇보다도 선박세Ship Money가 불만의 표적이었다. 선박세는 국가가 위기에 직면했을 때 항구도시들과 선박소유주들이 배를 동원한다는 오래된 관습에 의거한 것이었지만, 실제로는 배보다는 돈이 요구되었다. 찰스가 선박세를 항구도시뿐만 아니라 내륙에 위치한 읍까지 넓혔을 때, 그것이 실질적으로 세금의 한 형태라는 것이 명백해졌다.

찰스 1세의 가장 큰 어려움은 실상 종교문제였고, 결국 이로 인해서 내전으로까지 이르게 된다. 왕의 종교정책을 주도한 것은 대주교 윌리엄 로드였는데, 그는 의식, 음악, 예술 등을 강조하는 아르미니아니즘의 옹호자였다. 로드는 종교의식이 내적, 정신적 삶을 고양시킬 수 있다고 믿었기 때문에 설교보다 성찬식을 강조하고 새로운 기도서를 작성했다. 그의 종교정책에 반대한 많은 청교도들이 이때 잉글랜드를 떠났다. 로드는 잉글랜드 국교회를 변화시키는 데 그치지 않고 스코틀랜드 교회의 성격도 바꾸려고 시도했고, 그러한 시도가 결국 내전을 유발했다.

제임스가 잉글랜드의 신민들을 이해하지 못했다면, 찰스는 스코틀랜드에 있는 신민들을 이해할 수 없었다. 로드가 새로운 기도서를 장로교인 스코틀랜드 교회에도 강제하자 봉기가 일어났고(1637), 그로 인해서 왕과 스코틀랜드 신민들의 관계가 크게 악화되었다. 스코틀랜드의 위협에 대처하기 위해서 돈이 필요하자 찰스는 의회를 소집했다(1640). 의회가 왕의 스코틀랜드 정책 및 대외정책에 대한 논의를 시작했을 때, 외교정책이 왕의 특권이라고 믿고 있던 찰스는 의회를 해산시켜버렸다. 따라서 이 의회는 단기의회Short Parliament라고 불린다. 이때 스코틀랜드 군대가 잉글랜드 북부지역을 침략했다. 전투에서 진 잉글랜드는 스코틀랜드 군대의 주둔비용을 부담하기로 동의했는데, 그것은 왕의 재정상태로는 힘에 부치는 일이었다. 이제 의회를 통한 과세만이 해결책이었으므로 왕은 다시 의회를 소집했다. 이렇게 모인 의회는 1660년까지 공식적으로 해산되지 않았기 때문에 장기의회Long Parliament 라고 불린다.

2. 내전·혁명

의회는 로드와 스트래퍼드 백작을 탄핵하는 한편, 왕의 자의적 통치를 불가능하게 할 법안을 통과시켰다. 즉 적어도 3년마다 의회를 소집해야 하며, 왕이 선거를 실시하지 않더라도 때가 되면 전 회기에 참석한 의원들이 자동적으로 소집된다는 것이었다. 또한 의회의 동의 없이 왕은 의회를 해산할 수 없으며, 선박세 같은 자의적 재정정책은 불법으로 선언되었다. 의회가 이러한 강경방침을 결정하는 동안 내전의 직접 계기가 된 위기가 발생했다. 즉 1641년 10월 아일랜드에서 가톨릭 교도들이 봉기하여 수천 명의 잉글랜드 정착민들을 학살했던 것이다. 왕과 의회는 아일랜드를 처벌한다는 원칙에는 동의했다. 그러나 왕이 반대세력을 억압하는 데 군대를 사용할 것을 우려한 의회는 군지휘관 임명권을 의회가 가져야 한다고 주장했다. 양측은 결국 타협에 의해서 양측이 동의할 수 있는 사람들을 군지휘관으로 임명했지만, 본질적 문제는 남아 있었다.

이때 왕이 그야말로 이해할 수 없는 어리석은 짓을 저질렀다. 즉 1642년 1월에 병사들을 이끌고 하원에 침입하여 5명의 반대파 지도자들을 체포하려고 했던 것이다. 의원들이 미리 피신했기 때문에 왕의 시도는 실패로 돌아갔지만, 이처럼 찰스의 정책은 한편으로는 화해정책을 쓰면서 다른 한편으로는 힘을 과시하는 매우 불안하고 모순에 찬 것이었다. 프랑스 왕가 출신인 왕비는 항상 "왕이 되십시오"라고 충동했는데, 찰스가 아내의 말에 너무 순종적이었다는 사실도 비극의 씨앗이었다. 의회침입 사건 후 내전은 불가피해졌다. 1주일후 왕은 런던을 떠나 요크로 갔고, 의회는 마지막으로 19개 조항을 왕에게 제시했다. 왕이 만약 이것을 받아들였다면, 그때 잉글랜드 왕은 군림하되 통치하지 않는 국가의 상징적 우두머리가 되었을 것이다. 왕이 의회의 조건을 받아들이지 않았음은 자명했고, 양측은 군사행동을 개시했다. 때는 1642년 8월이었다.

1) 혁명의 원인

1642~1660년 사이에 잉글랜드에서 일어난 소요사태는 요즘에는 가치중립적 개념인 '내전'으로 많이 불리지만, 한편으로는 '혁명', 다른 한편으로는 '반란'으로 불리기도 한다. 그만큼 이 사건을 바라보는 눈이 극단적으로 다르다는 사실을 알 수 있다. 이 사건을 어떻게

부르는가는 그것의 원인을 어떻게 설명하는가에 직접적으로 연결된다. 역사상 어느 문제보다도 더 뜨겁게 논의된 주제가 바로 영국 혁명의 원인이다. 당대인들 가운데 많은 사람들은 종교적 신념 때문에 싸운다고 생각했다. 올리버 크롬웰도 그중 하나였다. 그러나 민주주의와 의회정치의 부상에 관심을 기울인 19세기 휘그 사가들은 이 사건을 왕과 의회 간의 헌정상의 갈등으로 파악하고 폭정에 대항한 의회의 승리로 해석했다. 비록 그들의 주장은 실증적 연구에 의해서 많이 수정되었지만, 헌정적 갈등이라는 개념은 이 사건을 이해하는 데 여전히 유효하다. 20세기 들어 또다른 해석이 나타났다. 마르크스주의의 영향을 받은 좌파 학자들은 사회경제적 관점에서 이 사건을 왕과 귀족으로부터 상업과 도시 중간계급의 손으로 부와 권력이 옮겨가는 부르주아 혁명으로 파악했다. 그러나 이 해석 역시 실증적 연구에 의해서 부정된 지 오래이다. 왕당파와 의회파 모두 지주층이었고, 그들의 사회경제적 배경에는 별 차이가 없다는 사실이 밝혀진 것이다. 결국 혁명은 지배 엘리트 내 갈등의 표출이었다. 휘그적 해석이나 사회경제적 해석은 모두 역사에 대한 거시적 접근방법인데, 혁명에는 대체로 왕당파의 북서부와 의회파의 동남부로 갈라진 지역문제나, 왕 개인의 조급함과 충동적 행동 등 거시적 접근방법으로는 설명할 수 없는 현상들이 존재했다. 거시적 접근을 거부하는 수정주의 역사가들은 지역적 특수성이나 돌발적 요인들을 강조하면서 이 사건의 혁명적 성격을 평가절하하는 견해를 제시했다.

가장 최근의 포스트 수정주의 사가들은 전통적 해석에서 지적하는 저변의 원인들을 인정하면서 동시에 수정주의가 강조하는 주변적 요인들도 받아들여 종합적 해석을 시도한다. 실상 왕과 의회 사이에 합의가 이루어지기에는 갈등의 뿌리가 너무 깊었다. 종교, 군주정과 과세에 대한 이론, 왕과 의회와의 관계 등은 16세기까지 거슬러 올라가는 근본문제들이었다. 그러나 1640년대가 뚜렷하게 혁명적 국면으로 시작하지 않았다는 것도 사실이다. 문제는 찰스 1세가 잉글랜드 국왕이면서 스코틀랜드와 아일랜드의 국왕이기도 했기 때문에 더욱 심각해졌다. 만약 찰스가 스코틀랜드 국왕이 아니었다면 잉글랜드식의 교회를 스코틀랜드에도 강제하려는 시도는 불가능했을 것이다. 또한 찰스가 아일랜드 왕이 아니었다면 그곳에서 발생한 신구교 간의 갈등에 군대를 보낼 필요가 없었을 것이다. 덧붙여 이 세 지역의 종교는 각기 달랐다. 이들 요인들은 각각은 충분하지 않았지만 함께 폭발했을 때 큰 힘을 발휘할 수 있었으며, 여기에 5명의 의회 지도자들을 체포하려고 한 사건이 도화선이 되었다.

2) 혁명의 경과

처음 1~2년 동안 전쟁은 왕당파에게 유리하게 진행되었지만, 결국 의회파의 지구력이 입증되었다. 의회가 장로교를 잉글랜드의 국교회로 인정하기로 동의한 협정(1643)에 따라서 스코틀랜드가 의회파에 가담하자 의회파는 더욱 힘을 얻었다. 군사행동이 1642년에 시작되었다고는 해도 최초의 중요한 전투는 1644년 여름에야 벌어졌는데, 왕의 군사 1만 명에 대항하여 의회파 2만 6,000명이 벌인 접전이었다. 이 전투에서 잉글랜드 동부지역 출신으로 구성된 철병대 Ironsides가 용맹을 떨쳤다. 의회 지도자들은 그 후 소규모이지만 보다 전문적인 신형군을 조직했다. 혁명이 가장 고조되었을 때(1643~1644) 성년 남자 8명 중 1명이 무장하고 있었다. 기억해야 할 사실은 모든 사람들이 한쪽 혹은 다른 쪽을 지지하지는 않았다는 것이다. 상당수가 중립을 지켰는데, 이들은 지역시민군Clubmen을 조직하여 양쪽 군대가 자기 지방에 들어오지 못하게 막기도 했다. 왕당파와 의회파 모두가 부유층과 중간층에게 소득 가운데 15~20퍼센트를 과세한 것도 대중이 양쪽 모두를 혐오하게 된 원인이었다.

1646년 왕은 항복하기로 결심했다. 그러나 그는 의회가 아니라 스코틀랜드 군대에게 항복했다. 왕이 항복하고 나자 이제는 의회와 군대의 갈등이 시작되었다. 의회 지도자들은 군대를 해산시키려고 했지만, 군대는 밀린 봉급을 받고 종교적 관용을 확보할 때까지 정치적 세력으로 남기를 원했다. 여기서 종교가 다시 중요한 문제로 대두했다. 신형군 장교들의 다수는 장로교든 잉글랜드 국교회든 모든 형태의 국교회를 거부한 독립파들이었다. 1647년 찰스가 도주해서 장로교를 잉글랜드 국교회로 만들 것을 약속하고 스코틀랜드와 동맹을 맺었다. 다음 해 찰스와 스코틀랜드 군대가 잉글랜드를 침공함으로써 제2차 내전이 시작되었지만, 올리버 크롬웰의 활약으로 잉글랜드 군대가 승리하고 말았다. 혁명은 국왕과 의회의 갈등으로 시작했지만 승자는 군대였다.

잉글랜드 동부의 소젠트리 출신인 크롬웰은 케임브리지 대학교에서 청교도 신앙을 접한 뒤 독실한 청교도가 되었다. 1640년 장기의회 의원으로 선출된 그는 처음에는 별 두각을 나타내지 못하다가 1648년에 이르러 군사적 귀재로 등장했다. 크롬웰은 양면성을 가진

올리버 크롬웰은 정치가이자 군인으로서 내전이 시작되자 왕당파를 물리치고 공화국을 세우는 데 큰 공을 세웠다. 그러나 그의 사후에 왕정이 복고해 찰스 2세가 즉위했고 크롬웰의 무덤은 파헤쳐져 시신이 내걸려졌다.

—

인물이었다. 농촌 젠트리이면서 직업군인으로 성공했고, 종교적으로 독립파이고 종교적 관용을 지지했지만 사회적으로는 보수적이었으며, 정치적으로는 이상주의자이면서 헌정구조를 만들어내는 데에는 현실적이었으며, 고결하면서도 독선적이었다.

왕의 처형문제를 두고 의회와 군대는 한 차례 더 갈등을 벌였다. 의회가 왕의 처형을 주저하자 군대는 의회에 침입하여 온건파 의원들을 축출했다. 이 사건은 지휘관의 이름을 쫓아 프라이드의 숙청 Pride's Purge 이라고 불리고, 남은 의원들로 구성된 의회는 잔부의회 Rump Parliament 라고 한다. 1649년 초 드디어 왕의 반역죄에 대한 재판이 시작되었다. 찰스는 어떠한 법정도 신으로부터 기름부음을 받은 왕을 재판할 수 없다는 요지의 연설을 마지막으로 1월 30일에 처형되었다. 그의 생애 최초의, 그리고 최후의 논리정연한 연설이었다.

스튜어트 왕정의 몰락은 무계획적이고 일관성 없는 팽창에서 기인한 일련의 헌정상 혼란이 극에 달한 결과였다. 1603년 왕위 통합뿐 아니라 왕국의 통합까지 이루겠다는 희망을 품고 잉글랜드 왕이 된 제임스는 실제로는 통합을 위한 장기적 계획을 세워놓지 못했다. 그는 두 왕국을 각각의 실정에 맞게 통치하는 선에서 타협을 보았다. 반면에 찰스는 스코틀랜드 실정을 전혀 몰랐고 자신의 정책을 실행할 대리인도 포섭하지 못한 상황이었다. 스코틀랜드인들은 왕이 런던에서 그곳 사람들의 영향을 받아 자신들을 통치하는 것에 불만을 품었고, 이것이 종종 과장되어 두 왕국의 관계가 위기로 치달았다. 여기에 아일랜드에서 벌어진 신구교도들 간의 갈등이 첨가되면서 사태는 걷잡을 수 없이 치달았던 것이다.

그 당시의 한 독일인이 찰스 1세가 처형당하던 현장을 그린 그림이다. 이는 재판을 통해 신민들이 그들의 군주를 처형한 최초의 사건이었다.
—

3) 공위 시대(1649~1660)와 왕정복고

찰스 1세가 처형된 1649부터 1660년 스튜어트 왕조가 복귀할 때까지 영국에는 왕이 없었던 이른바 공위 시대Interregnum가 계속되었다. 그 사이에 네 차례나 헌정구조가 바뀌었는데, 보통 1653년까지를 공화국 시대라고 부르고 그 이후를 호국경 시대라고 한다. 왕의 처형 후에도 사회는 여전히 불안했다. 왕당파는 지하에 남아 팸플릿 등을 배포하며 세력을 유지하고 있었고, 크롬웰이 이끄는 독립파와 장로교도들의 갈등도 심각했다. 내전의 격동기에 사상 유례가 없을 정도의 급진사상들이 쏟아져나왔다. 그중 가장 중요한 것이 수평파 Levellers 로서 이들은 재산소유자만이 아니라 모든 성인 남자의 참정권과 부의 공평한 분배를 요구했다. 또한 원초적 공산주의를 신봉한 디거즈 Diggers 가 있었으며, 극단적 광신자들도 활약했다. 급격한 변동의 시기는 항상 정치적, 종교적, 사상적 급진화를 수반하는 것이다. 그러나 얼마나 많은 사람들이 팸플릿을 읽었는지를 알 수 없는 상황에서 이 당시 발간된 팸플릿만으로 급진적 사상의 영향력을 추정하는 것은 위험하다.

실질적 통치권은 크롬웰과 군대가 가지고 있었지만, 크롬웰은 의회정부라는 가명으로 군사지배를 채색하려고 했다. 따라서 소위 성인의회 Parliament of Saints 라고 불리는 의회를 성립시켰지만(1653) 곧 해산되고, 크롬웰이 호국경 Lord Protector 으로 추대되었다. 호국경 시대를 통해서 크롬웰은 왕은 아니지만 왕과 마찬가지 권력을 누렸다. 1655년 왕당파의 반란이 일어나자 그는 잉글랜드를 군사지역들로 나누어서 장군들을 파견하여 통치했다. 극단적 청교도였던 크롬웰은 모든 놀이, 연극, 도박, 술집들을 금지시켰는데, 교회의 성상이나 스테인드글라스 등이 이때 많이 파괴되었다. 의회는 국가를 안정시키는 방법은 크롬웰이 왕이 되는 것뿐이라며 그에게 왕위를 제공했다. 크롬웰은 기도와 성찰 끝에 이 제의를 거부했는데, 군대가 왕정의 부활을 용납하지 않으리라는 사실을 알고 있었던 것도 중요한 이유였다.

크롬웰은 1657년 자신의 아들을 후계자로 지명하고 사후를 준비했다. 비록 다수의 지지를 얻지는 못했지만, 무정부상태를 종식시킨 점은 크롬웰의 공적이라고 할 수 있다. 1658년 사망하여 웨스트민스터 대성당에 안장되었던 크롬웰은 왕정복고 후 반역자로 규정되었다.[1] 크롬웰의 아들 리처드가 호국경직을 계승했지만, 아버지와 달리 야심이 전혀 없었던 그는 직책에서 물러나기만을 갈망했다. 크롬웰이 사라지자 군대 지휘관들의 갈등이 심화되는 한편, 20년간에 걸친 대혼란에 식상한 대중의 여론도 비등해졌다. 드디어 1660년 내전 이전의 형식대로 의원선거가 치러지고 왕당파가 다수를 차지함으로써 왕정복고가 결정되었다. 프랑스에 망명해 있던 찰스 1세의 아들이 런던에 입성하던 날 거리는 온통 종소리와 꽃과 포도주로 가득 찼다. 아버지를 죽음으로 내몬 사람들이 이제 아들에게 환호를 보냈던 것이다.

공위 시대에는 청교도들이 득세했으므로 국교회 신봉이 불법화되어 성직자들이 쫓겨나고 교회재산은 몰수되었다. 내전 때 잉글랜드가 스코틀랜드와 동맹을 맺은 후부터 장로교가 잉글랜드에서 중요한 자리를 차지했다. 그러나 군대에서 독립파가 단연 우세했음은 앞에서 살펴본 바와 같다. 뜻을 같이하는 신교도들이 자발적으로 만나 아무런 강제나 압력 없이 독립적으로 행동해야 한다고 믿은 독립파는 일반적으로 종교의 관용과 자유를 주장했다. 유명한 문필가 존 밀턴도 독립파였다. 밀턴은 크롬웰 정부의 관리를 지냈는데, 영어로 쓰인 가장 정교한 자유언론의 옹호서라고 불리는 《아레오파기티카 Areopagitica》(1644)를 저술했다. 《천로역정 Pilgrim's Progress》(1678)을 쓴

---

1 죽은 지 2년이 넘은 그의 시체가 부관참시되었고, 그의 머리는 20년 이상 의회 바깥에 전시되었다.

존 버니언도 독립파였다.

3. 복고 왕정

1) 찰스 2세(1660~1685)

찰스 2세는 망명생활의 경험으로 정치에 예민한 감각을 가지게 되었지만, 천성이 게으르고 우유부단했다. 무엇보다도 도덕관념이 느슨했던 그는 수많은 정부와 서자들을 두었다. 그러나 왕의 도덕적 느슨함은 엄격한 청교도 시대를 거친 국민들로부터 오히려 환영을 받았다. 찰스가 돌아오고 몇 년이 지나서야 의회는 왕정복고에 관한 입법을 완성하고 내전 이전에 스튜어트 왕조를 반대했던 사람들을 사면했다. 그러나 찰스 1세를 교수대에 보낸 사람들 중 살아 있는 26명은 처형했다. 그 외에 왕과 교회가 이전에 소유하고 있던 재산은 예전대로 회복시켰으나, 왕당파들의 개인재산에 관해서는 아무런 보상도 이루어지지 않았다. 중요한 점은 비록 왕이 돌아왔지만, 그가 돌아온 세상은 혁명 전 세상이 아니었다는 사실이다. 성실청Star Chamber[2] 같은 왕의 특권법정도 영원히 사라졌다.

국교회도 다시 수립되었다. 획일법Act of Uniformity(1662)이 제정되어 모든 성직자들은 국교회 기도서와 교리가 명시된 39개 조항을 받아

---

[2] 튜더 시대 이래 왕의 자문회의가 열리던, 천장에 별 모양이 새겨진 방. 주로 왕권의 도구로 이용되었다.

들여야 했다. 20세기 후반까지 사용된 이 기도서는 청교도들의 요구를 전혀 수용하지 않은 것이었다. 전체 9,000명의 성직자 가운데 약 2,000명이 이 법을 거부하고 국교회에서 축출되어 비국교회Non-Conformist의 기초를 이루었다. 혁명 이전과 달리 복고 시대의 종교정책은 비국교회의 존재를 인정했지만 비국교도들은 심각한 불이익을 감수해야 했다.

복고 시기에 해상력에서 잉글랜드의 경쟁국이던 네덜란드와의 갈등이 격화되었다. 갈등의 원인은 무엇보다도 1650~1651에 제정된 항해법이었는데, 이 법은 잉글랜드와 교역대상이 되는 모든 상품은 잉글랜드의 선박을 이용해야 한다는 규정을 담고 있었다. 그러나 흑사병 이래 가장 심각한 대역병이 돌기 시작했을 뿐만 아니라(1665), 런던에 대화재가 발생한(1666) 상황에서 전쟁은 잉글랜드에 불리하게 진행되었다. 전쟁을 종결짓는 협상에서 네덜란드는 북아메리카의 식민 도시인 뉴암스테르담을 잉글랜드에 양도했는데, 이곳은 뉴욕이라는 새 이름 아래 발전하기 시작했다.

태양왕이라고 불린 프랑스의 루이 14세를 존경한 찰스 2세는 그와 비밀조약을 맺어 적절한 때가 되면 가톨릭으로 개종할 것과 잉글랜드 전체를 함께 개종시킬 것을 약속했다(1670). 실제로 2년 후에 찰스는 신교信敎 자유령Declaration of Indulgence을 반포하고, 가톨릭과 비국교회 신교도들에게 관용을 허용했다. 그러나 다음 해 찰스가 루이 14세와 맺은 비밀조약이 폭로되자, 찰스는 신교 자유령을 철회할 수밖에 없었다. 왕을 믿지 못하게 된 의회는 더 나아가서 정부관직과 군대 지휘관직으로부터 가톨릭을 배제하는 심사법Test Act을 통과시켰다

(1673). 이때 왕의 동생인 요크 공작 제임스는 가톨릭 교도임을 부정하지 않고 해군 총사령관Lord Admiral 자리에서 사임함으로써 의회 지도자들에게 도전했다. 루이 14세가 네덜란드에 대항하여 벌인 전쟁에서 왕이 루이 14세를 지원하자 의회는 같은 신교국인 네덜란드에 대한 지원을 주장하며 반대했으며, 요크 공작 제임스의 딸 메리와 네덜란드의 오렌지 공작 윌리엄(오라녜 공작 빌렘)의 결혼을 성사시켰다. 이제 잉글랜드는 전쟁 당사자 모두와 개인적 관계를 맺게 되었고, 의회가 네덜란드에 지원을 결정했을 때 잉글랜드 병사들은 전선의 양편에서 싸우게 되었다.

1679년 찰스는 의회를 해산하고 새로운 선거를 실시했다. 이 선거는 정당노선을 따라서 행해진 최초의 선거였는데, 왕에게 충성한 사람들은 궁정당Court Party을, 반대한 사람들은 지방당Country Party을 형성했다. 선거에서 후자가 절대다수로 승리했다는 사실은 국민의 반가톨릭 정서를 잘 보여준다. 1679년에 소집된 의회의 가장 중요한 사안은 왕위계승 문제였다. 찰스에게는 18명의 서자가 있었으나 적자는 한 명도 없었기 때문에 동생 제임스가 계승자가 될 수밖에 없었다. 그러나 그는 가톨릭 신자였다. 제임스의 계승을 막기 위해서 의회가 가톨릭 교도의 왕위계승 배제 법안을 토의하기 시작하자, 동생의 계승을 원하고 있던 왕은 의회를 해산했다.

새로운 선거가 실시되었을 때, 휘그Whig와 토리Tory라는 용어가 보편적으로 쓰였다. 이 용어들은 처음에는 경멸조로 사용되었다. 휘그란 원래 스코틀랜드의 가축도적을 일컫는 말로 자연히 신교도를 지지하는 파에 사용되었으며, 아일랜드의 산적들을 일컫는 비하조의 별명이던 토리는 가톨릭 지지자를 의미했다. 토리를 가톨릭 지지자라고 칭하는 것은 사실 정확하게 맞아떨어지는 것은 아니었다. 이들은 국교회 신봉자들이었고 가톨릭 교도들에게 관용을 베풀려고 하지 않았다. 그러나 어쨌든 당시 상황에서 토리는 제임스의 왕위계승을 지지함으로써 토리라는 별칭을 얻게 되었다.

왕위계승 문제가 미해결인 채 남아 있었지만, 찰스는 매우 행복한 말년을 보내어 '유쾌한 군주'로 불렸다. 찰스는 죽기 직전 가톨릭 사제로부터 마지막 영결미사를 받음으로써 그가 가톨릭인지, 국교도인지의 의문에 확실한 답을 제공했다.

2) 제임스 2세(1685~1688)

메리 여왕 이후 공인된 가톨릭 교도로는 처음으로 왕위에 오른 제임스는 개인적 신앙과는 상관없이 국교회의 기존 법을 준수하겠다고 서약했다. 그러나 그는 곧 가톨릭 교도들을 정부 요직과 군대 지휘관직에 임명함으로써 선왕 때 의회가 제정한 심사법을 위반하는 한편, 두 차례나 신교 자유령을 반포하고 가톨릭과 비국교도에 대한 처벌법을 유보시켰다. 그의 행동에도 불구하고 왕권에 대한 존경심을 가지고 있던 국교회 주교들은 참고 있었다. 그러나 그의 정책은 너무 지나쳤고 국민정서는 반제임스로 기울었다. 제임스에게는 전처 소생의 신교도인 딸만 둘이 있었는데 국민들은 신교도 여왕이 즉위할 때까지 참고 기다리고 있었다. 그러나 청천벽력으로 가톨릭 교도인 둘째 왕비에게서 결혼 15년 만에 아들이 태어나자(1688), 다음 왕 역시 가톨릭일 것이 자명해졌다. 이에 의회 지도자들의 음모가 시작되었다.

휘그와 토리를 망라한 의회 지도자들은 제임스 맏딸의 남편인 네덜란드의 오라녜 공작에게 잉글랜드를 침략하도록 요청했다. 오랜 숙고 끝에 윌리엄이 드디어 동의했다. 오라녜 가문은 네덜란드 공화국의 정부수반을 배출하는 가문이었고, 윌리엄은 에스파냐로부터 네덜란드의 독립을 성취한 '침묵의 윌리엄William the Silent'의 증손자였다. 윌리엄이 대규모 함대와 1만 5,000명의 병사를 이끌고 잉글랜드에 상륙했을 때 제임스는 마치 정신분열증 환자처럼 행동했다. 제임스는 자신을 전복시키려는 계획을 알고 있었지만 군대를 모집하지도 않고 아무런 대책도 강구하지 않은 채 어쩔 줄 몰라 하다가 프랑스로 도주해버렸다. 스튜어트 가의 원래 기반인 스코틀랜드도 가톨릭 교도보다는 신교도를 선호했다. 윌리엄은 아내인 메리와 동등한 통치권을 요구했기 때문에 윌리엄 3세와 메리 2세로 공동왕위를 제공받았다.

4. 명예혁명과 의회주권

1) 명예혁명과 권리장전

피 한 방울 흘리지 않고 왕이 바뀌었다고 해서 1688년의 사건은 명예혁명Glorious Revolution이라고 불린다. 그러나 잉글랜드에서는 그랬지만 제임스와 윌리엄의 마지막 전투는 실상 아일랜드의 보인 강에서 치러졌다. 명예혁명 후 소집된 의회는 가톨릭 교도의 왕위계승 배제를 확실히 하는 한편, 새로운 통치자와 맺은 계약의 법전화라고 할

메리 2세와 윌리엄 3세는 서로를 존경했으며 믿고 의지했다. 명예혁명 이후 '권리장전'을 수락하고 공동왕위에 올랐으나, 메리 2세는 남편의 부재 중에만 정무를 보았다. 윌리엄 3세는 루이 14세의 야심에 맞서는 유럽 세력을 이끌었으며 의회정치의 기초를 닦았지만 외국인이라는 이유로 국민들로부터 사랑받지 못했다.

—

수 있는 권리장전Bill of Rights을 발표했다(1689). 권리장전은 왕이 법을 마음대로 유보시킬 수 없고, 의회의 동의 없이 과세할 수 없으며, 의회선거는 자유롭게 실시되어야 하고, 의회의 논의는 완전히 자유로워야 한다는 등의 13개 항목으로 구성되어 있었다. 의회는 의도적으로 윌리엄과 메리에게 지속적인 재정지원을 보장하지 않았고 과세도 1년에 한 번씩 의회의 허가를 받도록 조치했다. 평화시에 상비군을 유지할 수 있는 권한도 박탈하여 군대유지는 반란법이 통과되면 1년씩만 가능했는데, 이것으로 의회가 군대를 통제할 수 있었다. 따라서 과세와 징병문제를 해결하기 위해서라도 왕은 매년 의회를 소집하지 않을 수 없었다. 1694년에 의회가 3년마다 해산되고 재구성되어야 한다는 것이 법으로 확정되었으며, 1716년에 7년마다의 소집으로 수정되었다.

명예혁명은 또한 정부재정이 왕 개인의 것이라는 생각에 종지부를 찍었다. 이 사실은 이미 16세기에 확인되었지만, 이제 정부를 운영하는 데 필요한 돈은 국민으로부터 나와야 한다는 원칙이 수립되었다. 따라서 정기적 징세제도가 마련되었고, 국가재정이 확실하게 의회의 손에 놓여졌다. 의회에 의해서 매년 부과되는 세금은 대부분 관세와 포도주, 커피, 차 등에 대한 소비세 형태의 간접세였고, 직접세로는 토지세가 도입되었다. 소비세는 역진세의 성격을 띠기 때문에 결과적으로 부의 축적을 가능하게 했는데, 이렇게 축적된 자본이 18세기를 통해서 도로, 운하 등의 사회간접자본에 투자되었다. 또한 지주층이 의회를 통해서 스스로에게 토지세를 부과했다는 사실은 잉글랜드의 과세가 다른 나라와는 다른 기반에 놓이게 되었음을 의미했다. 그

1689년의 권리장전 원본이다. 영국의 권리장전은 미국의 독립선언, 버지니아 권리장전, 매사추세츠 권리선언 등에도 영향을 주었고, 이들을 통해 다시 프랑스 인권선언에도 영향을 끼쳤다.
—

러나 자진신고 형식을 취하던 이 제도가 악용되자 대프랑스 전쟁 때문에 자금이 필요하게 된 수상 소피트가 결국 1798년 개인소득세로 대체하게 된다.

명예혁명 이후 잉글랜드 왕은 법의 집행을 정지할 수 있는 특권을 상실했다. 이제 정치적 논의와 활동의 중심지가 궁정에서 의회로 바뀌었으며, 국민에게 책임지고 국민에 의해서 통제되는 정부라는 개념이 확립되었다. 16세기까지 유지되던 왕의 우선권이 '의회 안의 왕'이라는, 즉 국가의 최고권위를 왕과 의회가 나누어가진다는 개념으로 대체되었던 것이다. 의회는 또한 관용법(1689)을 제정하여 비국교도들[3]에게 예배장소를 허용했다. 이들은 여전히 공적 활동에서 배제되었지만, 1년에 한 번 국교회 성찬식에 참여함으로써 차별을 피할 수 있었다.

19세기 휘그 역사가들은 명예혁명을 불가피한 역사적 발전으로 해석했다. 즉 명예혁명은 의회정치의 도래와 자유주의 및 민주주의로의 발전에서 불가피한 단계였다는 것이다. 더 이상 종교문제로 싸움을 벌이는 일이 일어나지 않았으며, 사회는 점점 세속화하여 근대사회의 발달을 준비하게 되었고, 무엇보다도 왕권과 의회주권의 갈등이 해결되어 의회주권의 정당성이 확실해졌다는 것이다. 이처럼 왕권의 제한과 의회의 발달을 강조하는 휘그적 해석에는 물론 신화적 요소가 있지만, 그럼에도 불구하고 국내 정치 발전에 대해서 가장 설득력 있는 해석을 제공해준다. 최근에는 1688년의 사건이 혁명이 아니라 단순히 왕조의 변화에 불과하다며 혁명의 가치를 평가절하하는 반론도 있지만, 명예혁명이 진정 새로운 시대를 연 사건이었다는 사실은 확실하다.

1688년 혁명은 주권이 어디에 있는가의 문제를 해결했으며 이를 계기로 자유의 영역이 넓어졌다. 이것은 의회가 과세권을 가지며 군대는 최소한으로 유지되고, 사법권은 독립되어야 한다는 원칙 위에

---

3 원래는 국교도가 아닌 모든 사람들을 칭했지만 이때쯤 되면 가톨릭을 제외한 개신교도를 칭하게 되었다.

서 정부의 권력을 제한함으로써 이루어졌다. 또한 폭정에 대해서 반란을 일으킬 수 있는 권리와 인신보호의 권리, 법 앞에서의 평등 등은 다른 나라에서는 19세기에나 겨우 실현된 권리들이었다. 명예혁명 후에도 왕권은 계속 축소되어 앤 여왕 이후에는 양원이 통과시킨 법에 대해 왕이 거부권을 행사할 수 없게 되었다. 또한 출판, 언론, 양심의 자유 등 잉글랜드인들이 향유하는 권리들은 점점 더 늘어났다. 18세기 잉글랜드는 자유의 나라로 불렸으며, 자유는 잉글랜드인 정체성의 가장 중요한 기준이 되었다.

그러나 왕권은 실질적으로 1688년의 해결이 암시하는 것만큼 제한되지 않았다. 왕은 후견제와 관직 임명권을 통해서 여전히 막강한 권력을 행사할 수 있었으며, 의회를 통제하는 관행도 계속되어, 1820년 즉위한 조지 4세까지도 진정한 의미의 왕정을 유지했다고 말할 수 있다. 또 하나의 오랜 전통이 1689년 이후에도 지속되었다. 즉 귀족이 여전히 중요한 집단으로 남아 있었다. 지도급 정치가들은 거의 모두 상원에 자리잡고 있었으며, 이 관행은 19세기에도 계속되어 글래드스턴을 제외한 역대 수상들이 상원을 기반으로 하여 통치했다. 따라서 영국 역사에서 상원을 무시하는 것은 잘못이라고 하겠다.

2) 토리와 휘그의 정치철학

명예혁명은 초당적 지지를 받았지만, 그것과 관련한 정치이론은 휘그와 토리에 의해서 각각 다르게 발전했다. 존 로크가 개발한 휘그 정치이론은 보다 급진적이었는데, 정치에서 휘그가 주도권을 잡게 되면서 정치철학에서도 휘그 사상이 압도하게 되었다. 토리의 중심

개념은 질서였다. 이를 위해서 토리는 왕의 절대적 권위와 신이 부여한 혈통에 의한 계승의 원칙을 주장했다. 모든 사람은 태어나면서 부모에게 복종하듯이 왕에게 복종해야 한다고 주장한 토리들은, 자유로운 개인들이 계약에 의해서 정치사회를 구성했다는 로크의 개념을 부정했다. 신민의 권리를 왕의 권위 위에 놓고 그들의 의지대로 법을 제정하는 곳에서는 자유조차 보존될 수 없다는 주장이었다. 그런 곳에서는 자유는 방종이 되고 모든 질서는 무정부상태로 전락한다는 것이었다. 토리들은 절대왕정보다 무질서를 더 두려워했다.

토리는 또한 처음에는 의회주권을 거부했다. 대표적 토리 사상가 로버트 필머는 주권은 왕에게 있고, 의회는 단지 그에게 자문을 제공할 수 있을 뿐이며 왕의 은총에 의해서만 존재할 수 있다고 주장했다. 다른 토리들은 노르만 정복이 왕을 절대적으로 만들었으며, 정복자인 왕이 신민에게 자유와 특권을 주었을 때에만 개인은 그것을 소유할 수 있다며 왕의 절대권을 옹호했다. 그러나 시간이 지남에 따라서 토리들도 신의 대리인인 왕이 폭군이 되어서는 안 된다는 점을 인정했다. 보다 온건한 토리들은 왕은 궁극적으로 법 위에 군림하고 의회가 그의 권위를 제한할 수 없지만, 왕이 법의 테두리 내에서 그리고 의회의 조언을 받아 행동해야 한다는 점을 인정했다. 앤 여왕 시기에 이르러서는 토리 정치철학도 더 이상 절대적 주권이 왕에게만 있다고 보지는 않았다. 그러나 그들은 여전히 인민주권을 거부하고 무저항과 복종을 가르쳤다.

이에 반하여 휘그의 역사해석에서는 자유 개념이 근간이 되었다. 로크는 19세기까지 영국 사회를 장악한 휘그 정치사상의 기반을 마련했다. 1670~1680년대에 휘그 파의 샤프츠버리 백작 휘하에서 일하던 로크는 백작과 더불어 네덜란드에 망명했다가(1683) 제임스 2세가 축출된 후 돌아와서 휘그의 명분을 정당화하는 이론을 제시했다. 로크는 정치사상가일 뿐만 아니라 경험주의 철학의 기초를 마련했는데, 철학자로서 로크는 모든 지식은 경험으로부터 나오고 경험의 기초는 감각적 지각이기 때문에 인간의 오성은 절대적 확실성에 도달할 수 없다고 주장했다. 이처럼 절대적으로 확실한 진리는 없다고 믿었기 때문에, 그는 그럴듯한 지식에 근거해서 타인을 처벌하는 것을 비합리적인 행동으로 간주했다. 따라서 그는 절대왕정을 혐오하고 제한된 정부를 주장함으로써 자유주의의 기초를 마련했다.

특히 필머의 정치사상에 반발한 로크는 《시민정부론Two Treaties on Government》(1690)에서 유명한 사회계약론을 개진했다. 자연상태의 인간은 본질적으로 이성적이고, 사회의 자연법칙을 존중하며, 특히 "생명, 자유, 재산을 해치면 안 된다"는 규칙을 준수했다. 그러나 모든 사람들이 자연법을 추종하는 것은 아니므로 사회계약이 필요하게 되었고, 이 계약에 의해서 국민은 지도자를 선택하고 정부를 구성했다. 그러나 이때 국민이 주권을 양도한 것은 아니어서 정부는 단지 피치자의 동의에 의해서만 통치할 수 있다. 계약에 의해서 통치자는 신민의 생명, 자유, 재산을 유지하도록 위임받고, 신민은 그가 그렇게 하는 데 필요한 만큼만 자유를 양도한다. 그러나 만약 통치자가 신민의 자연권을 침해하면 그것은 계약위반이므로 신민은 새 통치자를 지명할 자유가 있다는 것이다. 로크의 이론에 의해 시민사회는 그것을 구성하는 개인들의 행복을 위해서 존재하는 것이라는 원칙이 정립되었다. 그러나 현실적으로는 사회의 주요 구성원을 재산소유층으로 제한함으로써 민주주의 이론이 아니라 자유주의 이론의 기초가 되었다. 재산은 인간의 이성과 근면과 노력을 측정하는 판단기준이었던 것이다.

5. 사회경제적 변화

17세기 말에 이르러 증대하는 농업자본가층의 요구에 부합하는 새로운 형태의 국가가 탄생했다. 혁명기에 왕이 누리던 모든 종류의 봉건적 부과금과 징발권 등이 폐지되었다. 혁명 후 지주층의 세력은 훨씬 더 강화되었고, 1688년의 협정은 농업자본주의의 발달에 박차를 가했다. 17세기 말이 되면 경제적인 것과 정치적인 것의 혼합이 끝나고 국가와 시민사회의 제도적 분리가 이루어졌다. 지주층이 장악한 의회는 입법을 통해서 자신들의 이익을 더욱 보호했다. 즉 소규모 차지농의 보유권이 약화됨으로써 지대를 함부로 올리거나 차지농을 쫓아낼 수 있게 되었으며, 인클로저가 더욱 확산되었다. 의회를 지배한 지주층은 정치적 신념의 차이를 떠나서 농업자본주의의 경제적 이해관계에 의해서 결합되어 있었다. 농업자본주의의 성장은 농촌에서의 사회관계를 변화시켰다. 특히 1690~1750년에는 소젠트리와 자영농으로부터 대지주층으로 재산의 이동이 심화되어 대지주-차지농-농업노동자라는 구조로 대표되는 농업자본주의가 정착했다. 마르크스와 베버가 다 같이 영국 자본주의 발달의 주요 요인으로 간주하는 농민층의 파괴는 바로 인클로저가 가져온 결과였다.

튜더·스튜어트 시대는 기본적으로 고도로 세분된 신분사회였다. 그러나 신분의 유동성은 활발했다. 특히 제임스 1세 때 귀족이 2배 증가했는데, 왕권강화와 재정의 필요성 때문에 왕이 귀족의 지위를 팔아넘겼기 때문이었다. 그 결과 15세기 말에 40명에 불과하던 귀족들이 1603년에 55명, 그리고 1628년에는 126명으로 늘었다. 이때 준남작baronet이라는 새로운 작위도 생겨났다. 젠트리 역시 1450년 경 5,000명의 기사와 신사들로 구성되어 있었지만 1625년에 이르면 2배 이상 증가했다. 이들 가운데 일부는 상인 출신이었지만 대부분은 자영농으로부터 신분상승한 사람들이었다. 이처럼 도시 상인과 전문직 종사자들이 영지를 구입해 지주로 행세하는 것에 반발해서, 조상이 기사였던 신사층이 스스로를 구분하기 위해 '스콰이어'라고 부름으로써 '에스콰이어'라는 세분된 층이 생겨났다. 에스콰이어 밑에는 단순 젠틀맨이 위치했다.

제1부 6장에서 살펴보았듯이 젠트리는 세습귀족과 함께 귀족사회를 구성했는데, 이들의 구분은 명확하지 않았다. 1560~1640년에 세습귀족의 2/3가 교역이나 산업활동에 관계하고 있을 정도로 잉글랜드의 귀족층은 유럽의 다른 곳에서처럼 낡아빠진 특권 개념이나 혈통의 순수성이라는 망상에 빠져있지 않았다. 지주층과 금융 및 상업 투자가들은 부라는 매개체에 의해서 융합되어 단일 엘리트층을 형성했다. 이처럼 잉글랜드에서는 도시와 지방의 통합 및 경제적 유통과 사회적 이동이 순탄하게 진행됨으로써 프랑스와 같은 엘리트 내부의 분열과 혁명이라는 과정을 피해 갈 수 있었다. 국가통치제도는 매우

취약하여 경찰력도 없었고 1630년대에 유급관리는 총 2,000명 미만이었다. 국가의 통치는 여전히 지주들에 의한 '합의에 의한 통치'로서, 17세기 초에는 3,000명, 그리고 17세기 말에 이르면 5,000명 정도의 젠트리의 수중에 맡겨져 있었다.

1696년경 잉글랜드와 웨일스의 인구구성을 관찰한 그레고리 킹은 당시 인구를 26개의 신분으로 나누었다. 가장 높은 신분은 160가문의 세습귀족이 차지했고, 맨 밑바닥에는 유랑자들이 위치했다. 킹은 세습귀족의 연수입을 2,800파운드로, 에스콰이어는 498파운드로 추정했다. 평민층에서는 요먼이 상부에 위치했다. 요먼은 원래 영국에서 태어난 자유민으로, 매년 그 자신의 자유지에서 연수입 40실링을 처분할 수 있는 자를 칭했다. 킹에 의하면 요먼은 연수입 50~84파운드로 신분상 16~17번째 서열에 위치했다. 요먼 아래 신분인 자유농farmer은 연수입 44파운드였다. 킹이 만든 신분 사다리의 아랫부분에는 연수입이 각각 15파운드와 6파운드인 농업노동자와 오두막농이 놓여 있었다.

스튜어트 시대의 경제에서 특기할 사실은 농업생산력의 향상이다. 잉글랜드는 1670년부터 곡물 수입국이 아니라 수출국으로 변모했는데, 주로 인클로저로 가능해진 경작면적의 확대와 새로운 경작방법 덕분이었다. 소규모 제조업도 성장하여 17세기 말 잉글랜드의 주된 산업은 가내공업에 의한 모직물 공업이었다. 원래 잉글랜드는 양모를 수출했는데, 17세기에 정부는 이것을 금지하고 모직물 완제품의 수출을 장려했다. 17세기 말 견직, 마직, 유리, 주석, 납, 석탄 등의 생산도 활발해지기 시작했다.

문자해독률

(단위: %)

	1500	**1600**	**1700**
남	10	27	40
여	1~2	8	22

상업의 팽창은 보다 더 인상적이다. 여기에서도 정부의 적극적 협조가 크게 기여했는데, 1660~1700년에는 수출이 50퍼센트, 수입은 30퍼센트 증가했다. 상인, 선박소유주, 운송업자들이 자금을 필요로 하자 원시적 은행업도 발달하기 시작했다. 스튜어트 시대에는 점차적으로 단일한 통일된 국가경제가 대두하여 단일시장이 형성되었다. 제조업과 상업 발달의 부산물로 해안이나 강변에 도시가 발달했는데, 무역과 제조업이 집중된 런던은 16세기 초부터 100년간 7배나 급속히 팽창했다. 1640년대에 이르면 런던은 50만 명이 넘는 인구를 자랑하는 유럽 최대의 도시가 되었다. 런던의 과대팽창은 런던 다음으로 큰 50개의 도시들을 모두 합친 것보다 인구가 더 많았다는 사실에서 잘 드러난다. 이 시기 교육의 확대로 문자해독률도 증가했다. 1620년대에는 모든 젠틀맨, 장인들과 요먼의 반 이상이 서명하고 글을 읽을 수 있었으리라고 추정된다.

6. 스튜어트 왕조 말기

1) 윌리엄 3세(1688~1702)와 메리 2세(1688~1694), 앤(1702~1714)

요크 공작 제임스의 맏딸인 15세의 메리는 외국인과 결혼해야 한다고 들었을 때 이틀 동안 울었다. 그러나 메리는 진지하고 엄격한 칼뱅주의자인 윌리엄을 존경하게 되어 두 사람은 원만한 결혼생활을 누렸다. 윌리엄의 즉위를 계기로 그때까지 적대적이던 네덜란드와 잉글랜드의 관계가 개선되고, 이제 잉글랜드의 주된 적은 프랑스가 되었다. 특히 네덜란드와 에스파냐 등이 루이 14세에 대항하여 벌인 아우구스부르크 동맹전쟁(1689~1697)과 에스파냐 왕위계승전쟁(1701~ 1713)이 중요한데, 이 전쟁들이 끝날 때쯤 잉글랜드는 유럽의 강대국 중 하나로 부상했다. 프랑스와의 적대관계는 상업적 이해의 충돌 때문이기도 했지만, 루이 14세가 계속 제임스 2세를 후원했기 때문에 어쩔 수 없었다.

잉글랜드가 전쟁에서 승리할 수 있었던 것은 재정지원이 원활했던 덕분이었다. 명예혁명 후 의회는 사회적, 정치적 엘리트인 지주층이 장악했고 왕은 이들의 동의를 얻어 국가의 부에 접근할 수 있었는데, 이 방법은 절대왕정하에서의 재정조달보다 훨씬 더 효율적이었다. 의회는 윌리엄과 메리에게 제임스 2세보다 2배 이상의 국가예산을 책정해주고 왕의 부채에 대한 이자를 지불해주었으며, 증가하는 국채를 운영하기 위해서 잉글랜드 은행을 설립했다(1694). 잉글랜드 은행의 창설이야말로 윌리엄과 메리의 치세 때 일어난 가장 중요한 사건일 것이다. 당시 프랑스와의 전쟁으로 돈이 필요하게 된 정부는 120만 파운드를 정부에 대부해주는 대가로 잉글랜드 은행에 예금수신, 대부, 은행권 발부 등의 특혜를 부여했고, 이 은행을 통해서 정부는 신용에 의존하여 대외전쟁을 치를 수 있었으며 식민정책도 추진할 수 있었다. 잉글랜드 은행의 창설은 또한 국채에 대한 투자의 길을 마련해줌으로써 토지가 아닌 부에 의한 재산축적과 세습이 가능해졌고, 상업 및 금융자본주의의 발달을 가져왔다. 1833년 잉글랜드 은행의 지폐가 법정화폐가 되었을 때, 이 은행은 영국 금융제도를 책임지는 기관이 되었다.

윌리엄과 메리는 공동군주였지만, 권리에서는 메리가 윌리엄보다 우선이었다. 그러나 메리는 남편에게 순종하고 자신의 권리를 주장하지 않았다. 윌리엄은 메리가 죽은 후 인기가 떨어지기 시작했는데, 외국인이라는 사실보다도 그가 토리와도 휘그와도 가깝지 못했다는 것이 주된 원인이었다. 윌리엄이 사망하자 제임스 2세의 작은 딸인 앤이 스튜어트 왕조의 마지막 군주가 되었다. 덴마크 왕을 남편으로 둔 앤 여왕(1702~1714)은 일생 17번 임신했지만, 어느 자식도 유년기를 넘기지 못했다.

1700년경 여왕에게 후손을 기대할 수 없다는 것이 확실해지자, 의회는 스튜어트 왕가의 가장 가까운 혈통이면서 신교도인 하노버 Hanover의 여선제후 소피아(제임스 1세의 손녀)에게 왕위를 제공하기로 결정하고 서둘러 왕위계승법Act of Settlement을 통과시켰다(1701). 이 법은 프랑스에서 자신의 권리를 주장하고 있는 제임스 2세의 아들을 배제하기 위해서 모든 잉글랜드 군주는 국교도여야 하며, 어떠한 군주도 의회의 동의 없이 나라를 떠날 수 없음을 명시했다. 이 법의 통과를 놓고 스튜어트 왕가의 계승을 원하는 토리와 신교도 우선을 주장하는 휘그와의 갈등이 있었다. 만약 제임스 2세의 아들이 왕관을 위해서 종교를 포기했다면 문제는 쉽게 해결되었겠지만, 그는 가톨릭 교회의 미사가 런던보다 더 중요하다는 고집을 꺾지 않았기 때문에

앤 여왕은 스튜어트 왕가의 마지막 군주이다. 그녀의 통치기에는 휘그와 토리의 극심한 대결이 이어졌는데, 불확실한 여왕의 후계자 문제를 놓고 더욱 심화되었다.
—

토리들조차 신교주의의 확인을 위해서 혈통에 의한 계승을 포기할
수밖에 없었다.

2) 연합왕국의 성립

앤 여왕을 마지막으로 스튜어트 왕조가 단절될 것이 확실해지자,
스코틀랜드가 예전처럼 잉글랜드에 적대적 관계로 돌아갈지도 모른
다는 우려가 나타나기 시작했다. 이에 잉글랜드는 경제적 이권을 보
장하고 법과 교회와 통화제도의 독립을 약속하며 스코틀랜드에 국가
통합을 제의함으로써 양국의 합병이 이루어졌다(1707). 이로써 브리
튼 섬의 통일이 이루어진 것이다. 스코틀랜드는 식민지를 포함한 잉
글랜드의 모든 시장에 자유롭게 접근할 수 있는 동시에 석탄과 소금
등 몇몇 산업은 잉글랜드의 경쟁으로부터 보호받기로 되었는데, 실
제로 통합 후에는 당장 눈에 띌 만한 경제적 혜택이 보이지 않았다.
1715년 스튜어트 왕실의 복구를 위해서 벌인 자코바이트 난은 이러
한 스코틀랜드의 좌절을 이용한 것이었다. 스코틀랜드 경제와 잉글
랜드 경제의 결합은 18세기에 남겨진 과제였다.

이 책에서는 잉글랜드, 웨일스, 스코틀랜드가 통합된 연합왕국
United Kingdom of Great Britain을 영국이라고 칭하기로 한다. 물론 아일
랜드의 합병은 다시 한 세기를 기다려야 했지만, 아일랜드는 결코 진
정한 의미에서 영국과 통합되지 못했기 때문에 1707년 이후의 연합
왕국을 영국이라고 부르는 데 잘못은 없을 것이다.

5장

성숙:
긴 18세기

1714	하노버 가의 조지 1세 즉위
1715	제1차 자코바이트 난
1721	월폴의 수상직 등용
1745	제2차 자코바이트 난
1756~1763	7년전쟁
1760	조지 3세의 60년간의 치세 시작
1767	하그리브스의 방적기 발명
1769	제임스 와트가 개선한 증기기관의 등장
1776	미국 독립선언 ; 애덤 스미스의 《국부론》 발간
1792	프랑스 혁명 전쟁과 나폴레옹 전쟁 시작
1800	아일랜드 합병
1805	넬슨 제독의 트라팔가르 해전 승리
1815	나폴레옹의 몰락과 빈 회의

18세기 영국 사회는 자본주의적, 물질적, 시장지향적, 세속적, 실용적, 경제적 압박에 반응한 사회였다. 그러나 그 정치제도와 사회세력의 분배는 창피할 정도로 계서적이고 전통적이고 특권적이었다.

엘리트 층은 명예혁명과 더불어 정치적 자유를 공고히 한 후 1688년의 헌정체제를 완벽한 것으로 간주하여 더 이상의 변화가 필요없다고 고집을 부렸다. 무엇보다 문제는 정치적 과두제였는데 약 1,500개의 지주가문들이 지배층을 구성하고 있었다. 영국 사회는 사회적, 지적 갈등, 개인주의의 발달과 윗사람에 대한 존경심의 쇠퇴, 중간부류의 정치적 참여에 대한 요구, 급속한 경제성장에 의해서 한층 복잡해지고 있었고, 동시에 사회적 왜곡이 심화되고 있었다. 금전이 지배하는 사회, 돈이 최고의 가치가 된 사회, 대니얼 디포의 소설이 너무도 잘 보여주는 사회가 바로 18세기 영국 사회였다. 18세기 영국 사회는 또한 존 게이의 〈거지 오페라〉에서 보듯이 폭동과 절도와 무질서가 끊임없이 발생하는 사회였다. 경찰력이 존재하지 않았고 법을 집행할 기관이라는 것이 고작 치안관과 치안판사, 소수의 상비군밖에 없는 곳에서는 당연한 일이었다.

18세기에는 제2의 백년전쟁이라고 부를 정도로 전쟁이 끊이지 않았기 때문에 국가는 국민총생산의 많은 부분을 전쟁에 쏟아부었다. 1715년에는 전비가 국민총생산의 7퍼센트에 불과했지만 1811년에는 27퍼센트로 급증했다. 국민 1인당 세금은 1세기 동안 2배가 되었다. 빈민들은 구빈법으로 다스려졌지만, 그 비용도 100년 사이에 6배로 증가했다. 이 시기는 또한 브리튼과 아일랜드를 통일하려는 오래된 희망이 이루어졌을 뿐만 아니라, 유럽 바깥에도 대제국을 건설한 시기였다. 그러나 아일랜드와의 통합은 한번도 만족스러운 결과를 보지 못했다.

한마디로 18세기 영국은 자유와 법에 대한 존경, 부유하고 강력한 국가, 위대한 해군, 공격적인 제국주의 정책, 활기를 띤 해외무역, 역사상 유례없는 국민 다수의 번영을 누렸지만, 동시에 전쟁과 빈민구제에 필요한 엄청난 비용, 부패의 심화, 지속되는 빈곤, 과도한 음주 습관 등 서로 모순적인 양상들로 가득 찬 사회였다. 그러나 이러한 세속적 사회가 세기말에 이르러 도덕적, 종교적 대전환을 경험했고, 그 경험은 다음 세기에도 지속되었다.

1. 조지 1세(1714~1727), 조지 2세(1727~1760), 조지 3세(1760~1820)

하노버 왕조의 초기에는 여전히 스튜어트 왕조의 정통성을 믿는 토리들이 있었다. 이들이 제임스 2세의 아들을 내세우고 자코바이트 난(1715)을 일으켰지만, 지지를 얻지 못한 채 진압되었다. 휘그의 도움으로 왕위에 오른 조지 1세는 그들을 편애했기 때문에 토리는 완전히 배제되어 일당체제라고 불릴 정도였다. 왕과 휘그 정권은 치안판사직에서도 토리를 내몰았다. 따라서 휘그는 점점 궁정당이 되어가는 한편, 토리는 더욱 반대당의 경향을 띠게 되었다. 그러나 휘그든 토리든 간에 18세기 모든 재산소유자들의 이해관계는 거의 동일한 것이어서 첨예한 분열은 일어나지 않았다.

18세기의 정치적 문제는 어떻게 의회를 소집하지 않고 통치할 것인가, 혹은 어떻게 의회를 분쇄할 것인가가 아니라, 어떻게 의회를 조종할 것인가였다. 유권자에게 베푸는 향응 등으로 인해서 경비가 점차 늘어났기 때문에 선거는 드문 행사가 되었다. 또 하나 18세기

정치의 특색은 관직을 사용하여 정부의 지지구조를 확립하는 후견제 patronage였다. 부패정치의 표본을 보인 이 제도는 수천 개의 관직을 그런 식으로 배분한 월폴의 지배하에서 특히 성했다.

1) 월폴의 시대(1720~1742)

18세기 초의 혼란기와 세기말 급진주의의 대두 사이에서 비교적 평온한 시기였던 월폴의 시대는 그의 별칭인 로빈에서 유래하여 로비노크러시Robinocracy라고 불리기도 한다. 로버트 월폴은 지방지주 출신으로 유능한 행정가이며 웅변가였을 뿐만 아니라 재정관리에 뛰어났으며, 인간의 동기를 파악하는 데에도 천재였다. 그는 정치인들이 나서서 투기를 조장함으로써 인위적으로 10배 이상 조작된 주가가 야기한 남해거품 사건South Sea Bubble(1720)으로 수천 명의 투자가들이 파산한 중대한 정치적, 재정적 위기가 발생했을 때 수상직(당시에는 제1 재무대신First Lord of the Treasury으로 불렸다)에 등용되었다. 월폴은 최초의 수상이라고 불릴 수 있지만, 아직은 왕에 의해서만 임명되고 왕에게만 책임지는 왕의 대신이었다. 그는 내각을 구성하도록 의회로부터 요청받은 적이 없었고, 하원에서 다수당을 이끌지도 않았으며, 그의 사퇴가 동료들의 사임을 야기하지도 않았다.

그는 후견제를 유감없이 이용하여 자기 사람들을 요직에 기용함으로써 정부의 모든 부서를 장악했다. 따라서 월폴의 통치는 독직과 남용, 부패와 횡령이 결부되었다는 평을 받게 되었다. 그는 왕과 왕비뿐만 아니라 의회 의원들을 다루는 데에도 능란한 솜씨를 발휘했다. 그러한 재능은 그에게 정치의 마술사, 사기꾼이라는 별칭을 부여했다.

로버트 월폴은 해군 장관 등을 역임하며 활약했고, 총리 겸 재무장관이 되어 20년간 안정된 정권을 유지하며 최초로 책임내각제를 확립했다.
—

예전의 대신들이 전통적으로 상원으로 옮겨갔던 것과 달리 월폴은 수상이면서 하원의원직을 그대로 유지했다. 정부의 돈줄을 쥐고 있는 하원에 남기로 했던 것이다. 여기에서도 그의 비상한 정치감각을 볼 수 있다. 그는 조지 2세의 즉위 후에도 계속 권력을 유지했지만 에스파냐와의 갈등을 처리하는 과정에서 왕의 지지를 잃어버려 20여 년의 집권 끝에 사임했다(1742). 사건의 발단은 잉글랜드와 서인도제도의 에스파냐 제국과의 무역을 에스파냐 해안경비대가 저지한 것이었다. 과격한 상인들과 지주층은 전쟁을 요구한 반면, 안정과 평화를 지향하던 월폴은 에스파냐와의 협상을 원했으며 전쟁에 소극적이었다.

월폴의 사퇴 후에도 휘그는 여전히 권력을 독점했다. 1754년 월폴의 후계자인 헨리 펠럼이 죽고 그의 형 뉴캐슬 공작(토머스 펠럼 홀리스)이 대를 이었다. 그러나 뉴캐슬은 월폴이나 펠럼과 같은 지도자적 자질을 갖추지 못한 사람이었기 때문에 하노버 왕조 이래 의회를 지배해왔던 휘그들은 이제 지도력을 잃게 되었다.

2) 대외전쟁

1689~1815년까지 영국은 끊임없이 전쟁에 휘말렸는데, 헨리 5세 이후 이처럼 전쟁이 끊이지 않았던 적이 없었다. 전쟁을 통해서 영국은 유럽에서 강대국이 되었고, 해외제국도 크게 확장되었다. 에스파냐 왕위계승전쟁(1701~1713)은 처음으로 유럽의 세력균형 문제를 고려하도록 만들었다. 에스파냐의 카를로스 2세가 후손 없이 사망하자 부르봉 왕가와 합스부르크 왕가가 에스파냐의 왕위를 놓고 경쟁했다. 루이 14세가 손자를 왕으로 세우려고 하자 네덜란드와 잉글랜드를 포함하는 대불동맹이 결성되었다. 이때 존 처칠(후에 말버러 공작, 윈스턴 처칠의 조상)은 동맹군을 이끌고 블레넘Blenheim 전투에서 승리하여(1704), 앤 여왕으로부터 블레넘 궁전을 하사받았다. 그러나 전쟁이 질질 끌자 휘그를 대신하여 토리 정부가 들어서서 유트레히트 조약을 체결했다(1710).

평화를 추구한 월폴 치하에서 20년 동안 평온이 유지되었으나, 그의 통치 말기 에스파냐와의 전쟁(1739)이 시작되면서 오스트리아 왕위 계승전쟁(1740~1748)으로 확대되었다. 곧이어 7년전쟁(1756~1763)이 발발했다. 영국이 확실하게 세계적 제국으로 발돋움하게 된 계기는 7년 전쟁이었다. 그때까지 영국이 견제하던 세력은 에스파냐였으나, 1750년대가 되면 영국의 상대국은 프랑스가 되었다. 7년전쟁은 동맹 관계에 있던 여러 유럽 국가들이 서로 뒤엉키는 전면전으로 발전하여 유럽, 아시아, 아메리카 대륙에서 전투가 전개된 일종의 세계전쟁이 되었다.

초기 전황이 영국에게 불리하게 전개되자 프랑스와의 유화정책을 추구한 수상 펠럼과 뉴캐슬 공작이 비난받게 되었다. 이때 정부에 대한 비난을 주동한 윌리엄 피트(나중에 채텀 백작, 대피트)가 수상이 되면서 전열을 가다듬었다(1756). 피트가 권력을 장악한 이유는 대륙에서 프랑스를 견제하고 해외에서 프랑스를 패배시켜야 한다는 그의 주장이 당시 급성장하고 있던 영국의 상인층과 지방 젠트리의 분노어린 애국심을 대변했기 때문이었다. 전쟁에서 승리하려면 유럽 대륙만이 아니라 식민지에서 승리해야 한다고 믿은 피트는 식민지에서의 전쟁에도 심혈을 기울였다. 인도에서는 동인도회사 소속인 클라이브의 활약으로 프랑스 군을 격퇴했고, 북아메리카에서도 프랑스 영토에 가한 공격이 전부 성공하여 1760년에 이르면 영국은 퀘벡, 몬트리올을 포함하여 미시시피 북쪽의 모든 지역을 지배하게 됨으로써 북아메리카 대륙에서 프랑스를 누르고 식민제국으로 부상했다.

그러나 이러한 승리에는 비용이 많이 들었다. 피트가 전쟁을 대에 스파냐 전쟁으로 확대하려고 했을 때 내각만이 아니라 납세자들도 반대했다. 설상가상으로 조지 2세가 죽자 지지자를 잃은 피트는 수상직을 사임할 수밖에 없었다(1761).

전쟁으로 점철된 18세기의 역사는 상비군과 정규 해군의 필요성을 확인해주었다. 군대에 대한 기피는 내전 시대 크롬웰의 신형군에 대한 공포의 기억에 기반을 두고 있었는데, 왕정복고 후에도 군대에 대한 저항이 심각했다. 실상 윌리엄 3세는 자신이 벌인 전쟁에서 잉글랜드 군대는 거의 소용이 없었기 때문에 조국 네덜란드의 군대를 사용했다. 그러나 에스파냐 왕위계승전쟁과 함께 육군의 필요성이 부각되어 그 육성이 시작되었다. 이제 군대가 군사독재를 수립할 욕구가 없음이 밝혀지자 공포는 사라져버렸다. 영국 육군의 최대 영예는 워털루 전투의 승리로 얻어졌다. 해군의 운명도 역시 전쟁의 세기인 18세기에 만들어졌다. 앞서 살펴본 대로 헨리 8세가 해군 육성을 시작했고, 엘리자베스 치세하의 아마다 해전의 승리로 잉글랜드의 제해권이 인정되었지만, 해군이 근대적 모습으로 정비된 것은 18세기였다. 넬슨의 트라팔가르 해전은 해군의 위상을 높이는 데 크게 기여했다.

이처럼 전쟁이 계속되자 무엇보다도 전쟁수행을 위해서 세금을 징수하고 군대를 제공할 필요성 때문에 국가기구가 성장하게 되었다. 전쟁 동안에 수만 명의 병사들이 모집되었고, 정부지출은 1689~1763년 사이에 3배 이상 증가했다. 세금을 거두고 재정을 관리하기 위한 중앙행정 부서 관리들도 크게 늘어 18세기 전반기에 거의 1,000명이 되었다. 이 모든 관리들은 거의 후견제에 의해서 채워졌지만, 이들은 대체로 유능하고 정직한 사람들이었다.

3) 조지 3세(1760~1820)

왕세자 프레더릭이 이미 타계했기(1715) 때문에 조지 2세의 후계자는 손자인 조지 3세였다. 평화정책을 지지하던 조지 3세는 즉위하자 파리 조약을 맺어 7년전쟁을 종결시켰다(1763). 이제 영국은 산업, 식민지, 해군력에서 자타가 인정하는 가장 강력한 국가로 대두했다. 할아버지와는 달리 영국에서 태어나 더 이상 휘그에 대한 일방적 총애를 지속할 필요를 느끼지 못한 조지 3세는 초당적 위치에 서기를 원했으며, 피트와 뉴캐슬 공작을 물리치고 자신의 스승인 뷰트 경(존 스튜어트)을 수상으로 임명하는 파격적 행동을 취했다. 왕의 행동은 헌정상의 문제를 제기했는데, 이때 이미 수상은 의회에 대해서 책임을 지기 때문에 왕이 마음대로 임명할 수 없다는 원칙이 인정되고 있었던 것이다. 뷰트 경은 결국 1년을 못 채우고 수상직에서 물러날 수밖에 없었고, 자기 마음에도 맞고 의회도 능란하게 다룰 줄 아는 수상을 구하던 조지 3세는 노스를 등용했지만, 그 역시 유능한 재상은 되지 못했다.

프레더릭 노스의 재임기간(1770~1782) 중 일어난 가장 큰 사건은 북아메리카 식민지의 독립전쟁(1775~1783)이었다. 미국 독립전쟁의 주요 원인은 영국 정부가 7년전쟁이 끝난 후 효율적인 제국 운영을 위해서 더욱 강력한 통제를 시작했고, 영국군 주둔비용을 부담하기 위해서 세금을 신설한 것이었다. 이 정책은 실상 논리적이고 당연했는지 몰라도 식민지 여론을 무시한 것이었고, 식민지인들로 하여금 영국인이라기보다 아메리카인으로서의 정체성을 가지게 만들었다.

식민지 전쟁이 예상외로 지지부진하자 정부의 인기가 떨어져 노스는 사임하고(1782), 아메리카와의 협상을 원하는 로킹엄 경(찰스 웬트워스, 수상, 1765~1766, 1782)과 폭스의 내각으로 대체되었다. 왕권을 더욱 제한할 것을 주장한 급진주의자인 찰스 폭스는 왕의 후견제를 축소할 것과, 왕의 의견에 상관없이 의회 내 지도력을 근거로 자신의 내각을 구성할 권리를 주장했다. 이러한 폭스의 견해는 후에는 당연한 관행이 되었지만, 당시의 헌정질서에서는 급진적이었다. 왕이 그의 주장을 수용하기를 거부하자 폭스는 사임한 후 그의 옛 정적인 노스와 연합하여 새로 임명된 셸번 정부(1782~1783)를 전복시켜버렸다. 왕은 이제 자신이 원하지 않지만, 의회의 지지를 받는 폭스-노스 연립 내각을 받아들일 수밖에 없었다. 그러나 영국 최초의 외무장관이 된 폭스는 아메리카 식민지 전쟁을 두고 노스와 치열하게 대립했기 때문에, 노스와의 제휴는 폭스를 무원칙적인 기회주의자로 보이게 만들었다.

이들을 실각시킬 기회만 엿보고 있던 조지 3세는 폭스가 1783년 인도청을 신설하면서 총독 임명권을 국왕이 아니라 의회에 주려고 하자, 왕권의 침해를 주장하면서 폭스의 법안을 거부하도록 귀족들을 선동했다. 법안이 상원에서 부결되고 폭스가 사임하자 왕은 24세밖에 안 된 채텀 백작, 곧 대★피트의 둘째 아들 윌리엄 피트를 수상으로 임명했다. 소피트는 거의 20년 동안(1783~1801, 1804~1806) 수상직을 역임하면서 영국 근대사에서 가장 중요한 시기 중 하나인 프랑스 혁명기에 영국을 이끌었다. 마치 청년기를 건너뛴 것 같은 조숙함을 보인 피트는 21세에 의회에 진출하여 22세에 재무장관이 되었으며, 24세 때 수상이 되어 몇 년을 제외하고는 46세로 죽을 때까지

대피트의 아들로서 소피트로
불린 윌리엄은 1783년 24세의
나이에 수상이 되었다. 재정의
건전화 및 관세의 경감에 의한
산업진흥을 실행했고, 의회제
도 개혁과 노예제도의 폐지 등
여러 개혁정책을 추진했다. 그
러나 프랑스 혁명이 발발하자
혁명의 파급을 방지하려는 중
심인물이 되어 대불대동맹을
지도하며 국내에서의 혁명적
태도를 억제했다.
—

(1806), 성년 시절을 거의 전부 다우닝 가에서 보냈다. 그는 누구보다
도 자유무역을 촉진하는 데 기여했고, 누진소득세 도입이라는 오래
기억될 재정혁신을 업적으로 남겼다.

피트는 비상한 사람이었지만, 하원에서는 다수의 지지를 얻지 못
한 채 왕의 확고한 지지에 기반을 두고 정부를 유지했다. 의회에서
반대파가 계속해서 그에게 패배를 안겨주었지만, 그가 사임하지 않
고 버틸 수 있었던 것은 18세기 말에 이르러서도 의회의 신임 없이
왕의 신임만 있다면 수상직이 유지될 수 있다는 사실을 보여준다.

1780년대에는 정가 개편이 눈에 띄었다. 폭스가 대변하는 새로운 휘그 당은 18세기 중엽까지 지속되던 궁정당으로서 휘그 당의 이미지를 완전히 벗어버렸다. 1715년 이후 계속된 휘그 당의 독점이 끝나고 처음으로 양당체제가 공공연해졌다. 1784년 선거에서 왕권에 대항하는 의회의 권리를 주장한 노스-폭스 제휴 정당의 후보들과 기존 특권의 옹호를 주장한 피트의 추종자들은 각각 같은 색깔의 옷을 입고 선거운동을 했다. 그러나 1784년 선거에서의 피트의 승리는 여론이 급진적이기 보다 반동적임을 입증하는 것이었다.

2. 사회경제적 변화

17세기 말부터 농업부문에서 부가 소젠트리나 자영농(요먼)으로부터 대지주들에게로 이전되는 현상이 일어났다. 그 주된 수단은 인클로저였는데, 인클로저는 여러 형태로 진행되었다. 첫째, 소규모 소유자들로부터 땅을 사는 방식, 둘째, 차지농의 계약이 끝났을 때 작은 보유지들을 합쳐서 더 높은 소작료를 제시하는 사람에게 임대해주는 인그로싱engrossing, 그리고 가장 극적인 것으로 의회가 법안을 통과시킴으로써 18세기에 주로 행해진 악명 높은 의회 인클로저 등이 있었다. 인클로저는 대단위 경작과 새로운 기술의 도입으로 농업생산성을 증가시키는 계기가 되었지만, 일부 농민들의 희생 위에서 진행되었음은 사실이다.

1710년에 최초의 인클로저 법안이 의회에 상정되었다. 1720~1750년 사이에 100개의 인클로저 법안이 통과되었고, 1760~1790년에는 900개, 1793~1815에는 약 2,000개의 법이 제정되었다. 1700년이 되면 잉글랜드의 경작 가능한 토지의 거의 반에 울타리가 쳐졌으며, 1830년에는 거의 모든 토지가 종획되고, 4~5만 개의 소규모 농작지들이 인그로싱에 의해서 소멸되었다. 그저 관습에 의해서 공유지를 사용해오던 오막살이농들은 아무것도 보상받지 못했다. 그 결과 수많은 소규모 자유보유농들과 차지농들이 임금노동자로 전락했다. 1750년이 되면 인구의 반 정도가 자기 소유지나 보유지 없이 전적으로 임금을 받기 위해서 노동했는데, 임금노동의 확대는 시장경제의 확장을 가져왔다.

인클로저를 주도함으로써 젠트리 계급은 영국 농촌사회의 구조를 변화시키는 데에 결정적 역할을 했을 뿐만 아니라 금융부문에서도 진취적임을 증명했다. 17세기 말에서 18세기 초에 런던이 금융의 중심지가 되었다. 해외상사, 보험회사들의 본사가 런던에 소재함으로써 '런던 구舊시the City'라는 말이 요즘의 월스트리트를 의미하게 되었다. 잉글랜드 은행의 설립은 런던 금융시장과 정치의 결합에 결정적 계기를 제공했다. "런던 금융가는 귀족들의 구빈원"이라는 말이 있을 정도로 귀족과 런던 금융자본의 관계는 밀접했다. 18세기 중엽이 되면 지주층이 잉글랜드의 진정한 통치자라는 사실이 분명해졌다. 1752년 헨리 필딩은 영국에서 "1,200명을 제외한 사람들은 모두 아무것도 아닌 사람들nobody"이라고 말했는데, 실로 18세기는 젠트리의 시대였고 그들은 1880년까지 지배 엘리트의 지위를 고수했다.

이러한 토지 엘리트의 군림에도 불구하고, 사회경제적으로 17세기 말에서 18세기 초의 특기할 만한 주요 변화는, 아직은 딱히 계급이라는 개념을 적용시키기는 어렵지만, 중간부류의 부상이었다. 여기에는 전문직업인, 상인, 소규모 제조업자, 사무원, 법률가, 언론인, 숙련 장인, 자영농 등이 포함되는데, 외국인 방문자들은 이들의 다양한 존재에 감탄했다. 1800년이 되면 영국에는 적어도 50만 가구의 중간부류가 있었는데, 그 배경에는 상공업의 발달이 자리잡고 있었다. 특히 식민지에서 다른 나라 상품을 배제하는 중상주의 정책[1]과 더불어 국내 소비자들의 수요가 증가함으로써 상공업이 발달할 수 있었다.

중간부류를 구성하는 전문직 종사자들 가운데에는 상공업 종사자 외에 성직자와 법률가들이 있었다. 18세기를 통해 비국교회의 세력이 확장되면서 비국교회 목사들이 국교회 성직자와 맞먹을 정도의 사회적 지위를 누렸다. 또한 사회가 복잡해짐에 따라서 법률가에 대한 수요가 증가했다. 예를 들면 인클로저, 유료 도로, 운하 등의 투자에는 반드시 법률가가 필요했다. 18세기 초 대니얼 디포는 프레스턴 시가 "변호사, 대소인, 공증인으로 가득 찼다"고 묘사했다. 의사는 도시의 의사擬似 젠트리로 불릴 정도로 이미 사회적으로 지도급의 위치에 있었고, 18세기 중엽 약 1만 6,000명으로 늘어난 관료들도 중간부류의 중요한 구성원이었다.

중간부류의 대두는 특히 런던에서 두드러졌는데, 이미 18세기 초 런던은 50만 명의 주민을 가진 유럽 최대의 도시로 성장했다. 이 숫자는 영국 총인구의 8퍼센트를 차지하는 것으로, 제2의 도시인 브리

---

1 중상주의라고 번역되는 mercantilism은 절대주의의 경제적 표현으로서 16~18세기의 유럽을 지배했던 경제이론과 정책이었다. 이 용어는 애덤 스미스가 《국부론》에서 처음 사용했다.

스틀과 노리치의 인구가 3만 명이었다는 사실에서 런던의 과대성장을 여실히 엿볼 수 있다. 런던 외에 성장하던 도시로는 우선 배스나 브라이턴 등의 휴양지, 랭커셔와 요크셔의 직물도시, 브리스틀, 글래스고, 리버풀 등의 항구였는데, 이들 도시들은 독특한 부르주아 생활양식을 발달시켰다. 도시화와 더불어 소비자 혁명이 일어났다. 1786년 한 외국인은 "아름다운 옥스퍼드 가街"(런던의 쇼핑 중심지)에서는 모든 것을 구할 수 있다고 감탄했다. 심지어 스프링으로 만든 인조 가슴과 인조 히프까지도 살 수 있었다. 또한 영국 도자기의 대명사인 웨지우드Wedgwood의 사상 유례없는 성공, 극장, 음악축제, 경마, 관광여행과 휴양도시의 발달, 아동용 장난감과 책들의 생산 및 판매는 근대적 소비문화가 이때 이미 시작되었음을 보여준다. 이 소비문화의 발달은 당연히 산업혁명을 촉진했다.

그러나 중간부류 문화에서 체면이 매우 중요하게 간주되었다는 사실은 이들이 상층계급을 전복시키려고 하지 않고, 오히려 그들의 문화와 가치를 받아들이고 닮으려고 했음을 보여준다. 예를 들면 중간부류 소비자들을 의식한 웨지우드는 1770년에 도자기에 새겨진 그리스 신과 여신들의 나신을 나뭇잎이나 겉옷으로 감싸기로 결정했다. 중간부류의 성향은 기본적으로 헌정질서의 지지였다. 다시 말해서 위로부터의 협박에 대항해서는 과격해지지만, 밑으로부터의 위협에 대해서는 반동적 태도를 취하는 것이 중간부류였다. 중간부류는 특히 재산권의 보호를 강력히 요구했는데, 18세기 전반기에 소요단속법(1715), 밀렵단속법(1723)이 제정되어 노상강도는 물론 밀렵꾼들을 엄중 처벌했다. 그럼에도 18세기 영국은 소요와 폭동이 난무하던 사회였다. 19세기 역사가 조지 트리벨리언은 18세기 초의 잉글랜드를 "폭동에 의해서 길들여진 귀족정"이라고 규정했다. 폭동이 빈발했지만, 처벌은 가벼웠다. 최하위층이 아니라 소상인이나 수공업 장인들도 폭동에 참여했다는 사실은, 그것이 그들에게도 불만을 토로하는 방법으로 이용되었음을 보여준다. 그러나 중간부류는 곧 불만 토로를 위한 합법적인 무대를 확보하기 위한 투쟁에 들어서게 되었다.

3. 저항의 정치

부상하는 중간부류가 가장 혐오한 것은 정치적 과두제였다. 18세기 중엽 정치적 과두제가 맹위를 떨었다. 선거는 약 1,500가구밖에 되지 않는 귀족과 젠트리들이 4분기마다 열리는 치안판사 회의에서 누구를 선출할 것인지 사전협의하는 식으로 치러졌다. 경쟁선거는 있을 수 없었고, 몇 개의 가문들이 선거의 당락을 좌지우지했다. 물론 형식적으로는 1년에 40실링 가치가 있는 자유보유지를 가진 자에게 선거권이 주어졌지만, 실상 일부 차지농들도 선거권을 가지고 있었고, 이들에 대한 지주들의 영향력은 막강했다. 지주들은 주만이 아니라 도시 선거구에도 영향력을 행사하여 18세기 대부분의 도시들은 주변에 있는 주의 신사들을 의원으로 선출했다. 1761년 선거에서 경쟁선거를 치른 곳은 201개의 도시 선거구 가운데 단지 18개였으며, 1780년에 주선거구에서 경선이 이루어진 곳은 단지 두 군데였다.

이러한 상황에서 1760년대에 '윌크스와 자유Wilkes and Liberty'라는 대규모 대중정치운동이 발생했다. 존 윌크스는 결코 존경할 만한 인물이 아니었지만, 아이러니하게도 개혁운동의 초점이 되었다. 윌크스는 도박과 술로 재산을 탕진하고 나서 《노스 브리튼North Briton》이라는 잡지를 발간하는 언론인으로 변신했다. 7년전쟁의 지속을 주장하던 윌크스는 조지 3세의 즉위와 더불어 파리 조약이 체결되자, 지면에서 왕을 거짓말쟁이로 묘사하며 비난했다. 잡지는 정간 처분을 받았지만, 윌크스는 일순간에 시민적 자유의 챔피언으로 등장했다. 1768년 런던 북부의 급진적 선거구인 미들섹스가 윌크스를 하원의원으로 선출했다. 하층 중간부류와 수공업자들도 참정권을 가지고 있던 얼마 안 되는 선거구 가운데 하나인 미들섹스에서 윌크스는 특히 그들의 지지를 받았던 것이다. 그러나 의회는 윌크스의 당선을 무효화하고 체포했는데, 윌크스는 감옥에 있는 동안 두 번 더 같은 선거구에서 당선되었고, 그때마다 의회는 당선을 취소했다.

이 기회에 의회개혁을 추진하기로 결심한 도시 부르주아지는 '윌크스와 자유' 운동을 전개했다. 이 운동은 선거권을 가지지 못한 사람들이 벌인 영국 역사상 최초의 범국가적 대중정치운동이었다. 이들의 반귀족적 주장은 시민적 자유, 의회개혁, 특히 후견제와 영향력 행사에 의한 의원선출 및 부패선거구에 대한 반대에 집중되었다. 정부의 한 스파이는 "제정신의 분별 있는 장인들과 도제들이 윌크스를 지지한다"고 놀라서 보고했지만, 윌크스의 지지자들이 전부 정치적 급진주의자들은 아니었다. 윌크스가 1774년 의원선거에서 다시 당선되자 이번에는 당선이 취소되지 않았고, '윌크스와 자유' 운동은 사라져버렸다. 그러나 이 운동이 끼친 심대한 영향력을 과소평가해서는 안 된다.

18세기 후반에는 이처럼 중간부류가 주도하는 대중정치가 엘리트 정치의 바깥에 대체구조로서 존재하고 있었다. 대중정치의 대두에는 문자해독이나 도로의 발달, 우편배달체제의 발달이 크게 기여했다. 부르주아 문화의 정수 중 하나가 신문과 정기 간행물이었다. 명예혁명의 결과 인허법이 폐지되어(1695) 출판의 자유가 주어진 후, 일간신문 판매가 시작되었다(1702). 1760년이 되면 신문의 주당 총 판매부수는 20만 부 이상으로 급상승했고, 런던에만 12개의 신문이 발간되었다.[2] 인쇄물 외에도 여론을 규합하는 공공장소로 커피하우스가 나타났다. 1740년에는 런던에 550개의 커피하우스가 있었으며, 시장이 서는 읍과 도시들에 적어도 한 개씩의 커피하우스가 있었다. 이제 18세기 영국에서는 시민사회의 형성이라고 부를 만한 현상이 일어나고 있었다.

정치적 과두제에도 불구하고 18세기 영국은 '자유의 땅'으로 알려져 있었다. 무엇보다도 잉글랜드에서는 이미 17세기부터 사회적, 경제적 평등의 원칙이 뿌리를 내리고 있었다. 물론 아직도 특권이 여기저기 가로놓여 있었지만, 그것은 법적 특권은 아니었다. 영국은 부와 생산에서 불평등하고 신분상의 차별도 있었지만, 다른 곳보다 훨씬 더 유연하고 개방되어 있었다. "영국인은 사회적 사다리를 쉽게 오를 수 있다"는 것이 공통된 견해였다. 비록 '상인들의 나라'라고 멸시되었지만, 영국 시민사회의 대두는 재산소유자들이 지위의 보존보다

---

2 지금도 발간되는 〈타임스The Times〉와 〈옵저버Observer〉가 1790년대에 창간되었다.

부의 확대를 더 중요시했기 때문에 가능했다.

4. 이데올로기의 탄생

1) 급진주의와 보수주의

'윌크스와 자유' 운동이 시작한 헌정체제에 대한 공격과 정치적 개혁에 대한 열망은 1780년대 이후 급진주의자들Radicals에 의해서 보다 더 과감하게 추진되었다. 급진주의자들은 1688년의 해결책에 반대하면서 보다 더 과격하게 왕의 권력과 귀족의 세력을 제한할 것을 원했으며, '노르만의 굴레'라는 개념을 사용하여 노르만 정복 이전에 잉글랜드인들이 누리던 자유를 되찾는다는 명목하에서 정치개혁을 요구했다. 그들은 미국혁명과 프랑스 혁명으로 크게 고무되었는데, 산소를 발견한 조지프 프리스틀리와 정치사상가 존 카트라이트 등보다 과격한 사람들은 재산이나 교육의 제한이 없는 남자 보통선거권의 주장에까지 나아갔다. 중요한 점은 이때 대중정치의 조직이 생겨나기 시작했다는 것이다. 권리장전의 수호를 위한 협회, 헌법정보협회 등이 조직되면서 선거제도 개혁을 위한 대중운동이 힘을 얻기 시작했다.

여기에 자극을 받은 에드먼드 버크가 《프랑스 혁명에 대한 성찰 Reflections on the Revolution in France》(1790)을 발표하여 전통에 근거한 보수주의 이데올로기의 초석을 놓았다. 과거와 전통을 존중하면서 개혁지향적인 것으로 명예혁명의 성격을 규정한 버크는 명예혁명을 옹

버크는 아일랜드 출신의 휘그 정치가로서 정치적 권력 남용에 반대했으며, 시민의 행복과 정의를 실현하는 정치제도와 방법을 주장했다. 버크는 전통을 존중하는 보수주의의 이념적 기초를 닦았다.
—

호한 반면, 프랑스 혁명의 파괴와 사회공학적 접근을 신랄하게 비판했다. 버크의 이론으로부터 보수주의Conservatism라는 사조가 발달했다. 보수주의는 사회적, 정치적 질서이론이었다. 진보, 평등, 자유 등의 다른 가치들보다 질서를 가장 우위에 두는 보수주의는 역사적으로 발전한 사회질서라는 개념에 자연스럽게 근거를 두었다. 보수주의의 기본 전제는 인간은 근본적으로 잘못을 품고 태어났기 때문에 완벽해질 수 없고 평등하지도 않다는 것이다. 평등에 대한 갈망은 인간 본성에 대한 잘못된 개념에 근거하고 있다고 생각한 보수주의자는 합리주의가 상정하는 인간의 완벽함을 공격했다. 무엇보다도 보수주의는 민주주의에 반대했다. 민주주의는 우중이나 데마고그의 부패한 통치이며, 헨리 메인에 의하면 "거꾸로 된 왕정"이었다. 보수주의자는 국가가 그 권위를 피통치자로부터 끌어내지 않는다고 주장했다. 국가의 정통성은 원칙이나 합리성에서 유래하는 것이 아니라 전통과 능력이라는 두 개의 기초 위에 근거하는데, 능력은 소수에게 집중되어 있다는 것이었다.

급진주의자 토머스 페인은 버크의 《프랑스 혁명에 대한 성찰》을 읽고 《인간의 권리The Rights of Man》(1791~1792)를 저술했다. 이 책에서 페인은 버크의 보수주의 이론을 반박하여 전통이 아니라 이성이 사회와 헌법의 기초가 되어야 한다고 주장했다. 죽은 사람이 아니라 살아 있는 사람들이 문제이며, 이성은 모든 사람에게 자연권이 있다는 사실을 명시해준다는 것이었다. 페인은 영국 선거제도가 어떠한 합리적 원칙에도 의거하지 않은 채 단지 수 세기 동안 아무렇게나 발전해 온 제도라고 폄하했다. 버크가 이를 찬양하는 것은 말도 안 되는 소리라는 것이었다. 더 나아가서 페인은 민주적 제도만이 개인의 자연권을 보장하며, 정부의 목적은 모든 사람의 행복을 보장하는 것이라고 주장했다. 이러한 생각은 당연히 페인을 공화주의자로 만들었다.

페인의 주장은 매우 과격하여 급진주의자라고 자처한 찰스 폭스조차 《인간의 권리》 제1권을 읽고 난 후 경악하여 감히 다음 권을 읽지 못했다고 한다. 페인의 책은 사상 유례없이 20만 권이 팔리면서 공화주의를 전파했지만, 페인 자신은 반란죄로 처벌되는 것을 피하기 위해서 프랑스로 도주해버렸다. 이제 급진주의 정치가 새롭게 등장했다.

2) 공리주의와 복음주의

18세기에 일어난 사회적, 정치적 변화는 사람들의 스스로에 대한 인식, 사회, 우주를 바라보는 눈을 변화시켰다. 그 결과 한편으로는 전적으로 이성과 냉정한 계산을 맹신하는 공리주의와, 다른 한편으로는 감정과 내세적인 것을 숭배하는 복음주의Evangelism라는 두 개의 극단적 사조가 나타났다.

제러미 벤담의 이름과 밀접하게 결부되어 있는 공리주의는 18세기에 시작되었지만 19세기에 들어서서 지대한 영향력을 미쳤다. 벤담은 소위 '최대 다수의 최대 행복'이라는 원칙을 정립했다. 벤담은 경험주의를 극단으로 몰고 가서 사회계약, 선, 자연권 같은 개념들을 단순히 추상이라고 배제해버린 후, 인간에게는 오직 쾌락과 고통이라는 두 개의 판단기준밖에 존재하지 않는다고 단언했다. 쾌락을 극대화하고 고통을 극소화하여 행복을 도모하는 것이 곧 공리utility이며, 사회의 가장 위대한 원칙은 최대 다수의 행복을 증진시키는 것이라는 주장이었다. 벤담은 모든 사회제도의 가치는 공리에 비추어 끊임없이 재평가되어야 하기 때문에 전통을 무비판적으로 받아들여서는 안 된다고 하면서 버크와 설전을 벌이기도 했다. 벤담은 특히 법개혁에 지대한 관심을 쏟았다. 영국법이 역사적 선례와 우연적 사고에 의한 비합리적 정글에 불과하다고 하여 보통법에 대한 영국민의 자부심을 부수어버린 그는, 영국법을 단순화하고 공리의 원칙에 따라서 성문화하는 것이 필요하다고 주장했다.

모든 정부는 최대 다수의 최대 행복을 목표로 해야 한다는 벤담의 주장은 국가개입의 기반을 마련해줄 여지가 있었다. 실제로 그의 추종자 가운데 개입주의 사회공학을 실천한 사람들이 많았으며, 그들에 의해서 19세기 개혁은 크게 진전될 수 있었다. 그러나 벤담 자신은 애덤 스미스를 따르는 자유방임주의자였다. 개인이 누구보다도 그 자신의 이익을 가장 잘 알고 있다는 자유방임의 전제에 동의했기 때문이다. 젊었을 때 그는 토리 지지자였고 자연권 운운하는 것을 혐오하여 미국 독립전쟁이나 프랑스 혁명에 반대했지만, 1800년 이후에는 의회개혁을 주장했다. 벤담은 1832년 사망했지만, 그의 사상은 오히려 그 후 강력한 영향력을 미치게 되어, 그와 그의 친구 제임스 밀이 추진한 법제도의 공리주의적 개혁과 자유방임 경제학과 의회개혁의 결합은 19세기를 통해서 차근차근 진행되었다.

종교적으로 이 시기에 일어나기 시작한 한 세력은 공리주의와 정치적 급진주의와는 반대로 오히려 사회안정과 기존 질서의 유지를 옹호하는 결과를 가져왔다. 18세기 중반기에 시작되어 19세기에 영향력이 강해진 복음주의 운동이 바로 그것이다. 18세기 전반기는 사회적으로 방탕과 경박함, 부패 등이 만연해 있던 시기였다. "런던에는 종교가 없다"고까지 말해졌는데, 남해거품 사건이 보여준 졸부 등의 등장과 월폴의 부패정권은 존 게이의 〈거지 오페라Beggars' Opera〉에서 풍자되고 비판되었다. 복음주의 운동은 이러한 사회적 분위기의 자극을 받아 일어났다. 옥스퍼드에서 신학을 공부한 존 웨슬리가 국교회의 냉담함과 형식우선주의에 반기를 들고 종교적 갱신운동을 시작한 것은 1730년대였다. 삶을 선과 악의 끊임없는 투쟁으로 본 그는 칼뱅의 예정설을 거부하고 모든 사람이 구원받을 수 있다고 주장하면서 믿음에 의한 구원, 성서의 가르침에 의한 삶, 선행, 강력하

1728년 런던에서 초연된 〈거지 오페라〉의 한 장면이다. 형식적으로는 정통파 이탈리아의 오페라를 따랐지만 내용적으로는 월폴의 자유당 내각을 풍자했다.

—

면서도 민주적 교회조직 등을 강조했다.

　웨슬리는 생전에 4만 회가 넘는 옥외 설교, 평신도들에 대한 설교 등을 통해서 대중에게 새로운 종교적 열정을 불러일으켰지만, 국교회를 떠나지는 않았다. 그러나 웨슬리의 사후에 그의 추종자들은 국교회를 떠나서 감리교Methodism라는 새로운 종파를 만들었고(1795), 그 세력은 19세기를 통해서 크게 신장되었다. 웨슬리 자신은 토리였고, 추종자들에게 사회계서제 내 위치를 깨달아야 한다고 가르쳤다. 이러한 웨슬리의 가르침은 그때 막 탄생하기 시작한 산업사회의 순종적 노동력을 창출하는 데 기여했다. 그러면서도 웨슬리의 가르침은 평등주의에 기초해 있었다. 즉 모든 인간은 신 앞에서 모두 같다는 가르침에는 평등주의 사상이 내포되어 있었던 것이다. 또한 그가 시작한 일요학교는 노동계급에게 글을 가르침으로써 결과적으로 노동자의 독립에 기여했다. 원래 의도는 가난한 사람들도 글을 깨우쳐 성경을 읽고 신과 직접 교류하도록 만들려는 것이었지만, 일요학교는 국가가 지원하는 초등교육제도가 설립될 때까지(1870) 중요한 교육기관으로서 노동자들의 눈과 의식을 깨우치는 데 이바지했다.

웨슬리의 운동은 감리교도들뿐만 아니라 국교도들과 비국교도들에게도 광범위한 영향을 미쳤다. 웨슬리의 역동적 메시지에 의해서 고무된 사람들을 복음주의자Evangelist라고 부르는데, 대표적 인물로 한나 모어, 윌리엄 윌버포스 등을 들 수 있다. 이들은 자선사업을 벌이고 가난한 사람들에게 일요학교와 기초교육을 제공했으며, 감옥개혁을 추진했다. 복음주의자들은 또한 대중의 도덕수준을 높이고 신의 뜻에 합당한 도덕적 규범에 따른 생활을 강조하면서 도박, 음주, 닭싸움 등의 대중문화를 배척했다. 복음주의자들의 가장 큰 업적은 아마도 노예무역의 폐지(1807)와 노예제의 폐지(1833)라고 할 수 있다. 복음주의자들은 프랑스 혁명이 공포정치의 국면으로 들어선 후 복종과 근면을 가르쳤으며 정치적 급진주의에 강력하게 반대했다. 한나 모어가 만든 교리서는 가난한 사람들에게 가진 것에 감사하고, 부자를 질시하지 말며, 죄를 짓기보다 굶어죽는 것이 낫다고 가르쳤다. 물론 복음주의자들을 청교도적 사기꾼, 반지성주의자, 보수적이라고 하여 비판하는 견해도 있었다. 찰스 디킨스는 소설에서 그들의 위선을 희극적으로 묘사했지만, 복음주의가 18세기 후반 이후 영국 사회를 도덕적으로 만드는 데 결정적 역할을 했다는 점은 중요한 사실이다.

존 컨스터블은 에섹스 북부지역 출신의 화가이다. 1816년에 그려진 〈에섹스의 비벤호 파크wivenhoer Park, Essex〉는 그가 가지고 있던 고향에 대한 애착을 보여준다. 그의 풍경화에서 자주 나타나는 구름의 움직임, 강가나 시냇가 옆의 작은 등성이의 고즈넉한 분위기 모두가 그 증거라고 할 수 있다.
—

  감정에 대한 호소는 문학, 회화, 건축의 낭만주의에서도 나타났다. 1780~1830년대 영국을 풍미한 낭만주의는 인간의 감정에 다시 활력을 불어넣었고, 자연을 찬미하고 기계에 대항하는 살아 있는 유기체, 현재에 반대되는 과거를 숭배했다. 제1세대인 윌리엄 블레이크, 윌리엄 워즈워스, 새뮤얼 콜리지에 이어 제2세대는 조지 바이런, 퍼시 셸리, 존 키츠에서 꽃을 피웠다. 바이런은 그리스 독립전쟁에 참여했다가 현지에서 죽었으며, 셸리도 극단적인 정치적 급진주의자였다. 화가 존 컨스터블은 워즈워스가 시에서 한 것과 마찬가지로 잉글

랜드의 목가적 전원풍경을 화폭에 담았으며, 조지프 윌리엄 터너는
바다와 폭풍우를 통해서 자연을 묘사했다.

5. 산업혁명

정신적, 지적 변화와 더불어 영국 사회를 근본적으로 변화시킬 사
회경제적 변화가 1780년대를 전후하여 일어나고 있었다. 산업혁명
은 인류 역사상 가장 획기적 변화를 초래한 사건들 가운데 하나로 꼽
히는 중요한 사건이었다. 이것이 가능하기 위해서는 농업과 인구에
서의 혁명이 우선 길을 닦아주어야 했다.

1) 농업혁명과 인구증가

전통적으로 농업혁명은 1760~1815년에 집중적으로 일어났다고
생각되었으나, 최근 연구들은 잉글랜드의 농업혁명이 이미 16세기에
시작된 것으로 밝히고 있다. 농업혁명의 요소들인 토지소유와 보유
의 재조직, 새로운 작물재배, 윤작법, 가축사육의 체계적 방법 등이
17세기 후반기면 모두 도입되었다는 것이다. 이러한 농업혁명의 결
과 1800년에는 잉글랜드·웨일스의 생산량이 1700년보다 60퍼센트
이상 늘었으며, 농업생산성도 크게 증가하여 1700년에 농업인구 1명
이 인구 1.7명을 부양한 데 비해, 1800년에는 2.5명을 부양할 수 있
게 되었다. 19세기 영국의 농업생산성은 유럽에서 가장 효율적이라
고 자랑하던 프랑스의 2.5배나 되었다. 농업혁명에서 큰 역할을 한

잉글랜드 및 브리튼 섬의 인구

(단위: 명)

	1700	1750	1800	1820
잉글랜드	5,000,000	6,000,000	8,400,000	11,340,000
브리튼 섬 전체	9,900,000	10,750,000	15,595,000	21,900,000

것이 이미 여러 번 언급된 인클로저였다. 농업생산성의 향상으로 농업인구가 감소했다. 17세기 말에 전체 노동력의 50~55퍼센트에 불과하던 영국의 농업노동력은 1801년에 36퍼센트, 1841년에는 21퍼센트로 급격히 감소했고, 잉여 노동력이 산업부문으로 진출할 수 있었다.

인구도 18세기를 통해서 크게 증가했다. 다음 표에서 보는 것처럼 1750년부터 50년간 전체 브리튼 섬의 인구는 45퍼센트 이상 증가했고 1820년까지는 100퍼센트 이상 증가했다. 그 원인은 무엇보다도 영양상태, 위생, 의학지식의 발달 등으로 사망률이 낮아진 것과 함께, 초혼 연령이 낮아지고 미혼율이 감소한 것이었다. 물론 오늘날의 제3세계에서 보듯이 인구증가가 산업발전에 부정적 요인이 되는 경우도 있지만, 18세기 말 영국의 역동적 경제에서는 더 많은 인구는 더 많은 노동력과 소비자를 의미했다. 또한 인구의 나이구조가 변해서 젊은 사람들이 많아졌는데, 젊은이들은 상대적으로 높은 생산성을 가진 노동력을 의미했다.

2) 산업혁명

농업혁명 및 인구증가와 맞물리면서 시작된 것이 바로 영국에서 1760~1830년경에 일차적으로 일어난 산업혁명이었다. 산업혁명은 한마디로 정의하기 어려우나, 가내공업을 공장제가 대체함으로써 경제가 급격하게 팽창한 현상이라고 규정할 수 있다. 공장제는 인간 노동을 동력을 사용하는 기계로 대체함으로써 생산력의 막대한 증가를 가져왔다. 실상 산업혁명은 사건이 아니라 과정을 의미한다. 즉 넓은 의미에서 산업혁명은 경제가 변화하여 자기 충족적 성장의 수준에 도달하는 과정을 뜻하기 때문에 요즘에는 '혁명'이라는 용어가 주는 과격한 단절을 피하려는 경향이 강하다. 즉 공업 성장이 꾸준히 진행되었기 때문에 특별히 혁명이라고 할 것이 없었으며, 기술변화 역시 꾸준히 계속되었을 뿐만 아니라 혁신이 반드시 기계화를 의미하지도 않는다는 것이다. 또한 초기 산업화는 반드시 동력에 의해서 움직이는 기계를 갖춘 공장에서만 이루어진 것이 아니라 소규모 작업장에서도 진행되었다. 산업화 과정은 점진적이었고 초기 단계에서는 산업사회와 전 산업사회의 모습이 혼재해 있었다.

그러나 산업혁명은 그것이 가져온 결과가 인류의 사회경제적, 정치적, 나아가서 지적 조건을 근본적으로 변화시켰다는 의미에서 역시 혁명이라고 불러야 할 것이다. 영국의 제조업은 꾸준한 성장을 보여 1820년이 되면 영국은 산업국가라고 말할 수 있게 되었다. 영국은 필요한 거의 모든 소비제품을 자체적으로 만들어냈고, 원료와 약간의 사치품만을 수입했다.

산업혁명에 관한 연구에서 중점적으로 다루는 문제는 왜 산업혁명이 영국에서 먼저 시작되었는가이다. 그 답은 영국 사회에 이미 뿌리내리고 있었던 자유방임주의, 프랑스의 분할상속제와는 달리 장자상속제에 의해서 대토지소유가 유지되어 새로운 영농기술의 도입이 가능했던 점, 장자상속제 때문에 교육받고 재능 있는 차남 이하의 귀족 자제들이 상공업에 진출했던 점, 부에 기반을 둔 개방사회가 성립되어 태생이 아니라 부의 생산과 축적이 사회적 출세의 기준이 되었던 점, 정치와 법이 안정되고 법치주의가 확립되어 사유재산이 보호되고 기업활동이 보장되었던 점, 또한 대륙, 특히 프랑스에서와 달리 과학과 기술이 분리되지 않고 상호교류가 활발했던 사실 등이 언급된다. 그러나 이제까지 산업혁명에 큰 역할을 한 것으로 간주되던 식민지는 더 이상 중요한 요인으로 인정되지 않는다. 18세기 영국 무역은 주로 유럽 및 북아메리카와의 무역이었는데, 영국은 1776년 이후 아메리카 식민지를 잃어버렸고, 다른 지역의 식민지들은 아직 수출시장으로서 중요한 역할을 하지 못했던 것이다. 무엇보다도 중요한 것은 도로와 운하 등의 건설로 국내에 통일된 시장이 일찍이 발달했다는 사실이다. 1660년경부터 이미 수로개발이 시작되었는데, 1750년대는 운하의 시대라고 불릴 정도로 운하건설이 활발했다. 도로 역시 개인자본으로 설립되기 시작하여, 18세기 중엽이면 영국은 로마인들이 떠난 후 처음으로 만족할 만한 도로망을 가지게 되었다. 1830년대에는 철도가 뒤를 이었다.

산업혁명은 방적부문에서 처음 시작되었다. 리처드 아크라이트의 수력 방적기가 최초의 혁명적 변화를 가져다준 후 일련의 기계화가 면직물 분야에서 일어났다. 그 결과 1700년 현재 영국 총 수출의 57.3퍼센트가 모직물이었고 면직물은 0.5퍼센트였는 데 반해, 1820년대가 되면 면직물이 총 수출의 62퍼센트를 차지하고 모직제품은 12퍼센트에 머무르게 되었다. 제임스 와트가 증기기관 특허를 획득한 것

리처드 아크라이트가 1775년에 만든 수력 방적기water frame이다. 면 방직기에 관한 첫 특허를 얻어 수력을 동력으로 하는 공장을 각지에 세웠다. 이 기계를 수력 방적기라고 하며, 면방적 공업에 혁신적인 역할을 했다.
—

은 1774년이었다. 증기기관은 처음에는 주로 면직물 공장에서 사용되었지만, 철도에 장착되면서 제2단계 산업혁명의 추진력이 되었다. 원초적인 것이었다고는 하지만, 초기 기계의 생산력은 가히 혁명적이었다. 최초의 방적기는 물레보다 200배의 실을 생산했고, 노동자 2명이 돌보는 레이스 만드는 기계 하나가 1만 명의 수직포공의 일을 대신했으며, 기관차는 말 수백 마리의 동력을 동원했다. 그 결과 공업과 상업 생산량이 1700~1750년에 50퍼센트 증가한 데 비해, 1750~1800년에는 160퍼센트 이상 증가했다. 1760~1820년에 면직물 생산은 60배 이상 증가했고, 1788~1830년에 강철 생산은 6배 이상 증가했다. 1760~1815년에 국민총생산은 2배로 늘었는데, 이것은 인구가 크게 증가했어도 1인당 생산량은 그보다 더 늘었음을 의미한다.

초기 산업화는 특정 부문에서 집중적으로 일어났기 때문에 산업혁명으로 인해서 모든 수공업 노동자들이 한꺼번에 기계에 의하여 대체되거나 지위가 전락한 것은 아니었다. 몇몇 직종의 숙련공들은 오히려 호황기를 누리고 물질적, 신분적 상승을 누릴 수 있었다. 즉 인쇄공, 가구공, 대장장이, 기계공, 면직공 등의 숙련공들은 산업혁명 초기에 소득의 증대와 신분상승을 맛볼 수 있었다. 또한 기계화의 시차가 일부 노동자들에게 일시적 번영을 가져다주기도 했다. 예를 들면 방적기가 발명되었지만 방직부문이 아직 기계화되지 못했을 때에는 수공업 방직공들의 공급이 절대적으로 모자랐기 때문에 그들의 수입과 지위는 일시적이나마 크게 상승했다. 1780~1790년대에는 모든 방직공들이 금시계를 차고 매일 고기를 먹었다고 한다. 물론 곧이어 방직에도 기계가 도입됨으로써 일시적 번영은 사라지고 말았다. 또한 확대되는 경제는 새로운 숙련공들을 만들어내기도 했는데, 새롭게 등장한 기계공들은 대체로 19세기 말까지 숙련공의 지위를 유지할 수 있었다.

6. 대프랑스 전쟁과 아일랜드의 통합

18세기 말 영국은 과거 어떤 전쟁보다도 오래 지속되고 많은 비용이 소요된 프랑스와의 전쟁에 휩쓸리게 되었다. 1793년부터 1814년 사이에 간헐적으로 지속된 이 전쟁은 총 경비가 10억 파운드 이상 소요된 엄청난 규모였다. 프랑스 혁명정부가 오스트리아에 대해서 선전포고를 했을 때(1792), 소피트는 혁명이 프랑스를 약화시켰기 때문에 전쟁이 오래 가지 않을 것이라고 전망했다. 그러나 그의 전망은 전적으로 틀린 것이었다.

영국이 대프랑스 전쟁에 참여했을 때 영국 정규군은 4만 5,000명에 불과했을 뿐만 아니라, 매관매직에 의해서 장교가 된 귀족들이 지휘하고 있었다. 18세기 내내 영국이 해왔던 전통적 전략대로 피트는 돈을 마련하여 대륙의 동맹군을 보조하고, 영국은 해군을 유지하면 전쟁에서 패배하지 않을 것이라고 믿었다. 그러나 그는 영국이 이제 새로운 적과 싸우고 있다는 사실을 깨닫지 못했다. 1789년 후의 프랑스는 완전히 새로운 국가였다. 머지않아 해군의 활약만이 프랑스에 대한 영국의 우월한 지위를 유지시켜준다는 사실이 명백해졌다. 1797년이 되면 육지에서의 프랑스의 승리와 해상에서의 영국의 승리로 전쟁은 무승부 상태에 빠져들었다.

그러는 사이에 국내 여기저기에서 심각한 소요가 일어났다. 프랑스 혁명의 영향으로 급진적 단체들의 활동이 활발해졌는데, 이 단체들 중에서 특기할 만한 것이 1792년에 결성된 런던 통신협회London Correspondence Society였다. 협회를 구성하고 있던 급진적 수공업 장인들은 프랑스의 자코뱅과도 관련을 맺고 있었다. 여기저기에서 공화주의 운동이 일어났고, 스코틀랜드에서는 분리운동이 일어났다. 가장 심각한 것은 아일랜드를 브리튼 섬 상륙을 위한 교두보로 이용하려는 프랑스 군대의 지원을 받아 일어난 아일랜드 반란이었다(1798).

점점 더 과격해지는 프랑스 혁명의 과정과 국내에 미칠 여파에 두려움을 느낀 휘그 당은 피트와 합세하여 자코뱅주의를 근절시키기로 결심했다. 이에 소위 피트의 공포정치가 시작되었다(1794). 인신보호법Habeas Corpus이 중지되고 공공집회가 금지되었다. 그러나 프랑스 혁명이 지나치게 과격한 방향으로 치닫자 영국에서는 보수반동적 성향의 사람들이 이끈 '교회와 왕Church and King', '자유와 재산Liberty and Property' 운동 등이 우후죽순으로 일어났다. 윌리엄 블레이크, 워즈워스, 콜리지 등은 프랑스 혁명을 인류의 해방으로 환영했지만, 보수적 국민주의가 개혁과 혁명보다 강했다.

영국은 1798년 제2차 대불동맹을 주도했으나 나폴레옹에 의해서 분쇄되었다. 영국은 일시적으로 아미앵 화약(1802)을 맺어 평화를 유지했으나, 그것이 지속되리라고는 아무도 믿지 않았다. 1803년 이후 10년간은 나폴레옹이 대륙을 석권한 뒤 영국을 침입하려고 시도하다가 허레이쇼 넬슨 등의 살신적 호국정신에 의해서 좌절한 시기로 요약될 수 있다. 나폴레옹이 아우스테를리츠에서 대승했다는(1806) 소식이 전해진 직후 피트 수상이 사망했는데, 그의 사망은 영국이 노르만 정복 이후 처음으로 침략의 위기에 처한 상황에서 발생했기 때문에 충격이 더 컸다. 그러나 나폴레옹의 야망은 결국 좌절되었다. 영국의 숨통을 조이기 위해서는 무엇보다도 경제적 타격을 가해야 한

워털루 전투는 엘바 섬에서 돌아온 나폴레옹 1세가 이끈 프랑스 군이 영국, 프로이센 연합군과 벨기에 남동부 워털루에서 벌인 전투로 프랑스 군이 패배하면서 나폴레옹 1세의 지배가 끝나게 된다.
—

다는 사실을 충분히 인식하고 있던 나폴레옹은 대륙체제를 발동하여 (1806), 영국 상공업의 씨를 말리려고 했다. 그러나 그는 실패했고, 그 과정에서 러시아를 침공함으로써 오히려 자신의 몰락을 초래했다. 나폴레옹의 몰락은 1815년 엘바 섬을 탈출한 후 벌인 워털루 전투에서 확실하게 되었다.

20년 가까이 계속된 전쟁으로 영국민 21만 명이 전투와 질병으로 죽었다. 85명당 1명꼴인 이 사망자의 비율은 제2차 세계대전 때보다 더 높은 것이었다. 그러나 전쟁은 프랑스에 더 많은 타격을 입혔다. 1815년이 되면 영국은 가장 가까이 뒤따르던 경쟁자 프랑스를 따돌

리고 경제적으로, 국제정치적으로 유럽의 독보적 존재가 되었다.

결국 영국이 나폴레옹을 패배시키고 승자가 될 수 있었던 이유는 영국이 경제적, 재정적으로 우월했기 때문이었다. 영국은 이미 산업화로 급속한 경제성장을 이루고 있었기 때문에 정부가 경제적 자원을 동원하여 전쟁을 계속할 수 있었다. 그러나 경제적으로 발전하고 있다고 해서 정부재정이 저절로 튼튼해지는 것은 아니다. 중요한 것은 재정조달이었는데, 영국은 이 부문에서도 다른 나라들을 앞섰다. 재정혁신을 주도한 사람은 누구보다도 소피트였다. 피트는 대프랑스 전쟁이 시작되기 전에 이미 재정혁신을 시작했다. 그가 수상이 되었을 때 영국은 미국 독립전쟁으로 인해서 국가부채가 산더미처럼 늘었을 뿐만 아니라, 무역의 단절로 국가수입이 급감했기 때문이었다.

이때 피트는 애덤 스미스의 《국부론》을 읽고 자유무역주의자가 되었다. 스미스는 몇 가지 명제를 확신했다. 첫째 인간에게는 더 잘살고 싶은 욕심, 현재 상황보다 더 개선해보려는 욕구가 있다. 둘째, 인간은 자기가 가진 것을 남의 것과 바꾸고 싶어하는 욕구를 가진다. 마지막으로 인간의 이기심은 훌륭한 자원이기 때문에 이기심을 억제해서는 안 된다는 것이다. "우리가 저녁식사를 할 수 있는 것은 푸줏간 주인이나 양조장 주인, 빵집 주인의 박애심 덕분이 아니라 그들의 돈벌이에 대한 관심 덕분이다. 이기적 본능이 친절, 박애심, 희생정신보다 더 강하고 지속적으로 인간에게 동기부여를 할 수 있다." 여기서 스미스의 유명한 '보이지 않는 손'이라는 개념이 개진되었다. 이기심이라는 강한 본능은 사회 전체를 위해 활용될 수 있다. 즉 이기적 인간은 자원을 이용하여 자신이 팔고 싶은 물건이 아니라 남이 사고 싶은 물건을 만들며, 자신이 팔고 싶은 양이 아니라 남이 사고 싶은 양만큼 만들어서, 자신이 팔고 싶은 가격이 아니라 남이 인정하는 가격에 판다는 것이다. 스미스가 내놓은 답은 규제 없는 자유방임 시장이었다.

피트는 스미스의 이론에 깊이 감명을 받아 프랑스의 포도주와 영국의 공업제품에 대해서 관세를 낮추는 협정을 프랑스와 체결하는 (1786) 등 전반적으로 관세를 낮추었다. 대신 광범위한 간접세를 도입하고, 세금징수를 관장하는 부서를 신설하여 세금을 철저히 징수하기 시작했다. 낮은 관세는 번성하던 밀수를 매력 없는 것으로 만들어, 밀수를 근절시킴과 동시에 국가재정을 튼튼하게 하는 일석이조의 결과를 가져왔다. 1792년이 되면 국가재정은 50퍼센트 증가했다. 스튜어트 말기에 도입된 토지세는 형편없이 운영되고 불공평하며, 진정한 부의 소재를 반영하지 못하고 있었다. 전쟁 초기에 피트는 전채war loans에 주로 의존했으나, 그것만 가지고는 전쟁을 수행할 수 없었다. 이에 피트는 번영하는 국가경제를 이용할 수 있는 새로운 과세제도를 마련하기로 결심했다. 1799년 연 200파운드 이상의 수입에 대해서 10퍼센트의 소득세를 도입한 결과, 세수입이 전쟁비용의 반을 충당하게 되었다.[3] 전쟁을 수행하는 과정에서 피트 정부는 정부의 효율성을 회복하고 근대국가의 창설로 나아갈 수 있었다.

그 사이에 실시된 선거에서 폭스 진영은 패배하고, 피트는 이제 아무도 도전할 수 없는 지도자로 군림했다. 조지 3세의 와병으로 국사는 피트에게 넘겨졌고, 피트의 선거 승리와 왕의 와병으로 인하여 왕의 역할이 국가의 상징에 한정되는 과정이 시작되었다. 피트는 왕이 후견제를 위해서 사용하던 한직들을 없앰으로써 왕권약화를 촉진했다. 이처럼 무소불능의 군력을 누리던 피트도 아일랜드 통합을 추진하면서 건의한 가톨릭 해방을 왕이 거부하자 사임했지만(1801), 2년 후 다시 그 자리에 돌아왔다.

피트의 사임을 가져온 아일랜드 문제는 이미 이때 화약고와 같은 수준에 이르러 있었다. 영국은 더블린을 웨스트민스터에 복속시키고(1720) 아일랜드 유권자의 자격을 신교도로 국한시켰으며(1727), 소,

---

3 의회는 1816년 소득세를 폐지했으나 1842년에 다시 도입했다.

양, 양모의 영국에 대한 수출을 금지하는 등 경제적 착취를 감행함으로써 지역경제를 파탄으로 몰고갔다. 이러한 경제적 파탄은 가톨릭만이 아니라 신교도에게도 타격을 미쳐, 이들도 아일랜드 민족주의에 경도되게 만들었다. 그 폐단을 깨달은 영국은 입법상의 독립을 부여하여 아일랜드로 하여금 영국 왕에게 충성하지만, 자체 의회를 가지는 독립왕국으로 만들었다(1782). 1782년 법은 또한 아일랜드 인구의 거의 80퍼센트인 가톨릭에게 선거권을 허락했지만, 1829년까지 피선거권을 부여하지는 않았다. 이러한 개혁에도 불구하고 대다수 아일랜드인들은 기존 상태에 불만을 가지고 있었고, 보다 급진적 사람들은 프랑스 혁명의 영향을 받아 영국으로부터의 완전독립을 원하게 되었다.

이를 이용하지 않을 리 없는 프랑스가 아일랜드의 봉기를 원조하기로 합의했다. 그러나 프랑스 지원군이 너무 늦게 도착하는 바람에 아일랜드인들 혼자서 봉기했고, 결국 영국군에 의해서 진압되었다. 이러한 상황에서 아일랜드를 잉글랜드에 완전히 복속시키는 것이 필요해졌다. 아일랜드 합병은 이후 아일랜드 문제를 영국 정치의 중심에 놓음으로써, 영국이 아일랜드에 미친 영향만큼이나 중요한 영향을 영국에 끼치게 된다. 아일랜드의 합병은 또한 경제적 복속을 가져와 브리튼이 점점 산업화하는 동안 아일랜드는 더욱 농업적이 되어가는 역설적 현상을 낳기도 했다.

6장
황금기:
1815~1870

1820	조지 3세 사망 ; 조지 4세 즉위
1830	조지 4세 사망 ; 윌리엄 4세 즉위
1832	제1차 선거법 개정
1833	영제국 전체에서 노예제 폐지 ; 공장법 제정
1837	빅토리아 여왕 즉위
1845~1847	아일랜드의 감자 기근
1848	유럽 대륙의 혁명 ; 인민헌장운동의 마지막 청원서 제출
1854~1856	영국, 프랑스, 오스트리아, 터키와 러시아 간의 크림 전쟁
1861~1865	미국의 남북전쟁
1867	제2차 선거법 개정

19세기 영국은 세계에서 가장 번영하는 국가로 성장했다. 영국은 1850년 당시 유일한 산업국가로서 세계의 공장이자 세계의 은행이었으며, 그 힘에 의지해서 세계 최대의 제국을 건설했다. 영국은 또한 자유의 땅이었다. 영국은 이탈리아 민족주의 혁명가 주세페 마치니, 프랑스의 루이 나폴레옹, 헝가리의 애국자 러요시 코슈트 그리고

카를 마르크스를 받아들인 곳이었다. 영국인들이 누리는 자유는 19세기를 통해서 더욱 신장되었다. 이처럼 번영과 자유를 구가한 빅토리아인들은 끊임없는 진보를 확신했다. 그들에게 진보는 우선 경제적, 물질적 진보를 의미했지만, 나아가서 정치적, 도덕적 그리고 정신적 진보까지도 뜻하게 되었으며, 거의 신앙에 버금가는 신념이 되었다. 영국의 물질적 번영과 정치적 자유의 확대는 밀접하게 연관되어 자유주의 이념의 기초가 되었고, 이 이념은 영국 제품과 더불어 전 세계로 퍼져나갔다.

동시에 19세기 영국은 많은 문제점을 안고 있던 사회였다. 비록 프랑스처럼 과격한 혁명을 경험하지는 않았지만, 세계 최초의 산업사회로의 이행은 고통을 수반할 수밖에 없었다. 기계가 쏟아내는 엄청난 부의 분배를 둘러싼 노사 간의 갈등 및 가부장적 수직사회가 수평적 계급사회로 바뀌면서 겪는 혼란 등은 노동계급의 투쟁을 유발했다. 뿐만 아니라 18세기로부터 물려받은 정치체제는 모순투성이였다. 빅토리아 시대의 정부는 특별했다. 한편으로 정부에 대한 자유로운 비판이 허용되고 혁명이 아니라 선거에 의해서 정부가 바뀌는 관행이 확립되었지만, 다른 한편으로는 여전히 전통적, 전제적 요소들이 무겁게 내리누르고 있었다. 정치에의 참여는 재산과 계급에 의해서 제한되었고, 의회와 내각과 지방정부는 여전히 귀족과 대지주의 손아귀에 있었으며, 국민의 다수는 투표권을 가지지 못했다. 19세기를 통해서 자유주의자, 보수주의자, 공리주의자 그리고 복음주의자들은 각기 다른 원칙 위에서 이 모든 모순점들을 개선하려는 노력을 추진했다. 따라서 빅토리아 시대는 개혁의 시대이기도 했다.

1. 산업사회로의 이동

20여 년에 걸친 대프랑스 전쟁이 끝났을 때, 영국 사회에서 가장 눈에 띄는 현상은 전쟁 동안에도 꾸준히 계속된 산업화가 낳은 변화였다. 산업혁명은 경제만이 아니라 거대한 사회적, 정치적 변화를 수반했다. 산업혁명의 직접적 결과인 경쟁과 시장경제, 생산의 대규모화와 노동에 대한 감독과 통제는 점차 계급사회의 도래, 가족관계의 변화, 도시화, 상업과 금융업의 발달, 통신 및 운송의 혁명 등 더 넓은 의미의 변화로 이어졌다.

산업화 초기에 기계화를 촉진한 부문은 면직물, 석탄 및 철강산업이었는데, 1820년대 철도산업이 첨가되었다. 최초로 증기기관이 철로 위의 마차를 끄는 데 사용되었을 때(1825), 이 값싸고 빠른 운송수단이 가져다줄 이익은 기업가들 눈에 명백했고, 철도건설이 전염병처럼 번져나갔다. 1마일당 300톤의 강철과 엄청난 양의 석탄, 수천 명의 노동력이 필요한 철도는 제2단계 산업혁명의 원동력이 되었다. 기차야말로 다른 무엇보다도 대중의 삶을 바꿔놓았다. 1850년에는 런던에서 맨체스터까지 5시간 반, 에든버러까지 11시간이 걸리는 등 국내의 모든 곳이 하루에 접근할 수 있었다. 이제 중간계급에게 여행은 현실이 되었고, 그들의 세상은 대단히 넓어졌다. 증기기관을 장착한 기선이 1830년대에 대서양 횡단을 시작했지만, 효율면에서 범선을 능가한 것은 1880년대가 되어서였다. 석탄이 무거웠을 뿐만 아니라 연료를 제공받을 기항지가 필요했기 때문이었다. 육상교통의 혁신은 정보통신의 혁신으로 이어졌다. 1837년 전보가 사용되기 시작했고, 영불해협을 통과하는 해저전선이 1850년에 개통되었으며, 대서양 횡단 전선도 놓여졌다(1865~1866). 이로써 영국과 인도를 가로막고 있던 1~2년의 시간적 거리는 몇 시간으로 단축되었다. 통신혁명의 다음 주인공은 1876년에 발명된 전화였다.

당시 사람들에게 진정한 의미에서 새로운 시대의 탄생을 상징한 것은 공장제라는 혁신적 산업체제의 도입이었다. 수공업 단계에서 노동은 자율적이고 자의에 따른 속도로 수행되었다. 일요일의 다음 날인 월요일에 일하지 않는 '성 월요일'도 그러한 습관의 대표적 예였다. 그러나 산업사회의 작업과정은 엄격한 노동기율을 필요로 했다. 공장에서는 기계를 함께 돌려야 하는 사정 때문에 노동의 동시성이 요구되었고, 기계는 곧 기율을 의미했다. 이것은 전前 산업사회에 존재하던 노동의 자연적 리듬과 양립하기 어려웠으며, 결과적으로 시계로 특징지어지는 새로운 작업장의 윤리로 바뀌었다. 그리고 시계와 규칙적으로 돌아가는 기계, 그에 맞춰 진행되는 작업과정은 노동자의 자율성을 앗아가버렸다.

이제 고용주가 돈을 주고 산 노동자의 시간은 그냥 지나가는 것이 아니라 효율적으로 사용되어야 했으며, "시간은 돈"이라는 벤저민 프랭클린의 경고가 산업사회의 금언이 되었다. 뿐만 아니라 규칙적 노동은 더 많은 노동을 의미했다. 19세기 중엽 방직공장에서 노동자들은 하루 12~14시간, 연평균 3,000시간을 노동으로 보냈는데, 인류 역사상 어느 누구도 그처럼 오랜 시간 노동한 적이 없었다. 아동 노동도 흔해서 레이스 공장이나 탄광, 굴뚝청소에서는 4세, 다른 분야에서는 6~8세의 아이들까지 임금노동에 동원되었고, 이들의 1일 작

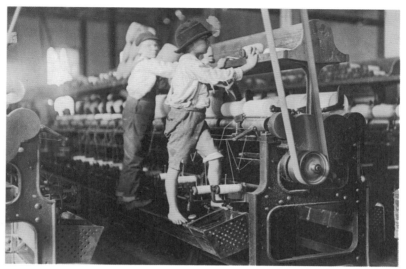

직물을 만드는 공장에서 일하고 있는 어린이들이 방적기를 다루고 있다. 산업혁명은 경제구조와 정치구조를 크게 바꾸어 자유주의 체제로의 발전을 가져왔지만, 그 이면에는 인권유린과 노동착취라는 비상식적인 일도 행해졌다.
—

업시간은 12~13시간에 이르렀다. 아동 노동과 함께 여성 노동도 산업화 초기에 중요했다. 실상 산업화 초기에 부가가치를 가장 많이 창출한 직물공업의 노동자들은 압도적으로 여성이었다. 공장제 이전에 행해지던 원산업적 제조업에서도 여성 노동자는 남성 노동자보다 거의 4:1의 비율로 그 수가 많았다. 어떤 지역에서는 1780년대에 기혼여성의 67.5퍼센트가 취업하고 있었다. 그러나 그들의 임금은 남성의 1/2~1/3에 불과했다.

영국 경제의 전성기는 1850~1870년이었다. 1850년 당시 전 세계 공업생산의 28퍼센트, 강철생산의 70퍼센트, 면직물의 50퍼센트가 영국 제품이었으며, 세계무역의 25퍼센트가 영국 상품으로 채워졌다. 19세기 말 전 세계 금융자본의 90퍼센트가 파운드화로 결제되었다. 또한 전 세계 상선의 반이 영국 소유였다는 사실이 보여주듯이, 영국은 금융, 보험, 중개업, 해운 및 자본투자 등의 무역 외 수입으로도 엄청난 이익을 얻었다. 영국은 세계의 공장이면서 동시에 세계의 은행가이고 채권자였다. 나아가서 세계는 영국의 기술과 자본으로 산업화했다. 세계 여러 곳에서 지금도 철로는 도로와 달리 좌측통행인데, 그것은 최초의 선로가 영국인들에 의해 건설되었고 나중에 건설된 것도 처음 것을 따라야 했기 때문이었다. 그러나 앞장에서 지적한 것처럼 산업화는 매우 점진적이었고 고르지 못했다. 1870년대에 이르러서도 공업부문에서 사용된 총 증기력의 50퍼센트가 직물공업에 집중되어 있었으며, 1851년에도 공업인구의 과반수는 근대적 대규모 공장이 아니라 소규모 작업장에서 노동하고 있었다.

농촌경제와 달리 산업사회에서는 종종 불경기로 인한 실업과 불완전고용이 삶의 한 부분이 되었다. 절대적 수입은 산업경제가 농촌경제보다 더 높았지만, 1850년까지 전반적 생활수준이 나아지지 못한 원인은 바로 실업과 불완전고용이었다. 또한 초기 산업사회는 심각한 빈부의 차와 그로 인한 사회갈등을 경험했다. 산업화가 가져다준 막대한 부의 분배에 관해서 참고할 선례가 역사상 존재하지 않았기 때문에 문제가 더욱 어려워진 셈인데, 결과적으로 산업화 초기에는 부의 재분배가 부자에게 유리하게 진행되어 빈부의 차가 오히려 심화되었다.

1850년 이후 노동대중의 생활수준은 향상되었고, 과학의 발달이 대중에게 안락을 가져다주었다. 그 전까지의 삶은 위험하고 잔인했다.

인간이 숙명으로 받아들여왔던 기아는 산업화로 인해서 생산이 인구보다 더 빨리 증가함으로써 사라지기 시작했다. 소위 맬서스적 악순환이 깨진 것이다. 1850∼1914년 사이에 국민 1인당 소득은 2.5배로 늘었다. 소득분배도 보다 더 공평해지고, 절대빈민층의 수가 줄었으며, 1914년 당시 영국인은 유럽에서 가장 높은 생활수준을 누리고 있었다. 기아와 더불어 삶의 질곡이던 질병과 고통도 많이 사라지고 완화되었다. "증기기관이 이룬 업적도 매우 훌륭하지만, 마취제의 발명은 그것을 훨씬 능가한다"는 조지 그렌빌의 지적은 과학의 발달이 이룬 공헌을 잘 관찰한 말이었다.

영국민의 문자해독률은 다른 나라보다 더 높았다. 17세기 중엽에 이미 성인 남성의 30퍼센트와 성인 여성의 11퍼센트가 자기 이름을 쓸 수 있었는데, 특히 비국교도들의 문자해독률이 높았다. 1840년대에는 2/3의 남성과 반 정도의 여성이 자기 이름을 쓸 수 있거나 쓰지는 못해도 읽을 수는 있었다. 물론 계급과 지역에 따른 차이가 있었다. 자영농과 상인, 장인들의 중간부류는 56∼65퍼센트, 하층 농민들은 21퍼센트 그리고 수공업 노동자의 15퍼센트가 글을 읽을 줄 알았다. 런던의 경우 노동자와 하인들의 67퍼센트가 문자를 해독하고 있었던 데 반해, 이스트 앵글리아에서는 같은 부류 가운데 8퍼센트만이 문자를 해독했다. "만약 말이 사람만큼 안다면, 나는 그 말을 타지 않을 것이다"라는 말이 있듯이 전통사회의 엘리트는 대중을 무식한 상태로 두어야 할 필요성을 깨닫고 있었다. 18세기 말에도 "무엇이 프랑스 혁명을 가져왔는가?"라는 질문에 대한 명료한 답은 '책'에서 구해졌다.

그러나 산업혁명은 이러한 편견을 바꾸어놓았다. 즉 교육을 사회 통제의 수단으로 사용할 수 있다는 견해가 대두했던 것이다. 평민의 상당 부분이 글을 읽게 되면, 그들의 문화는 지배문화의 가치와 신념의 침투에 약해질 수밖에 없다. 물론 교육은 아직 공교육이 아니라 윤택한 자들의 자비로운 시혜로 제공되어야 했고, 주로 일요학교 등에 맡겨졌다. 1830년대 초가 되면 10만 명 이상의 아이들과 어른들이 일요학교에서 교육받고 있었다. 일요학교를 둘러싼 국교도들과 비국교도들 간의 대결이 있었지만, 두 파 모두 기독교에 기반을 둔 도덕률을 가르치는 것을 목표로 삼았다. 이처럼 위로부터의 사회통제 기능에 의해서 교육이 촉진되었을 뿐만 아니라, 대중으로부터의 자발적 의욕도 분출했다. 교육은 기회를 넓혀주는 것으로 인식되었다. 19세기에 이르러서야 글읽기가 공적인 행동에서 사적인 행동으로 변했다. 그 전에는 글을 깨우친 사람이 큰 소리로 읽고 나머지는 듣는 행위가 당연했는데, 문자해독률이 높아지면서 글읽기의 패턴이 변했다.

고등교육에서 잉글랜드의 대학은 여전히 옥스퍼드와 케임브리지로 한정되었는 데 반해, 스코틀랜드에는 더 많은 대학들이 있었고 입학도 쉬웠으며 정부가 운영에 더 깊숙이 개입하고 있었다. 1825~1826년 에든버러 대학교와 글래스고 대학교 등 스코틀랜드 소재 5개 대학들의 총 학생 수는 4,500명에 이르렀다. 반대로 옥스퍼드와 케임브리지의 학생 수는 비슷한 시기에 400여 명밖에 되지 않았다. 1836년에 특허장을 획득한 런던 대학교가 옥스브리지보다 넓은 교육을 제공했다. 글래스고 대학교가 불굴의 대학자 애덤 스미스를 배

영국의 인구

(단위: 명)

	1821	1851
잉글랜드	1,130만	1,690만
웨일스	70만	100만
스코틀랜드	210만	290만
합계	1,410만	2,080만

출한 데 반해 《로마제국 쇠망사》(1776~1788)를 쓴 에드워드 기번은 옥스퍼드에서 공부했던 14개월간을 "일생에서 가장 게으르고 얻은 것이 없었던 기간"이라고 혹평했다.

18세기 중엽부터 시작된 인구증가는 이 시기에도 계속되어 1821년 이후 한 세대 동안 영국의 총인구는 거의 50퍼센트나 증가했다. 18세기 말에서 19세기 초의 인구증가는 사망률 감소보다는 출생률의 급증에 기인했지만, 19세기 중엽에는 사망률 감소가 인구증가에 더욱 중요했다. 결핵 등 질병으로 인한 사망률의 감소는 결국 영양상태의 개선이라는 경제적 요인에 의해서 좌우되었다. 평균수명은 1842년 당시 맨체스터의 경우 젠트리는 38세, 노동자는 17세로 계급간에 격심한 차이를 보였다. 리즈의 경우에도 젠트리와 전문직 종사자는 44세, 상인과 농민이 27세인 데 반해, 공장 노동자는 19세에 불과했다.

인구증가와 산업화는 필연적으로 도시화를 수반했다. 1851년이 되면 아일랜드 인구를 제외한 영국 인구의 반이 도시에 거주했고, 2만 명 이상의 도시에 사는 사람들이 34퍼센트에 이르렀다. 런던은 1851년에 전체 인구의 11.5퍼센트인 240만 명이 거주하는 대도시로 팽창했다. 새로운 공업도시들도 크게 성장했는데, 면직물 공업의 중심지인 맨체스터의 인구는 1801~1851년 사이에 9만 5,000명에서 30만 명으로 증가했다. 산업화가 가져온 경이와 비인간적인 도시환경의 이중성은 프랑스의 정치사상가 알렉시 드 토크빌이 1840년대의 맨체스터를 묘사한 말에서 적나라하게 드러난다.

이 냄새나는 시궁창으로부터 인류 산업상 가장 위대한 흐름이 흘러나와 전 세계를 기름지게 한다. 이 더러운 하수구로부터 금이 흘러나온다. 여기서 인류는 가장 완벽한 발달과 가장 비인간적인 것을 동시에 성취하고 있다. 여기서 문명은 기적을 만들어내고, 문명화된 인간은 다시 원시상태로 돌아간다.

산업사회가 야기한 여러 결과들 가운데 장기적 관점에서 가장 중요한 것이 계급사회로의 이행이었다. 산업혁명 이전의 영국 사회는 여러 구분으로 나뉘는 신분사회로서 보호와 복종의 관계라는 틀 안에서 작동하고 있었다. 그러나 1830년대에는 계급이라는 개념이 보편적으로 쓰이게 되었다. 물론 아직은 확고한 계급의식을 가진 계급이 형성되지 않았지만, 상호 간의 적대적 관계 속에서 각기 자기 집단의 이해관계를 지키기 위해서 투쟁한다는 의미에서의 계급이 존재하기 시작한 것이다. 그러나 계급이라는 용어는 단수가 아니라 복수로 사용되어 아직 단일계급으로서의 결속력을 갖추지 못했음을 반영했다.

2. 사회계급

1) 지주층

지주층은 약 300가문의 세습귀족과 약 3,000가문의 젠트리로 구성되어 있었다. 귀족의 연수입은 적어도 1만 파운드에 달했고, 젠트리는 1,000에서 1만 파운드 정도였다. 장자상속법의 관습에서 주로 차남 이하의 귀족 자제들이 군대와 성직에 진출했다. 영국의 지주층은 산업혁명에서 큰 타격을 입지 않았다. 산업혁명이 부의 원천을 토지로부터 공업으로 이전시켜 지주층의 몰락과 자본가 계급의 부상을 가져왔다고 보는 것은 피상적이고 잘못된 인식이다. 대륙의 지주들과 달리 일찍이 자본주의적 이윤추구에 눈을 뜬 영국 지주들은 새로운 산업에 투자하여 막대한 이익을 얻었다. 공업생산에는 석탄, 철강 등의 동력원 및 원료가 필요했고, 이것들은 일반적으로 토지 소유자의 것이었다. 뿐만 아니라, 교통, 운송수단, 운하, 항구, 부두, 철도 역시 모두 토지와 대자본을 필요로 했기 때문에 토지소유자들은 산업화로 막대한 부를 획득할 수 있었다.

지주층의 가치는 무엇보다도 사립학교나 대학에서 교육되고 전수되었는데, 이들 학교가 추구한 바는 명문 사립학교인 럭비의 교장 토머스 아널드가 지적한 대로 "우선 종교적, 도덕적 원칙이고, 그 다음이 신사적 행동, 마지막으로 지적 능력"이었다. 런던 대학교의 설립 (1836)까지 고등교육을 독점하고 있던 옥스퍼드와 케임브리지에서도 사정은 마찬가지여서 졸업생들의 다수가 성직에 진출했다. 지주층은 사냥 등의 스포츠로 여가를 즐기거나, 치안판사와 구빈법 감독관 등의 공공봉사에 종사하면서 지방의 통치자로 군림했다.

1840년대부터 '유한계급'이라는 말이 쓰이기 시작했다. 1868년 소설가 앤서니 트롤럽은 잉글랜드가 "고대와 근대를 막론하고 어느 나라보다도 더 크고 부유한 유한계급을 가지고 있다"고 확신했다. 유한계급이란 일과 여가 사이에 구분이 없이 언제 일이 끝나고 언제 여가가 시작되는지를 모르는 사람을 일컬었다. 16세기 말에서 17세기 초에 유한계급은 소위 '런던 시즌'을 시작했는데, 원래 의회의 개회기간에 지방 출신 의원들이 런던에 머무는 것을 의미하던 이 말은 점차 정치적이면서 사회적인 것으로 바뀌었다. 18세기에는 300~400가족, 그리고 19세기 후반기에 와서는 약 4,000가족이 런던 시즌을 즐겼다. 이들은 런던에서 보내는 시간 외의 날들에는 시골 저택에서 사격, 여우사냥, 경마, 요트 등으로 소일했다.

2) 중간계급

빅토리아 시대를 통해서 점점 더 중요해진 집단은 중간계급이었다. 1820년에 전체 인구의 약 15퍼센트 그리고 1850년에 이르면 약 20퍼센트를 차지한 중간계급은 그 수보다 훨씬 더 큰 영향력을 행사했다. 그들은 자의식적이고 공격적이었으며, 자신들의 이미지로 영국을 만들려고 결심했다. 1831년 헨리 브루엄은 중간계급이야말로 "이 나라의 부와 지성, 영광을 대변한다"고 선언했고, 19세기 말 조지프 체임벌린 역시 "나는 중간계급에 속하며 그들의 능력, 총명, 근면, 선견지명 그리고 근검정신을 자랑스럽게 생각한다"고 자부했다.

물론 중간계급은 동질적이 아니었다. 그들 중 최상층은 대귀족만큼이나 부유한 반면, 최하층은 1년에 100~150파운드를 버는 사무직 근로자나 소상점주였다. 수입과 더불어 소비도 중간계급 의식에서 중요한 요인이었다. 19세기에 안정된 중간계급의 생활을 유지하기 위해서는 8~10개의 방과 정원이 있는 교외주택에서 살면서 2명의 하녀와 1명의 요리사를 고용할 수 있어야 했고, 이를 위해서는 적어도 1년에 300파운드의 수입이 필요했다. 특히 하인을 두는 것은 중간계급의 생활에 무엇보다 중요했는데, 1851~1871년 사이에 하인 수가 60퍼센트 증가했다는 사실은 이때가 되면 중간계급이 그만큼 여유 있어졌음을 보여준다.

중간계급 중에는 지주층의 부와 지위를 흠모하여 충분히 돈을 벌면 땅을 사서 은퇴한 사람도 있었지만, 그럴 수 있는 사람은 극소수에 불과했고 나머지 사람들에게는 일이 삶의 중심이었다. 일이 삶의 중심이라는 사실이 중간계급과 여가생활을 즐기는 지주층을 뚜렷이 구분해주는 기준이었다. 중간계급은 근면이 자신들을 다른 사람들과 구분해준다고 믿었고, 물질적 팽창의 주도자로서 강한 자부심을 가졌으며, 기업가 정신을 높이 평가했다. 최초의 자본이 별로 많이 요구되지 않는 산업, 즉 랭커셔의 면방적업 같은 분야에서는 사회적 신분상승의 여지가 더 많았으며, 육체노동자에서 경영인 그리고 고용주로의 이동도 있었다. 그러나 철강산업 등의 대규모 근대적 산업에서는 그것이 훨씬 더 힘들었다.

남성 위주의 지적이고 사회의식적이며 뚜렷하게 중간계급적인 도시문화는 18세기에 만들어졌다. 18세기 말 복음주의가 사회를 변혁시키면서 그 전까지 중간계급이 즐기던 여가활동, 즉 연극관람, 소설

읽기, 카드놀이 등이 신이 용납하신 것인가라는 척도에 의해서 판단되어야 했고, 그 가운데 많은 것들이 금기시되었다. 쾌락의 거부는 곧 지적이고 '합리적인' 여가의 탄생을 가져왔다. 중간계급은 육체적 쾌락을 주는 여가활동을 경멸했으며, 현란한 귀족적 삶의 양식과 도박의 이미지와 연결되어 있던 스포츠를 기피했다. 그러나 19세기 중엽에 이르면 스포츠에 대한 중간계급의 태도가 바뀌었다. 스포츠는 특히 제국 경영에 필요한 단체정신을 고양하고 지도력을 키워주며, 소년들의 관심을 섹스로부터 멀어지게 하는 것으로 간주되었고, 전쟁에 대비한 최선의 훈련으로 평가되었다. 스포츠는 또한 경쟁적 투쟁을 해야 하는 중간계급 남성의 삶에 비유되었다.

3) 노동계급

전체 인구의 75~80퍼센트를 차지하는 노동계급은 숙련공, 반숙련공 그리고 미숙련공의 세 부분으로 구성되었다. 노동자들 가운데 10~15퍼센트를 차지한 숙련공들은 엄격한 도제수업을 받아 일정한 기술을 습득한 사람들로서 상대적으로 고용의 안정과 고임금을 누렸으며, 일찍부터 노동조합을 구성했다. 반숙련공은 1850년 당시 약 40퍼센트를 차지했으나, 그들과 미숙련공의 사회적 구분은 아직 뚜렷하지 않았다. 아무런 기술 없이 육체노동을 하는 미숙련공은 노동시장에서 전혀 희소가치가 없었기 때문에 저임금과 실업의 위험에 노출되어 있었다. 숙련공의 연수입은 100파운드, 미숙련공은 50파운드 미만이었다.

그러나 비록 내적 구분이 있었다고는 해도 그들은 다 같이 힘든 일을 함으로써 생계를 꾸려나갈 수밖에 없고, 경기변동 때 실업과 불완전고용에 직면해야 하는 공통된 운명에 처해 있었다. 산업화 초기에 부의 더 많은 부분이 임금이 아니라 이윤과 지대로, 소비보다 투자로 흘러들어갔기 때문에 1850년대까지 노동계급의 전반적 생활수준은 나아지지 않았다. 노동대중은 삶의 불안정에 대처하기 위해서 일찍부터 노동조합과 공제조합을 만들었다. 1803년 영국에는 9,600개의 공제조합에 70만 명의 회원이 가입되어 있었는데, 1872년이 되면 그 수가 3만 2,000개와 400만 명 이상으로 증가했다.

19세기에 들어서면 자본주의에 도전하는 여러 저항운동 및 사회주의 이념이 태동했다. 사회주의socialism라는 용어를 처음 사용했다고 전해지는 로버트 오언은 그 자신이 성공한 공장주였다. 그는 자본주의가 최고의 가치로 내세우는 경쟁이 노동자의 임금을 낮추는 근본 원인이라고 생각하여 협동을 기반으로 하는 사회질서를 만들려고 했다. 오언은 또한 환경주의자였다. 인간의 본성을 원래 유순하다고 믿은 그는 환경과 제도를 마련해주면 인간은 협동적 본능을 배울 수 있을 것이라고 확신했다. 이러한 오언의 초기 사회주의 사상은 1820년대 노동계급에 큰 영향을 미쳐, 그에 자극받은 노동자들이 1830년대에 전국적 규모의 노동조합을 시도했지만 실패하고, 후에 협동조합운동으로 발전했다.

초기 사회주의 사상에 경도된 것 외에도 노동자들은 여러 형태의 저항운동을 전개했다. 러다이트 운동Ludditism(1812)은 실업을 기계도입의 탓으로 돌린 노동자들이 곳곳에서 기계를 파괴한 것을 일컫는데, 18세기 식량폭동의 후계자로 볼 수 있다. 농업노동자들의 탈곡기

러다이트 운동은 임금을 저하시키는 기계만 파괴하면 종래의 좋은 노동조건이 회복될 것이라는 자본주의의 경제구조에 대한 무지에서 기인한 것이다. 기계가 발명된 이상 기계가 없던 예전으로 돌아갈 수는 없었다.
—

파괴 운동인 스윙 폭동Swing Riots(1830~1831) 역시 시장을 근거로 하는 자본주의 원칙을 거부하고, 정당한 가격을 고집하며, 생필품을 이윤의 대상으로 삼아서는 안 된다는 원칙에 기초한 도덕경제moral economy를 되살려서 전통사회의 붕괴를 막아보려고 한 시도였다. 그러나 이러한 과거지향적인 운동들은 실패할 수밖에 없었다.

노동자에게 계급정치의 본질을 직접적으로 깨닫게 한 것은 정부의 탄압이었다. 정부는 우선 신문에 인지를 붙이도록 하여 지식과 정보의 확산을 막았으며, 비록 결사금지법이 폐지되고(1824) 노동조합 결성이 합법화되었지만, 그 운영에 여러 가지 제약을 가했고, 급진적 성격의 대중집회나 조직을 막는 경향을 보였다. 그리하여 피털루 학살사건Peterloo Masscare(1819)[1]이나 농업노동자들의 노조결성을 폭력적으로 저지한 톨퍼들 순교사건Tolpuddle martyrs(1833) 등을 자행했다. 노동자들은 윌리엄 코빗과 같은 급진적 정치 선동가들의 영향을 받아 정부의 탄압과 지주 및 런던 금융가들의 이기주의, 의회개혁의 필요성을 같은 맥락에서 깨닫고 정치적 권리를 위한 투쟁에 나서게 되었다.

3. 1815년 이후의 개혁정치와 계급정치

19세기는 개혁의 시대라고 불릴 정도로 정치적, 사회적, 제도적으로 각종 개혁이 추진되었다. 그러나 나폴레옹 전쟁이 끝난 직후에는 보수적 분위기가 압도적이었다. 수입되는 곡물에 관세를 부과하여 지주층의 이익을 보호해주려는 곡물법 제정(1815)이나, 피털루 학살사건 등이 그런 분위기를 반영했다. 그러나 1820년대 들어 사회 여러 부문에서 개혁의 문이 열렸다. 개혁정치의 배경에는 "보수를 위해

---

1 맨체스터 시의 성 피터 성당 앞에서 급진주의자 헨리 헌트 등이 주도한 집회에 기병대가 발포하여 11명의 사망자를 낸 사건. 워털루 전투에서 승리한 영국군이 이제 자국민에 대항하여 총은 겨눈 사실을 비아냥하여 붙인 이름이다.

서는 어느 정도의 개혁이 필요하다"고 믿은 융통성 있는 엘리트, 사회제도의 효율적 운용을 주장한 공리주의자, 그리고 하층민의 생활을 염려한 박애주의자들이 자리잡고 있었다. 워털루 이후 20년간 일어난 정치적 변화는 전쟁수행에서의 대중의 참여와, 정치적 권리와 참여의 확대 사이에는 밀접한 상관관계가 있음을 밝혀준다.

1) 심사법 폐지(1828)와 가톨릭 해방(1829)

1820년대 말 낡은 헌정질서에 대한 반격이 훨씬 더 강해졌는데, 무엇보다도 국교회의 독점을 폐지하라는 요구가 심각한 수준에 이르렀다. 이에 정부관직 보유를 국교도에게 국한시키는 심사법이 폐지됨으로써 비국교도들의 의회진출이 보장되었다. 그러나 가톨릭 교도에게까지 완전한 정치적 권리를 주는 것은 아직 논외로 남아 있었다. 1829년 선거에서 아일랜드 민족주의 지도자인 대니얼 오코넬이 당선되었다. 오코넬은 가톨릭 교도였기 때문에 피선거권이 없었다. 수상 웰링턴 경(아서 웰즐리, 1828~1830)에게는 이제 오코넬의 자격을 박탈하여 윌크스 때와 같은 일을 되풀이하든가, 아니면 가톨릭에 대한 차별을 폐지하든가의 두 가지 선택이 가능했고, 그의 결정은 후자였다. 그러나 국교회에 대한 배반을 용서하지 못한 극단적 토리들이 정부에 대한 지지를 철회함으로써 토리 당이 분열했는데, 그것은 후에 곡물법 폐지로 더욱 심각해졌다.

2) 제1차 선거법 개정(1832)

19세기 초에는 정치적 과두체제가 그대로 유지되고 있었다. 돈과 여가를 가진 지주층만이 정치에 참여할 수 있었으며 유권자는 비합리적으로 정의되었다. 주 선거구에서는 연수 40실링의 자유보유농들이 선거권을 가지고 있었는데, 이들은 대부분 차지농이었기 때문에 지주들의 영향하에 있었다. 도시 선거구는 무질서 그 자체였다. 전체적으로 잉글랜드·웨일스에서 50만 명 정도, 즉 인구 42명 중 1명만이 참정권을 행사하고 있었다. 산업혁명 덕분에 중요한 사회경제적 세력으로 부상한 중간계급은 이제 정부로부터의 배제에 분노하고 참여를 요구하게 되었다. 이들은 정부, 법체제, 의회구조의 비체계적이고 비효율적인 성격을 비난한 가운데, 특히 의회개혁을 명분으로 택했다. 1820년대에 이르면 의회개혁을 요구하는 소리를 더 이상 묵살할 수 없는 분위기가 되었다.

이때 1783년 이후 권력에서 배제되었던 개혁지향적인 폭스 파 휘그들이 중간계급에 동조했다. 이들에 반대하는 휘그 당의 다른 파벌들이 토리 당으로 옮겨갔기 때문에 결국에는 폭스 파가 휘그의 주류가 되었다. 진보적이지만 혁명을 두려워한 폭스 파는 온건한 개혁만이 과격한 개혁가들의 동맹을 막아 구질서를 유지해줄 것이라고 생각했다. 이들은 버크의 교훈인 '보수를 위한 개혁'을 따른 현명한 현실주의자들이었다.

1830년에 대단히 인기가 없던 조지 4세가 죽자 윌리엄 4세의 즉위와 더불어 총선거가 실시되어 폭스 파 휘그인 그레이 경(찰스 그레이, 1830~1834)의 내각이 수립되었다. 마침 프랑스에서 발발한 7월혁명 때문에 개혁에 대한 논의가 활발해진 가운데 그레이는 상당한 정도의 개혁을 내용으로 하는 개혁안을 의회에 제출했다. 상원이 개혁안을 부결하자 여러 도시에서 폭력사태가 일어나 마치 혁명이 돌발할 것처럼 보였다. 이 상황에서 왕이 수상의 손을 들어주었다. 왕이 상원에서 개혁안을 통과시키기에 충분한 친개혁파 귀족을 서임하겠다고 약속하자 상원은 굴복할 수밖에 없었다. 1832년 선거법 개정으로 잉글랜드·웨일스의 유권자는 36만 6,250명에서 65만 2,777명으로 78퍼센트 증가했으며, 전체 인구 30명 가운데 1명, 성인 남자 7명 중 1명이 참정권을 획득했다. 그러나 이 숫자는 중간계급까지만 포함하는 것으로 노동계급은 완전히 배제되었다. 개혁법은 또한 불합리한 선거구를 개편하여 새로운 산업도시들이 의회에 대표를 보낼 수 있도록 조치했다.

선거법 개정의 결과, 상원에 대비하여 하원의 힘이 증대했다. 개혁법은 또한 유권자 등록제를 도입했기 때문에 휘그와 토리는 양쪽 다 전문인력을 동원하여 등록을 최대화하려고 노력했고, 이 과정에서 정당구조가 차츰 갖추어져 보수당과 자유당이 탄생하게 되었다.

3) 공장법(1833)과 신구빈법(1834)

면직물 공장에서의 연소자 노동의 문제점은 이미 인식되고 있었다. 1819년에 공장법이 제정되어 9세 미만 아동의 노동을 금지하고, 9세 이상의 노동은 하루 12시간으로 제한했지만, 더 큰 개혁이 필요하다는 사실은 명백했다. 초기 공장제의 열악한 상황에 자극받은 박애주의자, 의사, 토리 복음주의자들이 개혁운동을 주도했고, 노동자들도 합세했다. 그러나 노동자들의 본래 의도는 연소자 노동이 성인 남자의 취업 기회를 빼앗고, 임금을 낮추는 사태를 막으려는 것이었다. 반대로 휘그, 자유주의자, 공장주들은 고용주의 자유침해라는 이유로 어떠한 입법에도 반대했다. 자유방임 이론에 입각한 경제학자들도 성인은 노동력을 원하는 대로 팔 권리가 있다는 이론에 입각하여 입법에 반대했다. 국가가 노동시간을 규제하는 것은 이 자유를 침해하는 것이고 도덕적으로 잘못이라는 주장이었다.

공장개혁에 대한 논쟁이 점차 열기를 띠자 휘그 정부는 1833년 에드윈 채드윅을 위원장으로 하는 왕립조사위원회를 임명했다. 영국 최초의 위대한 전문관료로 인정받게 된 채드윅은 동시에 벤담주의의 냉혹함과 편협함을 그대로 보여준 공리주의자였다. 따라서 그는 인도주의적 입장을 거부했지만, 아이들은 노동시장에서 자유로운 행위자가 아니기 때문에 보호가 필요하다는 근거 위에서 공장법 제정을 제안했다. 1833년 공장법은 면직물 공업에서 9세 미만 아이들의 고용을 금하고, 18세 미만 연소자들의 노동시간을 제한했는데, 무엇보다 중요한 것은 공장감독관의 임명이었다. 1847년에는 면직물 공업에 고용된 모든 노동자의 노동시간을 10시간으로 제한하는 법이 통과되었다.

엘리자베스 시대에 제정된 구빈법을 새로운 산업사회의 가치인 자조自助의 원칙에 따라서 개정한 신구빈법 역시 채드윅이 주도했다. 기존 구빈법이 노동빈민에게 독립이 아니라 의존을 가르쳐 오히려 빈곤을 낳는다고 비난한 개혁론자들은 그 해결책으로 각각의 교구가 담당하던 옥외 구제를 폐지하고, 국가가 총괄 관리하는 구빈원을 만들어 그곳에 수용된 사람에게만 구제를 제공하도록 하는 새로운 법을 제안했다. 단 게으름에 대한 방지책으로 구빈원을 감옥보다 열악하게 만들었는데, 그 배경에는 자조의 가치를 가르치려는 의도만이 아니라 신체적으로 노동 가능한 모든 사람들을 노동시장으로 내몰아 노동공급을 원활히 하려는 의도도 있었다.

채드윅은 맬서스에게서 깊은 영향을 받았다. 토머스 맬서스는《인구론An Essay on the Principle of Population》(1798)에서 인구는 기하급수적으로 증가하고 식량은 산수급수적으로 증가하기 때문에 결국 인구압력이 농업생산성을 초과하면 질병과 기근 등이 생기고, 인구와 식량의 관계는 역전된다고 주장했다. 이에 대한 방지책으로 그는 성적 금욕과 기독교적 도덕을 강조했는데, 남편과 아내를 분리 수용하기로 결정한 구빈법은 맬서스의 주장을 반영한 것이었다. 신구빈법의 중요한 효과는 그때까지 사회의 의무로, 그리고 빈민의 권리로서 인식되던 빈민구제가 배척되고, 빈곤이 개인의 게으름과 자기 절제의 결여로 낙인찍히게 되었다는 것이다. 개혁 후 구빈을 위한 정부지출이 크게 줄었다. 그러나 자유방임 원칙에 입각한 신구빈법은 역설적으로 정부기능의 확대를 가져왔다. 공장법도 마찬가지의 효과를 나타내어, 정부관리의 수는 공장법과 신구빈법 제정 후 크게 증가했다.

4) 반곡물법연맹과 인민헌장운동

계급정치를 가장 잘 보여주는 것이 곡물법 폐지를 둘러싼 투쟁과 인민헌장운동이었다. 1838년 맨체스터에서 결성된 반곡물법연맹은 값싼 식량과 자유무역을 주장하는 중간계급의 조직이었다. 연맹의 지도자인 맨체스터의 면직물 기업가인 리처드 코브던과 퀘이커 교도인 존 브라이트의 이름은 자유무역과 함께 전 세계에 전파되었다. 그들은 싼 곡물이 자본가에게는 임금을, 노동계급에게는 생활비를 낮추어준다고 주장하며 선언문과 책자, 의회청원, 대중집회 등을 통한 대중운동을 전개했다.

곡물법은 1846년에 폐지되었다. 그러나 그것은 연맹의 압력보다는 1845년 참혹한 아일랜드의 기근을 해결하기 위해서는 싼 곡물을 수입해야 한다고 믿게 된 수상 로버트 필(1834~1835, 1841~1846)의 개인적 결심에 의한 것이었다. 곡물법 폐지는 영국이 이제 자유무역의 길로 들어섰음을 보여준다는 점에서 큰 의의가 있다. 3년 후 항해법이 폐지되면서 영국의 자유무역은 공고해졌다. 그러나 필의 배반은 토리 당을 분열시켜 그 후 20년간 휘그-자유당의 집권이 계속되었다.

1830~1840년대에 지속된 인민헌장운동은 대중의 광범위한 지지를 받은 빅토리아 사회 최대의 대중정치운동이었다. 노동계급의 정치의식은 1790년대 토머스 페인과 프랑스 혁명의 영향을 받아 싹트기 시작했다. 1832년의 선거법 개정을 위한 투쟁에서 노동계급은 중간계급과 더불어 전국적 선동에 참여했다. 그러나 개정된 선거법이 중간계급 이상의 유산자에게만 참정권을 확대하자, 노동계급은 대규모의 대중운동을 전개했다. 남자 보통선거권, 공정한 선거구, 의회의 매년 선거 실시, 의원의 세비 지급, 비밀투표와 의원의 재산제한 철폐 등 6개 조항을 포함하는 인민헌장People's Charter을 국가의 법으로 채택할 것을 요구한 이 운동은 기본적으로 정치운동이었다. 그러나 그 저변에는 산업혁명으로 야기된 사회경제적 불안과 불만이 자리잡고 있었다. 불경기와 실업으로 인한 고통이 선거권에 대한 요구로 분출된 이유는 당시 노동자들이 경제적, 사회적 고통을 정치적 맥락에

서 진단하고 정치적 해결을 요구하는 정치적 급진주의에 의해서 자극받았기 때문이었다.

10여 년 동안 200만 명이 넘는 서명을 세 차례나 의회에 제출한 인민헌장운동의 요구는 결국 받아들여지지 않은 채 1848년 5월의 대규모 대중집회를 마지막으로 시들어버렸다. 분열되고 체계적이지 못한 지도부, 최초이기 때문에 요령을 모른 채 진행된 운동이라는 사실에 책임이 있었다. 그러나 이들의 요구는 19세기 말에서 20세기 초에 이르면 대부분 실현되었다. 반곡물법운동이 중간계급의 의식을 깨우치는 데 결정적 역할을 했듯이, 인민헌장운동도 노동계급의 의식을 고양시키는 중요한 계기가 되었다.

4. 자유주의

산업사회가 요구한 이데올로기는 자유주의Liberalism였다. 자유주의는 개인의 계몽된 이기심의 추구가 그 자신에게만이 아니라 사회 전체에도 최선의 길이기 때문에 개인의 자유가 전적으로 보장되어야 한다는 신념으로, 자유무역, 자유경쟁, 종교의 자유, 의회개혁 등의 원동력이 되었다. 자유무역과 자유방임으로 구현된 경제적 자유주의는 애덤 스미스와 데이비드 리카도에 의해서 이론적 근거가 마련되었다. 스미스는 인간은 자신의 이익을 추구할 때에 보이지 않는 손에 의해서 자신의 의도와는 상관없는 목표를 진척시킨다는 말로써 개인에게 선한 것이 바로 사회에게도 선한 것임을 주장했고, 국가, 경제,

사회는 각각 독립된 것이고 각각 다른 법칙을 따르기 때문에 국가는 가능하면 경제에 개입하지 말아야 한다고 설파했다. 리카도는 비교우위론을 내세워 자유무역이 모든 나라에 이롭다는 주장을 설득력 있게 전개했다. 이들의 주장은 소위 맨체스터 학파Manchester School의 이론이 되어 1840년대 이후 국가정책의 기반이 되었다.

세계 최초의, 그리고 유일한 산업국인 영국은 경쟁자가 없었다. 산업생산만이 아니라 해운업, 보험, 중개업 등에서 나오는 보이지 않는 수입도 막대했다. 이러한 독점적 위치에서는 보호무역이 필요 없었기 때문에 자유무역은 자연스럽게 영국 산업자본가 계층의 이념이 되었다. 정부는 항해법(1849)과 동인도회사 등의 특허 회사들이 누리던 식민지 무역 독점권은 물론 거의 모든 관세를 폐지했다. 필 수상은 수출세와 수입관세를 폐지하거나 감소하는 대신 소득세를 신설하여 재정을 개선했다. 그러나 곡물세는 그대로 둠으로써 곡물법 폐지를 둘러싼 갈등을 낳았다.

빅토리아 시대의 주류 이론들은 세 가지 본질적 양상을 보여주었다. 첫째, 자본주의는 인간의 본성과 심리에 기반을 둔 영원한 진리에 뿌리내리고 있다는 것이었다. 둘째, 자본가와 노동자는 동일한 추진력은 물론이고 효용의 최대화라는 동일한 이해관계를 가지고 있다는 믿음이었다. 마지막으로 각 행위자가 자신의 이해관계를 추구할 수 있도록 자유로워진다면, 애덤 스미스가 결론내렸듯이 조화와 덕행의 사회질서가 구현될 수 있으리라는 것이었다. 이처럼 자유주의는 근본적으로 낙관적 신념이었다. 자유주의자들은 자유무역이 모든 나라들의 상업관계를 극대화함으로써 국제평화도 도모할 수 있다고

애덤 스미스는 근대 경제학의 출발점이 된 《국부론》을 저술한 경제학의 아버지이다. 그는 경제행위가 '보이지 않는 손'에 의해 스스로 자기 통제적 기능을 가진다고 주장했다.
—

주장했다.

자유주의자들은 국가제도를 개인주의와 경쟁의 원칙에 맞추어 다시 만들려고 했는데, 이 원칙에 의해서 귀족의 영향력을 감소시키기 위해서는 참정권이 확대되어야 했다. 그러나 자유주의는 자신에 대해서 책임질 수 없고, 합리적인 사고와 결정을 할 수 없는 사람들은 배제되어야 한다고 주장했다. 이것은 재산에 의한 제한을 둠으로써 가능했다. 선거권은 스스로의 미덕을 증명한 사람들에게 부여되는 포상으로 인식되었다.

생물학에서 발견된 적자생존의 이론은 자연의 법칙일 뿐만 아니라 사회의 법칙으로도 인정받았다. 소위 사회적 다윈주의가 발달했는데, 허버트 스펜서가 대표적 이론가였다. 그가 일생을 바친 진리는 다윈이 발견한 적자생존이 모든 유기적 성장의 근본법칙이라는 것이었다. 스펜서는 철저한 자유방임 국가를 주장했다. 정부의 역할은 이 자연법칙이 가능한 한 널리 적용되도록 자유경쟁의 적용을 방해하고 있는 제도와 전제들을 없애는 데 그쳐야 한다는 것이었다. 그의 자유방임 원칙은 맨체스터 학파를 훨씬 더 능가했다.

이처럼 자유주의가 원하는 국가란 개인의 에너지를 해방시켜 그 활동을 방해하지 않으며, 단지 게으름을 방지하고 검약을 장려함으로써 자조의 법칙이 적용되도록 돕는 최소한의 국가였다. 실제로 영국은 19세기 중엽이 되면 경제를 통제하는 의무를 포기했으며, 다른 나라와는 비교도 할 수 없을 정도로 규모가 작았다. 1820년대에 중앙정부의 관리는 3만 명 미만으로 주로 세금을 징수하는 부서에 소속되어 있었고, 내무부는 17명, 식민부는 14명의 관리들이 운영하고 있었다. 최소한의 중앙정부는 지방분권에 의해서 보충되었는데, 이 책에서 여러 번 언급했듯이 지주층이 무보수로 통치를 담당하고 있었다. 물론 국가와 사회의 완전한 분리라는 자유주의 이상은 현실적으로는 불가능했고, 국가의 개입은 불가피했다. 그러나 빅토리아 중기의 영국보다 국가가 더 작은 역할을 행한 예는 근대 역사에서 존재하지 않았다.

자유주의자들은 개인이 진정으로 자유로워져 자신의 잠재력을 최대한으로 달성하게 만들려는 의도로 기존의 잘못된 법과 제도를 개선하려는 개혁을 추진했다. 그 결과 오히려 국가의 크기가 커졌다.

전문가들이 구빈법, 감옥, 철도 등을 규제하고 감독했으며, 교회가 맡았던 출생, 결혼, 사망 등의 기록을 정부가 책임지게 되었다. 위대한 자유방임의 시대에 국가가 오히려 크게 성장했다는 역설을 보였던 것이다. 전통적인 지주 엘리트가 부르주아지의 가치인 경쟁과 능력의 원칙을 받아들임으로써 공직에서의 주도권을 계속 유지할 수 있었던 것도 재미있는 사실이다.

5. 빅토리아 시대의 가치관

1) 빅토리아 여왕(1837~1901)

영국 역사상 최고의 번성기인 19세기에 64년간 왕위에 군림하면서 시대에 이름을 부여한 빅토리아 여왕은 조지 3세의 넷째 아들 켄트 공작의 딸로 탄생했다. 태어났을 때에는 아무도 이 아기가 장차 영국의 군주가 되리라고 생각하지 못했다. 그러나 조지 3세의 아들들이 모두 후사 없이 죽음으로써 18세의 빅토리아가 왕위를 계승하게 되었다. 여왕은 처음에는 휘그 정치인 멜번(윌리엄 램, 1834, 1835~1841)에게 전적으로 의지했기 때문에 국민으로부터 '멜번 부인Mrs. Melbourne'이라는 야유를 받기도 했다. 그러나 곧 독일 작센-코부르크-고타의 앨버트 공과 결혼하면서 그의 영향력하에 들어갔다. 첫눈에 앨버트 공에게 반한 빅토리아는 일생 동안 열렬히 그를 사랑했지만, 앨버트 공은 빅토리아가 남편을 사랑한 만큼 아내를 사랑한 것 같지는 않다. 그러나 두 사람은 매우 행복한 가정을 꾸렸고, 그들의 도덕적 결혼생

빅토리아 여왕은 1840년 2월 외사촌 간이었던 앨버트 공과 결혼했다. 앨버트 공은 멜번이 실각한 뒤 왕실의 재산관리뿐만 아니라 외교문제에도 관여하고 분쟁을 막아내며, 여왕을 공사와 가정생활에서 두루 뒷받침했다.

—

활은 영국인들의 모범이 되었다.

그러나 42세밖에 되지 않은 앨버트 공이 병사하자(1861), 빅토리아는 모든 공적 활동에서 물러나 칩거했다. 급진주의자들은 여왕이 국가가 지불하는 돈에 합당한 역할을 하지 못한다고 비난했으며, 왕정을 없애고 공화국을 만들자는 의견까지 공공연히 나돌았다. 10여 년의 칩거 끝에 '윈저의 과부'를 다시 공적 생활로 끌어낸 것은 디즈레일리 수상이었다. 여왕은 앨버트 공을 대신할 수 있는 정신적 지주를 디즈레일리에게서 찾았고, 그가 마련해준 인도 여제의 칭호를 매우 좋아했다. 무엇보다도 두 사람은 가부장적 정부라는 이념을 공유했으며, 글래드스턴에 대한 혐오가 여왕을 디즈레일리에게 더 끌어당겼다. 1896년 9월 23일, 여왕은 일기에 자신이 조지 3세보다 하루 더 길게, 그리고 영국 역사상 어느 국왕보다도 더 오래 군림했다고 기록했다. 그러고도 그녀는 5년을 더 생존했다. 여왕의 즉위 50주년과 60주년 행사는 거국적 잔치였을 뿐만 아니라, 광대한 영제국 전체가 참여한 실로 전 지구적 행사였다. 1901년 드디어 여왕이 서거했을 때 사람들은 당황했다. 70세 이하의 신민들은 아무도 다른 어떤 군주 밑에서 산 것을 기억하지 못했기 때문이다.

이처럼 국민의 존경을 받은 군주였지만, 빅토리아는 쇠퇴해가는 군주의 권력을 강화시키지는 못했다. 그녀는 수상 임명권을 자의적으로 사용하여 직접적 영향력을 행사하려고 했지만, 그녀의 치세 동안 영국의 왕정은 군림하되 통치하지 않는 왕정으로 굳어져버렸다. 1839년 여왕이 로버트 필을 거부하고 총애하는 멜번을 수상으로 임명한 것은 국왕이 다수당의 지지를 얻지 못한 사람을 수상에 선임한 마지막 케이스였다. 2년 후 선거에서 다시 승리한 필은 이제 당당하게 자신의 내각을 구성할 수 있었다. 여왕은 1880년 또 한 번 자의적 수상 임명을 시도했으나, 역시 좌절되었다. 1880년 선거 직후 글래드스턴이 아닌 다른 사람을 수상으로 임명하려고 시도했지만, 그것은 불가능한 일이었다.

2) 빅토리아 시대의 가치관

19세기를 빅토리아 시대Victorian Age라고 부르는 것은 공유된 가치관과 풍조가 그 시대를 지배했기 때문이다. 중요한 사실은 빅토리아 시대의 가치관이 주로 중간계급으로부터 나왔지만, 그 가치관이 계급을 초월하여 전 사회로 전파되었다는 것이다. 공유된 가치관은 계급갈등을 완화시키고 계급화해로 나아가게 하는 기제가 되었다.

빅토리아인들은 우선 개인주의를 믿었다. 개인이 경제적, 사회적, 정치적으로 보장된 완벽한 자유 아래 이기심을 가장 합리적으로 추구하는 것이 개인에게 최선의 길일 뿐만 아니라, 최대 다수의 최대 행복을 산출하는 가장 좋은 방법이라는 것이었다. 개인주의는 경쟁과 자조를 기반으로 했다. 빅토리아인들은 경쟁이 생산과 효율을 최대화한다고 믿었는데, 무엇보다도 중간계급은 지주층의 낡은 관행인 태생, 후견, 국가보조를 거부하고, 개인의 독립, 의무, 자존심, 사회적 상승의 욕구 등을 강조했다. 중간계급의 가치 가운데 체통은 빅토리아 시대에 마치 종교적 용어나 마찬가지가 되었다. 독립, 절제, 중용, 예의 바른 행동 등을 포괄하는 의미의 체통은 계급의 구분을 뛰어넘어 사회 전체에 공통된 문화를 산출했다. 체통을 지키는 것이 모든 계급에게 적합한 행동이라는 믿음이 사회 전반에 퍼졌는데, 어떤 면에서 보면 계급의 구분보다도 체통에 의한 구분이 더욱 중요하게 간주되었다.

빅토리아인들에게는 신분상승의 신화가 큰 호소력을 가지고 있었으며, 그 근본에는 "하늘은 스스로 돕는 자를 돕는다"는 자조의 가치가 자리잡고 있었다. 자조의 가치를 믿은 사람들은 사회적 불평등과 개인적 비극을 다 개인의 탓으로 돌리고 개인의 노력 여하로 사회적 진보가 이루어질 수 있다고 주장함으로써 정치적 급진주의나 사회주의를 불신했다. 새뮤얼 스마일스의 저서 《자조Self-help》, 《근검Thrift》 등은 나태를 비난하고 근면과 절약을 강조하는 일종의 복음서였다. 1859년에 출간된 《자조》는 그가 죽을 때까지 25만 부나 팔렸는데, 정치경제학을 모르는 사람들도 이 책을 사서 읽었다. 19세기 중엽이 되면 영국 사회에는 경쟁과 자조의 원칙이 확고하게 자리잡았다. 이 원칙에 따라서 경쟁시험에 의한 공무원 등용제도와 능력에 의한 승진제가 도입되었으며(1860), 군대의 장교직 매매도 금지되었다. 아이러니하게도 지주층만이 고전교육에 치중된 시험을 통과할 수 있었기 때문에 이후에도 계속 이들이 관료직을 석권한 것은 사실이지만, 그때까지 지배적 관행이던 후견제가 사라지고 능력 위주의 원칙이 정립되었다.

중간계급이 소중하게 여긴 또 하나의 가치는 가정이었다. 가정이란 단순한 집이 아니었다. 한 외국인은 영국의 "음산한 기후가 아마도 안락한 가정에 대한 영국인의 욕구를 가중시킨 것 같다"고 갈파했다. 그러나 보다 근본적인 것은 자본주의 사회가 내포하는 불확실성이었다. 중간계급 남성은 세상에서 겪는 삶의 투쟁에서 자신을 회복할 수 있는 피신처로서 가정을 요구했다. 빅토리아 여왕과 앨버트 공의 결혼 생활은 단란한 중간계급의 가정을 대변하는 것으로 인기가 있었고, 모두에게 모범이 되었다. 가정의 이상은 크리스마스의 발명에서 절정에 이르렀다. 앨버트 공이 도입한 크리스마스 트리와 찰스 디킨스의 소설로 대중화된 크리스마스 만찬이 가족축제로 자리잡았다.

그러나 남성의 피신처인 가정이 중간계급 여성들에게는 감옥이 되어버렸다. 그들에게는 가정 바깥에서의 활동이 금지되었고, 남편만

빅토리아 여왕의 후손들로서 독일의 빌헬름 2세와 사촌인 영국의 조지 5세가 함께 있다. 세일러복을 입은 미래의 에드워드 8세와 조지 6세도 앞줄에 서 있다.
—

이 가족의 유일한 수입원으로서 가부장적 위치를 차지하게 됨으로써 남성에게는 공적, 여성에게는 사적으로 분리된 영역이 확립되었다. 법적으로, 사회적으로 여성은 심각한 차별에 시달렸다. 기혼여성의 모든 재산은 남편 소유였으며, 1857년의 결혼법 제정 이전까지 여성은 이혼조차 할 수 없었다. 그 후에도 여성이 이혼 허가를 받으려면 남편의 간통 외에 이중결혼, 가혹행위, 유기 등의 죄목을 증명해야 했다. 한편 남성은 상대편의 간통만을 증거로 제시하면 즉시 이혼을 허용받을 수 있었는데, 여기에서 빅토리아 시대 가치관의 이중성을 발견할 수 있다.

 빅토리아 사회의 번영은 빈부를 막론하고 모든 사람들로 하여금

공식 명칭은 '만국산업생산품 대박람회'로 당시 세계의 공장 역할을 했던 영국은 25개국의 1만 3,000여 개 산업 제품들을 수정궁에 전시해 산업혁명으로 이룬 진보를 마음껏 자랑했다. 전자 현미경, 전자 기압계와 함께 기계가 목화솜에서 실을 뽑고 면직물을 짜내는 모든 과정을 한눈에 볼 수 있었다. 앨버트 공이 주도한 이 행사에는 약 6개월 동안 600만 명이 방문했는데, 이는 당시 영국 인구의 1/3에 육박하는 숫자였다.

—

진보를 믿게 만들었다. 가장 눈에 띄는 진보는 물질적, 경제적 진보였지만, 단순히 거기에 그치지 않고 정치적, 도덕적 진보에까지 확장되었다. 1850년 허버트 스펜서는 "진보는 우연이 아니라 필연이며 인간은 완벽해져야 한다"고 선언했다. 1851년 수정궁Chrystal Palace에서 개최된 세계 대박람회는 산업혁명이 그때까지 이루어놓은 업적만이 아니라, 미래 사회가 가져다줄 경이를 확인할 수 있는 기회였다. 물론 빅토리아 시대의 물질주의에 대한 경고와 비판도 존재했다. 토머스 칼라일은 빅토리아인들이 정신적인 것을 잃고 공리주의와 이기심의 철학에 사로잡혀 정신적 본성을 제대로 보지 못하고 있음을 경고했고, 매슈 아널드는 "사람들을 빨아들이는 물질적 진보의 야만스런 영향력"을 두려워했다. 그러나 그것은 소수의 의견에 불과했다.

19세기를 통해서 전통적 기독교의 엄격한 교리에 대한 신념이 약해졌는데, 여기에는 복음주의가 중요한 역할을 했다. 복음주의 교리는 개인의 양심과 도덕성을 강조하고, 선행에 의해서 구원받을 수 있다는 믿음에 기초했다. 그것은 결국 인간과 사회제도가 끝없는 노력과 선행에 의해서 완벽해질 수 있다는 믿음으로 발전했는데, 이것은 지옥과 영원한 죄악에 대한 정통교리와 맞아떨어지지 않았다. 기독교의 약화에는 과학도 큰 몫을 했다. 과학은 인간의 수명을 연장시키고 고통을 완화시켜주었으며, 여러 가지 삶의 불편함을 제거했다. 과학에 대한 신뢰는 세속화를 촉진했다. 찰스 다윈의 저서《종의 기원 On the Origin of Species by Means of Natural Selection》(1859)의 발간은 희미하게 싹트고 있던 성경에 대한 불신을 더욱 조장했다. 이미 지질학자 찰스 라이엘은 암석과 화석을 증거로 삼아 지구의 역사가 성경이 말하는 것보다 훨씬 더 오랜 진화의 과정을 거쳤다는 사실을 과학적으로 제시했는데, 다윈의 발견은 그것을 확증해주었던 것이다.

다윈은 1830년대에 비글 호를 타고 남아메리카 섬들을 탐험하면서 종race은 불변의 형태로 창조된 것이 아니라 변형되어왔다는 증거를 수집했다. 그러나 진화의 기제가 무엇이지는 알 수 없었다. 영국으로 돌아온 다윈은 우연한 기회에 맬서스의《인구론》을 읽고 적자생존의 원칙을 깨닫게 되었다. 진화의 기제는 적자생존, 즉 자연선택이었던 것이다.《종의 기원》보다 12년 늦게 출간된《인간의 기원The Descent of Man and Selection in Relation to Sex》에서 다윈은 더욱 대담하게 인간도 다른 생물과 마찬가지로 진화의 길을 걸었다는 주장을 전개했다. 인간이 다른 생물과 다를 바 없다는 주장은 기독교의 중심교리를 붕괴시키는 것이었고, 이 책은 즉각적으로 논란을 일으켰다. 사람들이 그때까지 희미하게 느끼고 있던 것을 대단한 분량의 증거를 통해서 입증한 다윈의 연구가 낳은 반향은 엄청났다. 따라서 "1860년대 어느 시점에서 인간의 지적 사고 틀이 근본적으로 바뀌기 시작했다"고 평가되는 것이다.

3) 빅토리아 시대의 윤리

번영과 자유로 특징지어지는 빅토리아 시대의 또 하나의 특성은 의무, 경건함과 종교적, 도덕적 엄격함이었다. 그 윤리는 중간계급에서 유래했지만, 사회의 모든 계급으로 확산되었다. 19세기를 통해서 기독교 정통교리에 대한 믿음은 약해지고 있었지만, 종교적 윤리는 오히려 강조되는, 일면 모순적인 현상이 나타났다. 1780~1850년 사이에 영국인들은 전반적인 도덕적 변화를 경험했다. 공격적이고, 시끄럽고, 난폭한 18세기 영국인에서 질서 있고, 신중하며 위선적이기조차 한 빅토리아인으로 바뀐 것이다. 이러한 변화의 원동력은 감리교와 복음주의라는 새로운 종교운동이었다. 앞에서 살펴보았듯이 웨슬리의 개혁운동은 국교회에도 큰 영향을 미쳐, 특히 저교파 국교회 Low Church[2]는 보다 감정적 열정과 도덕에 치중하게 되었다. 복음주의가 강조한 도덕주의는 한마디로 '쾌락은 악마의 계략'이라는 신념이

---

[2] 복음주의의 영향을 받아 믿음과 감정에의 호소 등을 강조하던 국교회의 일파. 반대로 고교파 국교회High Church는 교회의식을 강조하는 경향으로 나아갔다.

었다. 복음주의자들은 여러 가지 전통적 대중문화를 없애고, '합리적 여가'를 보급하려고 노력했는데, 특히 음주에 대한 전쟁이 가장 중요한 사안이었다. 실상 소득의 1/3을 술 마시는 데 써버리는 노동자가 있었던 것이다.

무엇보다 중요한 사실은 비국교도의 세력이 강화되었다는 것이다. 비국교도라는 개념이 확고한 정체성을 가지게 되었고, 특히 산업자본가들의 다수가 비국교도였다. 비국교도들 가운데에는 노동계급도 있었고, 중간계급 내에는 국교도들도 있었지만 훨씬 더 많은 수가 비국교도였다. 비국교도 산업자본가의 세속적 성공은 우연이 아니라 엄격한 도덕률과 절제 있는 생활의 열매였다. 막스 베버의 '신교 윤리와 자본주의 정신'이라는 명제가 적어도 영국에서는 맞아떨어진다고 말할 수 있다. 19세기 이래 영국의 최대 여행업체인 토머스 쿡Thomas Cook 사의 창립자인 쿡은 비국교회 목사였는데, 일요학교와 금주협회를 위한 여행을 주선한 것이 계기가 되어 성공적인 여행사로 키울 수 있었다. 유명한 초콜릿 제조업자인 퀘이커교도 조지 캐드버리도 금주운동을 확산시키기 위해서 술의 대용품으로 초콜릿을 만든 것이 사업의 동기였다. 이들에게는 종교적 사명감이 우선이었고, 사업의 성공은 부수물이었다.

다음 표는 1851년 3월 30일 교회 출석을 조사한 유일한 자료인데, 그 당시 영국인들의 종교관행을 엿볼 수 있다. 이 조사에서 잉글랜드·웨일스의 총인구 1,800만 명 가운데 35퍼센트인 635만 명 정도가 그날 예배에 참석한 것으로 밝혀졌는데, 비국교도들의 출석률이 국교도보다 높았다. 국교회에서는 2/3의 좌석이 비어 있었지만, 비국

교회 출석인원 (1851)

국교회	2,971,268명	47%
비국교회	3,110,782명	49%
가톨릭	249,389명	4%
기타	24,793명	0.4%
합계	**6,356,232명**	**100%**

교회에서는 신도의 1/2이 출석했다. 공업도시의 노동계급 거주지역에서 교회 출석률이 가장 저조했다.

점차 자의식이 강해지고 있던 비국교도들은 여전히 국교회가 세금을 징수하고, 세례와 결혼 등의 중요한 일을 관장하는 제도에 반발하여 개혁을 요구했다. 중요한 점은 감정에 호소하는 복음주의와 철저한 이성과 계산에 기반을 둔 공리주의가 19세기 사회개혁 운동에서 합의점을 발견했다는 것이다. 복음주의와 공리주의는 실상 사회적 양심, 공공윤리, 일반복지와 사회개혁에 대한 관심이라는 공통된 요소를 가지고 있었다. 벤담은 "나는 지금의 내가 아니라면 감리교도가 되고 싶었다"고 토로한 적이 있었다.

그러나 빅토리아주의가 내포하는 또다른 면은 도덕적 엄격함을 비웃는 것처럼 보였다. 당대의 저명인사 몇몇은 인습을 비웃은 악명 높은 사람들이었다. 존 스튜어트 밀과 유부녀인 해리엇 테일러의 관계, 조지 엘리엇과 조지 루이스의 20년 넘는 동거생활뿐만 아니라, 러스킨과 칼라일처럼 결혼에 대한 너무 높은 이상 때문에 부인과 성적 관계 없이 평생을 지낸 사람들의 행동은 비정상적이며 위선으로 보일 수도 있었다. 그럼에도 불구하고 빅토리아주의의 가장 중요한 핵심은 결국 도덕적 의무감이었다. 조지 엘리엇은 오랜 지적 방황 끝에 원래 종교로 돌아와서 "복음주의는 의무라는 개념, 자신의 단순한 이익을 훨씬 넘어서는 무엇인가를 위해서 살아야 한다는 인식을 살아 있는 것, 작동하는 것으로 만들어준다"고 고백했다. 세속화를 촉발시킨 다윈에게 그의 이론이 종교와 도덕에 가지는 의미가 무엇인가를 물었을 때 그는 "인간의 도덕적 의무감은 예전과 마찬가지로 의무를 다하는 것"이라고 대답했다. 그리고 이 윤리관은 글래드스턴에 의해서 정치에서도 구현되었다.

6. 보수당과 자유당의 발달

17세기 이래 토리와 휘그로 양분되어 있던 양당체제는 19세기 중엽에 이르러 보수당과 자유당으로 개편되었다. 1860년대까지 자유주의자와 보수주의자는 사회경제적 배경과 정책 등에서 많은 것을 공유했지만, 그 후 뚜렷이 구분되는 이념과 정책을 추구했다. 일부 역사가들은 보수당의 기원을 18세기 말의 소피트 정부까지 거슬러올라가는 반면, 다른 역사가들은 1846년에야 보수당의 확실한 등장을 본다. 이념이나 제도면에서 보수당은 이전의 토리 당으로부터 뚜렷한 분기점이 없었다. '보수당'이라는 용어는 1830년 처음 사용되었지만 '보수주의자'는 그 전부터 사용되었고, 지금도 보수주의자와 토리는 함께 사용되고 있다.

빅토리아 초기 보수주의의 시금석은 지주층의 이해관계와 국교회의 옹호였다. 당연히 토리들은 곡물법의 유지를 주장했다. 휘그도 토리와 마찬가지로 토지에 깊이 뿌리내리고 있었지만, 국교회의 독점에는 반대했다는 점에서 차이가 있었다. 1832년 선거법 개정을 계기로 휘그는 중간계급 사업가들 및 급진적 반反귀족주의자들과 제휴하기 시작했다. 토리 당에서는 1840년대에 이미 로버트 필이 강력한 지도력을 발휘하여 당을 결집하고 있었다. 그러나 이처럼 강력한 지도자인 필이 당을 분열시키는 아이러니가 발생했다. 필이 아일랜드 대흉작에 직면하여 곡물법 폐지안을 상정했을 때, 112명의 토리 의원들이 지지하고 242명이 반대했다. 이 112명도 자유무역을 지지했다기보다는 필에 대한 충성심 때문에 찬성표를 던진 것이었다. 필의 추종자들은 결국 토리 당을 떠나서 자유당에 합세하고 보호무역 지지자들만 보수당에 남았지만, 1850년대가 되면 이들조차 자유무역을 수용하게 되었다. 이후 디즈레일리가 당의 지도자가 되어 신보수주의를 정립하고 보수당은 새로운 출발을 하게 된다.

자유당의 발달은 더욱 복잡했다. 1830~1840년대 자유주의자 Liberal라는 단어가 전통적 휘그와 철학적 급진주의자들Philosophical Radicals(벤담주의자들)을 지칭하는 데 쓰이게 되었는데, 이 두리뭉술한 집단이 1840년대가 되면 자유당이라고 불리게 되고, 1859년에 정식 명칭을 가지게 되었다. 역사가들은 대체로 1832~1867년 사이에는 '자유주의자'와 '휘그'라는 말을 병행해서 사용하고, 1867년 이후에는 휘그를 자유당 내의 지주층을 일컫는 말로 국한시켜 사용한다. 자유당에는 극단적으로 반대 성향을 보이는 두 집단이 공존하고 있어 항시 폭발의 가능성을 안고 있었다. 지주층인 휘그들은 1832년 선거법 개정 이후 더 이상의 정치적 개혁에 반대한 데 반해, 급진주의자들은 귀족의 영향력을 배척하고 선거권 확대, 비밀투표, 국교회 특권의 제한과 비국교도의 대학입학 허용 등 더 이상의 개혁을 요구했다.

이처럼 자유당은 복잡한 분파로 나뉘어져 있었다. 그럼에도 불구하고 그들 모두가 공유한 한 가지 신념은 자유무역과 개인의 자유 확대 및 자의적 독점을 없애야 한다는 신념이었다. 파머스턴 경(헨리 존 템플, 수상, 1855~1858, 1859~1865)의 집권하에서 자유당은 자유무역, 대담한 애국적 외교정책, 비용이 적게 드는 정부 등을 추구함으로써 번영 및 성공과 연관되는 이미지를 만들어냈다. 자유당은 또한 사업가, 휘그 지주들, 소상인들, 수공업 장인들을 포섭하여 광범위한 사회적 지지 기반을 쌓았으며, 보수당이 주로 국교도에게서 지지자를 구한 데 반해, 국교도와 비국교도 양쪽에 다 호소력을 가지고 있었다. 파머스턴에 이어 자유당의 지도자가 된 글래드스턴은 노동계급을 중간 계급의 정치적, 경제적 틀 속에 통합시키려고 했다. 인민헌장운동이 끝난 후 노동운동이 온건해진 것을 본 글래드스턴은 노동계급 상층부에 참정권을 부여함으로써 특권층의 권력을 약화시킬 뿐만 아니라 자유당의 세력을 확장시킬 수 있으리라고 계산했다. 자유당과 노동계급의 제휴가 이루어진 것이었다.

반면 디즈레일리와 보수당은 토리의 전통, 즉 기존 권위의 역할과 의무를 강조했다. 이들은 사회를 일종의 태생적 귀족이 통치해야 하는 유기체로 인식했다. 평준화는 불가능한 것이 아니라 바람직하지 않다는 주장이었다. 그러나 사회의 지도력은 전통사회에서처럼 재산과 혈통에서 유래하는 것이 아니라 재능, 성실, 경험 및 봉사와 의무감에 의해서 정당화되었다. 디즈레일리는 지주와 노동계급이 동맹을 맺어 자본가 계층에게 대항하면서 지주가 노동대중의 이해관계를 챙겨주는 가부장적 관계를 이상적으로 생각했다. 자유당이 가부장적 온정주의를 비효율적이라고 거부한 데 반해, 보수당은 그것을 미덕으로 간주했던 것이다. 역사는 결국 보수당이 이겼음을 보여준다. 그들이 이념적, 제도적으로 더 융통성을 보였기 때문이었다. 자유당과 달리 보수주의자들은 헛되이 조화를 전제하지 않았다. 경쟁이 점점 더 심화되고 있는 세상에서 그것은 아주 중요한 이점이었다. 19세기말 자유당이 점점 파머스턴식의 중도노선을 등지고 보다 급진적이 됨에 따라서 보수당은 사회적 기반을 넓혀갔다. 이제 휘그 전통의 지주들과 중간계급 기업가들이 보수당으로 몰려들게 되자 자유당은 큰 세력 기반을 잃게 되었을 뿐만 아니라, 노동계급도 결국 자유당의 자조 원칙에 반기를 들게 되었다.

그러나 보수당과 자유당은 엄격한 의미에서 계급정당이 아니었다. 둘 다 귀족과 중간계급을 포함했으며, 보수당의 주도하에 통과된 1867년 선거법은 보수당도 자유당만큼 자유주의적임을 보여주었다. 두 정당의 차이는 오히려 종교에서 찾을 수 있었다. 보수당은 점점 국교도를 대변하게 된 반면, 자유당은 비국교도 기업가들, 상인들 그리고 스코틀랜드와 아일랜드를 대변하게 되었다. 두 정당이 얼마나 흡사했는가는 "보수주의자는 영국이 신사에 의해서 통치되어야 한다고 믿는 사람이고, 자유주의자는 모든 영국인은 원한다면 신사가 될 수 있다고 믿는 사람이다"라는 말에서도 잘 드러난다.

7. 대외정책

1815년 이후 한 세기 동안 영국은 대체로 평화의 시대를 구가했지만, 크림 전쟁(1854~1855)에서 한 차례 심각한 위기를 겪었다. 나폴레옹 전쟁 후 강대국으로 확고하게 자리잡은 영국의 대외정책은 유럽의 세력균형과 영국 해군의 우위 유지, 인도 통로의 안전 확보라는 목표를 위해서 추진되었다. 이 모든 목표에서 러시아는 큰 위협이었고 러시아에 대항하기 위해서 영국은 오스만 제국을 보존해야 했다. 오스만 제국은 중병을 앓고 있는 거인이었다. 그렇지만 후계자를 구하기 전에 죽도록 내버려둘 수는 없는 환자였다. 제국 내 소수민족들의 반란도 제국의 보존을 위협했지만 러시아의 존재가 가장 심각했다. 1854년 러시아가 오스만 제국의 기독교도 박해를 구실로 제국 내 모든 기독교인들의 보호권을 이양하도록 요구하자, 영국과 프랑스가 러시아에 선전포고함으로써 크림 전쟁이 시작되었다.

영국의 전쟁준비는 미비했기 때문에 처음에는 전황이 지지부진하게 전개되었다. 이에 대한 책임을 지고 애버딘 내각이 사퇴하고 파머스턴 연립내각이 들어서자, 전세가 회복되기 시작하여 곧 세바스토폴이 함락되었다(1855). 러시아의 패배로 맺어진 파리 조약(1856)으로 영국은 흑해를 중립화하는 데 성공했다. 크림 전쟁은 러시아 전제정에 대항하여 자유를 수호하기 위한 전쟁으로 부각되어 대중의 지지를 받았으며, 워털루 이후 오랜만에 선풍적인 관심의 대상이 되었다. 또한 종군기자의 활약을 통해서 역사상 최초로 대중이 생생한 전쟁 소식을 접하게 되었으며, 플로렌스 나이팅게일의 간호활동으로도 기

상류층 출신의 플로렌스 나이팅게일은 간호사로서 크림 전쟁 중 이스탄불에서 야전병원장으로 활약
했으며, 간호사 직제의 확립과 의료 보급의 집중 관리, 오수 처리 등으로 의료의 효율화뿐만 아니라
간호학의 발전을 가져왔다. 또한 여성들이 전쟁에 참여할 수 있는 장을 열었다.
—

억된다.

빅토리아 중기 영국의 외교정책을 주도한 사람은 파머스턴 경이었다. 포함외교gunboat diplomacy라고 불리던 파머스턴의 외교 패턴은 함대를 먼저 출동시킨 다음 외교협상을 벌이는 것이었고, 영국의 이익과 위신을 수호하기 위해서는 어떠한 양보도 하지 않는 강경노선이었다. 파머스턴은 "영국에게는 영원한 우방이 없다. 단지 영원한 이해관계가 있을 뿐이다"라는 말로 자신의 외교정책을 요약했다. 자유주의자로서 파머스턴은 전제정을 혐오하고 자유주의의 수호에 호의적이었지만, 아편전쟁에서 보는 것과 같이 약소국가의 자유를 무자비하게 짓밟는 모순을 내포하고 있었다. 어쨌든 파머스턴은 외교정책에서 정부와 국민은 따로 떨어진 존재가 아니라 공통의 관심사를 가진 존재라는 사실을 보여주었다.

그러나 파머스턴의 죽음(1865) 이후 영국의 대외정책은 공격적 애국주의의 색채를 버리고 보다 더 자유방임적으로 나아갔다. 사회전체가 자유방임의 이념에 물들게 되면서 보호주의와 제국주의는 군국주의를 조장할 뿐이며, 국가 간의 갈등을 없애는 가장 좋은 방법은 자유무역을 통해서 상업상의 교류를 확대하는 것이라는 주장이 수용되었다. 이제 자유주의의 원칙이 안팎을 지배하게 되었다. 그러나 이원칙이 확립되었을 때에는 영국은 이미 전성기의 고개를 넘어서고 있었다.

7장
조락:
1870~1914

1874~1880	디즈레일리 내각
1884	제3차 선거법 개정
1886	아일랜드 자치법안의 의회 부결 ; 보수당의 솔즈베리 내각 성립
1887	빅토리아 여왕 즉위 50주년
1897	빅토리아 여왕 즉위 60주년
1899~1902	보어 전쟁
1901	빅토리아 여왕 서거 ; 에드워드 7세 즉위
1902	영일동맹
1907	영국, 프랑스, 러시아의 삼국협상 성립
1908	자유당의 애스퀴스 내각 성립
1910	에드워드 7세 사망 ; 조지 5세 즉위
1911	상원에 대한 하원의 우위를 명시한 의회법 통과

1870년까지 번영과 성장을 자랑하던 영국은 그 후 상대적 쇠퇴와 위기감을 경험하게 되었다. 물론 여전히 자신감과 자부심이 영국 사회의 지배적 분위기였지만, 곳곳에서 위기의식을 느끼는 징후가 발

견되었다. 정치적으로는 제2차, 3차 선거법 개정을 통해서 참정권이 확대됨으로써 과두정에서 대중민주주의로 순탄하게 이행되고 있었지만, 사회적으로는 계급의 존재가 더욱 명백해졌다. 1880년이 되면 세계경제에서 새로운 세력균형이 나타나고 있었고, 영국으로서는 지도적 위치의 유지가 더욱 어려워졌다. 세계는 갑자기 산업국가들로 가득 찬 것처럼 보였다. 그리고 이 나라들은 영국보다 인구와 자원에서 훨씬 더 큰 잠재력을 가지고 있었으며, 1880년 이후 무역경쟁은 군사경쟁과 합쳐졌다.

그러나 영국민에게는 모든 면에서 최고의 인종이라는 의식이 여전히 존재했다. 영국인은 "역사상 가장 위대한 통치인종"이며 프랑스인이 프랑스를 통치하는 것보다 영국인들이 프랑스를 더욱 잘 통치할 수 있다는 자만심도 발견되었다. 그러나 사실 영국은 후발 산업국가들의 경제적 추적, 빈곤문제의 재발견, 프랑스, 독일, 러시아의 해군력 증강 등으로 몹시 쫓기고 있었다. 동시에 독일제국의 통일(1871)에서 비롯된 국제적 경쟁에 직면하여 과거의 비공식적 제국주의를 포기하고 적극적 팽창을 도모했다.

이러한 어려움들은 빅토리아 중반기를 석권하던 자유주의에 대한 회의를 낳을 수밖에 없었다. 보어 전쟁은 특히 제국의 취약점을 깨닫게 해주었고, 기존 체제에 대한 비판의 목소리가 높아졌다. 정부의 효율성 증대와 보편적 군사훈련 실시, 국가가 주관하는 국민교육과 사회보장 등을 요구하는 목소리가 커졌는데, 특히 페이비언 사회주의자, 환멸을 느낀 자유주의자, 제국주의적 성향의 보수주의자들이 주동이 되었다. 그러나 심각한 도전에도 불구하고 자유주의적 영국 사회는 1914년까지 근본적으로 변하지 않았다.

1. 자유당과 보수당의 각축

1) 제2차 선거법 개정

1860년대가 되면 인플레이션, 번영, 인구증가 등의 이유로 유권자 수는 전체 성인 남자의 1/5인 130만 명 정도가 되었다. 이 숫자는 빅토리아 중반기의 전성기를 보내고 있는 국민의 요구를 충족시키기에는 너무 적었고, 개혁은 불가피한 것으로 보였다. 외상으로 그리고 수상으로 영국 정계를 좌우하면서 개혁을 가로막고 있던 자유당의 휘그 정치가 파머스턴이 타계하자, 존 러셀이 수상이 되어 개혁을 추진했다. 이때에는 이미 선거법 개정에 대한 일반적 합의가 존재했고, 다만 어느 정도에서 유권자의 자격을 제한할 것인가의 문제만 남았을 뿐이었다.

자유당이 온건한 개혁안을 제출했지만 의회에서 부결되자 내각이 사퇴했다(1866). 빅토리아 여왕은 보수당이 자유당보다 덜 급진적인 개혁안을 성사시킬 것으로 생각하고 디즈레일리에게 내각을 구성하도록 명했다. 그러나 소수내각인 디즈레일리 내각은 자유당과 타협할 수밖에 없었고, 그 과정에서 오히려 자유당보다 더 급진적인 안이 마련되었다. 이제 도시에 1년간 거주하고 지방세를 내는 모든 가구의 가장과 1년에 10파운드의 집세를 내는 세입자가 참정권을 부여받았다. 보수당 내에는 투표권 확대가 열등한 유권자 집단을 만들어낼 것이라는 우려의 목소리도 있었지만, 보다 민주적으로 나아가는 정치적 추세를 간파한 디즈레일리는 보수당이 살아남기 위해서는 그 추세에 따라야 한다고 강력히 주장했다. 제2차 선거법 개정안은 1867년 8월 의회를 통과했다.

이 개정안으로 유권자 수가 영국 전체적으로는 130만 명에서 250만 명으로 확대되었다(인구의 1/12, 성인 남자의 1/3). 도시 선거구에서는 특히 숙련공들이 다수를 차지했으나, 여전히 복수투표제와 후견제에 의해서 통제되는 선거구가 85개나 되었다. 그러나 비밀투표법(1872)과 부패선거법(1883)이 제정된 후 선거비용은 급격히 감소했다. 1867년 이후 각 정당의 지역구 조직이 발달했고, 정당들이 주최하는 피크닉, 축구 팀, 브라스밴드 등이 활발해짐으로써 대중민주주의 시대를 앞두고 대중정당으로의 변모가 시작되었다. 선거법 개정 직후 선거가 있었는데, 디즈레일리의 확신과 달리 자유당이 승리했다. 노동계급은 자신들에게 참정권을 허용한 보수당을 배신하고 자유당을 지지함으로써, 보수당이 그들에게 준 것을 자유당에게 넘겨주었다는 말을 들었다.

2) 글래드스턴과 디즈레일리

빅토리아 중기 이후의 정치는 글래드스턴과 디즈레일리를 언급하지 않고는 이해할 수 없다. 극단적으로 반대되는 생각과 스타일의 이 두 정치인은 영국 근대사에 불멸의 궤적을 남겼다. 윌리엄 글래드스턴은 종교적이고 엄격한 빅토리아인의 모델이었다. 정치를 신이 준 소명이라고 믿은 그는 정치에 도덕적, 종교적 요소를 첨가하여 도덕적으로 옳지 못한 것은 정치적으로도 옳지 못하다는 원칙을 세웠다. 글래드스턴의 지도하에서 자유당은 도덕적 정당이 되었다. 자유당에 투표하는 것은 단지 자유주의를 지지하는 것이 아니라 '정치의 기독교화'에 대한 투표였다. 글래드스턴은 자유무역, 불가리아에서의 오스만 터키의 잔혹행위, 아일랜드 등의 복잡한 정치적 이슈를 도덕적 십자군 운동으로 바꾸어 대처했다.

1830년대 의회에 처음 진출했을 때 글래드스턴은 노예제에 대해서 아무런 거부감을 느끼지 않는 고교회파High Church[1] 토리였다. 그러나 자유주의적 토리인 로버트 필의 추종자가 되었고, 곡물법 폐지 파동을 겪으면서 자유주의자로 변신했다. 글래드스턴 자신은 국교도였지만, 정치에 대한 도덕적 접근은 비국교도들의 지지를 얻게 되어 그는 비국교도적 양심의 대변인이 되었다. 자유주의자로서 글래드스턴은 개인주의와 경쟁의 원칙에 맞게 사회를 개혁해야 한다고 믿었다. "사람은 절대로 국가에 의해서 다시 태어날 수 없다"는 것이 그가 죽을 때까지 믿었던 원칙이었다. 글래드스턴은 네 차례에 걸쳐 수상을 역임하면서(1868~1874, 1880~1885, 1886, 1892~1894) 합리적 법제도, 군대의 매직 금지, 공무원 경쟁채용 시험, 대학의 종교 심사제 폐지, 노동조합의 합법화, 교육제도 개혁 등 많은 개혁을 추진했다.

이 모든 개혁의 밑바탕에는 낡고 불합리한 사회제도를 제거하여 개인이 마음껏 자조의 가치를 실천할 수 있는 환경을 마련하려는 뜻이 깔려 있었다. 그러나 글래드스턴이 아일랜드에 평화를 정착시키

---

1 교회의식과 형식, 국가와 교회의 밀접한 관계를 주장하는 국교회 내의 보수주의 추종자들.

는 것이 그의 사명이라고 믿고 아일랜드 자치법을 추진했을 때 자유당은 분열했다. 글래드스턴이 진짜 살과 피를 가진 인간인가, 아니면 정신적 존재인가를 두고 논쟁의 벌어질 정도로 그는 일반적 인간의 개념을 초월한 사람이었다. 그는 일생 하루도 거르지 않고 일기를 썼는데, 일기에 의하면 종교가 놀랄 만큼 압도적으로 그의 삶에 뿌리박고 있었다. 정치는 신의 의지가 구현되는 곳이고, 신은 그에게 필경사의 역할을 맡기셨다는 글래드스턴의 믿음은 그의 삶이 위선이 아니었음을 밝혀준다.

글래드스턴과 더불어 19세기 영국 정치의 쌍벽을 이룬 벤저민 디즈레일리는 원래 유대인인데 국교도로 개종한 사람이었다. 그는 지주 출신이 아니었고 돈도 없었지만, 야심을 실현시키기 위해서 부유한 연상의 여인과 결혼하여 정치에 진출할 수 있었다. 디즈레일리는 멜로드라마적 소설의 작가이기도 했다. 1840년대 심각한 문제로 대두되기 시작한 부의 편중을 비판적으로 다룬 《시빌Sybil》이라는 소설에서 "두 개의 국민"이라는 유명한 개념을 만들어내기도 했다. 그는 한마디로 지주층의 기호를 맞추기에는 너무나 현란한 인물이었다. 그럼에도 불구하고 명연설과 정치적 기회포착의 귀재였던 디즈레일리는 결국 1846년 이후 분열상태에 있던 보수당에게 새로운 진로를 열어 거국적 정당으로 발돋움하는 계기를 마련해주었다.

디즈레일리의 이념은 신보수주의와 토리 민주주의Tory Democracy로 요약될 수 있다. 그는 실상 미래 정치에서 사회개혁과 제국주의가 가장 주요한 쟁점이 될 것을 감지한 최초의 정치인이었다. 그는 1872년 수정궁에서 행한 연설에서 보수당의 3대 목표를 국교회와 토지귀족

등 국가의 전통적 제도를 지키고, 국민대중의 생활수준을 향상시키며, 자유주의가 파멸시키려고 하는 제국을 유지하는 것이라고 선언했다. 토리 민주주의라는 개념을 만들어낸 것도 디즈레일리였다. 그의 사망 후 〈타임스〉는 추모기사에서 "마치 조각가가 대리석 안에 갇혀 있던 천사를 발견한 것처럼 디즈레일리는 토리 노동자들을 발견했다"고 지적했다. 여전히 가부장적 사회질서를 그리워하며, 사회란 낱낱이 분리된 개인들의 집합일 뿐이라는 자유주의 원칙에 혼란스러워하던 노동대중의 심리를 예리하게 꿰뚫어본 것이었다.

디즈레일리는 국왕과 귀족과 일반대중의 관계를 새롭게 규정하고, 사회를 일종의 태생적 귀족이 통치해야 하는 유기체로 파악했다. 국왕의 위치는 문자 그대로 영국민의 우두머리이고 보호자이며, 귀족도 역시 역사적 사실이며 전통이라는 것이었다. 평준화는 불가능한 것이 아니라 바람직하지 않다는 주장이었다. 그러나 사회의 지도력은 전통사회에서처럼 재산과 혈통에 유래하는 것이 아니라, 재능, 성실, 경험 및 봉사와 의무감으로써 정당화되어야 했다. 귀족은 국민 다수의 삶을 향상시키는 고귀한 목표에 자신을 바쳐야 하고, 대중은 그러한 지도자에게 복종해야 한다는 것이었다. 그는 한마디로 귀족의 과두체제를 관대한 귀족정으로 변모시키려고 했으며, 토리 민주주의에 기초하여 사회입법, 최소한의 노동조합의 권리 등을 보장하는 정책을 추진했다. 1867년 제2차 선거법 개정도 디즈레일리의 작품이었다. 물론 디즈레일리가 실제로는 글래드스턴과 달리 강령도, 철학도 가지지 못한 실용주의자에 불과했으며 나쁘게 보면 기회주의자였다는 평가도 있지만, 그가 영국을 자유방임으로부터 구출하는

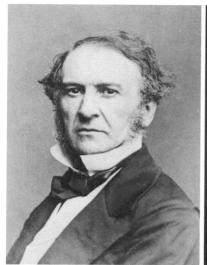

글래드스턴(왼)과 디즈레일리(오)는 빅토리아 시대에 자유당과 보수당을 이끌면서 영국이 대제국으로 발전하는 데 크게 기여한 인물들이었다. 그들은 정치적으로는 경쟁자였지만 교대로 내각을 이끌어 의원내각제의 꽃을 피우며 빅토리아 여왕과 함께 대영제국의 전성기를 구축했다.
—

데 한몫을 했음은 틀림없는 사실이었다.

3) 제1차 글래드스턴 내각(1868~1874)과 디즈레일리 내각(1874~1880)

1868년 선거에서의 이슈는 아일랜드 국교회의 폐지문제였다. 주민 대다수가 가톨릭 교도인 아일랜드에서 잉글랜드식 국교회가 군림하고 있는 것은 누가 보나 큰 모순이었다. 결국 의회 내의 가톨릭 교도와 비국교도들의 제휴로 폐지안이 통과되었다(1869). 그러나 이번에는 토지문제가 현안으로 대두했다. 근본문제는 토지소유의 본질에 관한 것이었다. 즉 잉글랜드인 지주들은 소유권이 절대적이라고 생각한 반면, 아일랜드인 소작인들은 토지보유가 기억할 수 없을 정도로 오래 전부터 지속된 일종의 관습이라고 믿었다. 그들은 자신들의 노동이 합쳐져야 생산이 이루어지기 때문에 소작인들도 토지에 대한 공동소유권을 가져야 한다고 주장했고, 차지농이 차지권을 팔 수 있는 권리를 요구했다. 글래드스턴은 이 복잡한 문제를 해결하기 위해서 1870년에 토지법을 제정했지만, 양쪽 다 만족시키지 못했다.

1868~1874년에 국내정치에서는 종교가 가장 큰 지침이었다. 정치와 종교를 결합시킨 글래드스턴 정부하에서 이것은 당연한 일이었는데, 인허법(1872)은 대중의 음주습관을 고치려는 복음주의자들의 지지를 받았다. 자유당 정부는 노동조합법(1871)을 제정하여 노조에게 완전한 법적 권리를 인정하고 그 기금을 보호하도록 했다. 장기적으로 매우 중요한 결과를 가져온 것은 초등교육법(1870)이었다. 이 법은 각 지역에 학교위원회를 설치하여 교육기관들을 감독하고 재정지원을 하는 한편, 학교시설이 부족한 곳에는 학교를 설립했다. 또한 약간의 수업료가 부과되었지만, 최하 빈민층은 면제받았기 때문에 대중교육의 시작으로 간주된다. 글래드스턴 정부의 개혁정치에도 불구하고, 1874년 선거에서는 보수당이 승리했다. 디즈레일리의 적극적 애국주의와 제국주의가 대중에게 호소력을 가졌던 것이다.

디즈레일리 역시 여러 가지 사회개혁법을 통과시켰다. 특히 노동계급을 위한 입법이 여러 차례 행해진 결과 한 자유주의자는 "자유당이 50년간 한 것보다 보수당이 5년간 노동자를 위해서 한 일이 더 많다"고 평가할 정도였다. 대표적으로 노동자주거법(1875)은 시위원회로 하여금 슬럼을 척결하고 더 나은 주거환경을 조성하도록 했으며, 노사법은 파업의 경우 노동자들이 당면했던 형사소송을 민사법정으로 이전시켰다. 디즈레일리는 이집트의 수에즈 운하 주식을 사들이는 한편, 빅토리아 여왕을 인도 여제로 만듦으로써(1876), 영제국의 영광을 인기전술로 이용했다. 그는 또한 발칸 반도를 둘러싼 러시아와 오스만 제국의 갈등에서 후자를 지지했으며, 베를린 회의(1878)에서는 외교적 승리를 거두었다. 디즈레일리는 이처럼 제국의 명분을 내세우며 자유당을 비애국적이라고 매도했는데, 제국주의와 노동계급에 대한 제스처에도 불구하고 1880년 노동계급은 다시 자유당을 지지했다. 디즈레일리는 다음 해 사망하여 그가 다시 수상이 될 수 있는 기회는 사라져버렸다.

4) 제2차 글래드스턴 내각(1880~1885)과 제3차 선거법 개정(1884)

1880년 선거에서 자유당의 승리는 글래드스턴이 시작한 획기적 선거운동 덕분이기도 했다. 글래드스턴은 1879년 말 자신의 선거구인 스코틀랜드의 미들로시안Midlothian에서 정당 사상 처음으로 대중을 상대로 하는 집회를 연 데 이어 전국을 돌며 선거유세를 했다. 1880년 선거에서 특기할 점은 62명의 아일랜드 자치주의자들이 당선되었다는 사실이다. 이들의 지도자인 찰스 파넬은 아일랜드 토지동맹을 조직하고, 소작농들의 지대납부 거부운동을 주도했다. 아일랜드에서 폭력사건들이 여러 차례 발생하자 글래드스턴은 새로운 아일랜드 토지법을 제정하여(1881), 공정한 지대fair rent, 토지보유권의 고정fixity of holding, 소작권의 자유로운 매매free sale of occupancy, 즉 3F를 보장했지만, 아일랜드의 소요를 진정시킬 수는 없었다.

1867년의 제2차 선거법 개정은 주로 도시 유권자의 수를 증대시켰다. 이제 자유당은 주 선거구에서의 참정권 확대가 자유당에 대한 더 많은 지지를 보장할 것이라고 생각하고 개정을 추진했다. 보수당은 보수당대로 유리한 선거구 조정을 약속받음으로써 양자 간에 합의가 이루어져 제3차 개정법안이 의회를 통과했다(1884). 이제 모든 도시와 주에서 지방세를 납부하는 가구의 가장은 12개월 거주라는 조건만 충족되면 선거권을 획득했다. 즉 남성 가장 투표권이 도입된 것이었다. 이 개정으로 유권자는 크게 증가하여 잉글랜드·웨일스의 유권자 수는 260만 명에서 440만 명(성인 남자의 2/3)으로 늘어났다.

이것은 엄격한 의미의 성인 남자 보통선거권제가 아니었고 여성은 전적으로 배제되었지만, 영국의 선거제도는 유럽 어느 나라보다도 민주적이었다. 영국은 1832년부터 시작된 일련의 개혁으로 이렇다 할 분란 없이 과두정에서 민주정으로 이행했다. 많은 사람들은 영국이 이제 민주주의 공화국으로 내던져졌고, 그것으로부터 기대할 것은 약탈과 무정부밖에 없다고 우려했다. 다행히 그들의 공포는 실현되지 않았다. 공교롭게도 1884년 선거법 개정은 아일랜드를 가장 크게 변화시켜 전체 아일랜드 성인 남자의 반이 참정권을 부여받았다. 이제 아일랜드에서는 자유당이 전멸하고, 84석 전부를 차지한 파넬의 아일랜드 민족당Irish Nationalist Party이 웨스트민스터에서 보수당과 자유당의 균형을 좌우하는 세력으로 대두했다.

5) 아일랜드 자치법과 자유당의 분열

1880년대 영국 정치에서는 아일랜드 문제가 가장 심각한 현안이 되었다. 파넬은 자치운동의 지도자로 토지연맹을 조직하여 소작료

납부거부 등의 저항운동을 전개했는데, 그들이 사용한 이 전술의 최초의 희생자는 영국군의 퇴역 대위이며 영국 귀족의 아일랜드 영지 관리인인 찰스 보이콧이었다. 그의 이름에서 집단적이고 조직적인 거부운동을 의미하는 보이콧boycott이라는 단어가 기원했다. 그러나 파넬은 토지연맹이 무절제한 소요행위를 하는 것을 원치 않았기 때문에 글래드스턴과 타협했고, 그 결과 토지법이 수정되었다. 그러나 파넬 파가 아닌 테러 집단은 폭력과 살인을 계속했고, 이 상황은 영국의 반응에 심각한 영향을 미쳤다.

1885년 선거에서 아일랜드 민족당의 지지를 받은 글래드스턴이 다시 제3차 내각을 구성했다. 아일랜드 문제가 해결되지 않는 한 영국에 안정은 있을 수 없다고 믿게 된 글래드스턴은 아일랜드 자치법안 Home Rule Bill을 제출했는데(1886), 이 법안은 아일랜드 의회를 만들어 외교 등의 제국적 사안은 웨스트민스터에서 결정하고 내정은 자체 의회가 관장하는 체제를 내용으로 하고 있었다. 아일랜드 자치법은 마치 폭풍우처럼 자유당을 분열시켜, 이에 반대하는 자유의 통합주의자 94명이 보수당과 연합해서 자치법안을 부결시켰다.

아일랜드 자치법은 자유당에 남아 있던 마지막 휘그 지주들이 자유당을 떠나 보수당으로 가고, 자유당은 보다 급진적이 되는 계기가 되었다. 자유당은 이후 자유주의 통합주의자Liberal Unionists[2] 대 소잉글랜드주의자Little Englanders, 자유방임 자유주의자 대 신자유주의자들 간의 분열상태에 빠지게 되었다. 자유당이 1906년경 신자유주의

---

2 이념상으로는 자유주의자이지만 아일랜드의 자치에는 반대하는 사람들.

자들에 의해서 재정비되었을 때에는 이미 당의 상당 부분이 보수당과 새로운 노동당으로 이동해버린 후였다. 1885년 이후 선거에서는 보수당과 자유당의 통합주의자들의 연합세력인 통합주의자들 Unionists이 글래드스턴을 추종하는 자유주의자 및 아일랜드 자치론자들과 대결했다.[3] 1885년 이후 아일랜드 민족당이 선거 때마다 80석 이상을 차지했기 때문에 자유당은 아일랜드 민족당에 의존해야만 정부를 구성할 수 있었다.

자유당의 분열에 힘입어 보수당이 1886~1905년까지 거의 대부분의 기간을 집권할 수 있었다. 연합왕국을 유지하는 것을 기본 전제로 하여 뭉친 보수당과 통합주의자들의 정부는 "친절로 자치법을 죽인다"는 정책하에 아일랜드 소작농이 소작지를 살 수 있도록 토지매매법을 개정하는 한편, 지방정부법을 도입했다. 그러나 아일랜드인들의 민족주의적 염원은 사라지지 않았다. 보수당은 또한 적극적으로 중간계급을 포용하고 세금을 줄여 유산자를 끌어들이는 노력을 꾀했다. 보수당은 무엇보다도 조직과 자금운영에서 자유당보다 더 뛰어났다. 원래 디즈레일리를 추모하기 위해서 1884년에 조직된 프림로즈 동맹Primrose League은 자발적 조직활동으로 보수당을 크게 도왔는데, 이 조직은 1895년에는 100만 명 이상의 회원을 보유했다. 그러나 자유당은 아일랜드 문제로 분열되었을 뿐만 아니라, 이념과 전통 때문에 적극적으로 조직활동을 전개하지 못한 채 열세에 빠져버렸다. 게다가 자유주의 이념도 1870년 이후 여러 방면으로부터 도전을

---

3 자유주의 통합주의자와 보수당은 1912년 정식으로 합쳐졌다.

받게 되었다.

여론 역시 한편에는 재산소유자, 다른 한편에는 급진주의자와 노동자들의 구도로 나뉘었다. 아일랜드 문제는 파넬과 오세이 부인의 내연관계가 밝혀지면서(1890), 다시 한 차례 풍랑을 겪게 되었다. 파넬은 다음 해에 절망에 빠진 채 세상을 떠났고, 아일랜드 자치법은 망각 속으로 사라져버렸으며, 파넬이 야기한 아일랜드 민족당의 분열은 10년간 계속되었다. 1892년 선거에서 보수당을 근소한 차이로 누르고 승리한 후 제4차 내각을 구성한 83세의 글래드스턴은 아일랜드 민족당의 지지를 얻어 마지막으로 다시 한 번 아일랜드 자치법안을 제출했지만, 상원에서 압도적 표수로 부결되었다. 글래드스턴의 정계 은퇴와 더불어 자치법안은 사장되었고, 아일랜드 문제는 아무 해결도 보지 못한 채 20세기를 맞게 되었다.

2. 자유주의의 변화

19세기 말 자유주의의 위기는 무엇보다도 사회적, 경제적 상황의 변화가 야기한 국민과 국가와의 관계에 대한 인식에서 나온 것이었다. 경제상황은 1873년 이후 지속적인 불경기로 가격폭락의 상태에 직면해 있었다. 물론 가격하락으로 노동계급의 실질임금이 상승하여 생활수준은 오히려 나아졌지만, 불경기와 이윤저하는 자유주의 경제 원칙에 대한 첫 번째 중대한 도전이었다. 그러나 1914년까지는 여전히 19세기식 자유방임의 경제구조와 제도를 근본적으로 변혁시키려는 움직임 없이 단지 체임벌린이 주도한 관세개혁운동만이 정치권에 영향을 미쳤다. 이 시기에 부각된 영국 경제의 문제점은 수출의존성, 산업의 영세성 그리고 자본의 해외투자였다. 독일 및 미국 등의 산업화와 보호무역제의 도입으로 영국의 수출이 감소하고, 무역수지가 계속 적자를 보이자 경제의 수출의존성이 심각하게 지적되었다. 그러나 무역 외 수입의 규모가 커서 국제수지는 흑자를 보였는데, 이 사실이 일부 사람들에게는 더욱 심각한 문제로 비쳤다. 영국은 이제 열심히 일하는 국민이 아니라 지대수취자가 된 것처럼 보였다. 또한 소규모의 영국 기업들이 대량생산의 이점을 누릴 수 없다는 사실도 점차 명백해졌다.

그러나 가장 심각한 문제는 해외투자의 급증이었다. 영국민은 1871~1913년 사이에 국민총생산의 5~7퍼센트만을 국내에 투자했는데, 이 수치는 미국이나 독일의 12퍼센트에 비하면 무척 작은 것이었다. 그러나 자본의 부족보다는 금융기관이나 기업가들의 기회포착 노력이 부족했다는 사실이 더 심각한 문제였다. 여기에 덧붙여 재무부, 잉글랜드 은행, 런던 시의 금융기관들이 함께 국가정책을 자유무역 방향으로 끌어간 것도 문제였다. 그들은 눈에 보이는 산업제품의 수출보다 눈에 보이지 않는 수입을 더 중시했으며, 경제에서 국가의 역할은 여전히 최소한에 머물렀다. 영국의 통화정책은 정부가 아니라 사기업체인 잉글랜드 은행이 결정했는데, 잉글랜드 은행의 이사회는 제조업이 아니라 금융가, 상인, 무역업자들에 의해서 주로 대표되었다. 그들은 산업의 침체나 고용률에는 상관없이 금본위제를 지키고, 영국의 금보유고를 유지하여 세계금융의 중심지로서 영국의 위치를 지키는 것을 지상목표로 삼았다.

한편 부의 분배와 불평등이 심각하게 제기되었으며, 보다 과격한 노동계급의 존재가 인식되기 시작했다. 무엇보다도 1880년대부터 20세기 초까지 찰스 부스와 시봄 라운트리가 행한 런던 및 요크 지역 노동계급의 생활상에 대한 사회조사는 전반적 생활수준의 향상에도 불구하고 빈곤이 꾸준히 지속되고 있다는 사실을 밝혀주었다. 전체 인구의 28~30퍼센트가 빈곤선 아래에서 생활하고 있다는 통계는 빈곤에 대한 인식을 달라지게 했다. 부스나 라운트리의 조사는 실업의 대부분이 나태 등의 개인적 잘못이 아니라 경기변동으로 인한 실업, 노령, 저임금에 의해서 생긴다는 사실, 즉 빈곤이 개인의 문제가 아니라 구조적 문제라는 사실을 밝혀주었다. 자조의 가치가 깨어지는 순간이었다. 빈곤에 대한 빅토리아 시대의 해결책인 자조와 자선이 이제 기능하지 못한다는 사실이 명백해졌다. 동시에 사회주의자들과 제국주의자들은 빈곤이 국가를 무기력하게 만들기 때문에 시급히 해결되어야 할 문제라는 주장 아래 국가의 개입을 요구하고 나섰다. 그러나 만약 노동자들이 술을 끊는다면 생활이 급격히 나아질 것이라고 믿는 사람들이 여전히 많았고, 그 가운데에는 중간계급만이 아니라 제임스 키어 하디나 아서 헨더슨 등의 노동운동 지도자들도 포함되어 있었다.

이러한 상황에서 신자유주의New Liberalism가 대두했다. 신자유주의의 지적 기원은 우선 존 스튜어트 밀에게서 찾을 수 있다. 밀은 개인주의적 전제를 받아들였지만, 자유주의의 강조점을 개인의 물질적 발전에서 도덕적 발전으로 옮기는 한편, 공리주의 이론을 변화시켜 벤담의 이론이 내포하는 유물론적 가치관을 배격하고 이기심이 아니라 이타심이 개인에게 최대의 쾌락을 가져다준다고 주장했다. 자유주의의 두 번째 지적 기원은 토머스 그린이었다. 개인주의의 '부정적 자유negative freedom'에 대비하여 적극적 자유를 상정한 그는 국가의 개입에 의해서만 진정한 개인의 잠재력이 발휘될 수 있는 상황이 있다는 것을 지적하고 고전적 자유주의가 상정한 개인과 국가의 적대적 관계를 거부했다. 그는 개인이 적극적 자유를 누릴 수 있도록 국가가 복지제도의 틀을 만들어야 하며, 그것에 필요한 재정은 주로 토지에서 나오는 불로소득에 과세함으로써 해결할 수 있다고 주장했다. 이러한 신자유주의의 주장은 1906년 선거에서 승리한 자유당에 의해서 실천에 옮겨졌다.

3. 사회주의의 발흥

자유주의에 대한 또 하나의 대체물은 사회주의였다. 1880년대는 사회주의의 부흥기였다. 1830년대 오언주의 사회주의가 사라진 후 영국에서는 이렇다 할 사회주의 세력이 자리잡지 못했는데, 1880년대에 사회민주연맹, 페이비언 협회 등 사회주의 단체들이 갑자기 조직되기 시작했다. 그 이유는 무엇인가? 우선 1873년부터 계속된 심각한 경제불황으로 인해서 자본주의가 지속적으로 발전하고 팽창하리라는 믿음이 쇠퇴했다는 사실과, 그동안 엄청난 부를 축적한 중간계급의 죄의식이 요인이었다. 사회주의 단체의 주도자가 된 윌리엄 모리스, 비어트리스 웨브 등 많은 중간계급 지식인들은 엄청난 부와 참혹한 빈곤이 공존하는 모순에 경악하여 사회주의 운동에 뛰어들었다. 또한 교육의 증대와 선거법 개정으로 투표권을 부여받으면서 노동자들의 정치의식이 발달한 점도 작용했다.

노동계급의 의식화는 1880년대 시작된 신조합주의 운동에서 잘 드러났다. 인민헌장운동의 실패 후 1880년대 말까지 지속되던 온건한 노동조합운동은 1889년 여름 런던 부두노동자들의 파업으로 시작된 신조합주의에 의해서 새로운 국면에 접어들었다. 그때까지 "존중할 수 없는 노동자"라는 통용어대로 난폭하고 무절제하고 무식한 노무자 취급을 받아오던 미숙련 노동자들은 부두노동자 파업에서 조직적이고 질서정연한 행동을 보여주어 이미지를 변화시켰다. 신노조운동 발흥에는 세계시장에서 경쟁에 쫓긴 영국 산업이 구조의 재편성을 시도했고, 그에 따라서 노동강도가 강화된 이유도 있었다. 노동계급 내부에 존재하던 내적 분열도 1880년대가 되면 약해져, 노동계급은 보다 동질적 계급으로 발전하게 되었다.

사회주의의 영향과 계급의식의 강화는 정당정치에도 반영되었다. 사생아이며 광부 출신인 키어 하디는 1892년 자유당과 결별하고 독립후보로 의회에 진출했으며, 이듬해에 독립노동당Independent Labour Party을 창당했다. 이것은 전국적이 아니라 지역적 조직에 불과했고, 뚜렷하게 사회주의적이지도 않았다. 1895년 선거에 28명의 독립노동당 후보들이 전부 패배했다는 사실은 독자적 노동정당이 아직은 불가능하다는 사실을 보여준다. 그렇지만 노동계급이 더 이상 자유당에 매어 있지 않을 것이란 사실은 점차 확실해지고 있었다.

4. 제국과 대외정책

1) 대외정책의 명암

자유주의에 대한 합의가 무너지면서 제국과 대외정책에도 변화가 찾아왔다. 영국은 이미 1815년에 거대한 제국이 되었다. 당시 영제국의 크기는 200만 제곱마일로 2억 5,000만 명의 인구를 포함하고 있었다. 이중에서 가장 크고 중요한 인도는 처음에는 사기업인 동인도회사가 통치하다가 세포이 반란사건 이후 1858년부터 영국 정부가 직접 통치하기 시작했다. 서인도제도의 식민지는 초기에는 사탕나무 재배로 붐을 이루었으나, 노예무역이 폐지된(1833) 후 큰 타격을 입었다. 캐나다는 이민자들의 정착지로 중요했고, 1770년에 제국의 일부가 된 오스트레일리아는 죄수들의 유형지로 개발되었다. 남아프리카의 케이프 식민지는 1815년 획득되어 인도 항로의 중간 기착지로 이용되었으며, 나폴레옹 전쟁 때 획득한 지브롤터와 몰타도 지중해에서 영국의 영향력 확보를 위한 근거지로서, 또한 해군 정박지로서 중요하게 인식되었다.

물론 공식적 식민지들의 존재도 토대가 되었지만, 영국의 거대한 힘의 근원은 경제였다. 1870년까지 영국이 건설한 제국은 자유무역 제국주의 혹은 비공식적 제국이라고 불린다. 영국은 자유방임의 원칙하에서 굳이 직접 통치를 행하지 않은 채 상업적 이윤을 확보하는 비공식적 제국과 비공식적 헤게모니를 선호했는데, 비공식적 제국을 포함시킨다면 영국의 영향력하에 있던 지역의 범위는 실로 어마어마한 것이었다. 그러나 1870년 이후 영국은 보다 의식적이고 적극적인 제국적 팽창을 추구하게 되었다. 보수당의 집권이 그러한 팽창을 주도했다. 디즈레일리는 제국주의를 보수당의 이념으로 받아들여, 자유주의를 이념으로 하는 자유당에 대항했다. 19세기 마지막 20년간 보수당의 지도자는 현명한 비관론자이면서도 실질적 정치가인 솔즈베리 후작이었다(수상, 1885~1886, 1886~1892, 1895~1902). 영국의 힘이 상대적으로 약화되고 있다는 사실을 깨닫고, 영국의 지속적 위대함은 제국의 확장에 달려 있다고 믿게 된 그는 디즈레일리를 좇아 제국정책을 추구했다.

제국정책이 바뀌게 된 보다 중요한 원인은 영국민이 느끼는 미래에 대한 우려였다. 독일과 이탈리아의 통일, 다른 나라들의 산업화, 식민지 경쟁, 그리고 세계시장에서의 경쟁의 격화가 우려의 원인들이었다. 무엇보다도 가장 강력한 경쟁자로 대두한 독일이 고도로 중앙집중화되고 군국화된 국가라는 사실이 걱정거리였고, 나아가서 양국 간의 적대감을 불러일으켰으며, 독일의 도전에 직면하여 영국도 살아남기 위해서는 팽창해야 한다는 강박관념이 제국을 공식화하게 만들었다. 지적으로 제국주의의 확산을 도왔던 조류는 사회적 다윈주의Social Darwinism였다. 자연계에서의 적자생존의 법칙을 인류사회에도 그대로 적용한 사회적 다윈주의에서 투쟁은 인종적 투쟁을 의미했다. 사회적 다윈주의자들은 전쟁은 필요할 뿐만 아니라 그 자체가 선이라고 찬양했는데, 특히 칼 피어슨은 "만약 전쟁이 멈춘다면 열등한 인종의 생산을 억제할 기제가 없기 때문에 인류는 더 이상 진보하지 않을 것"이라고 단언했다.

자유당은 여전히 평화주의와 소잉글랜드주의를 공식입장으로 표명하고 있었다. 그러나 반反제국주의자였던 글래드스턴의 집권기에 영제국이 더욱 광범위하게 팽창하는 아이러니가 발생했다. 오스만 제국에 종속되어 있던 이집트는 터키 세력이 약해진 틈을 타서 독자 노선을 취해 근대화를 추진하고 수에즈 운하를 건설했다. 그러나 무리한 지출이 재정파탄을 야기하여 이집트가 채무를 지불하지 못하자, 차관을 준 영국과 프랑스가 개입하게 되었다. 이에 반대하는 이집트인들의 봉기와 폭력사태가 일어난 결과, 진압을 위해서 영국이 이집트를 군사 점령하는 사태가 발생했다(1882). 물론 잠정적이라는 단서하에 이루어진 점령이었지만, 결국 영국은 1922년까지 그곳에 머물렀다.

1880년대 영국은 이전보다 적극적인 자세로 대외정책과 제국팽창을 꾀했다. 특히 1880년대에는 아프리카 분할을 둘러싼 강대국들의 경쟁이 치열했고, 영국 역시 그러한 게임에서 빠질 수가 없었다. 수단에서 일어난 고든 장군 사건이 최초의 시련이었다. 이집트의 영향권하에 있던 수단은 이집트가 영국에 점령되자, 그 틈을 타서 반란을 일으켰다. 이집트 군을 돕기 위해서 파견된 고든 장군과 병사들이 포위되었지만(1884), 글래드스턴은 증원부대 파견에 늑장을 부림으로써 영국군이 도시를 탈환했을 때는 이미 고든 장군과 부하들은 살해되고 난 후였다. 이에 대한 비난이 비등해지자 글래드스턴 내각은 실각했다(1885. 6).

1914년이 되면 영제국은 전 세계 인구의 1/5과 전 세계 지표의 1/5을 포괄하는 인류 역사상 가장 큰 규모의 제국을 건설했다. 영제국은 비록 항상 해가 비치지는 않았지만 구름 속에서나마 해가 지지 않는 제국이 되었다. 제국의 인기는 빅토리아 여왕의 즉위 50주년 행사(1887)와 60주년 행사(1897), 그리고 보어 전쟁에서 절정에 달했다.

2) 보어 전쟁(1899~1902)

1880년대 영국은 제국의 여러 지역에서 무력충돌에 직면하게 되었는데, 가장 심각한 것이 보어인들과의 갈등이었다. 영국은 나폴레옹 전쟁 때 희망봉을 합병하여 케이프 식민지를 건설하면서 이 지역에 이해관계를 가지게 되었다. 남아프리카에는 원주민들만이 아니라 17세기에 그곳에 정착한 네덜란드인들의 후손인 보어인Boers[4]도 살고 있었다. 영국으로부터의 이주민과 보어인들의 갈등이 심화된 것은 1870~1880년대 금과 다이아몬드가 발견되면서였다. 외국인들이 이 지역으로 몰려들자 보어인들의 트란스발Transvaal 공화국은 외국인에게 경제적, 정치적 차별정책을 취했는데, 영국 이민자들이 이에 대해서 항의하게 되었다. 이때 케이프 식민지의 총독 세실 로즈가 트란스발을 합병하려고 함으로써 위기가 고조되어, 결국 보어인들이 영국령 나탈Natal을 공격하면서 전쟁이 시작되었다(1899). 영국 육군의 취약성을 보여준 초기 전세에 이어, 2년간에 걸친 전쟁에서 영국은 힘겹게 승리할 수 있었다.[5]

국민의 열광적 지지를 얻은 보어 전쟁(남아프리카 전쟁)은 영국민의 맹목적 애국심을 드러낸 계기가 되었다. 특히 보어 군에게 포위되었던

---

4 네덜란드 어로 '남편' 혹은 '농부'를 뜻하는데, 지금은 흔히 아프리카너Afrikaner라고 불린다.
5 전쟁 후 보어 공화국들은 영제국에 귀속되었다가 케이프 식민지, 나탈 등과 통합이 이루어져 지금의 남아프리카 공화국의 모체를 이룬 후(1910)에는 영국과 우호적 관계를 지속했다.

도시들의 탈환소식이 전해졌을 때, 런던 시민들의 열광은 광란에 가까웠다. 전쟁이 확인한 것들 가운데 또 하나는 영국의 힘은 실상 거대하지만, 그 힘은 군사적이 아니라 경제적인 힘이었고, 이제 경제적 힘조차 유지하기 힘들다는 사실이었다. 보어 전쟁은 영국이 당면한 여러 가지 어려움들을 인식시켰다. 보어 전쟁이 보여준 첫 번째 어려움의 증거는 지원병들의 가공할 만한 신체적 상태로서 많은 사람들의 신체조건은 군인으로 복무하기에 적합하지 못했다. 이제 공업지역 환경이 노동계급에 미치는 영향에 대해서 심각하게 고려해야 할 필요성이 제기되었다. 제1차 세계대전 당시에도 병사들의 2/3가 전선에 나가기에 적합하지 못하다는 판정을 받았다. 그러나 그 후 사회복지제도 등의 도입으로 상태가 개선되어 1939년이 되면 부적합자는 1/3로 감소한다.

19세기를 통해서 영국 외교정책은 '찬란한 고립splendid isolation'을 추구했는데, 영국의 고립이 별로 찬란하지 못할 뿐만 아니라 위험하기조차 하다는 것이 보어 전쟁에서 입증되었다. 생존을 위한 투쟁에서 무엇보다도 문제시된 것은 제국을 방어하기 위한 적절한 군대가 없다는 사실이었다. 육군이 특히 취약했는데, 그 사실은 보어 전쟁 초기에 명백해졌다. 워털루 전투 이후 육군의 규모는 크게 축소되어 1850년 이전에는 14만 명을 넘지 못했는데, 그중 1/4이 본국에 그리고 1/4이 인도에 주둔하고 있었다. 영국은 국민총생산의 2퍼센트 미만을 육군에 사용했는데, 이것은 18세기나 20세기에 비교해볼 때 훨씬 작은 비율이었다.

1871년 솔즈베리의 계산에 의하면 유사시 오스트리아와 독일은 각

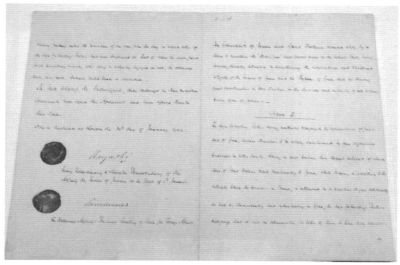

일본 외무성 외교사료관에 보관되어 있는 영일동맹의 협정문으로, 1902년 1월 30일 제1회 동맹협약이 런던에서 조인되어 그날 발효했다. 6개 조로 구성된 협약에서 일본은 중국과 조선, 영국은 중국에서의 이익을 서로 인정했다. 또한 한쪽이 어떤 한 나라와 교전할 때에는 동맹국은 중립을 지키지만, 2개국 이상과 교전할 때에는 협동 전투에 임한다는 등의 내용이 담겨 있다.

—

각 100만 명의 병력을 동원할 수 있고 러시아는 150만 명의 동원이 가능한 데 반해, 영국은 단지 10만 명을 동원할 수 있는 수준이었다. "영국 군대가 독일 해안에 상륙하면 그 지역 경찰력을 동원하여 체포하겠다"고 한 비스마르크의 비아냥은 영국 지상군의 취약성을 그대로 드러내는 말이었다. 더욱 사태를 악화시킨 것은 영국이 친구가 없다는 사실이었다. 이제 동맹국을 원하게 된 영국은 처음에는 독일을 상대국으로 생각했는데, 중동과 아프리카에서 영국이 처해 있던 러시아 및 프랑스와의 긴장관계를 생각하면 이것은 당연했다. 그러나 비스마르크가 은퇴하고 빌헬름 2세의 친정이 시작되면서 독일과의 경쟁이 심화되었고, 특히 독일 해군력의 증강이 의혹을 낳았다. 독일과의 동맹 가능성이 결렬되자 영국은 일본과 영일동맹Anglo-Japanese Alliance을 체결했다(1902). 영일동맹은 영국이 고립으로부터 탈퇴하기 위해 내디딘 첫걸음이었다.

보어 전쟁은 영국의 취약함과 고립을 입증했을 뿐만 아니라, 빅토리아 시대의 진보에 대한 확신을 흔들어놓았다. 전 세계에 물질적, 도덕적 진보의 모델을 제시하기 위해서 역사가 영국민을 총애하는 자식으로 선택했다는 식의 거만한 확신이 보어 전쟁을 계기로 무너져버렸다. 영국인들의 선민사상이 치명적 타격을 받자, 19세기의 이념과 정치적 질서가 재고되는 상황에 이르렀다.

5. 3당 정치의 대두

1) 노동당 창당

20세기 초 영국 정치에서 가장 중요한 사건은 노동당Labour Party의 등장이었다. 노동당의 출현은 1867년과 1884년에 선거권을 가지게 된 노동계급이 자유당으로부터 노동당으로 정치적 충성심을 바꾼 결과라고 할 수 있다. 그러나 노동계급이 부여받은 참정권을 직접적 영향력으로 전환시키는 것은 쉽지 않았다. 마르크스 등의 사회주의자들은 일단 노동계급이 선거권을 부여받으면 사회주의 사회로의 이행이 머지않았다고 확신했지만, 역사는 그렇게 진행되지 않았다.

노동당 창당의 필요조건은 노동계급의 의식화와 신조합주의의 대두었지만, 자유당의 전략적 실수가 충분조건으로 작용했다. 1867년 이래 노동자들의 대표는 자유당의 공천을 받아 의회에 진출했는데, 이렇게 당선된 노동계급 출신 의원을 리브-래브라고 불렀다. 19세기 말 노동계급은 보다 많은 대표를 의회에 진출시킬 것을 원하게 되었고 자유당 중앙지도부도 그것을 원했지만 지역구의 반대로 리브-래브 의원들의 수는 여전히 소수였다. 키어 하디, 램지 맥도널드, 아서 헨더슨 등 노동당의 창당 멤버들은 이념적으로는 자유주의자들과 별 차이를 보이지 않았으며, 자유당의 공천을 받았다면 기꺼이 리브-래브로 만족할 사람들이었다.

그러나 그렇다고 해도 태프 베일Taff Vale 재판 사건이 없었다면, 노동당은 훨씬 늦게 태어났을 것이다. 1900년 태프 베일 철도회사에서 파업이 일어났고, 회사 측은 파업 중 일어난 손해를 보상할 것을 노조에게 요구했다. 그들은 노조를 제소했다. 이에 대해서 최상급 법원인 상원은 파업 중 조합원들의 행동에 대해서 노조가 책임져야 한다는 결정을 내렸는데, 이 결정은 노조의 활동을 심각하게 억제하는 것이었다. 노동계급은 자신의 운명을 단순히 자유당에게 맡길 수 없음을 깨달았고, 정치무대에 뛰어들어야 할 필요성을 절실하게 인식하게 되었다. 태프 베일 판결은 그 후 철회되었고, 자유당은 얼마 안 있어 노동당도 소멸할 것이라고 믿었지만, 자유당의 희망은 실현되지 않았다.

1900년 노동조합들과 사회주의 단체들이 모여서 노동대표위원회 Labour Representation Committee를 조직했다. 그러나 그 목표는 매우 제한된 것이었다. 즉 국민 전체에게 호소력을 가지는 정당이 되는 것이

거나 집권하는 것이 아니라, 단지 노동조합의 권리를 보호하는 것이었다. 노동당의 대두는 대안을 가진 정책대결이 아니라 사회 내에서 계급구조가 확실해졌음을 깨달은 노동계급의 새로운 자각의 결과였다. 그러나 여전히 노동대중은 과격한 사회주의를 회피했고, 이 사실을 알고 있는 노동당 창당 멤버들은 신자유주의와 흡사한 정강을 마련했다.

1906년 선거에서 29명의 의원들이 당선되자 노동대표위원회는 노동당으로 개칭되었으며, 점차 세력이 확대되어 광산부노조가 노동당에 참여한 후(1909), 노동당은 다음 선거에서 40명을 의회에 진출시켰다. 그러나 전적으로 노동계급 출신인 노동당 의원들은 경험과 훈련에서 그리고 의정활동에서 자질이 부족했을 뿐만 아니라, 노동운동의 민주주의적 전통 때문에 당내 기율도 약했다. 1909년에 노동당은 법정에서 예기치 않은 타격을 입게 되었다. 즉 노동조합의 노동당에 대한 재정지원이 불법이라는 오즈본Osborne 판결이 당의 재정을 마비시켰던 것이다. 노동계급 전반에 퍼진 총파업 등의 직접 행동을 주장하는 생디칼리슴에 영향을 받은 노동소요도 어려움을 더했다. 그러나 의회노동당이 어려움을 겪고 있던 이 시기에 각 지역 선거구는 오히려 성장하고 있었다.

2) 관세개혁운동

솔즈베리 정부의 식민장관인 조지프 체임벌린은 1903년부터 관세개혁운동을 전개하여 느슨하게 경영되고 있는 제국정책을 비판하고 보다 철저한 경영을 주창했다. 버밍엄의 제조업자이며 자유당의 촉망받는 정치인이었으나 보수주의자로 전환한 체임벌린에게 제국은 곧 시장의 문제였다. 19세기 말에 주요 선진 산업국가들이 보호무역주의로 전환했다. 독일, 프랑스, 미국이 1879~1891년에 각각 보호관세를 도입했고 이탈리아, 오스트리아, 러시아도 뒤를 따르자, 체임벌린은 영국 산업과 식민지의 보다 긴밀한 연관을 주장했던 것이다.

그는 관세개혁을 통해서 세 가지 목표를 한꺼번에 성취하려고 시도했다. 즉 관세를 도입함으로써 제국을 보다 밀접하게 연결시키는 동시에 영국 산업을 보호하여 노동자의 일터를 지켜주며, 그 수입으로 사회개혁의 비용도 충당한다는 일석삼조의 목표였다. 그러나 그 운동은 단지 영국 무역의 1/3만이 제국 내 무역이었기 때문에 제국과의 연대가 영국 상품의 수출을 보장해줄 수 없다는 한계를 가졌다. 무엇보다도 대중에게 관세는 여전히 비싼 빵값을 의미했다. 따라서 자유무역론자들은 체임벌린의 계획이 사회보장제도를 통해서 한 손으로 준 것을 높은 식비를 통해서 다른 손으로 빼앗아가는 꼴이라고 비판했다.

일부 기업인들도 1880년대가 되면 자유무역정책이 더 이상 영국의 이익을 보장하지 않는다는 사실을 깨닫고 있었다. 그러나 자유무역은 계속 유지되었는데, 제조업자들 자신도 관세에 대해서 의견의 일치를 보지 못했기 때문이었다. 영국은 원료와 제품판매를 모두 외국에 의존해야 했고, 특히 식량을 거의 전적으로 수입했기 때문에 자유무역이 더 나은 정책으로 간주되었다. 관세개혁운동은 아일랜드 자치법안이 자유당을 분열시켰듯이 보수당을 분열시켜 20년 가까이 지속되던 보수당의 독점을 종식시켰고, 이를 계기로 자유당이 재기할 기회를 얻었다.

3) 자유당의 부흥과 사회입법

1886년 글래드스턴의 아일랜드 자치법이 당을 분열시킨 후 거의 20년 동안 집권하지 못하던 자유당은 마침내 1906년 그들의 시대를 열게 되었다. 1906년 선거는 영국 정치사에서 하나의 분수령을 이루었다. 역사상 처음으로 보수당-통합주의자, 자유당, 노동당의 3당 각축전이 벌어졌던 것이다. 그러나 자유당과 노동당은 경쟁을 피하려고 비밀협상을 통해서 가능한 한 같은 선거구에서는 후보자를 내지 않는 전략을 세웠는데, 이 전략은 자유당보다는 노동당에게 유리하여 30명의 노동당 의원들이 당선되었다.

허버트 애스퀴스, 로이드 조지, 윈스턴 처칠 등의 쟁쟁한 이름들이 포함된 1906년 자유당 정부의 많은 각료들은 신자유주의로부터 영감을 얻었을 뿐만 아니라, 노동당으로부터도 위협을 느끼게 되어 적극적으로 사회입법을 추진하기 시작했다. 주요 추진세력은 웨일스 출신의 급진주의자 로이드 조지와 처칠이었다. 학교급식, 의료진료, 장학금 지급 등 청소년을 대상으로 하는 입법이 시행되었고(1906~1907), 연수입 31파운드 이하인 70세 이상의 노년층에게 무상으로 연금을 지급하는 노령연금도 도입되었다(1908). 사회입법의 꽃인 국민보험법은 약 1,400만 명의 노동자에게 실업, 질병, 장애에 대한 보험과 보호를 제공했다. 이 법으로 국가, 고용주, 노동자 모두가 기부금을 납부하여 노동자의 무상 의료진료가 실시되고, 실업과 질병의 경우 6개월의 보조금이 지급되었다.

웨일스 출신의 로이드 조지는
상원의 권한을 축소하는 의회
법을 성립시키고 노동자를 위
한 국민보험법, 실업보험법 등
을 시행하여 사회보장제도의
기초를 확립했다.
—

그러나 국가는 여전히 자조의 원칙을 고수하여 '존경받을 만한
respectable' 빈민과 나머지 빈민을 구분하려고 했다. 따라서 국민보호
법은 기혼여성이나 미숙련공을 제외한 채 숙련공들에게만 적용되었
으며, 노동자들이 사회복지 지원을 안전망으로 사용하지 못하도록
하려는 의도에서 재정지원은 최저생활비의 반에도 못 미쳤다. 신자
유주의자들은 사회주의와 자신들의 정책을 구분할 것을 원했다. 로
이드 조지와 처칠은 자신들의 개혁은 노동계급의 생활수준을 높이려
는 시도인 데 반해, 사회주의는 모든 사람들을 똑같은 수준으로 강등
시키는 것이라고 주장했다.

1909년 재무장관 로이드 조지는 사회보장제도의 비용을 충당하기 위해서 부가가치세와 불로소득에 대한 세금을 포함한 이른바 '인민예산people's budget'을 하원에 제출했다. 유산자에 대한 과세 증가를 특징으로 한 이 예산안은 귀족에 대한 도전장으로 받아들여졌다. 상속세가 증가했고, 1907년에 도입된 소득세의 누진율이 올랐으며, 연 2,000파운드 이상의 수입에 대한 부가소득세와 토지세가 신설되었다. 로이드 조지가 4시간에 걸친 발언 끝에 제안한 이 예산안은 하원을 통과했으나, 상원은 "부자들의 피를 빨아먹는 짓"이라고 비난하면서 부결시켰다. 이 사건은 상원과 하원의 권한에 대한 중요한 헌정적, 정치적 위기를 야기했다. 1671년 이래 상원은 재정에 관한 하원의 법안을 수정하거나 거부권을 행사하지 않는 것이 관습이었기 때문이다.

자유당 정부는 의회를 해산하고 1910년 1월에 총선거를 실시했다. 아일랜드 민족당의 지지를 얻어 다시 집권하게 된 자유당은 이제 상원의 권한을 축소시키는 개혁을 추진했다. 의회 개혁안의 골자는 상원에게 재정에 관한 법안에 대해서는 1개월, 다른 법안에 대해서는 2년간 지연시킬 수 있는 권한을 부여하되, 그 기간이 끝나면 상원의 동의 없이도 입법화될 수 있도록 하는 것이었다. 이 중요한 시점에 에드워드 7세가 사망했다. 새로 즉위한 조지 5세는 애스퀴스의 압력에 의회법을 통과시킬 정도의 충분한 수의 상원의원을 새로 서임하겠다고 약속했고, 결국 법안은 131대 114로 상원을 통과했다(1911). 1832년 그레이 경이 당면했던 것과 똑같은 상황이 일어났던 것이며, 이후 상원은 더 이상 하원의 우위권에 도전할 수 없게 되었다.

1910년 선거가 보여준 중요한 양상은 영국이 둘로 나뉘었다는 것과, 계급이 종교를 대체했다는 것이다. 1906년 선거에서는 종교가 여전히 중요한 이슈였는데, 1910년이 되면 계급이 종교를 대신하여 선거에서의 주요 동력으로 등장했다. 1910년 이후 자유당 정부는 여성 참정권 운동이 가져온 폭력사태와 노동계급의 소요 등으로 고전을 면치 못했다. 빅토리아 사회가 자랑하던 조화와 중용이 사라지고 사회의 각 부문은 극단적으로 치닫는 것 같았다. 그러나 아직 '자유주의적 영국Liberal England'이 죽음에 즈음한 고통을 받고 있다고는 말할 수 없었다.

4) 전쟁의 접근

제1차 세계대전의 발발은 어느 한 나라의 책임이 아니었다. 전쟁의 원인은 여러 가지가 있었지만, 아마도 제국주의적 경쟁과 호전적 선전에 의해서 부추겨진 민족주의가 가장 큰 원인이었을 것이다. 독일 제국의 성립은 유럽의 세력균형을 깨뜨렸고, 강대국들을 긴장관계에 몰아넣었다. 독일 해군의 위협을 누구보다도 예민하게 느낀 영국은 영불동맹Anglo-French Entente을 결성했다(1904). 이에 경각심을 가지게 된 독일은 영불 관계가 얼마나 돈독한가를 시험해보려는 의도에서 제1차 모로코 위기를 일으켰다. 즉 모로코를 점령하려는 프랑스에 제동을 걸었던 것인데, 독일의 위협으로 두 나라는 한층 더 가까워졌다. 1906년 배수량 2만 1,845톤의 대구경포 탑재의 전함 드레드노트Dreadnought가 발주되었다. 기존 함대를 대체한 이 대형 전함은 영국과 독일 간의 경쟁을 촉발했다. 영국 정부가 드레드노트 형型 전함을

프랑스와 영국의 스카우드 단원들이 서로 악수를 하고 있다. 이 사진은 1900년대 초 영국과 프랑스의 관계를 잘 보여준다.
—

해마다 4척씩 건조하기로 결정하자, 당장 그 수를 배로 늘리라는 뜻의 "우리는 8척을 원하며, 우리는 기다리지 않겠다We Want Eight, We Won't Wait"라는 구호가 국민들 사이에 난무했고, 독일에 대한 적대감이 증폭했다.

　제1차 세계대전이 국지전에 그치지 않고 세계적으로 확대된 이유는 19세기 말부터 강대국들을 복잡하게 얽어매고 있던 동맹체제 때문이었다. 20세기 들어 여러 번의 소규모 국제분쟁이 발발했다. 두 차례의 모로코 위기(1905, 1911), 오스트리아가 오스만 제국의 영토인 보스니아와 헤르체고비나를 합병한 보스니아 위기(1908)에 이어 발칸 전쟁(1912~1913)이 일어났다. 발칸 전쟁은 발칸 반도의 나라들이 전쟁을 벌여 오스만 제국을 패배시킨 후 뒤이어 자기들끼리 싸운 전쟁인데, 이 전쟁으로 그곳에 중요한 기득권을 가지고 있던 오스트리아의 위신이 타격을 입었다. 그러는 가운데 오스트리아의 지배를 벗어나려는 보스니아 민족주의 집단이 세르비아를 공식방문 중인 오스트리아 황태자를 암살하는 사건이 일어났다(1914. 6. 28). 나폴레옹 전쟁 이래 유럽을 휩쓴 민족주의가 이제 발칸 반도에서 비극적으로 폭발했던 것이다. 외무장관 에드워드 그레이 경은 국제적 타협을 통해서 분쟁을 해결하려고 끝까지 노력했고, 실제로 전쟁이 시작된 8월 초까지 약 한 달 동안 숨가쁜 막후교섭이 진행되었다. 그러나 40년간 조장되어온 강대국들의 경쟁관계는 한 차례 전쟁을 통해서만 해결될 수 있는 것처럼 보였다. 영국은 마지막까지 전쟁 참여를 주저했으나, 독일이 중립국인 벨기에를 침략하자(1914. 8. 14) 전쟁에 말려들게 되었다.

6. 사회경제적 변화

1) 사회계급의 변동

중세 이래 영국 사회를 지배하고 있던 구조가 1880년 이후 흔들리기 시작하여 지주 엘리트의 쇠퇴가 촉진되었다. 영국의 지주계급은 봉건성을 버리고 일찍부터 토지경영이 아닌 다른 곳에서 부의 근원을 찾았다는 점에서 매우 예외적이었다. 특히 광산업이 매력적이어서 석탄은 '검은 다이아몬드'라고 불렸다. 산업혁명 이후 광산과 공장 지역만이 아니라 인구가 집중하는 도시에서도 지가가 상승함으로써 지주들은 경제적 이익을 얻었으며, 이들은 1880년대 이후에는 해외 자본투자에 적극적이었다. 그러나 토지재산은 19세기를 통해서 중간계급과 급진적 지식인들로부터 심각한 도전을 받게 되었다. 리카도의 지대론과 헨리 조지의 단일세론은 모두 불로소득인 토지재산에 가해진 공격의 일단이었다. 19세기 말이 되면 토지국유화가 거론되고, 1894년부터 상속세가 부과되기 시작했다.

중세 이래로 신사라는 개념에서 가장 중요한 것은 돈벌이가 아니라 봉사라는 의식이었다. 이 봉사의 이상은 귀족으로부터 전문직업인들을 거쳐 저임금에 시달리는 사무직원까지를 통일시켜주는 끈이었다. 그러나 1880년대에 이르면 다른 의미에서 신사의 개념이 확실해졌다고 할 수 있다. 즉 "사립학교에 다닌 사람이나, 다닌 적이 없는 것을 성공적으로 은폐하는 사람이 신사"라는 것이었다. 이 말은 신분제가 느슨해졌다는 사실과 함께 사립학교로 전수된 지주층의 가치관과 학연의 중요성을 보여준다. 지주층과 금융자본가 사이의 결탁이 보다 강화되었고, 그들 간의 문화적 차이가 급속히 줄어들었으며, 그 관계는 학연과 결혼 등으로 더욱 보강되었다. 19세기 후반에는 지배 엘리트 내에서 귀족이 점점 주도적 위치를 잃게 되고, 금융자본가와 전문직업인들이 귀족을 대체하는 의미심장한 변화가 일어났다. 1900년이 되면 영국은 세계금융의 중심지가 되어 철도 등 전 세계의 사회간접자본이 영국 자본으로 건설되었다.

1880년 이후 귀족과 지주층의 쇠퇴가 확연해졌다. 1885년까지 내각의 다수는 여전히 지주층이었고, 하원에서도 지주층이 1893년까지 다수를 차지했지만, 그 후에는 중간계급이 그들을 능가했다. 중간계급 내에서는 전문직업인이 주류를 이루었다. 19세기 후반 사립학교의 문이 중간계급에게 개방되어 지주층과 중간계급의 상호교류가 가능해지고 중간계급이 신사의 가치관을 가지게 되었다. 여기에서 배출된 새로운 신사들이 전문직을 점령했는데, 1906년의 자유당 정부가 그 추세를 확실히 보여주었다. 법률가 출신인 애스퀴스는 토지 배경을 가지지 않는 최초의 수상이었으며, 1908년 이후 토지소유층 출신의 각료는 윈스턴 처칠뿐이었다.

그러나 영국의 지주층은 중앙정부의 주도권을 넘겨준 후에도 한동안 지방에서는 계속 지도자로 남아 있었다. 주위원회법County Councils Act(1888)은 치안판사제를 폐지하고 선거에 의해서 선출되는 주의회로 대체했지만, 이름만 바뀌었을 뿐 결국 지방을 지배하는 사람들은 예전과 마찬가지였다. 영국의 지주층이 살아남을 수 있었던 이유는 그들이 변화하는 사회경제적 조건에 적응했을 뿐만 아니라, 자기 이익을 위해서 권력을 사용하여 다른 사람들을 희생시키지 않았기 때문이다. 그들은 실제 보이는 것보다는 덜 배타적이었다. 그들은 생존을 위해서 열심히 노력했고, 정치, 행정, 지방정치에 바칠 시간이 있었다. 국가도 유치하고 생경하게 지주층을 보호하려고만 들지는 않았다. 곡물법이 지주의 이해관계를 편파적으로 보호한 가장 큰 예이지만, 그것이 폐지된 후 국가는 다시는 그러한 비난을 받지 않았다. 국가는 오히려 공장법, 공중위생법, 감옥법, 철도법 등을 제정하여 유산자들의 사회경제적 활동을 규제하고 공영을 증진시키기 위해서 노력했다.

이 시기에 또 하나 특기할 것이 하층 중간계급의 성장이었다. 전통적 프티부르주아지인 독립 소상인이나 소규모 고용주의 수가 줄어들었고, 사무원, 하위 경영인, 기술직 및 판매원 등 화이트칼라 고용인들이 크게 증가했다. 최하층의 중간계급은 몹시 쪼들리는 생활을 했다. 1914년 당시 초등학교 남자 교사는 중간계급 지위의 상징인 하인을 두기에는 너무 빠듯한 연 127파운드를 받았다. 이들은 정치적으로 보수적이고 노동계급에 대해 적대적이었는데, 매슈 아널드는 《교양과 무정부Culture and Anarchy》(1869)에서 이들의 속물근성과 좁고 편협한 안목을 꼬집어 비판했다.

2) 여성

1867년 존 스튜어트 밀은 의회에서 여성참정권 법안을 제안하면서 "잉글랜드 보통법 아래에서 아내의 지위는 다른 나라 법에서 노예들의 위치보다 못하다"고 지적했다. 보통법에서 기혼여성은 남편과 분리되어서는 아무런 정체성도 가지지 못했다. 법은 "남편과 아내는 한 사람이고 그 사람은 바로 남편"이라고 규정했는데, 이것은 실제적으로는 남편이 모든 재산을 소유하고 통제하는 것을 의미했다. 비록 그 재산이 아내가 가져온 것이거나 아내의 활동으로 벌어들인 것이라고 해도 그러했다. 자식에 대한 권리도 남편이 독점했다. 전통사회에서는 하층민은 말할 것도 없고 중간계급 여성도 가내공업이나 사업, 그밖의 직업으로 남편을 도왔다. 그러나 빅토리아 시대에 중간계급 여성은 점점 더 장식적 역할만을 하게 되었는데, 그것은 곧 남편의 사회적 지위의 표현이었다. 디킨스는 한 소설에서 입센보다 15년 먼저

'인형의 집'이라는 이미지를 만들어냈다.

산업사회로 전환되면서 여성의 취업도 크게 늘었다. 산업혁명은 면직물 공장 등에 취업한 여성 노동자들의 수를 크게 증가시켰지만, 세탁일, 잡역부 등의 일도 여전히 하층 여성들의 몫이었다. 공장 근무 여성 노동자들은 독립을 소중히 여기고 임금과 공장이 주는 친분 관계를 중시하여 결혼을 늦추는 경향을 보였다. 산업화가 노동계급의 가족 구성원 모두를 공장으로 내몰아 가족관계를 붕괴시켰다는 전통적 견해와는 달리, 최근 연구들은 대부분의 기혼여성들이 출산과 자녀양육을 위해서 취업을 중단했다가 아이들이 자란 후에 다시 취업전선에 나서는 경향을 보였다는 사실을 밝혀주었다.

19세기 후반 여성의 취업률은 일관되게 30퍼센트 정도였다. 1881년 면직물 공업지대에 살고 있던 전체 기혼여성의 30퍼센트 정도가 취업했고, 그들 중 2/3가 직물공으로 활약했다. 기혼여성의 취업에서 가장 큰 걸림돌은 육아였는데, 가장 손쉬운 해결책은 할머니나 공장에 나가지 않는 어린 딸에게 아기를 맡기는 방법이었다. 간혹 7~11세 소녀를 고용하는 경우도 있었다. 여성 노동자들의 노동조합 조직률은 무척 낮아서, 1896년 당시 여성 노동조합원은 14만 2,000명에 불과했고 그 가운데 반 이상이 직물업에 고용되어 있었다. 19세기 말 점원, 사무원 등이 증가하여 1881년 당시 6,000명이던 개인기업체 사무직원이 1901년에는 6만 명으로 늘었다. 그렇지만 19세기 말까지도 여성 취업자 가운데 가장 큰 집단은 하녀였다. 빅토리아 시대를 통해서 10세 이상 모든 여성의 1/7~1/8이 집안 하녀였는데, 하녀들이야말로 중간계급이 완벽한 여성의 이상을 실현하는 데 없어서는 안 될 요소였다.

빅토리아 중기부터 여성의 예속에 반발한 여러 개혁운동이 시작되었다. 우선 기혼여성의 개인적, 법적 지위를 인정받기 위한 운동과 교육운동이 일어났다. 여전히 여성의 이혼청구를 남성보다 훨씬 더 어렵게 만들려는 것이 목표이긴 했지만, 1857년의 이혼법은 여성에게 약간의 재산권을 인정해주었다. 1870년 이후 세 차례에 걸쳐 입법, 수정된 기혼여성 재산법에 의해서 드디어 1884년에 기혼여성은 독립되고 분리된 인간이 되었다. 여성 고등교육은 의학계의 잘못된 이론으로 인해서 더욱 힘든 투쟁을 벌여야만 했다. 의사들은 사람은 고정된 에너지를 가지고 태어나는데, 여성은 월경과 출산으로 그 에너지를 쓰기 때문에 교육에 돌릴 여분이 없다는 논리를 가지고 여성 교육에 반대했다. 그러나 1860~1870년대에 점차 여자 사립학교들이 생겼고, 옥스퍼드와 케임브리지도 여학생의 입학을 허용했다. 그러나 정식 학위 수여는 옥스퍼드의 경우 1919년, 케임브리지의 경우 1947년에 이르러서야 가능했다.

19세기 여성해방운동의 가장 큰 쟁점은 여성참정권이었다. 여성은 사회에서의 생존투쟁을 담당하기에는 충분히 지적이지 못하고 감정적이기 때문에 공적 생활을 허용하거나 선거권을 주지 말아야 한다는 허버트 스펜서의 견해가 아마 남성들 대부분의 견해였을 것이다. 또한 자유당 지도자들은 부유층 미혼여성의 보수적 성향을 우려하여 여성참정권을 반대했고, 보수당은 보수당대로 정서적으로 여성의 정치 참여에 거부감을 느꼈기 때문에 참정권 운동은 다른 개혁운동과 달리 지지자들을 확보하는 데 큰 어려움을 겪었다. 빅토리아 여왕도 반대자였다. 그러나 1894년의 지방정부법은 여성이 교구의원에 선출되는 것을 허용함으로써 중앙정치에 진출하려는 여성들의 희망을 고무시켰다. 세기말에 밀리슨트 포싯 부인이 주도한 여성참정권 운동이 시작되었고(1897), 6년 후에는 팽크허스트 집안의 여자들이 조직한 여성사회정치연맹Women's Social and Political Union이 방화, 의회 난입, 공중집회의 방해, 단식투쟁 등 폭력적 수단을 불사하는 활동을 개시했다. 이러한 다각도의 노력에도 불구하고 여성참정권 운동은 1914년까지 뜻을 이루지 못했다. 여성참정권 운동은 전쟁 전 영국 사회에서 노동계급의 소요와 더불어 가장 체제 위협적인 세력으로 인식되었고, 여성문제는 심각한 사회문제로 대두했다.

에멀린 팽크허스트의 초상화 배지이다. 여성사회정치연맹의 소속 여성들은 기금을 모으기 위해 많은 양의 초상화 배지를 팔았는데, 이 단체는 후에 1918년에 여성참정권이 인정되는 데 중요한 역할을 한다.
—

8장
교차로에서:
1914~

1914	독일에 대한 선전포고(8월 4일)
1916	로이드 조지의 수상 취임 ; 징병제 도입
1919	베르사유 조약 ; 30세 이상 여성에게 참정권 허용
1921	아일랜드 자유국 수립 ; 북아일랜드 의회 성립
1924	제1차 노동당 정부
1929	세계 대공황 시작
1936	조지 5세 서거 ; 에드워드 8세 즉위 ; 에드워드 8세의 양위로 조지 6세 즉위
1939	제2차 세계대전 시작
1940	체임벌린 사퇴, 처칠의 거국정부 수립
1941	독일의 소련 침공(6월) ; 일본의 진주만 공격으로 미국 참전(12월)
1944	노르망디 상륙작전(6월 6일)
1946	국민보험법, 국민보건법 제정
1946~1947	잉글랜드 은행, 광산, 전기, 가스 산업의 국유화
1952	조지 6세 사망 ; 엘리자베스 2세 즉위
1973	유럽경제공동체 가입
1975	북해 석유 생산 시작
1979	마거릿 대처 수상 취임

1982	포클랜드 전쟁에서 아르헨티나에 승리
1990	대처 사임 ; 존 메이저 수상 취임
1997	토니 블레어의 노동당 정부 수립
2007	고든 브라운 수상 취임
2010	보수 · 자민 연립내각 성립 ; 데이비드 캐머런 수상 취임

　20세기 전반기에 영국은 두 차례의 세계대전에 휩쓸렸다. 영국은 승전국들 가운데에서 양차 대전을 처음부터 끝까지 수행한 유일한 나라였다. 제1차 세계대전 때 영국은 국가 총자산의 15퍼센트를 상실했고, 제2차 세계대전으로 나머지의 28퍼센트를 또다시 상실했다. 이러한 영국의 출혈은 19세기 후반부터 진행되고 있던 영국의 쇠퇴에 박차를 가하는 결과를 낳았다. 1930년대 초 세계 대공황의 물결을 피할 수 없게 된 영국은 300만 명의 실업자가 발생하자, 드디어 1세기 동안 견지해왔던 자유무역정책을 포기했다. 자유주의적 영국이 드디어 사라지기 시작했던 것이다.

　20세기 초 노동당의 등장으로 시작된 3파전은 전간기 보수당이 주도권을 잡은 가운데 계속되었지만, 결국 다시 양당체제로 굳어졌다. 보수당은 살아남았지만, 이제 '국왕폐하의 충성스러운 야당'은 자유당이 아니라 노동당이었다. 영국 정치사에서 1945년부터 1960년대 초까지를 흔히 '합의의 시대'라고 부른다. 보수당과 노동당은 다 같이 완전고용, 복지국가, 케인즈식 혼합경제를 받아들였고, 이데올로기의 종언이니 정치의 종식이니 하는 말이 사용되었다. 그러나 당시 영국이 당면한 가장 중요한 문제인 경제적 쇠퇴를 제대로 인식한 사람은 거의 없었다. 1950년에 영국은 국민총생산에서 미국에 뒤이어 세계 2위를 차지했지만, 1960년대 초에 이르면 그 위치를 유지하지 못했다는 것이 확실해지면서 경제적 성과 부진의 문제가 제기되었다. 그러나 양 정당은 영국 경제의 근본문제를 해결할 장기적 안목을 가지지 못한 채 그때그때 위기에 대응하는 단기적 정책을 추구할 뿐이었다. 게다가 국민은 소수를 제외하고는 여전히 영국이 강대국이란 환상을 가지고 있었고, 그 위치를 유지하기 위해서 전 세계에 걸쳐 군사적 의무를 떠안고 있었다. 영국의 새로운 역할에 대한 재고가 필요한 시점이었지만 아무도 그 사실을 깨닫지 못했다.

1970년대에 들어서면 국민적 합의가 깨지고 말았다. 1960년대는 경제적 쇠퇴가 큰 문제였지만, 대중의 생활수준은 그런대로 꾸준히 향상되고 있었는데, 1970년대에는 인플레이션, 국제수지 적자, 실업, 노사관계의 악화 등 모든 것이 삶을 어렵게 만들었다. 영국이 세계무역에서 차지하는 부분은 계속 축소되었고, 수입이 수출을 초과하여 지속적인 국제수지 적자를 기록했다. 게다가 노사분규는 유럽 어느 나라보다도 심각하여, 영국 노동자 1인당 파업일수는 서독 노동자의 25배에 달했다. 1970년대 말이 되면 '영국병'의 원인에 대한 논란이 불붙었다. 노사는 서로를 비방하는 데 바빴고, 영국은 마치 통치 불가능한 나라처럼 보였다. 마거릿 대처는 1979년 최초의 여성 수상이 되면서 강력한 이상과 개성으로 영국을 다시 통치 가능한 상태로 되돌리려고 시도했다. 12년 가까운 대처의 통치는 큰 자취를 남겼고, 뒤이은 노동당 정부는 제3의 길을 표방하면서 과거의 노동당과 다른 전통을 세우기 시작했다.

1. 제1차 세계대전(1914~1918)과 전후 정계

1) 전쟁의 진행

19세기 말 이래로 유럽인들은 언젠가는 전쟁을 하게 될 것이라고 느끼고 있었다. 그러나 막상 전쟁이 시작되었을 때, 그것은 큰 충격이었다. 처음에 전쟁은 신속한 동원, 재빠른 측면공격, 결정적 전투 등으로 빠른 결론에 도달할 것이라고 기대되었다. 그러나 크리스마스 이전에 돌아올 것이라고 장담하며 전선으로 떠났던 병사들은 4년이 넘도록 돌아오지 못했고, 영영 돌아오지 못한 사람들도 75만 명이나 되었다. 소요되는 무기와 군사조직이 너무나 강력하고 비싸서 어떤 나라도 수개월 이상 지탱하지 못할 것으로 예상했지만, 전쟁은 4년여 동안 계속되었고, 결국 승리는 산업생산을 가장 잘 조직하고 국내의 정치적 안정을 가장 잘 유지한 나라, 즉 영국과 미국에게로 돌아갔다.

전쟁 초 독일군의 공격에 밀려 후퇴하던 영국군과 프랑스 군은 마른Marne 전투에서 간신히 독일의 공격을 제어할 수 있었다. 그러나 1915년 1월이 되면 속공은 꿈도 못 꾸게 되고 서부전선의 정체가 시작되었다. 전선의 정체를 깨뜨리려고 시도한 솜Somme 전투(1916)와 이프르Ypres 전투(1917)는 막대한 인명피해만 낸 채 실패하고 말았다. 1918년 봄 독일군이 새로운 공격을 시작하여 영국군 제15군단을 괴멸시켰고, 연합군의 전선을 거의 끊어놓았다. 다행히 그 전해에 참전한 미국군의 강화로 연합군은 여름에 공격을 재개했고, 11월 독일군의 무조건 항복을 받아낼 수 있었다.

제1차 세계대전의 시작을 알린 전쟁 선언문으로, 이 문서는 1914년 7월 28일에 오스트리아–헝가리 정부가 세르비아 정부에게 보낸 것이다.
—

　　500만 명 이상의 남자들이 전쟁 중 군대에서 복무했고, 후방에서도 대규모의 민간인들이 동원됨으로써 제1차 세계대전은 역사상 최초로 총력전의 성격을 띠었다. 전쟁은 19세기적 국가와 사회구조를 송두리째 바꾸어놓았으며, 기존의 자유방임적 국가에 대한 개념을 변화시켜버렸다. 1815년 이후 100년간이나 대규모 전쟁을 치르지 않았던 유럽 국가들은 예전 경험을 생각하고 "평상시 그대로"라는 캐치프레이즈를 내건 채 전쟁을 시작했다. 그러나 제1차 세계대전은 역사상 어느 전쟁보다도 규모가 큰 전쟁이었다. 1916년 4월이 되면 전쟁비용은 매일 375만 파운드에 달했고, 1917년에는 국민총생산의

60퍼센트가 전쟁비용으로 쓰였다.

전쟁이 진행되면서 군수품과 병력 조달이 문제가 되었다. 전쟁 초 영국 정부는 군수부를 설치하여 산업을 통제하고 기간산업을 국유화했으며, 일상용품의 배급제를 실시했다. 식량배급은 1917년 말에야 시작되었다. 그러나 전쟁 중 정부가 행한 경제적 혁신은 계속되는 위기에 대처하는 임기응변식 반응이었기 때문에 전쟁이 끝나자 재빨리 반전되었다. 19세기 영국 사회의 안정과 정치제도의 힘은 징병제가 없었다는 사실에서 입증된다. 전쟁이 발발하자 앞다투어 자원한 병사들은 전쟁이 크리스마스 전에는 끝날 것이라는 정부의 확언을 믿었다. 대부분의 지원병들을 고무한 것은 막연한 흥분과 어렴풋한 애국심, 제복이 주는 매력과 독일에 대한 증오심이었다. 그러나 1914년 9월 45만 명에 이르던 지원병은 다음 해 12월이 되면 5만 5,000명에 불과했다. 동시에 전후방에서의 가장 효율적인 인력배치를 통해서 산업생산을 유지하기 위해서는 징병제가 최선의 방법이라는 주장이 제기되었다. 그리하여 1916년 영국 역사상 처음으로 징병제가 도입되었다.

2) 전쟁의 영향

전쟁은 몇 가지 중요한 정치적, 사회적 변화를 가져왔다. 우선 새로운 사회관계와 정치제도의 패턴을 만들어내는 계기가 되었다. 여성이나 노동계급 등 사회에서 그때까지 과소평가되던 부문의 기여와 중요성이 인정되었으며, 한 세대의 젊은이들이 사라져버림으로써 사회구조에 큰 공간이 생겼다. 총력전으로서의 전쟁은 대중참여와 대중동원 및 엘리트와 대중 사이의 유기적 관계를 절대적으로 필요로

했고, 이를 위한 한 방편으로 정부는 근대적 기술을 이용한 영화, 포스터 등의 매스 커뮤니케이션을 활용했다. 대중의 참여는 영국 사회의 불평등을 제거하는 효과를 가져왔으며, 기존 신념과 제도들의 많은 부분을 손상시키는 결과를 낳았다. 전선에서 병사들은 태어나서 처음으로 계급을 뛰어넘는 경험을 할 수 있었다. 영국 사회의 뚜렷한 계급적 구분과 가부장적 계서제는 전쟁으로 인해서 다시 회복될 수 없을 만큼 훼손되었다.

노동조합원 숫자가 전쟁 전의 400만 명에서 전쟁 말에 650만 명으로 증가했다는 사실에서 알 수 있듯이, 전쟁은 계급의식을 강화시켰다. 효과적 전시 경제체제를 작동하기 위해서 국가는 역사상 처음으로 노동조합을 상대역으로 인정했다. 전쟁 초 노동조합은 자발적으로 노사분규를 자제하기로 결정하여 파업도 1915~1916년에는 급감했지만, 1917~1918년이 되면 다시 상승하기 시작했다. 이때가 되면 노동계급은 높은 식량가격과 식량부족, 사회 각층이 전쟁의 부담을 공평하게 나누지 않는다는 불만을 가지게 되었다. 그들은 전쟁으로 인해서 막대한 부당수입을 올린 군수산업 자본가들에게 초과이윤세를 부과하도록 요구하는 등 국가를 위한 공평한 희생과 부당한 부의 몰수를 요구했다.

키어 하디나 램지 맥도널드 등은 사회주의적 신념을 지켜 전쟁에 반대했지만, 노동당 지도자 대부분은 전쟁을 지지했다. 아서 헨더슨은 로이드 조지가 5명으로 구성한 전시내각에 참여했고, 다음 해에는 존 번스가 뒤를 이었다. 전쟁은 노동당에게 새로운 목적의식을 부여했다. 헨더슨과 시드니 웨브가 작성한 새로운 당헌(1918)은 제4조에

생산수단의 국유화를 명시함으로써, 사회주의 정당으로서의 모습을 확실히 했다. 노동계급의 수고에 대한 보상으로 도입된 성인 남자 보통선거권(1918)은 거의 모든 노동자를 유권자로 만들었는데, 이 상황은 당연히 노동당에게 유리하게 작용했고, 노조의 강화도 노동당에게 힘을 실어주었다.

여성의 진출도 전쟁이 가져온 중요한 사건이었다. 전쟁 동안 135만 명의 여성이 남성 노동력을 대체했고, 여성은 최초로 군수산업 등 중공업 분야에도 진출했다. 그러나 해방은 일시적이었다. 전선에서 돌아온 남자들은 서둘러서 여자들을 다시 가정으로 돌려보냈다. 19세기 후반기 이후 대규모로 전개된 여성참정권 운동은 전쟁 덕분에 부분적으로나마 목표를 달성하게 되었다. 전쟁 동안 여성이 보여준 희생과 봉사에 대한 보상으로 전후 30세 이상의 여성에게 참정권이 인정되었던 것이다.

마지막으로 전쟁은 영국 젊은이들의 한 세대를 쓸어가버렸다. 가장 높은 사망률을 보인 것은 참호전에서 앞장서서 공격을 선도해야 했던 소장 장교층이었다. 그들은 주로 사립학교와 대학 출신들이었기 때문에 영국 사회의 엘리트 구조에 큰 구멍이 뚫렸다. 그러나 국민의 생활수준은 전쟁을 겪으면서 오히려 더 나아졌다. 식량 및 필수품의 배급과 경제의 총 가동이 가져온 완전고용으로 노동대중의 소득과 소비수준이 전반적으로 향상되었다.

3) 자유당의 분열과 3당의 각축
전쟁 중 자유당은 중요한 변화를 겪었다. 전시내각의 애스퀴스 수상은 전통적 자유주의자에 가까운 정치인으로 능률적 전쟁수행을 주도하기에는 적합하지 않았다. 군수품과 병력부족 문제가 대두하면서 로이드 조지가 애스퀴스에 대한 불신임을 제기하자, 보수당이 이를 지지함으로써 수상이 교체되는 소위 '궁정 쿠데타'가 일어났다(1916). 이로써 애스퀴스 추종자와 로이드 조지 추종자 사이의 갈등으로 자유당의 분열은 심각해졌다. 로이드 조지는 효율적인 행정능력을 발휘해서 전쟁을 승리로 이끌었는데, 전쟁이 끝나자마자 기회를 놓치지 않고 총선을 실시하여 크게 승리했다.

그러나 로이드 조지의 연립내각은 보수당에 의존할 수밖에 없었을 뿐만 아니라, 추종자들도 그의 독단적 통치 스타일에 반발하여 점차 애스퀴스 쪽으로 집결했다. 전쟁 동안 보였던 능력 있는 지도자의 이미지는 이제 부패와 기회주의의 상징으로 바뀌어버렸다. 1922년 보수당이 연립내각에서 사퇴하자, 로이드 조지는 갑자기 황야에 홀로 서 있는 자신을 발견하게 되었다. 로이드 조지가 실각한 뒤 실시된 선거에서 보너 로가 이끄는 보수당의 단독집권이 가능해졌다. 자유당은 여전히 로이드 조지와 애스퀴스 사이에서 형편없이 분열된 상태였고, 그에 힘입어 노동당은 자유당의 지지구역이던 광산이나 공업지역에서 지지세력을 크게 확장했다.

1920년대에는 어느 당도 다수 의석을 확보하지 못한 채 복잡한 정치 상황이 전개되었다. 이처럼 뚜렷한 양당체제가 존재하지 않는 상태에서, 쇠락하는 자유당과 부상하는 노동당으로 경쟁자가 분열되어 있는 틈에 이득을 보게 된 보수당이 전간기를 주도했다. 그러나 자유당이 여전히 잔존했다는 사실은 노동당이 결정적 돌파구를 만들지 못했음을 의미한다. 또 한 차례의 세계전쟁이 더 광범위한 정치의식의 변화를 가져와야 노동당이 확고하게 노동계급의 정당이 되는 것이다.

자유당의 몰락은 상당히 흥미로운 문제로서 여러 가지 해석이 제기되어왔다. 자유당의 이념인 자유주의는 개인의 합리적 계산에 근거하기 때문에 보수당이나 노동당처럼 유권자의 감정에 호소할 수 없다는 불리한 점을 가지고 있었다. 조직에서도 자유당은 대중민주주의 시대에 맞지 않는 느슨한 형태를 유지했으며, 조화와 타협정신을 기반으로 한 자유당의 이념은 전후 보다 각박해진 세상에서 더 이상 적합하지 않은 것으로 보였다. 그러나 이념상의 문제는 어쩔 수 없었다고 해도, 조직의 문제는 그들의 노력 여하에 따라서 달라질 수 있었다. 결국 자유당의 몰락은 상당 부분 당 자체가 초래한 결과였기 때문에, 자유당이 역사적 소명을 다하고 사라질 수밖에 없었다는 역사적 필연성에 근거한 해석은 옳다고 볼 수 없다.

보너 로가 건강 악화로 사임하자(1923), 스탠리 볼드윈이 후임 수상이 되었다. 볼드윈이 당면한 가장 심각한 문제는 전쟁 직후의 호경기가 끝나고 불어닥친 불경기와 실업이었다. 해결책을 보호관세의 도입에서 찾은 볼드윈은 자유무역 대 보호무역이라는 쟁점을 내걸고 국민의 신임을 묻기로 결정했다. 그러나 선거 결과 또다시 어느 당도 과반수 의석을 확보하지 못한 상태에서 자유당이 노동당을 지지하기로 결정함으로써 영국 사상 최초의 노동당 정부가 성립되었다(1924. 1).

소수내각으로 집권하게 된 제1차 노동당 정부는 단지 9개월밖에 안 되는 짧은 기간에 이렇다 할 업적을 남길 수 없었다. 수상 램지 맥

램지 맥도널드는 노동당의 당수를 지내고 총리 겸 외무장관이 되어 유럽의 전후처리와 평화유지에 힘썼다. 그의 이상주의와 의회정치가로서의 수완, 당당한 웅변과 헌신적 노력은 노동당의 발전에 크게 기여했다.
—

도널드의 목표는 영국을 사회주의 천년왕국으로 이끄는 것이 아니라 노동당에 대한 지지를 넓히는 것이었다. 노동당은 비록 장기적으로는 사회주의 사회의 건설을 목표로 했지만 단기정책에서는 자유당과 별 차이가 없었다. 재무장관 필립 스노든이 제안한 예산도 각종 세금을 감축하는 자유방임 예산일 뿐이었다. 이처럼 국내정책에서는 별 차이가 없었지만, 노동당 정부의 외교정책은 이전과 확연히 달랐다. 즉 도즈 안Dawes Plan을 성사시킴으로써 궁지에 몰려 있던 독일 전쟁 배상 문제를 타결했고, 1917년 혁명 이후 국제사회에서 소외되어 있던 소련을 승인하고 재정지원을 약속했던 것이다. 그러나 이러한 대외정책에 자유당이 반발하자 노동당 정부는 종식되었다. 제1차 노동당 정부는 많은 것을 성취하지는 못했지만, 노동당의 통치능력을 증명했고, 양당제의 한쪽 파트너로서의 위치를 확고히 한 데 의의가 있었다.

1924년 12월의 선거를 앞두고 행해진 선거운동에서는 노동당 정부의 소련 승인과 소위 '지노비예프 전보' 사건으로 인한 '빨갱이 공포'가 쟁점이 되었다. 이 사건은 코민테른 의장 지노비예프가 영국 공산당에게 보낸, 봉기를 선동하는 내용의 전보가 폭로된 것인데, 이 전보가 조작이었음은 거의 확실하고, 이 사건이 선거에 영향을 미치지 않은 것도 확실했다. 1924년 선거에서 자유당의 몰락이 뚜렷해졌다. 선거는 거의 전적으로 노동당과 보수당의 싸움이었고, 자유당은 단지 방관자에 불과한 것이 판명되었다.

2. 전후의 영국 경제

1) 총파업

전후 잠시 동안 호경기가 있은 후 곧 불경기가 닥쳐왔다. 특히 문제가 된 것은 수출 부진과 그로 인해서 큰 타격을 받았던 석탄산업이었다. 석탄산업은 실상 19세기 말 이래 꾸준히 경쟁력을 잃어갔다. 1914년 이전에는 총생산의 20퍼센트가 수출되었지만, 1920년에는 10퍼센트로 감소했다. 전쟁 중 국유화되었던 석탄산업이 다시 민영화되면서(1921) 정부보조금이 끊기자 고용주들은 경쟁력 회복을 위해서 임금삭감을 결정했다. 이에 대응하여 광부들은 파업에 돌입했지만 실패했다. 광부들과 동맹을 맺고 있던 철도노조와 도로 및 교통운송 노조가 동조하지 않은 탓이기도 했다. 막강해 보이던 이들의 '삼자동'은 이 사건 후 '절름발이 동맹'이라는 야유를 받았다.

이미 1873년부터 시작된 불경기 동안 영국 경제가 몇몇 수출산업에 지나치게 의존하고 있다는 위험성이 드러났다. 직물, 석탄, 중장비 기계, 조선업 등은 외국의 경쟁에 노출되었지만, 일시적으로 세기말과 세기초 제국의 팽창과 재무장 및 전쟁으로 무마될 수 있었다. 그러나 평화의 도래와 더불어 문제점이 다시 살아났다. 1914년 당시 주요 기간산업들은 전체 노동력의 1/4을 고용하고 있었으며, 전체 수출품의 3/4을 생산했다. 전쟁 중에 영국은 많은 무역 상대국을 미국과 일본에 빼앗겼으며, 면직물 공업과 철강산업은 유럽과 미국의 보다 능률적인 생산에 밀리게 되었다. 석유가 석탄을 대신해서 연료로 사용되면서 석탄산업의 불경기가 시작되었는데, 특히 선박의 연료가 석유로 대체된 것은 영국 광산업에 치명적이었다. 생산에서 가장 큰 감소는 조선업에서 일어났다. 1920년에 총 200만 톤이 건조된 데에 비해서 1933년에는 단지 13만 톤만이 수주되었을 뿐이었다. 다행히 자동차, 전기공업, 화학, 항공, 고무, 식료품 가공, 레이온 등 새로운 산업이 나타났는데, 이들 산업은 수출보다 내수시장에 더 집중했고, 반숙련공들의 노동을 필요로 했으며 증기력보다는 전기력을 사용했다.

문제는 영국이 여전히 자유무역과 금본위제를 신봉했다는 사실이었다. 전쟁 동안 유보되었던 금본위제가 복귀되었을 때(1925), 금에 대한 파운드화의 환율은 영국 경제가 큰 출혈을 경험했음에도 불구하고 전전戰前과 마찬가지로 책정되었다. 당연히 영국 상품의 수출은 더욱 어려움을 겪게 되었다. 석탄수출은 더욱 부진해졌고, 석탄가격의 재조정이 불가피했다. 실질적으로 이것은 임금삭감을 의미했으며, 광부들은 강력히 반발했다. 수상 볼드윈은 은밀히 파업에 대비한 준비를 추진했지만, 광부들로부터 권한을 위임받은 노동조합회의 TUC는 아무런 대책도 세우지 않은 상태였다. 정부와의 협상이 실패로 돌아가자 노동조합회의는 철강, 가스 등 주요 분야의 노조들에게 파업을 명령했다. 정부의 사전준비는 곧 위력을 발휘하기 시작했지만, 아무 대책이 없던 노동조합회의는 9일 후 굴복할 수밖에 없었다.

총파업은 1830년대 이래 가장 혁명적 사건으로 불리지만, 실상은 전혀 혁명적이지 않았다. 총파업의 핵심 이론인 직접 행동이라는 개념도 거의 존재하지 않았으며, 의회노동당은 직접 행동에 반대했기 때문에 노조와 당 사이에 협조가 이루어지지도 않았다. 총파업 기간에 약간의 계급감정이 고양된 것은 사실이었지만 노동계급은 정치적 권력을 장악하려는 의도를 보이지 않았다. 그러나 총파업은 어느 면에서는 효과가 있었다. 이후 고용주나 정부가 임금삭감을 꺼리게 되었던 것이다. 이 사건은 노사 양측에 타협과 협상의 새로운 분위기를 조성하여 노사 간 공식협상인 몬드-터너 협상Mond-Turner talks이 시작되었다(1928).

2) 대공황

1930년대 영국이 당면한 가장 중요한 문제는 한편으로는 파시즘과 공산주의의 양극단으로부터 자유민주주의를 지키는 것이었으며, 다른 한편으로는 1929년 뉴욕 주식시장의 붕괴가 몰고 온 대공황으로 야기된 실업을 해결하는 것이었다. 그러나 실업은 전쟁이 시작되고서도 2년이 지난 1941년에야 사라진다. 마침 이때의 집권당은 노동당이었다. 1928년 여성 유권자의 나이 제한이 30세에서 21세로 하향 조정되었기 때문에 1929년 선거는 남녀 보통선거제하에서 처음 실시된 선거였다. 이 선거에서 보수당(260석)보다 더 많은 의석을 차지한 노동당(288석)이 자유당(59석)의 지지를 얻어 제2차 내각을 구성했다.

제2차 노동당 정부가 당면한 가장 큰 문제는 대공황의 물결을 막는 것이었다. 공식적 실업률은 1931년에 이르면 20퍼센트를 넘어섰는데, 실제로는 그보다 훨씬 더 높았다. 실업자 수가 급증하고 실업수당의 지급이 늘면서 기금이 적자를 기록하게 되었고, 정부의 공공지출을 늘려야만 문제가 해결될 수 있었다. 이론상으로 당시 정부는 미국의 뉴딜 정책과 마찬가지의 재정정책을 도입하거나, 파운드화의 평가절하를 통해서 산업을 장려하는 정책을 택할 수 있었다. 그러나 노동당은 19세기식의 자유방임 경제를 지지했고, 균형예산을 고집하는 고전적 재정정책을 주장했기 때문에 대안을 가지고 있지 않았다. 게다가 정부가 고려할 사안은 실업문제만이 아니었다. 국제통화인 파운드화의 국제적 신용이 오히려 더욱 심각한 문제로 간주되었다. 노동당 정부는 결국 금융자본의 보호를 위해서 영국 산업을 희생시켰는데, 여기서 노동당 정부의 입장은 역대 정부와 다를 바 없었다.

당장 당면한 문제는 금본위제하에서 파운드화의 신용이 불안해지자 영국으로부터 막대한 금이 유출된 것인데, 이를 메우기 위해서는 해외로부터의 차관이 필요했다. 잉글랜드 은행과 재무부는 정부지출의 대규모 삭감과 세율증가를 통해서 영국 정부의 국제적 신용이 회복되어야만 차관을 얻을 수 있다고 주장했다. 결국 이들의 권고를 받아들인 정부의 결정은 실업수당 6,600만 파운드를 포함한 공공지출의 삭감이었다. 노동당이 맥도널드 수상을 배신자로 매도하며 격렬하게 반발했고, 재무장관 스노든과 그 밖의 한 명을 제외한 전 각료가 사퇴함으로써 제2차 노동당 정부는 붕괴했다. 그러나 맥도널드는 보수당과 자유당을 포함하는 거국내각을 구성하라는 조지 5세의 권유를 받아들여 의회를 해산하고 선거를 실시했다. 1931년 선거는 거국내각과 노동당의 대립이었다. 결과는 노동당이 50석 이하로 몰락한 반면, 거국내각이 554석(그중 473석이 보수당)을 획득하여 국민의 절대적 신임을 얻었다.

1931년의 문제는 맥도널드와 스노든이 만든 것이 아니었다. 이때 영국 경제는 구조적 어려움을 겪고 있었다. 과대평가된 파운드화, 국제금융의 통제할 수 없는 역동성 등은 노동당 정부의 역량을 초과하는 어려운 과제였다. 결국 어느 당이 집권하고 있었다고 해도 마찬가지 결정을 내렸을 것이며, 따라서 맥도널드를 배신자로 부르는 것은 부당하다는 것이 요즘 학자들의 평가이다. 물론 뉴딜 정책과 같은 재정정책의 가능성도 있었지만 그것은 극히 예외적 현상이었고, 경제이론은 여전히 자유방임을 가르치고 있었으며, 자본주의 위기에 대한 케인스 경제학의 해결책도 1936년이 되어서야 나타났던 것이다.

3) 거국내각의 경제정책
거국내각 역시 제도적 문제를 해결하기에는 역부족임이 드러났다.

1세기 이상 지배하던 자유방임의 경제철학을 이어받은 이들은 어떠한 적극적 경제정책도 수행할 수 없었다. 그러나 실업자 수가 300만 명을 육박하자 더 이상 기존 태도를 유지할 수 없게 된 정부는 금본위제의 포기와 관세개혁을 결정했다. 파운드화를 지키기 위해서 수립된 거국내각이 막상 금본위제를 포기하는 결정을 내렸다는 것은 역사의 아이러니이다. 1932년 재무장관 네빌 체임벌린이 제국우대 관세를 도입함으로써 1세기 동안 지속되던 자유방임주의가 드디어 종결되었다. 조지프 체임벌린이 30년 전에 시작했던 관세개혁운동이 그 아들에 의해서 완결되었던 것이다.

1930년대에는 경제계획과 운영에서 국가의 획기적 역할을 전제로 하고 기업합병을 방법으로 하는 산업의 합리화 정책이 적극적으로 추진되었다. 실업문제를 해결하기 위한 국가개입은 점차 당연한 것이 되어 이제는 개입 자체가 문제가 아니라 얼마만큼의 개입이 정당한가가 문제였다. 그러나 이 시기에 국가개입은 경제정책보다는 사회정책에서 더 진전을 보았다. 여러 방면의 노력에도 불구하고 실업은 30년대 내내 계속되었다. 특기할 점은 다른 나라에서와 달리 영국에서는 실업과 산업부흥이 뚜렷한 지역적 구분을 보였다는 것이다. 즉 잉글랜드 남동부와 중부지역은 부흥을 경험한 데 반해, 잉글랜드 북부, 스코틀랜드의 전통적 수출공업 지역은 극심한 공황에서 헤어나오지 못했다. 디즈레일리가 묘사한 "두개의 국민"에, 이제 지역적 개념이 첨가되었다. 단일산업이나 단일기업에 의존하던 곳, 예를 들면 조선업이 유일한 산업인 자로에서는 1932년 당시 전체 남성 근로자의 75퍼센트가 실업자였다. 그러나 이들 지역은 강한 공동체 의식으로 뭉쳐 있었고, 직업의 불안정이 오랜 역사를 가진 곳이었기 때문에 실업자들은 전통적인 위로문화에 의지할 수 있었다. 오히려 상대적으로 실업률이 낮은 곳에서 소수 실업자들은 더욱 강한 박탈감을 느꼈다.

사회정책에서 가장 논란이 많은 부분은 실업수당 운영체제였다. 국민보험법은 이때가 되면 실질적으로 모든 남성 근로자에게로 확대되었지만, 실업수당을 받기 위해서 사전에 치러야 하는 자격조사means test(1931)가 혐오의 대상이 되었다. 그럼에도 불구하고 사회보장제도는 1930년대 대공황기에 중요한 진전을 보았고, 그 후에 도래할 전반적 복지국가 건설의 기초를 마련해주었다.

1920~1930년대의 가장 큰 쟁점은 대량실업이었지만, 직업이 있는 사람들은 이때 점점 더 잘살게 되었다. 생활수준의 향상에 따라서 소비재 생산이 활기를 띠었는데, 전기공업이 생산하는 축음기, 라디오, 다리미, 전기청소기 등의 소비제품은 삶을 편리하게 만들었다. 1914년 이전에는 주로 상류, 중간계급에서만 실시되던 산아제한이 이제 전 사회로 확산됨으로써 노동계급의 생활수준 향상에도 도움을 주었다. 대중의 여가생활이 이 시기에 특히 꽃을 피워 19세기 이래로 각광을 받아오던 축구에 덧붙여 댄스홀, 라디오, 그리고 무엇보다도 영화가 여가생활의 중요한 부분을 차지하게 되었다. 자동차는 아직은 대부분의 사람들에게 그림의 떡이었지만, 1930년이 되면 100만 대의 자동차가 영국의 도로를 달리고 있었고, 1939년에는 200만 대로 증가했다.

3. 1930년대 보수당 정부와 전쟁의 접근

1) 1930년대의 대외정책

1935년 맥도널드는 10여 년 전 로이드 조지가 처한 것과 똑같은 상황에 당면했다. 더 이상 맥도널드가 필요하지 않게 된 거국내각의 보수당이 맥도널드 대신 볼드윈을 수상으로 내세운 것이다. 19세기를 주름잡던 양대 정당 중에서 자유당이 몰락한 반면에 보수당은 살아남았을 뿐만 아니라 정치의 주도권을 장악할 수 있었는데, 그것은 대중민주주의 체제에 대한 정확한 이해와 판단이 가능했기 때문이었다. 1930년대 보수당은 새로운 이미지로 중산층에게 호소하는 데 성공했다. 여기에 크게 기여한 것이 볼드윈이었다. 그의 보수주의는 계급갈등이 아니라 계급타협에 기반을 두고 있었다. 볼드윈은 엘리트 출신이지만 점잖고 깨끗하고 평범한 영국인의 이미지를 만들어내는데 성공함으로써 중산층에게 어필했다. 또한 정치가 더 이상 닫힌 문 뒤에서 일어나는 것이 아니라는 사실을 깨달은 보수당은 새로운 매스 미디어를 활용하여 대중을 끌어들였다. 이점에서 보수당은 자유당과 노동당보다 훨씬 더 뛰어났다. 볼드윈은 또한 에드워드 8세가 심프슨 부인과의 결혼문제로 왕정을 위기로 몰고 갔을 때(1936) 국왕을 왕정과 분리시킴으로써 위기를 슬기롭게 극복했다.

보수당의 실패는 국내정책이 아니라 대외정책에서 찾을 수 있다. 내심으로 베르사유 조약이 독일에게 너무 가혹하다고 생각해온 보수당 지도부는 히틀러의 요구를 일면 정당하다고 생각하며 유화정책을 취함으로써, 그를 제어할 수 있는 기회를 놓쳐버렸다. 물론 유화정책에 대한 반대의 목소리도 강했다. 보수당 내의 윈스턴 처칠과 앤소니 이든만이 아니라 평화주의로부터 전투적 반평화주의로 정책을 바꾼 노동당도 히틀러에 대한 강경정책을 요구했지만 소용이 없었다. 보수당 정부의 재무장 정책도 안일한 것이었다. 강력한 재무장은 1936~1937년이 되어서야 시작되었고, 독일을 상대하면서도 여전히 해군을 강조하고 육군을 육성하지 않는 나태함을 보였다. 군사력의 허약함은 결국 영국의 협상력을 약하게 만들고 프랑스의 사기를 저하시키는 결과를 낳았다. 영국의 의지와 능력을 얕잡아본 히틀러는 국제법과 조약을 위반하고 라인란트 점령과 오스트리아 합병 등을 강행했다. 1937년 볼드윈에 이어 수상이 된 네빌 체임벌린 역시 히틀러가 오스트리아를 합병했을 때 별 이의를 제기하지 않았다.

1938년 여름 히틀러가 독일인의 거주지역이라는 이유로 체코 영토인 주데텐란트의 양도를 요구했을 때, 드디어 유럽에는 전운이 감돌고 영국민은 갑작스런 전쟁 가능성에 당황했다. 이 상황에서도 계속 유화정책을 주장한 체임벌린은 뮌헨 회담(1938. 9)에서 영국, 프랑스, 이탈리아와 함께 주데텐란트의 할양을 양해했다. 영국민 역시 체코의 주권이 침해되었다는 사실보다는 전쟁이 일어나지 않게 되었다는 사실에만 환호를 보냈다. 독일의 침략에 대항하여 영국 및 프랑스와의 동맹을 원하던 스탈린은 영국의 태도에 의심을 품고 차라리 히틀러와의 동맹을 선택하게 되었다. 1939년 9월 독일과 소련의 불가침조약이 체결되자, 이제 양쪽 전선에서 적을 대항해야 한다는 부담감에서 벗어난 히틀러는 마음놓고 폴란드를 침범할 수 있었다. 보수당 정부가 그처럼 피하려고 했던 전쟁은 불가피한 것이 되었다.

보수당 지도자들은 왜 그처럼 히틀러의 위험성을 깨닫지 못했는가? 물론 제1차 세계대전 후 다시 전쟁에 말려들지 않으려는 평화주의적 정서가 매우 강하게 작용했고, 재무장을 시작하기에는 영국의 경제력이 부족한 것도 사실이었다. 그러나 더욱 중요한 사실은 전통적 정치만을 알고 있던 볼드윈과 체임벌린은 히틀러가 자기들과 전혀 다른 새로운 형의 악인이라는 사실을 이해하지 못했다는 것이다. 체임벌린 내각의 외무장관 에드워드 핼리팩스는 전쟁이 한창 진행 중인 1940년 봄까지도 독일과의 타협을 기대하고 있었다.

2) 제2차 세계대전(1939~1945)

더 이상의 영토적 욕심은 없으리라는 뮌헨 회담에서의 약속을 깨고 나치 군이 폴란드를 침략하자 1939년 9월 영국은 독일에 선전포고를 했다. 초기 전황은 영국에게 불리하게 전개되었다. 과거와 마찬가지로 영국은 해상봉쇄를 주전략으로 삼고 독일 항구들을 견제하는 위치에 함대를 파견했다. 그러나 영국은 이번 전쟁이 제1차 세계대전과 다르다는 사실을 깨닫지 못했으며, 독일의 공군력이나 경제적 자급자족의 정도를 염두에 두지 않았음이 곧 밝혀졌다. 독일의 유보트 때문에 근접봉쇄가 불가능해지자, 노르웨이 해안을 지뢰로 방어하는 작전이 세워졌다. 러시아가 독일과 서방국가들의 전쟁을 틈타서 어부지리를 얻으려고 침략한 핀란드를 구조하는 동시에, 독일이 스웨덴으로부터 철강을 실어나르는 것을 막으려는 의도에서였다. 그러나 독일 공군의 공격을 견디지 못함으로써 1940년 6월 모든 병력을 철수할 수밖에 없었고, 덴마크와 노르웨이는 독일에 점령되었다. 이 사건으로 체임벌린에 대한 불신임안이 의회에서 가결되었다. 그러나 그것은 단순히 한번의 전략적 실수에 대한 책임추궁이 아니라, 전쟁 전 그의 대독정책과 전략문제에 대한 응징이었다.

뒤를 이어 처칠이 수상이 되었다(1940. 5). 처칠은 20세기 초 자유당 정부에서 상무장관, 내무장관, 해군장관을 역임했으며, 보수당으로 옮겨 1924~1929년 볼드윈 내각에서 재무장관을 지낸 인물이었다. 그는 재무장관이었을 때 일어난 총파업에 대해서 강경정책을 취했을 뿐만 아니라, 인도의 민족주의를 용납하려고 하지 않았던 제국주의자였다. 처칠은 한마디로 영국 정계의 문제아였다. 그러나 이미 1933년부터 히틀러에 대한 강경정책을 주장해온 그는 대독전쟁을 수행할 가장 적합한 인물로 보였다. 노동당의 클레멘트 애틀리와 어니스트 베빈 등이 입각함으로써 거국내각이 성립되었다.

처칠의 등장 후에도 전황은 영국에 어렵게 진행되었다. 1940년 5월 말 프랑스의 됭케르크에 후퇴해 있던 영국 원정군의 철수가 불가피해졌다. 영국 전투기와 독일 전투기가 머리 위에서 싸우는 동안 850여 척의 영국 선박들이 20만 명의 영국군과 14만 명의 프랑스 군을 철수시켰다. 비록 후퇴였지만, 이러한 영웅적 행위는 온 국민에게 감격의 순간을 가져다주었다. 6월 22일 프랑스가 항복했다. 그날부터 러시아가 참전할 때까지 정확히 1년 동안 영국은 혼자서 독일과 이탈리아에 대항할 수밖에 없었다. 이제 영국은 과거 어느 때보다도, 나폴레옹의 영국 침략이 코앞에 다가왔던 1805년보다도 더 위험한 지경에 처하게 되었다.

1940년 8~9월에 영국 상공에서 벌어진 영국 공군과 독일 공군의

브리튼 전투로 인해 폭격당한 런던 시가지의 모습이다. 브리튼 전투는 독일 공군이 해상 공격과 공수부대 투입으로 요약되는 바다사자 작전을 위해 영국의 제공권을 장악하고자 벌인 전투로, 제2차 세계대전 초기에 일어난 큰 전투 중 하나이다.
—

공중전인 '브리튼 전투Battle of Britain'는 전쟁 중 가장 극적인 모습을 보여주었다. 그 후 도시들에 대한 대규모 폭탄투하 공세가 이어졌지만 국민의 사기는 꺾이지 않았다. 영국이 이제 패배했고, 곧 평화협정을 맺을 수밖에 없으리라고 생각한 히틀러는 1941년 6월에 러시아를 침공하기로 결정했다. 7월에 영국은 러시아와 공식동맹을 맺었다. 적어도 영국은 이제 혼자가 아니었다. 처칠은 철저한 반공산주의자였지만, "히틀러가 지옥을 침공한다면 나는 악마에 대해서도 좋게 말할 준비가 되어 있다"고 선언했다. 처칠은 동시에 집중적으로 미국을 끌어들이려고 노력했는데, 1941년 12월 일본의 진주만 기습으로 그의 소원이 이루어졌다.

전투는 유럽 외에 지중해, 아시아, 아프리카, 중동지역에서도 벌어졌다. 아시아에서는 홍콩, 말레이시아 등의 영국 식민지가 일본에 의해서 점령되었고, 인도조차 위협받는 상황에 이르렀다(1942). 그러나 모든 전선에 총력을 집중할 수 없다는 이유로 처칠의 전략적 중점은 북아프리카에 놓여졌다. 아프리카에서는 1942년 1월에 있었던 엘 알라메인 전투Battle of El Alamein가 영국 최초의 주요한 승리로 기록되었으며, 이 전투로 리비아에서 독일군을 격퇴시킴으로써 연합군의 숨통이 트이게 되었다.

제2차 세계대전은 '인민의 전쟁People's War'이라고 불렸다. 진정한 의미에서 전 국민이 총동원된 이 전쟁에서 영국은 제1차 세계대전 때와는 달리 프랑스가 항복한 직후 17~65세 남성의 징병제를 도입했다. 1941년부터는 여성도 징집 대상이 되었는데, 1943년에는 14~59세 여성의 46퍼센트가 전쟁에 관련된 직종에 종사하고 있었다. 이것은 나치 독일이나 러시아가 흉내내지 못한 큰 성과였다. 여성들은 군대, 민방위, 주요 민간직장 중에서 선택해서 봉사하도록 요구되었는데, 전쟁 말기에는 50만 명의 여성이 군대에 편성되었다. 그러나 전쟁이 끝날 무렵이 되면 남자든 여자든 모두 안정된 가정으로 돌아가고 싶어했다. 특히 여론조사에 의하면 여성들의 3/4이 전쟁 동안에 일하던 직장을 그만두기를 원하고 있었다.

군사적으로 위기의 순간들이 많았지만, 국민의 사기는 저하되지 않았다. 국민에게 피와 땀을 요구하는 처칠의 웅변이 효과가 있었고, 영국만이 독일에 대항해서 남아 있다는 국민적 일체감이 인민전쟁으로서의 성격을 부여했다. 이러한 분위기는 브리튼 전투와 런던 공습 후 더욱 고양되었는데, 공습은 국민적 통일성을 부여하는 계기가 되었다. 영국 혼자만이 나치와 대결하면서 최악의 절망상태를 극복해 나갔던 1940~1941년이 특히 '지고의 시간Finest Hour'으로 기억되었다. 영국은 제2차 세계대전을 치르며 매우 비싼 대가를 지불했다. 군인 사상자는 제1차 세계대전 때보다 적어서 30만 명이 사망했지만, 제국 군대의 경우 20만 명의 사망자가 발생했고 민간인 사망자도 6만 명이나 되었다. 공습으로 인해서 전체 가옥의 1/3에 해당하는 400만 호가 손실되었다.

1939년 노동계급 출신 병사들의 건강은 1914년보다 양호한 것으로 판명되었다. 전쟁 동안 민간인이 겪은 피해 때문에 그들의 생활수준에 대해서 관심이 집중되었다. 대공황이 야기한 실업은 전쟁이 시작된 후에도 계속되어 1940년 현재 실업자 수는 여전히 100만 명이었지만, 1943년이 되면 노동력 부족사태가 일어났고 실질임금은 전쟁기간 중 9퍼센트 증가했다. 식량배급이 1940년부터, 그 외의 식품과 옷감의 배급은 1941년부터 시작되었으며, 정부의 우유배급이나 의료사업 등이 유아 사망률을 감소시켰다. 전쟁 중에도 영화는 계속 인기를 누려 관람객 수에서 계속 신기록을 갱신했으며, 영화관 외에 댄스홀도 노동계급의 여흥장으로 두각을 나타냈다.

인민의 전쟁이라는 개념에 어울리게 1942년경부터는 전후 어떠한 개혁이 필요한지에 대한 논의가 진행되었다. 무엇보다도 복지국가의 초석을 다졌다고 평가되는 것은 사회보험위원회 위원장인 윌리엄 베버리지가 작성한 보고서이다(1942). 베버리지 보고서는 모든 사람들

1941년에 독일 공군의 폭격을 맞아 폐허가 된 코번트리 대성당을 찾은 윈스턴 처칠.
—

이 함께 참여한다는 의미에서 보편성의 개념과, 러시아의 참전 후 특히 각광을 받게 된 '계획plan'이라는 단어를 사용하고 있다는 사실에서 당시 분위기를 잘 반영하고 있다. 이 보고서는 발간된 지 한 달 만에 10만 부가 팔리는 등 대중적 인기를 끌었는데, 여론의 힘을 의식하게 된 정치인들은 자신들의 공약을 실현시켜 대중에게 보여주어야 할 필요성을 깨닫게 되었다.

전쟁은 경제적 타격만이 아니라 미국과 소련에 비해 왜소해진 영국의 모습을 적나라하게 보여주었다. 처칠은 테헤란 회담(1943)에서

"커다란 발톱을 길게 뻗은 러시아 곰과 거대한 미국 물소 사이에 있는 작고 보잘것없는 영국 당나귀"라고 영국을 표현했다. 그러나 영국은 여전히 미국과 소련 다음의 강대국으로 인정받았을 뿐만 아니라 전쟁의 승자였다. 그리고 이 사실은 불행히도 영국의 진정한 위상을 보지 못하게 만드는 요술상자와 같은 역할을 했다.

4. 합의의 시대

1) 노동당 정부(1945~1951)

유럽에서 전쟁이 끝난 지 두 달 후에 총선이 있었다. 승자는 처칠의 보수당이 아니라 노동당이었다. 30년대 보수당의 유화정책과 미흡한 전쟁대비에 대한 기억과 더불어, 6년에 걸친 전쟁을 겪고 난 국민의 새로운 사회에 대한 염원이 노동당에 대한 기대로 분출된 것이었다. 새로운 사회의 건설이라는 막중한 과제를 떠맡고 출범한 노동당 정부가 당면한 가장 심각한 문제는 국가경제의 취약성이었다. 미국이 전쟁 동안 제공한 무기대여법에 의한 원조도 전쟁이 끝나자마자 종결되었다. 그럼에도 불구하고 노동당 정부는 역사상 가장 획기적이라고 할 수 있는 복지국가의 건설을 시작했다. 국민보건법National Health Service Act(1946)을 시작으로 일련의 입법이 추진되었는데, 이 법은 임산부 보조와 장례비용 보조까지를 포함해 명실상부한 '요람에서 무덤까지'의 복지제도를 실현시키려는 것이었다. 국민보건법은 보편성의 법칙에 입각하여 모든 국민이 다 같이 참여하고 같은 비용을 부담

하도록 했으며, 최저층도 부담할 수 있도록 최소한의 기부금이 책정되었다.[1]

가장 큰 반대를 불러일으킨 사안은 병원의 국유화였는데, 보건장관이며 사회보장제도의 산파 역할을 한 어나이린 베번은 어쩔 수 없이 기본급에 더하여 환자 진료 수에 따른 배상을 해줌으로써 의사들을 설득했다. 국민보건법에 포함되지 않는 맹인, 광인, 극빈자 등의 최저층은 1948년에 제정된 국민부조법National Assistance Act에 의해서 관장되었다. 노동당 정부가 또한 역점을 둔 것은 주택건설 사업이었다. 400만 호 건설을 계획했던 정부의 당초 계획에는 못 미쳤지만, 1946~1951년 사이에 100만 호가 넘는 주택이 건설되어 전쟁 동안 파괴된 주거환경을 크게 호전시켰다.

교육에서는 전쟁이 아직 끝나기도 전인 1944년에 이미 대개혁이 시작되었다. 보수당의 리처드 버틀러가 입안한 교육법은 의무교육을 15세까지로 확대했고 지방정부가 제공하는 교육을 무상화했으며, 교회학교 등의 특수학교에 국가보조금을 지급했다. 이 법은 또한 중등학교를 문법학교, 기술학교 그리고 나머지 대다수를 위한 근대학교로 분리했다. 근대학교란 라틴 문법과 같은 전통적 교과과정을 가르치지 않는다는 의미에서 붙여진 이름이었다. 각 학교로의 진학은 11세 때 시험을 쳐서 결정되었는데, 문법학교 학생들은 나중에 시험을 봐서 대학에 진학할 수 있었다. 이 체제는 소수 아이들은 지적인 능력을, 다수 아이들은 기술적 재능을 가지고 있다는 것을 전제로 했으나, 계

---

1 획일적인 비용부담은 재정압박 때문에 1960년대에 수입에 따른 차등부담으로 바뀌었다.

급적 함의를 내포하고 있었기 때문에 70년대 들어 비판의 대상이 되었고, 궁극적으로 폐지되었다.

이 모든 부흥사업이 진행되는 동안 영국 경제는 계속 쇠퇴하고 있었다. 단지 그것이 당시에는 인식되지 못했을 뿐이었다. 경제적으로 영국은 독일과 프랑스 등에 비해서 전쟁 피해가 덜했기 때문에 경쟁국들이 회복할 때까지 세계시장에서 유리한 위치를 점하고 있었다. 물론 이런 유리한 조건은 곧 사라질 것이었지만, 영국인들은 그 사실을 깨닫지 못하고 있었다. 전통산업의 쇠퇴가 1945년 이후에도 계속되었지만, 이에 대한 투자나 새로운 산업으로의 구조전환은 이루어지지 않았던 것이다.

1950년 2월 선거에서 노동당은 간신히 다수를 확보하고 전후 제2차 정부를 성립시켰다. 그러나 이미 노동당 정부의 쇠퇴는 예견되었다. 무엇보다도 전쟁이 끝나고 나서 5년 후에도 계속된 긴축경제와 전시 통제 체제에 대한 국민의 불만이 커지고 있었다. "마치 점령지역에 살고 있는 것 같다"는 어느 외국인의 지적처럼 여전히 통제가 남아 있던 상황에서 치러진 1950년 2월 총선에서 노동당은 비록 승리했지만, 의석수가 현저히 줄어들었다. 그해 6월에 한국전쟁이 발발했다. 냉전 분위기 속에서 북한의 침략을 소련의 세계적 야욕의 일환으로 파악한 미국과 영국은 나토를 강화하는 한편 재무장에 돌입했다. 영국민 모두가 소련의 위협에 대응해야 한다는 정책에는 찬성했지만, 문제는 재정조달이었다. 노동당 정부의 결정은 사회복지정책의 축소였는데, 이에 반발하여 베번 등 3명의 각료가 사임함으로써 당내 좌파와 온건파 사이의 갈등이 심화되었다. 더 이상 정부를 유지할 기력을 잃은 애틀리 내각은 그해 10월 다시 총선을 실시했지만, 예상했던 대로 보수당에게 패배하고 말았다.

2) 보수당 정부(1951~1964)

77세의 고령으로 다시 수상이 된 처칠(1951~1955)은 국내문제에 별 관심이 없었기 때문에 국내정치는 재무장관인 리처드 버틀러의 차지가 되었다. 버틀러의 경제정책은 완전고용과 경제성장의 추구라는 측면에서 선임자인 노동당의 휴 게이츠켈과 별 차이가 없었기 때문에 1950년대의 경제정책은 두 사람의 이름을 합성하여 만든 버츠켈주의Butskellism라고 불렸다. 1950년대를 합의의 시대라고 부르는 이유도 그 때문이었다. 보수당도 노동당과 마찬가지로 복지국가를 당연시하여 60만 호의 주택건설과 대학교육의 확대 등을 추진했다.

그러나 1945년 이후 성립된 복지국가는 1970년대 이후 심각한 비판의 대상이 되었다. 즉 오직 경제적인 효율성에 의해서 배분되어야 할 자원을 국가가 정치적 판단에 의해서 분배함으로써 시장기능의 약화를 가져왔다는 것이다. 무엇보다도 복지국가의 운영은 높은 정부지출을 필요로 하는데, 그것은 곧 높은 세금을 의미하며, 누진세가 부의 창출을 억제하는 결과를 낳았다는 비판이다. 복지국가의 폐해는 여기에서 그치지 않고, 의존적 문화를 낳아 개인의 근면과 자립적 가치를 창출하지 못하게 만들었으며, 필연적으로 임금인상의 경향을 수반하고 공공부문에서 생산성을 저하시킬 뿐만 아니라, 관료제를 팽창시켜왔다는 지적이 제기되었다. 무엇보다도 비판되는 것은 케인스 전통이 사람들에게 국가의 경제적 번영은 우선 개인이 아니라 정부의 행동에 달려 있다는 환상을 심어주었다는 것이다. 그러나 이 모든 비판은 1973년 오일 쇼크 이후에나 제기되었고, 그 전까지 복지국가는 인류가 도달한 가장 위대한 제도라고 칭송되었다.

전후 영국이 겪었던 경제적 어려움은 1950년대 초가 되면 사라지고 영국은 50년대와 60년대를 거쳐 번영을 누리는 것처럼 보였다. 보수당이 집권하는 동안 실업률은 놀랄 정도로 낮은 수준에 머물렀고, 생활수준도 향상되어 소비가 1950~1959년 사이에 20퍼센트 증가했다. 그러나 실상 유럽의 다른 나라들은 같은 기간에 영국보다 훨씬 더 빠른 경제성장을 보이고 있었다. 노동당 정부와 그 뒤를 이은 보수당 정부의 경제정책은 일관성이 없었다. 수입의 증가로 국제수지가 심각한 불균형 상태에 들어서면 정부는 신용제도를 죄었다. 결과적으로 이자율이 높아지고 산업은 더욱 침체될 수밖에 없었다. 그러나 금융제재가 약해지면서 소비제 산업은 붐을 일으켰지만, 기초산업에 대한 투자는 이루어지지 않았다. 이처럼 국제수지에 따라서 금융제재를 조였다 풀었다 한 이 정책은 소위 '스톱 앤드 고 stop and go' 정책이라고 불리는데, 영국 경제가 1950년대 재생의 기회를 잃어버린 데 큰 책임이 있는 것으로 간주된다. 1950년대 말이 되면 미국이나 유럽의 다른 나라들에 비해서 영국 경제의 진행방향이 부적절하다는 사실이 명백해졌다. 60년대 맥밀런 수상(1957~1963)은 '스톱 앤드 고' 정책의 잘못을 깨닫고 경제성장과 근대화를 통해서 쇠퇴를 막으려고 했지만 성공하지 못했다.

대외관계에서도 보수당의 정책은 노동당의 그것을 답습했다. 보수당은 물론 전통적으로 제국 정당이었기 때문에 식민지 해방을 환영하지 않았지만, 독립의 추세를 거역하지는 않았다. 보수당 정부는 노동당 정부와 마찬가지로 강대국의 환상을 버리지 못했기 때문에 높은 방위비를 지출하는 한편, 핵무기 개발을 추진했다. 1955년 당시 방위비는 국민총생산의 8.2퍼센트였는데, 이 수치는 독일의 2배였다. 실상 핵무기 개발은 이미 노동당 정부에 의해서 시작되었다. 전후 세계에서 영국이 자랑하던 해군의 위상은 더 이상 유지될 수 없었다. 군사력의 핵심은 이제 핵무기라는 사실이 명백해지자 애틀리 수상은 극비리에 핵무기 개발을 결정했다. 보수당 정부는 더 나아가서 수소폭탄 개발을 결정하고 1957년 수소폭탄 실험에 성공했지만, 핵무기가 영국의 세력을 강화시킨 것 같지는 않다. 소련은 영국의 10배 이상의 위력을 가진 핵무기를 보유하고 있었고, 핵무기는 제국 수호에도 소용이 없었기 때문이었다.

보수당이 핵문제로 인해서 한 가지 얻은 것이 있었다면, 노동당의 분열이었다. 노동당 좌파가 핵무기폐기운동Campaign for Nuclear Disarmament을 전개했는데, 이 운동에는 철학자 버트런드 러셀과 조각가 헨리 무어 등의 지식인들이 참여했다. 이미 국유화를 확대하고 경제를 사회주의 체제로 전환할 것을 주장하는 베번과 보다 온건한 사회민주주의 정책을 옹호하는 게이츠켈 사이에서 노동당은 분열의 기미를 보이고 있었는데, 핵문제로 인해서 더욱 심화되었다. 이러한 노동당의 분열로 인해서 보수당의 장기집권이 가능했다.

3) 1950~1960년대 사회적 변화
1950년 이후 소비문화의 번성과 더불어 소비사회의 물질주의가 확산되는 한편, 정치 엘리트에 대한 반발로 소위 '성난 젊은이들Angry Young Men'의 반항이 나타나기 시작했다. 앨런 실리토, 존 오즈본으로 대표되는 이들은 대부분 노동계급 출신으로서 전쟁과 복지제도에도 불구하고 상황이 별로 변하지 않았다는 사실, 속물근성과 계급차별, 왕실과 국교회 등 전통적 제도들이 여전히 유지되고 있는 사실에 분노했다. 1950년대 이후의 물질문화와 텔레비전 등의 소비문화의 발달은 자연스레 기독교의 약화를 가져왔고, 빅토리아 시대적 중간계급 윤리가 쇠퇴하게 만들었다. 사회적, 문화적 변화 때문에 도덕기준이 전반적으로 낮아졌다고 믿은 사람들은 1960년대 영국을 '관용적 사회'라고 불렀다. 그들은 관용적 사회가 당연히 성, 마약, 범죄라는 결과를 가져왔다고 믿었다. 그러나 실제로 그들의 주장만큼 당시의 도덕수준이 저하되고 문화가 과격해진 것은 아니었다. 물론 몇 가지 급진적 변화가 있었다. 피임약의 남용과 사생아의 급증, 비틀스의 인기가 보여주는 젊은이들의 광적인 열광 등이 눈에 띄었으며, 19세기 말 극작가 오스카 와일드를 처벌했던 동성애 금지법도 폐지되었다. 관용의 시대에는 또한 이혼이 쉬워지고 이혼율도 증가했다.

여성의 취업도 증가하여 1931년에는 여성의 34퍼센트가 취업했으나, 1981년에는 45퍼센트로 증가했다. 특히 기혼여성의 취업이 전체 평균치를 능가했다. 1939년 이전에는 그들 가운데 10퍼센트만이 경제활동에 참여했으나, 1951년에는 22퍼센트, 1999년에 이르면 72퍼센트가 그러했다. 남성과 여성의 임금격차도 줄어들기 시작했다. 윌슨 정부 때에는 고등교육의 기회도 증가했다. 1939년 5만 명에 불과하던 대학생의 수는 1961년에도 여전히 10만 명 정도였으나, 1968년에는 20만 명으로 급증했다. 이 숫자는 동년배의 6.3퍼센트가 대학에 진학하게 되었다는 사실을 보여준다. 관용의 시대는 보다 평등한 사회로 나아가는 과정이기도 했다.

4) 제국과 대외관계

제2차 세계대전의 종결은 곧바로 인도, 버마, 실론(스리랑카) 등 식민지에서 소요를 일으켰다. 이미 전쟁 중에 인도 민족주의자들은 영국의 지배가 얼마 남지 않았음을 천명했다. 노동당은 1930년대 이래 인도의 독립을 지지해왔기 때문에 전후 인도의 독립은 별다른 문제 없이 추진되었다. 그러나 무슬림과 힌두교도들 사이에 일어난 폭력 사태의 결과 인도와 파키스탄은 각각 별개의 독립공화국으로 태어났다(1947. 8). 그러나 인도의 독립이 전후 영국의 제국정책을 대표하는 것은 아니었다. 영국은 경제적 가치, 강대국으로서의 위치, 전략적 가치 등을 고려하여 여전히 제국을 유지하려는 확고한 의지를 가지고 있었다. 영국은 말라야에서는 고무수출이 가져다주는 달러 수입 때문에 독립운동을 강경하게 억압한 끝에 마지못해 독립을 허용했으며(1957), 인도양의 중요한 전략기지인 케냐의 경우 반란에 직면하여 전쟁을 치르면서까지 친서방 세력에게 정권을 이양했다(1957). 대부분의 식민지들도 1960년대가 되어서야 해방되었다.

인도를 포기한 후 석유산지인 중동지역이 새로운 가치를 지닌 지역으로 부상했다. 영국과 중동지역의 관계는 제1차 세계대전 후 오스만 제국의 해체로 팔레스타인 지역을 신탁통치하게 되면서 시작되었다. 1917년 외무장관 아서 밸푸어는 팔레스타인에서의 아랍인들의 권리를 인정하면서 동시에 유대인들에게는 그 지역에 민족 본거지를 만들어주겠다고 약속했다. 밸푸어 선언Balfour Declaration이라 불리는 이 단언은 아랍인들과 유대인들에게 서로 모순되는 미래를 보장한 것이었다. 아랍인들은 영국이 그들의 팔레스타인 지배를 인정했다고 믿은 반면, 유대인들은 유대인대로 영국의 약속을 믿고 1945년 이후 대이주를 시작했다. 그러자 영국이 한 약속의 이중성이 자명해졌다. 결국 영국은 문제를 해결하지 못한 채 철수했고, 유대인들은 요르단 강 서안지역을 점령하여 이스라엘 국가를 수립했다(1948).

한편 영국의 대외관계는 점점 더 냉전의 영향을 받고 있었다. 전후 미국 정부는 제국의 해체, 스털링 지역Sterling Area[2]과 영국 무역권의 해체 등을 요구하면서 유럽을 단일경제단위로 통합시키려고 했다. 이 모든 것은 영국 정책에 반대되는 것이었다. 이러한 상황에서 외무 장관 베빈은 처음에는 미소의 양세력 가운데에서 제3의 길을 모색했으나, 영국의 경제적, 정치적 한계를 깨닫게 되면서 미국과의 동맹으로 기울었다. 게다가 1948년에 있었던 체코 사태와 베를린 위기는 유럽의 무력함을 보여주었고, 미국에의 의존이 피할 수 없는 사실임을 인식하게 만들었다. 브뤼셀 조약(1947)과 북대서양조약기구의 창설(1949) 그리고 미국이 제공한 마셜 계획을 수행하기 위해서 설립된 유럽경제협력기구OEEC에 가입함으로써 영국의 친미정책은 확실해졌다.

---

2 영국의 스털링 파운드화를 외환으로 보유하고 있던 국가들. 주로 영연방과 영제국에 속한 약 60개 국가들로 1930년대에 구성되었지만, 1974년에 해체되었다.

강대국의 환상을 깨뜨리는 데 마지막 결정적 역할을 한 것은 수에즈 사건이었다. 영국의 이집트 지배는 1882년부터 시작되었다. 1922년 독립이 허용된 후에도 여전히 영국의 통제하에 있던 이집트에서 민족주의자 나세르가 쿠데타로 정권을 잡은 후(1953), 소련에서 무기를 구입함으로써 영국 및 미국과 갈등을 빚게 되었다. 미국이 아스완 댐 지원 약속을 취소하자 나세르는 그 보복으로 수에즈 운하의 국유화를 선언했다(1956. 7). 이에 영국은 프랑스 및 이스라엘과 더불어 군사행동을 시작했지만, 미국과 세계여론의 강력한 반발로 제대로 싸워보지도 못한 채 철수할 수밖에 없었다. 이든 수상(1955~1957)은 이 사건에 책임을 지고 물러났다(1957. 1). 수에즈 사건은 영국의 강대국으로서의 열정과 능력에 마지막 찬물을 끼얹었다. 이후 영제국이 현상 그대로를 유지할 수 없으리라는 것은 자명해졌다. 1960년 맥밀런 수상은 "변화의 바람"이 불고 있다고 실토함으로써 식민지 독립을 저지하지 않을 것임을 분명히 했다. 그 결과 수많은 식민지들이 독립을 성취하여 70년대 중반이면 지브롤터, 홍콩, 포클랜드 섬만이 남게 되었다. 영국은 독립한 식민지들로 구성된 영연방에 큰 기대를 걸고 공동방위정책을 수립하려고 했지만, 독립국들이 중립을 원했기 때문에 실현될 수 없었다.

　1960년대 초가 되면 영연방이 별 기능을 하지 못하는 것이 명백해졌다. 동시에 영국 경제가 상대적 쇠퇴를 경험하고 있다는 사실과 제국이 더 이상 확고한 유대에 의해서 뭉쳐진 공동체가 아니라는 사실이 밝혀졌으며, 미국과의 특별한 관계도 불안해졌다. 영국은 이제 해결책으로 유럽경제공동체에 가입하기로 결정했는데, 그것은 대외정

1956년 8월 나세르가 수에즈 운하의 국유화를 발표한 후에 카이로에서 군중들을 응원하고 있다. 이 사건으로 그해 10월에 제2차 중동전쟁이 발발하지만, 유엔이 수에즈 국유화의 정당성을 인정했고 국제사회의 강한 비난에 영국이 결국 철병하면서 전쟁은 종결된다.
—

책의 대전환을 의미하는 것이었다. 1945년 베빈은 "영국은 유럽의 일부가 아니다"라고 단언했고, 모네의 영-불 경제통합을 한마디로 거절했으며, 유럽석탄철강공동체(1951)에도 참여하지 않았다. 결과적으로 유럽경제공동체(1957)가 창설되었을 때, 영국은 가입 기회를 놓쳤다. 그러나 유럽으로의 방향전환이 모든 사람들의 동의를 얻은 것은 아니었다. 보수당의 극우파는 영국 국민주의와 영연방에 대한 감정적 유대감 때문에 반대했고, 노동당 좌파는 유럽경제공동체가 냉전과 자본주의를 영속시키려는 자본주의 제도라는 이유를 들어 반대했다. 논란 끝에 1961년 영국은 정식으로 가입을 신청했으나, 문제는 이제 국내의 반대가 아니라 프랑스라는 사실이 밝혀졌다. 영국이 영연방 및 미국과의 유대관계를 끊을 준비가 되어 있지 않다고 주장하면서 프랑스의 드골 대통령이 영국의 가입을 거부했다.

5. 갈등과 쇠퇴의 시대

1) 윌슨 정부(1964~1970)

13년간에 걸친 보수당의 장기집권은 육군장관 프로퓨모의 섹스 스캔들에 덧붙여 정보기관원 킴 필비의 이중간첩 활동과 소련 망명이 밝혀지자 붕괴되었다(1964). 그 사이 노동당에는 베번과 게이츠켈이 모두 사망하고 좌우파가 다 같이 동의하는 인물인 해럴드 윌슨이 당수가 되었다. 윌슨 정부가 당면한 과제는 우선 경제문제, 즉 국제수지 적자와 인플레이션을 해결하는 것이었다. 정부는 국내산업의 요구보다는 세계금융시장에서 파운드화의 역할과 신뢰도를 더 중시하는 정책을 추구했다. 1945년 이후 해외시장에서 영국 상품의 경쟁력을 증대시키기 위해서 파운드화를 평가절하해야 했음에도 불구하고 그렇게 하지 않은 것은 물론이고, 오히려 예산을 삭감하고 이자율을 인상하는 등 긴축 경제정책을 추구하여 국내산업이 더욱 침체하도록 내버려두었던 것이다.

이러한 과거 정부정책이 실책이었다는 사실을 깨닫게 된 윌슨은 산업의 기술화와 합리화를 통해서 경제를 소생시키려고 결심했다. 윌슨은 1964년 총선에서 획득한 의석이 미흡하다고 판단하고 더 안정된 다수 의석을 확보하기 위해서 1966년에 또다시 총선을 치렀다.

이제 압도적인 다수 의석을 가지고 더 적극적으로 정국을 이끌어갈 수 있게 된 윌슨 정부는 여러 가지 경제정책을 시도했지만 목표를 성취하지 못했다. 윌슨 정부의 주목표는 기술혁신이었다. 정부는 보수당 정권 때 사유화되었던 철강사업을 다시 국유화하고 소규모 회사들의 합병을 유도했지만, 이들 정책은 산업의 효율성을 높이지 못했다. 최악의 시기인 1967년 여름 무역수지 적자가 증폭하고 외환보유고가 감소하자, 정부는 결국 파운드화를 14.3퍼센트 평가절하하지 않을 수 없었다. 이것이 노동당 정부가 겪은 첫 번째 타격이었다.

두 번째 타격은 유럽 공동시장의 가입 신청이 또다시 거부된 것이었다. 1967년에 드골은 이번에는 영국 경제의 취약성을 근거로 내세워 두 번째로 영국의 가입 신청을 거부했다. 세 번째 타격은 노사관계의 개선을 위한 정책이 무너져버렸다는 것이다. 1960년대 노동조합은 물가상승에 대처하기 위해서 임금인상을 요구하며 끊임없이 파업을 벌이고, 임금인상의 결과 인플레이션이 악화되는 악순환을 겪었다. 1967∼1969년 사이에 파업이 50퍼센트 증가했다는 사실에서 단적으로 드러나듯이, 영국은 그 어느 나라보다도 악화된 노사관계를 경험하고 있었다. 윌슨 정부는 노동조합에게 자발적 임금인상 억제책을 사용하도록 유인하는 한편, 노사문제 해결을 위해서 도노반 위원회Donovan Commission를 구성했다(1968). 도노반 위원회는 파업을 제한하고 파업 전에 냉각기를 두며 비밀투표를 실시할 것 등을 제안했으나, 노조의 강한 반발로 입법화되지 못했다. 윌슨 정부는 비공식 파업을 중지시켜 공식적 노조관행을 정착시키려고 했으나, 노조에 대한 도전은 보수당에게로 넘겨졌다.

2) 히스 정부(1970~1974)

보수당의 역사상 처음으로 중간계급 출신으로서 지도자의 위치에 오른 에드워드 히스는 자수성가한 인물이었다. 히스의 취임은 보수당 지도부가 중간계급 출신으로 옮겨가는 첫 케이스였다. 그는 영국 경제와 사회가 나아가는 방향을 전환시키기 위해서 윌슨과는 다른 방향에서 변혁을 시도했다. 우선 그는 영국 경제에 경쟁력을 도입하기 위해 국가의 개입을 줄이고 자본주의적 기업정신을 강조했다. 영국 경제를 회생시키기 위해서는 무엇보다도 유럽 공동시장 가입이 중요하다고 생각한 히스는 수상이 되자 곧 가입을 위한 교섭을 시작했다. 히스는 두 번째 목표인 노동조합의 전횡을 막으려고 노사관계법(1971)을 제정하여 모든 노동조합의 등록을 의무화하고, 지도부가 비공식적 파업에 책임지도록 했으며, 파업 전에는 반드시 전체 조합원들이 참여하는 투표를 실시하도록 규정했다.

그러나 이 노동조합법은 노동계급의 강력한 반대와 정부에 대한 적대감을 불러일으켜 노사관계가 오히려 악화되었다. 자유방임적 신자본주의 정책도 제대로 시행되지 못했다. 국가개입을 줄이려는 시도는 파산에 직면한 대기업을 구제해야 하는 경우 포기될 수밖에 없었고, 대규모 파업의 경우에도 정부의 개입은 불가피했기 때문이다. 히스가 의욕적으로 추진한 유럽공동체에의 참여만이 제대로 이루어졌다. 1971년 유럽공동체EC[3]와의 교섭이 시작되었을 때 드골은 이미

---

[3] European Communities. 곧 EC는 유럽경제공동체EEC, 유럽원자력공동체EAEC, 유럽석탄철강공동체ECSC의 총칭이며, 1967년에 성립되었다.

은퇴했기 때문에 예전과 같은 프랑스의 반대는 없었지만, 영국은 불리한 조건에서 교섭에 응해야 했다. 1973년 1월 1일자로 드디어 영국은 유럽공동체의 회원국이 되었다. 이것은 영국이 제국과 영연방, 그리고 미국과의 특별한 관계에서 벗어나 평범한 유럽 국가가 되었음을 확인해주었다.

그러나 공동시장 가입으로 기대되던 경제회복은 곧 그해 10월에 발발한 아랍-이스라엘 전쟁의 결과 오일 위기가 발생하면서 실현되지 않았다. 극심한 불경기가 닥쳐왔고, 마침 광부들이 임금인상을 요구하며 파업에 돌입했다. 그러한 무책임한 행동에 반발한 국민이 당연히 정부를 지원할 것이라고 기대한 히스 정부는 "누가 영국을 통치하는가?"라는 구호를 내걸고 총선을 실시했다. 1974년 선거는 사실상 히스와 윌슨 간의 "누가 더 인기 없나 대회"라고 불렸다. 선거 결과, 히스의 기대에 어긋나게 노동당이 보수당보다 5석을 더 많이 획득했다. 아마도 노동당이 보다 나은 노사관계를 정립할 수 있으리라는 국민의 기대가 낳은 결과였을 것이다. 그러나 동시에 소수당인 자유당, 웨일스 당, 스코틀랜드 민족당 등이 크게 약진하는 현상을 보였다. 히스는 다음 해의 보수당 지도자 선거에서 마거릿 대처에게 패배함으로써 그의 이상을 펼칠 수 있는 영영 기회를 잃고 말았다.

3) 윌슨과 캘러헌 정부(1974~1979)

1974년 선거에서 보수당의 패배는 모든 사람들이 이제 영국의 정치판도가 바뀌었다고 느낄 정도로 특별한 사건이었다. 노동조합은 직접 행동으로 정부를 전복시킬 수도 있고, 산업을 정지상태로 몰고

갈 수도 있는 것처럼 보였다. 1974년 당선된 노동당 의원들의 40퍼센트가 노조가 추천한 후보들이었기 때문에 노조는 당을 통해서도 막강한 영향력을 행사할 수 있었다. 단지 5석의 다수로는 불안을 느낀 노동당은 1974년 가을 두 번째 총선을 실시하여 보다 안정적인 다수당으로 집권했다. 윌슨이 다시 수상이 되었으나 1976년에 은퇴하고, 제임스 캘러헌이 계승했다. 윌슨에 대한 평가는 대체로 부정적이지만, 그의 가장 중요한 업적은 유럽공동체 가입 문제로 노동당이 분열되는 사태를 막은 것이라고 할 수 있다. 1971년 히스가 가입교섭을 시작했을 때, 노동당은 이에 반대했다. 그러나 이미 회원국이 된 상태에서 정권을 인수한 윌슨이 할 수 있는 일은 가입조건을 재교섭하는 것이었다. 이 문제에 관해서 국민투표를 약속했던 윌슨은 재교섭에서 어느 정도의 양보를 얻어낸 후 국민투표를 실시했다(1975. 6). 영국 역사상 최초로 행해진 국민투표에서 영국민은 2대 1의 비율로 영국의 유럽공동체 가입을 승인했다.

노동당 정부하에서도 경제는 가장 심각한 문제로 남아 있었다. 여전히 영국 경제는 낮은 생산성, 인플레이션, 실업의 증가 그리고 적대적 노사관계라는 구태에서 벗어나지 못하고 있었다. 윌슨은 제2차 세계대전 직후의 합의를 재생해보려는 의도에서 노동계급에게 사회계약을 제시하여 복지정책의 개선과 취업의 안정을 약속하는 대신 임금인상을 자제할 것을 요구했다. 그는 또한 히스 정부가 제정했던 노사관계법을 폐지했다. 그러나 이러한 노력에도 불구하고 물가는 연 20퍼센트 증가했고, 임금인상률은 물가상승률을 웃돌았다. 1976년 경제가 매우 취약한 상황이라는 사실이 명백해졌다. 국제수지가 악

해럴드 윌슨은 선거법 개정을 통해 18세 미만의 남녀에게 선거권을 주었고, 광산의 국유화와 완전고용 등으로 경제의 활성화를 시도했지만 경제를 살리는 데 실패했다.

—

화되고 파운드화의 가치가 떨어졌으며, 외환보유고가 불안할 정도로 낮아지고 실업자 수가 150만 명으로 증가했다. 1980년대에 들어서면 그 수가 더 많아지지만, 거의 완전고용에 익숙해 있던 세대에게 150만 명이라는 숫자는 재앙으로 받아들여졌다. 케인스 경제학은 더 이상 작동하지 않는 것처럼 보였다.

정부에 불만을 품은 노동당의 좌파 세력은 점점 더 과격해지고 대중의 불만도 증대했다. 대중은 급진주의에서 멀어져가고 있었기 때문에 노동당 지도부는 한편으로는 대중과, 다른 한편으로는 점점 더 과격해지는 당내 행동대원들 사이에서 진통을 겪었다. 1978~1979년 겨울, 대규모의 파업이 사회 곳곳에서 벌어졌다. 장의업계 노동자들의 파업으로 죽은 사람의 매장조차 불가능한 사태가 되자, 3월에 정부 불신임안이 의회에서 통과되었다. 이 '불만의 겨울'이 보수당에게 339석을 확보해줌으로써(노동당 269석) 대처주의Thatcherism가 시작되어 1997년까지 20년 가까운 보수당의 장기집권이 가능했다.

6. 대처 시대

1) 대처주의의 등장

1979년부터 11년 반 동안 영국을 통치한 '철의 여인' 마거릿 대처는 역대 수상들 가운데 가장 강력한 권력을 행사하고 가장 강한 영향력을 남긴 인물 중 한 사람이다. 대처는 영국 역사상 자기 이름에 '주의-ism'를 남긴 유일한 정치인이다. 대처는 합의의 시대의 모토였던 완전고용, 혼합경제, 복지국가, 그리고 노조와의 타협을 내던져버리고 자유시장경제, 통화주의 정책, 공공지출의 축소, 권위주의적 정부로 대체했다. 지지자들은 제2차 세계대전 이후 시작된 케인스 시대를 종결시킨 점을 그녀의 가장 큰 업적으로 드는 반면, 반대자들은 그녀의 이념적 시계가 1937년경에 멈추어버렸다고 비난했다. 어쨌든 대처의 수상 임기가 시작된 1979년이 영국 근대사를 바꾼 전환점이 된 것은 확실하다.

1925년 감리교도 잡화상 주인의 딸로 태어난 대처는 장학금으로 옥스퍼드 대학교에서 공부하고 변호사가 된 자수성가한 정치인이었다. 이러한 배경에서 알 수 있듯이 대처는 자조, 개인주의 그리고 전통적 도덕관으로 상징되는 중간계급의 가치를 확고하게 믿고 있었다. 무엇보다도 '영국병'의 원인을 노동조합에서 찾은 대처는 노조의 세력을 약화시키는 것을 급선무로 생각했다. 그녀는 불법파업으로 인해 발생한 피해에 대해서 노조에게 책임을 묻고, 클로즈드 숍 제도에 대한 규제를 확대했으며, 조합원 전체의 투표와 승인에 의해서만 파업이 가능하도록 법제화했다. 이러한 법들은 실상 이미 히스 수상 때 시도된 바 있었지만, 대처의 강인한 성격은 히스가 할 수 없었던 일을 가능하게 만들었다. 노동조합 세력의 약화야말로 대처 시대의 가장 중요한 양상이었다. 조합원 수가 급격하게 줄었으며, 파업도 급감하여 1970년대 연평균 1,300만 일에 이르던 파업으로 인한 노동일 손실은 1981년에는 420만 일로 줄었다.

그녀는 프리드리히 하이에크와 밀턴 프리드먼의 영향을 받아 자유시장 경제정책을 폈다. 즉 케인스 경제학을 거부하고, 통화량을 제한하여 인플레이션을 통제하는 것 말고 정부는 고용창출 등의 거시적 경제정책을 추구해서는 안 된다고 믿은 것이다. 대처는 노동당 정부 하에서 국유화된 기업을 사유화하고, 복지국가의 규모를 축소하는 한편, 이윤과 부를 다시 존경받는 위치로 되돌리려고 했다. 이러한 정책하에서 세제개혁이 이루어짐으로써 최상위층의 과세율이 75퍼센트에서 궁극적으로는 40퍼센트로 하향 조정되었다.

대처가 집권한 직후, 영국 경제는 실업자 수가 270만 명에 이르고 제조업 능력의 25퍼센트가 손실되는 등 심각한 위기를 겪는 것처럼 보였다. 그러나 시장에 의한 자생적 치유를 확신한 정부는 아무런 조치를 취하지 않았다. 실업자 수가 300만 명을 육박하자 내각 내 마음 약한 '무른 사람들wets'은 정책을 포기할 것을 주장했다. 이에 대해서 대처는 1980년 보수당 전당대회에서 "돌아가고 싶으면 당신들이나 돌아가시오. 나는 돌아가는 것 따위는 모릅니다"라고 일갈했다. 동시에 대처는 꾸준히 국민을 향해 설득작업을 벌여 국민들의 태도를 변화시켰다. 즉 실업은 영국 경제의 구조적 취약성과 전 세계적 불경기가 결합해서 빚어진 것이라는 사실을 이해시킨 것이다. 1983년 여론조사에서 응답자들의 43퍼센트는 실업이 경제의 적응기간에는 정당화될 수 있다고 대답했다. 정부가 실업을 해결할 수 있고, 해결해야 한다는 대중의 압도적인 기대감이 더 이상 존재하지 않게 된 것이다.

대처의 경제정책이 효과를 본 것인지, 1980년대 중반기에는 번영기가 찾아오고 1980년 22퍼센트에 이르던 인플레이션이 1986년에는 5퍼센트로 급감했다. 실업자 수는 여전히 300만 명 이상이었지만 노동생산성은 급격히 향상되었다. 대처 정책의 또 하나의 특징은 금융규제의 해제였다. 주택조합의 여신조건이 완화되자 주택건설이 붐을 이루어 담보대출이 1980년부터 10년간 5배로 급증했다. 중공업은 전반적으로 쇠퇴했지만, 금융업과 하이테크 산업은 성장하여 경제 전체로는 1982년에서 1989년 사이에 연평균 성장률 2.5~3퍼센트를 기록했다.

대외정책에서 대처는 여성이라는 한계를 극복하기 위해서 더욱 강경한 태도를 취하면서 국민의 애국심을 부추겼다. 그녀는 사라져가는 영국의 영광에 향수를 품고 있는 대중정서에 야합하여 포클랜드 전쟁Falklands War을 일으켰다(1982). 18세기 영국이 점령한 아르헨티나 연안의 불모지인 포클랜드 섬의 주권을 주장하던 아르헨티나가 섬을 공격하자 대처 정부는 즉각 함대를 파견했는데, 두 달쯤 후인 6월 중순, 작전은 성공적으로 종결되었다. 대처의 반대파는 제국이 더 이상 문제가 되지 않을 때 쓸데없이 비싼 제국전쟁을 감행하고 있다고 비난했지만, 이 전쟁은 대중의 열광적인 지지를 받았다. 대처는 자신의 이미지에 처칠을 덧칠하고, 자신을 '전사 여왕warrior Queen'으로 부각시켰다. "우리는 더 이상 후퇴하는 국가가 아니다"라고 포효하는 대처에게서 국민은 전쟁 당시의 처칠을 연상했다.

포클랜드 전쟁이 가져다준 인기를 배경으로 대처는 다음 해에 총선을 실시하여 압도적 지지를 얻어 제2차 집권을 성사시켰다. 노동당의 분열도 보수당의 승리에 일조했다. 1979년 선거 이후 노동당이 더욱 좌경화하자, 이에 반발한 온건파가 당을 떠나서 사회민주당Social Democratic Party을 결성했다(1981). 이들은 자유당과 제휴하여 1983년 선거에서 크게 두각을 나타냈고, 사민당이 노동당을 대체하여 제2당이 될지 모른다는 가능성이 제기되기도 했다. 대처의 두 번째 임기(1983~1987)에서 가장 큰 문제는 광부들의 파업이었다. 오래 전에 사양길로 접어든 석탄산업은 두통거리로 남아 있었다. 정부가 합리화의 명분하에서 채산성이 없는 광산을 폐쇄하기로 결정하자 전국광부노조가 파업을 시작했다(1984). 노동운동 지도자들 가운데서도 가장 강성인 아서 스카길이 이끈 파업은 1년 후 실패하고 말았는데, 이것은 1926년 총파업 이후 영국 노조운동이 겪은 가장 심각한 패배였다.

그 사이에 노동당 당수가 바뀌었다. 이상주의적 지식인으로서의 이미지를 가지고 있던 마이클 풋은 대중에게 실질적인 이미지를 심는 데에 성공하지 못한 채 물러났고, 닐 키녹이 뒤를 이었다. 대중이 노동당의 과격화에 염증을 내고 있다는 사실이 보궐선거에서 확인되면서 당의 좌경화에 제동이 걸렸다. 그 후 노동당은 국민여론을 거역하면서도 주장해온 핵무기의 일방적 폐기원칙을 포기하는 등 온건정책을 택했지만, 1987년 총선에서 대처는 전례없는 연속 3회의 승리를 누리면서 대처주의의 지속을 천명했다. 이 선거에서 노동당이 얻은 것은 노동당을 대체하리라고 우려되던 사민당을 억제했다는 것이었다.

2) 대처의 몰락

10여 년 동안 지대한 영향을 미친 대처는 1990년 보수당 당수와 수상직에서 물러나는 처지에 몰렸다. 대처의 사임은 보수당 내에서 발생한 일종의 반역에 의한 축출이었다. 대처를 몰아낼 음모를 꾸민 지도부는 거의 모두 대처 밑에서 각료를 역임했고, 그녀의 독단적 태도에 의해서 적대적이 된 사람들이었다. 덧붙여 당시 대처가 강제로 입법한 소위 인두세poll tax가 여론의 거센 반대에 직면했다는 사실도 그들에게 힘이 되었다. 대처의 또 하나의 실수는 유럽 통합에 대한 태도였다. 그녀는 유럽공동체에 대해서 강경책을 쓴 반면, 미국의 레이건 대통령과는 특별한 우호관계를 맺었는데, 이것은 영국이 이미 유럽의 일부라는 사실을 기억하지 못한 행동이었다. 그녀는 유럽공동체가 보다 더 강력한 결속력을 위해서 추진하고 있던 유럽연합과 단일시장에는 찬성했지만, 단일통화나 정치적 통일에는 반대하는

1981년 마거릿 대처가 미국의 백악관에서 레이건 대통령과 만나고 있다.
—

입장을 취함으로써 보수당과 국민여론을 혼란스럽게 만들었다. 이
러한 상황에서 일종의 궁정 쿠데타를 거쳐 존 메이저가 대처의 대를
이었다.

대처가 수행한 소위 '대처 혁명'은 영국의 사회구조와 경제구조를
대단히 심각할 정도로 변화시켰다. 그녀가 남긴 영향은 긍정적이면
서 동시에 부정적이다. 긍정적 결과는 대처가 중점적으로 행한 국가
역할의 축소에서 구체화되었다. 교육, 의료보험, 국유산업 등의 분야
에 시장체제가 도입됨으로써 경쟁력이 강화되었으며, 영국민 역시
전반적으로 국가에 덜 의존적이 되었다. 그러나 대처의 정책은 두 개
의 영국을 만든 결과를 낳았다. 1980년대 영국은 번영하는 남동부

와, 곤경에 처한 북서부 및 켈트 변두리 지역으로 나뉘게 되었다. 전자는 금융, 서비스 산업, 하이테크 산업에 힘입어 번영을 누리는 반면, 오랜 산업지역에서는 젊은 층의 실업률이 50퍼센트에 육박하는 양극화 현상이 나타났다.

1980년대 중반의 호황은 금융상의 통제완화 덕분이기도 했다. 대처 정부는 소비문화를 조장하고 더 나아가서 세금을 축소함으로써 번영기가 왔는데, 보수당 정부가 주장하는 경제의 기적이란 부채와 소비제품에 대한 요구가 인위적으로 급등했기 때문이라는 해석이 제기되기도 했다. 그러나 1990년대 초에 위축상태에 들어간 경기는 후반기에 다시 활성화하여 실업률이 낮아지고 생산성 증가가 이루어졌다. 이것은 대처가 시작한 구조조정의 효과가 뒤늦게 나타난 것으로 해석된다.

대처의 경제정책은 또한 사회구조의 변화를 가져왔다. 제조업에서 서비스 산업으로의 이동이 활발했고, 그에 따라 화이트칼라 층이 대폭 늘었다. 또한 국유산업의 민영화로 많은 일반 주주들이 탄생했으며, 공공주택의 사유화로 국민 다수가 주택을 소유하게 되었다. 이들이 보수당을 지지했던 것이다. 반면 노동조합 조직률은 37퍼센트 이하로 떨어졌는데, 그와 함께 노동당도 지지 기반을 잃게 되었다. 그러나 복지국가에 대한 대중의 신뢰는 여전했기 때문에 대처도 국민보건제는 안전하다고 맹세할 수밖에 없었다. 결론적으로 대처가 만들어놓은 영국은 보다 진취적이고 보다 공격적으로 보이지만, 보다 가혹하고 분열된 사회였다.

대처는 사회의 기본 원칙을 바꿔놓았다는 점에서 20세기 수상들 가운데 누구보다도 애틀리를 닮았다. 대처의 부상은 '케인스식 사회민주적 합의'라고 불린 것의 종말을 뜻했다. 이 합의는 높은 취업률, 복지국가, 그리고 혼합경제라는 세 가지 강령으로 구성되었으며, 약 30년 동안 보수당과 노동당에 의해서 지지되어왔다. 그것을 대처가 부수어버린 것이다. 대처주의의 기록은 역설로 나타났다. 즉 경쟁을 통한 효율성 강화와 기업문화의 창조로 영국이 마비상태에 빠져드는 것을 구해냈음은 사실이지만, 경제적 불평등을 심화시켜 그것이 부담으로 작용한 것도 사실이다. 대처 정부의 재정정책은 특히 고수입을 가진 사람들에게 이로웠는데, 한때 83퍼센트까지 치솟았던 최상층의 소득세를 일단 60퍼센트로 낮추고 궁극적으로는 40퍼센트로 낮추었다. 소득세의 기본율도 33퍼센트에서 25퍼센트로 낮아졌다. 그 정책은 부자들이 내는 세금을 극적으로 감소시킴으로써 투자를 활성화하고 경제를 재생시키려는 의도였지만, 빈부격차가 커지는 부작용을 낳았다. 그러나 새롭게 부를 축적한 사람들이 신분상승의 기회를 가지게 되어 낡은 계급 경계선이 무너지는 효과도 있었다.

7. 토니 블레어와 신노동당

대처주의의 아이러니는 그 충격으로 노동당이 거듭나서 보수주의자들에게 도전할 수 있게 되었다는 것이다. 1979년 이래 노동당은 당의 분열, 강력한 지도자의 부재, 극단적인 좌파적 태도 등으로 인해서 부정적 이미지를 형성했는데, 토니 블레어가 이 모든 것을 바꾸어버렸다. 40대 젊은 당수 블레어는 자신이 이끄는 노동당을 '신노동당New Labour'이라고 부르면서, 사회주의 계급정당이라는 이미지를 벗어버리고 대중정당의 모습을 부각시키려고 노력했다. 1997년 5월 선거에서 노동당은 179석의 다수를 차지하여 집권에 성공했다. 보수당이 심각하게 분열되어 있었다는 사실도 기여했다.

블레어의 신노동당은 전통적 지지자들을 목표로 하지 않았다. 블레어는 1997년 선거에서 노동당 지지자가 아닌 유권자들을 회유하는 데 전력투구했다. 그들은 곧 주택소유자, 경제적 야망을 가지고 있고 세금을 내며 점잖고 온건한 중간층으로, 다시 말해 대처 시절에 보수당이나 사회민주당에 투표한 사람들이었다. 이처럼 블레어는 노동당을 이데올로기적 스펙트럼에서 중도 우파에 위치시켜 국민 다수가 받아들일 수 있는 대안으로 만들고자 했다. 실상 1980년대의 노동당은 더 이상 전국적 당이 아니라 쇠퇴하는 전통산업 부문 노동자들에 기반한 정당에 불과했다. 그것이 이제 바뀐 것이다. 이러한 블레어의 노선은 노동당 내 전통 좌파의 반격을 받았지만, 세 차례의 총선 승리는 블레어의 입지를 강화시켜주었다.

블레어 정부는 보수당의 이념을 빼앗았다는 평을 듣는다. 경제정책에서 블레어 시대는 대처 시대와 다를 바가 없었다. 노동당 정부의 경제적 모델은 중앙의 통제를 줄이고, 유연성과 취업능력과 경쟁을 강조하면서, 개인의 기회라는 가치들을 포함하는 신자유주의 노선을 따랐다. 산업에서는 경쟁을 통한 효율성의 강화를 강조하는데, 이것은 대처주의가 생산성 제고에 효과가 있었음을 인정하는 것이다. 블레어 정부의 재무장관인 고든 브라운은 IT 산업의 비중을 증가시키면서 자본시장을 잘 발달시켜 저성장 부문에서 고성장 부문으로 자원을 옮기려고 한다는 점에서 미국의 전례를 쫓았다. 블레어와 브라운은 실업률이 낮으면서 노동생산성도 최고인 미국이 모든 면에서 독일식 대륙형보다 우수하다는 사실을 인정했다. 이러한 경제정책의 결과 영국 경제는 상당한 성장을 보였고, 2006년에는 국내총생산 GDP에서 세계 4위에 올라섰다.

물론 경제노선에서는 차이가 없다고 해도 이념 전체로 봐서는 보수당과 노동당의 차이점은 여전하다. 즉 블레어 정부는 온건한 사회민주주의를 표방하며, 기본적으로 비투쟁적이고, 자본주의 사회에서 사회민주주의적 가치들이 번성할 수 있게 하는 전략이 마련되어야 한다는 점을 유의했다. 블레어 정부가 추진한 그 밖의 주요 변화에서도 차이점이 발견된다. 우선 권력이양과 상원의 개혁이 있는데, 권력이양은 사실 노동당 창당 때부터 거론되던 문제였다. 스코틀랜드 출신인 키어 하디와 램지 맥도널드는 스코틀랜드의 자치를 지지했지만, 1920년대 노동당이 전국적인 당으로 부상하면서 자치문제는 사라졌다. 그러나 전후에 불만이 터져나오기 시작했다. 즉 1955년에 보수당이 마지막으로 스코틀랜드에서 승리한 후 1997년까지 한번도 승리한 적이 없었다. 따라서 보수당은 그동안 스코틀랜드 주민들의 의사에 어긋나게 통치한 셈이었다. 그러한 부조리가 1999년 권력이양을 통해 해결되었다. 그러나 스코틀랜드와 웨일스 모두 민족당이 노동당보다 못한 성과를 보였다는 사실은 켈트 변두리의 불만이 독립의 요구로까지 나아가지 않았음을 보여준다.

한편 상원의 개혁은 이미 1대 귀족법(1958)에서 시작되었지만, 블레

1999년 자치의회 선거

(단위: 의석수)

스코틀랜드		웨일스	
보수당	18	보수당	9
노동당	56	노동당	28
자유민주당	17	자유민주당	6
스코틀랜드 민족당	35	민족당 Plaid Cymru	17
기타	3		

어 정부는 세습귀족이 자동적으로 상원의원이 되는 제도를 폐지함으로써 영국 헌정상 대단히 중요한 개혁을 이루어냈다. 지금은 세습귀족 90명만이 상원의원으로 남아있다. 블레어의 가장 큰 개혁은 상원에서 사법부를 떼어내어 독립시킨 것이다. 블레어의 구상은 궁극적으로는 상원도 능력이 검증된 인물들로만 구성되는 것이었다.

블레어는 소위 '제3의 길'에서 영향을 받았다고 알려졌다. 그것은 자유주의와 사회민주주의에서 장점만 따옴을 의미했다. 즉 자유주의자가 시장경제에서 개인의 자유를 우선적으로 확신했다면, 사회민주주의자는 사회정의를 도모했고 국가를 그 주된 행위자로 간주했다. 블레어는 이 두 가지가 반드시 갈등관계에 있는 것은 아니라고 확신했다. 블레어는 시장경제가 공동의 이해관계와 공동의 목표에 봉사할 수 있다고 믿는다. 블레어의 '제3의 길'은 보수당보다 공동체를 강조했지만 좌파 집권시 국가가 비대해지고 시민사회가 약화된 것은 잘못이며 20세기 사회주의의 실천에서 큰 실수였다고 지적했다. 따라서 자발적인 시민사회와 개인의 창발성을 강화시키는 것이 블레어 정부의 주요 실천 목표가 되었다.

비슷하게, 블레어가 주장한 평등은 '결과의 평등'이 아니라 '기회의 평등'을 의미한다. 사람들이 평등한 가치를 가졌고 평등한 존경심을 받을 권리가 있다면 그들의 각기 다른 잠재력과 능력도 존중해야 한다는 전제하에, 개인의 잠재력을 발달시키기 위해 필요한 자원과 기회를 확보해주는 것 이상을 국가가 해서는 안 된다고 생각한 것이다. 블레어의 전망은 대처 유산의 많은 것들이 지속될 수 있다는 사실을 입증했다.

현재 영국은 안정과 평온을 되찾은 것처럼 보인다. 오랫동안 영국을 괴롭히던 북아일랜드 문제도 평화적 방법을 통한 해결로 가닥을 잡아가고 있다. 블레어가 풀지 못한 문제들 가운데 유럽과의 관계가 중요한 현안으로 남아 있다. 이 책의 제1부 8장에서 살펴보았듯이, 영국이 유럽에 대해서 거리를 두는 이유는 무엇보다도 유럽인으로서의 정체성이 약하다는 사실에서 찾을 수 있다. 영국인들은 주저하는 유럽인으로 남아 있고, 2002년부터 출발한 유로화에 참여할 것인지를 두고 의견이 분열되어 있다. 그러나 현재 유로존이 겪고 있는 경제적 위기는 비참여를 주장한 사람들의 입장을 강화시켜준다. 노동당은 1997년 선거에 이어 2001년과 2005년에도 승리함으로써 연속 세 차례 집권이라는 쾌거를 올렸다. 블레어는 2007년에 수상직에서 물러나고 고든 브라운 재무장관이 뒤를 이었다. 블레어는 무엇보다도 미국을 도와 이라크 전쟁에 참여하고, 부시 대통령과 특별한 관계를 유지한 것이 국민의 비위를 거슬려 임기 말기에 인기가 하락했다.

2010년 총선에서 노동당이 패하고 데이비드 캐머런이 이끄는 보수당이 제1당이 되었다. 그러나 과반수에는 미치지 못했기 때문에 자민당과 연립내각을 수립했다. 캐머런은 총선에서 '따뜻한 보수주의'를

1997년 44세의 나이로 수상이 된 토니 블레어는 빌 클린턴 전 미국 대통령과 함께 국제정치계에 새 바람을 불어넣은 젊은 지도자로 부각되었다.
—

주장하며 자신이 대처식의 신자유주의와 구분된다는 사실을 명백히 했다.

　20세기가 시작됐을 때 영국은 세계 최대의 강대국이었지만 한 세기동안 쇠퇴의 길을 겪어왔다. 그럼에도 영국은 20세기에 지워지지 않는 흔적을 남겼다. 나치와 소련의 팽창을 저지했고, 제국으로부터 철수했지만 영연방을 구성하여 이전 식민지들과의 연대를 과시했으며, 경제적, 사회적 어려움도 헤쳐나왔다. 영국은 20세기를 최고의 지위에서 시작했기 때문에 하락은 불가피한 것이다. 20세기 역사는 영국이 권좌에서 물러나는 고통스러운 과정을 비교적 슬기롭게 대처했음을 보여준다. 지난 수백 년간 서양 역사에서 선두를 지키며 쌓아온 민주적이며 합리적인 영국적 전통과 방식이 영국민으로 하여금 산적한 문제점들을 현명하게 해결하는 데 도움을 준 것 같다. 비록 세계 최대 강대국이었다는 명성은 이제 사라졌지만 영국은 연륜이 가져다준 현명함으로 무장하고 새로운 세기를 슬기롭게 헤쳐나가고 있다.

〈부록 1〉 영국의 역대 국왕

	출신 왕조	재위기간
웨식스		
에그버트	색슨	802~839
애설울프	색슨	839~856/858
애설볼드	색슨	855/856~860
애설버트	색슨	860~865/866
애설레드 1세	색슨	865/866~871
앨프레드 대왕	색슨	871~899
대★에드워드	색슨	899~924
잉글랜드		
애설스탠	색슨	925~939
에드먼드 1세	색슨	939~946
에드레드	색슨	946~955
에드위그	색슨	955~959
에드거	색슨	959~975
순교왕 에드워드	색슨	975~978
애설레드 2세	색슨	978~1013
스벤	덴마크	1013~1014
애설레드 2세	색슨	1014~1016
에드먼드 2세	색슨	1016
크누트	덴마크	1016~1035
해럴드 1세	덴마크	1035~1040
하레크누드	덴마크	1040~1042
고해왕 에드워드	색슨	1042~1066
해럴드 2세	색슨	1066
정복왕 윌리엄 1세	노르만	1066~1087
윌리엄 2세	노르만	1087~1100
헨리 1세	노르만	1100~1135
스티븐	블루아	1135~1154
헨리 2세	플랜태저넷	1154~1189
리처드 1세	플랜태저넷	1189~1199
존	플랜태저넷	1199~1216
헨리 3세	플랜태저넷	1216~1272
에드워드 1세	플랜태저넷	1272~1307
에드워드 2세	플랜태저넷	1307~1327
에드워드 3세	플랜태저넷	1327~1377

	출신 왕조	재위기간
리처드 2세	플랜태저넷	1377~1399
헨리 4세	랭커스터	1399~1413
헨리 5세	랭커스터	1413~1422
헨리 6세	랭커스터	1422~1461
에드워드 4세	요크	1461~1470
헨리 6세	랭커스터	1470~1471
에드워드 4세	요크	1471~1483
에드워드 5세	요크	1483
리처드 3세	요크	1483~1485
헨리 7세	튜더	1485~1509
헨리 8세	튜더	1509~1547
에드워드 6세	튜더	1547~1553
메리 1세	튜더	1553~1558
엘리자베스 1세	튜더	1558~1603

그레이트브리튼과 통일왕국

	출신 왕조	재위기간
제임스 1세(스코틀랜드의 제임스 6세)	스튜어트	1603~1625
찰스 1세	스튜어트	1625~1649

공화정

	출신 왕조	재위기간
올리버 크롬웰(호국경)		1653~1658
리처드 크롬웰(호국경)		1658~1659
찰스 2세	스튜어트	1660~1685
제임스 2세	스튜어트	1685~1688
윌리엄 3세와 메리 2세	오라녜/스튜어트	1689~1702
앤	스튜어트	1702~1714
조지 1세	하노버	1714~1727
조지 2세	하노버	1727~1760
조지 3세	하노버	1760~1820
조지 4세	하노버	1820~1830
윌리엄 4세	하노버	1830~1837
빅토리아	하노버	1837~1901
에드워드 7세	작센-코부르크-고타	1901~1910
조지 5세	윈저	1910~1936
에드워드 8세	윈저	1936
조지 6세	윈저	1936~1952
엘리자베스 2세	윈저	1952~

〈부록 2〉 영국의 역대 수상

	당	재위기간
로버트 월폴	휘그 당	1721~1742
스펜서 콤프턴(윌밍턴 백작)	휘그 당	1742~1743
헨리 펠럼	휘그 당	1743~1754
토머스 펠럼 홀리스(뉴캐슬 공작)	휘그 당	1754~1756
윌리엄 캐번디시(데번셔 공작)	휘그 당	1756~1757
토머스 펠럼 홀리스(뉴캐슬 공작, 재임)	휘그 당	1757~1762
존 스튜어트(뷰트 백작)		1762~1763
조지 그렌빌		1763~1765
찰스 왓슨 웬트워스(로킹엄 후작)	휘그 당	1765~1766
대大 윌리엄 피트(채텀 백작)		1766~1768
오거스터스 헨리 피츠로이(그래프턴 공작)		1768~1770
프레더릭 노스		1770~1782
찰스 왓슨 웬트워스(로킹엄 후작, 재임)	휘그 당	1782
윌리엄 페티 피츠모리스(셀번 백작)		1782~1783
윌리엄 헨리 캐번디시 벤팅크(포틀랜드 공작)	휘그 당	1783
소小 윌리엄 피트	토리 당	1783~1801
헨리 애딩턴	토리 당	1801~1804
소小 윌리엄 피트(재임)	토리 당	1804~1806
윌리엄 윈덤 그렌빌(그렌빌 남작)		1806~1807
윌리엄 헨리 캐번디시 벤팅크(포틀랜드 공작, 재임)	휘그 당	1807~1809
스펜서 퍼시벌	토리 당	1809~1812
로버트 뱅크스 젠킨스(리버풀 백작)	토리 당	1812~1827
조지 캐닝	토리 당	1827
프레더릭 존 로빈슨(고드리치 자작)	토리 당	1827~1828
아서 웰즐리(웰링턴 공작)	토리 당	1828~1830
찰스 그레이(그레이 백작)	휘그 당	1830~1834
윌리엄 램(멜번 자작)	휘그 당	1834
아서 웰즐리(웰링턴 공작, 재임)	토리 당	1834
로버트 필	토리 당	1834~1835
윌리엄 램(멜번 자작, 재임)	휘그 당	1835~1841
로버트 필(재임)	보수당	1841~1846
존 러셀	휘그–자유당	1846~1852
에드워드 제프리 스탠리(더비 백작)	보수당	1852
조지 해밀턴 고든(애버딘 백작)		1852~1855
헨리 존 템플(파머스턴 자작)	자유당	1855~1858
에드워드 제프리 스탠리(더비 백작, 재임)	보수당	1858~1859
헨리 존 템플(파머스턴 자작, 재임)	자유당	1859~1865
존 러셀(러셀 백작, 재임)	자유당	1865~1866

	당	재위기간
윌리엄 유어트 글래드스턴	자유당	1868~1874
벤저민 디즈레일리(재임)	보수당	1874~1880
윌리엄 유어트 글래드스턴(재임)	자유당	1880~1885
로버트 세실(솔즈베리 후작)	보수당	1885~1886
윌리엄 유어트 글래드스턴(3임)	자유당	1886
로버트 세실(솔즈베리 후작, 재임)	보수당	1886~1892
윌리엄 유어트 글래드스턴(4임)	자유당	1892~1894
아치볼드 필립 프림로즈(로즈버리 백작)	자유당	1894~1895
로버트 세실(솔즈베리 후작, 3임)	보수당	1895~1902
아서 제임스 밸푸어	보수당	1902~1905
헨리 캠벨 배너먼	자유당	1905~1908
허버트 헨리 애스퀴스	자유당	1908~1916
데이비드 로이드 조지	자유당	1916~1922
앤드류 보너 로	보수당	1922~1923
스탠리 볼드윈	보수당	1923~1924
제임스 램지 맥도널드	노동당	1924
스탠리 볼드윈(재임)	보수당	1924~1929
제임스 램지 맥도널드(재임)	노동당	1929~1935
스탠리 볼드윈(3임)	보수당	1935~1937
네빌 체임벌린	보수당	1937~1940
윈스턴 처칠	보수당	1940~1945
클레먼트 애틀리	노동당	1945~1951
윈스턴 처칠(재임)	보수당	1951~1955
앤소니 이든	보수당	1955~1957
해럴드 맥밀런	보수당	1957~1963
앨레크 더글러스-홈	보수당	1963~1964
해럴드 윌슨	노동당	1964~1970
에드워드 히스	보수당	1970~1974
해럴드 윌슨(재임)	노동당	1974~1976
제임스 캘러헌	노동당	1976~1979
마거릿 대처	보수당	1979~1990
존 메이저	보수당	1990~1997
토니 블레어	노동당	1997~2007
고든 브라운	노동당	2007~2010
데이비드 캐머런	보수당	2010~2016
테레사 메이	보수당	2016~2019
보리스 존슨	보수당	2019~2022
엘리자베스 트러스	보수당	2022
리시 수낵	보수당	2022~2024
키어 스타머	노동당	2024~

달리 표시하지 않은 경우, 외국 서적의 출판 장소는 런던이다.

제1부 구조

1장 다민족 국가, 영국의 탄생

박지향, 《슬픈 아일랜드: 역사와 문학 속의 아일랜드》(새물결, 2002)

홉스봄, 에릭 외, 박지향·장문석 옮김, 《만들어진 전통》(휴머니스트, 2004)

Colls, Robert, *Identity of England* (Oxford: Oxford University Press, 2004)

Ebbutt, M. I., *Hero-Myths and Legends of the British Race* (Amsterdam: Fredonia Books, 2002)

Fulbrook, Mary ed., *National Histories and European History* (University College London Press, 1993)

Greenfeld, Liah, *Nationalism: Five Roads to Modernity* (Cambridge, Mass: Harvard Univeristy Press, 1992)

Harvie, Christopher, *Scotland and Nationalism: Scottish Society and Politics 1707~1994* (Routledge, 1994)

Howe, Stephen, *Ireland and Empire* (Oxford: Oxford University Press, 2000)

Jackson, Alvin, *Ireland 1798~1998* (Oxford: Blackwell, 2000)

Jones, Edwin, *The English Nation: The Great Myth* (Thrupp, Gloucestershire: Sutton, 2000)

Morgan, Kenneth, *Rebirth of a Nation: A History of Modern Wales* (Oxford: Oxford University Press, 2002)

Robbins, Keith, *Nineteenth Century Britain: Integration and Diversity* (Oxford: Clarendon, 1995)

Samuel, Raphael ed., *Patriotism vol. I. History and Politics* (Routledge, 1987)

Scruton, Roger, England: *An Elegy* (Pimlico, 2001)

Wood, Michael, *In Search of England: Journeys into the English Past* (Berkeley: University of California Press, 1999)

2장 영국인의 정체성

박지향,《영국적인, 너무나 영국적인》(기파랑, 2006)

Colley, Linda, *Britons: Forging the Nation* (New Haven: Yale University Press, 1992)

Colls, Robert & Philip Dodd eds., *Englishness: Politics and Culture 1880~1920* (Croom Helm, 1987)

Dumbleby, David, *A Picture of Britain* (Tate Publishing, 2005)

Gikandi, Simon, *Maps of Englishness: Writing Identity in the Culture of Colonialism* (NY: Columbia University Press, 1996)

Giles, Judy & Tim Middleton eds., *Writing Englishness 1900~1950* (Routledge, 1995)

Gillis, John R. ed., *Commemorations: The Politics of National Identity* (Princeton: Princeton University Press, 1994)

Gunn, Simon & Rachel Bell, *Middle Classes* (Phoenix, 2002)

Hooson, David, *Geography and National Identity* (Oxford: Blackwell, 1994)

Langford, Paul, *Englishness Identified: Manners and Character 1650~1850* (Oxford: Oxford University Press, 2000)

Morgan, Marjorie, *National Identities and Travel in Victorian Britain* (Palgrave, 2001)

Pittock, Murray G. H., *Inventing and Resisting Britain* (Palgrave, 1997)

Samuel, Raphael, ed., *Patriotism: The Making and Unmaking of British National Identity vol III: National Fictions* (Routledge, 1989)

Storry, Mike & Peter Childs eds., *British Cultural Identities* (Routledge,

2002)

Ward, Paul, *Britishness since 1870* (Routledge, 2004)

Weight, Richard, *Patriots: National Identity in Britain 1940~2000* (Macmillan, 2002)

3장 통치제도

Budge, Ian & D. McKay, *The Developing British Political System: The 1990s* (Longman, 1993)

Clarke, Peter, *A Question of Leadership* (Harmish Hamilton, 1991)

Forman, F. N., *Mastering British Politics* (Macmillan, 1981)

Hanson, A. H. & Malcolm Walles, *Governing Britain* (Fontana, 1990)

Hennessy, Peter, *Whitehall* (Fontana, 1989)

John Ramsden, *In Appetite for Power: A History of the Conservative Party since 1830* (London: HarperCollins, 1999)

Matthew Flinders et al., *The Oxford Handbook of the British Politics* (Oxford: Oxford University Press, 2009)

Oliver, Dawn, *Constitutional Reform in the UK* (Oxford: Oxford University Press, 2003)

Smith, Malcolm, *British Politics, Society and the State* (Macmillan, 1990)

4장 제국

박지향,《제국주의: 신화와 현실》(서울대학교 출판부, 2000)

박형지 · 설혜심,《제국주의와 남성성》(아카넷, 2004)

사이먼, 스미스, 이태숙 · 김종원 역,《영국 제국주의》(동문선, 2001)

퍼거슨, 닐, 김종원 역,《제국》(민음사, 2006)

Bayly, C. A., *Imperial Meridian: the British Empire and the World* (Longman, 1993)

Brown, Judith M. & Wm. Roger Louis eds., *The Oxford History of the British Empire, The Twentieth Century* (Oxford: Oxford University Press, 1999)

Darwin, John, *The End of the British Empire* (Oxford: Blackwell, 1991)

Davis, L. & R. Huttenback, *Mammon and the Pursuit of Empire: the Economics of British Imperialism* (Cambridge: Cambridge University Press, 1988)

Eldridge, C. C. ed., *British Imperialism in the Nineteenth Century* (Macmillan, 1984)

Howe, Stephen, *Anticolonialism in British Politics* (Oxford: Clarendon, 1993)

Hyam, Ronald, *Empire and Sexuality* (Manchester: Manchester University Press, 1992)

Lloyd, T. O., *The British Empire 1558~1983* (Oxford: Oxford University Press, 1991)

Mackenzie, John ed., *Imperialism and Popular Culture* (Manchester: Manchester University Press, 1986)

Mackenzie, John, *Propaganda and Empire: the Manipulation of British Public Opinion, 1880~1960* (Manchester: Manchester University Press, 1984)

Pollard, Sidney, *Britain's Prime and Britain's Decline* (Edward Arnold, 1991)

Porter, Andrew ed., *The Oxford History of the British Empire, The Nineteenth Century* (Oxford: Oxford University Press, 1999)

5장 개혁가들

Collini, Stefan, *Public Moralists: Political Thought and Intellectual Life in Britain 1650~1930* (Oxford: Oxford University Press, 1991)

Hampsher-Monk, Iain, *A History of Modern Political Thought* (Oxford: Blackwell, 1992)

Heyck, Thomas W., *The Transformation of Intellectual Life in Victorian England* (St. Martin's, 1984)

Himmelfarb, Gertrude, *Victorian Minds* (Gloucester, Mass.: Peter Smith,

1975)

Mackenzie, Norman & Jeanne, *The Fabians* (Touchstone, 1977)

Mill, John Stuart, *Autobiography of John Stuart Mill* (NY: Columbia University Press, 1960)

Parekh, B. ed., *Jeremy Bentham: Critical Assessments vol. 1 Life, Influence and Perspectives on his Thought* (Routledge, 1993)

Stafford, William, *John Stuart Mill* (Macmillan, 1998)

Stansky, Peter, *William Morris* (Oxford: Oxford University Press, 1987)

Webb, Beatrice, *Our Partnership* (Longman, Green, 1948)

Wood, John Cunningham ed., *John Stuart Mill*: Critical Assessments (Croom Helm, 1987)

6장 지주와 중간계급

박지향, 〈영국 시민사회의 형성과 발달〉,《아시아문화》제10호(1994)

이영석,《다시 돌아본 자본의 시대》(소나무, 1999)

페리 앤더슨, 김현일 외 공역,《절대주의국가의 계보》(베틀, 1990)

Barry, J. & C. Brooks eds., *The Middling Sort of People: Culture, Society and Politics in England, 1550~1800* (Macmillan, 1994)

MacFarlane, Alan, *The Culture of Capitalism* (Oxford: Blackwell, 1987)

Mooers, Colin, *The Making of Bourgeois Europe* (Verso, 1991)

Rawski, Thoma et al., *Economics and the Historian* (Berkeley: University of California Press, 1996)

Rubinstein, W. D., *Capitalism, Culture, and Decline in Britain 1750~1990* (Routledge, 1993)

Wiener, Martin, *English Culture and the Decline of the Industrial Spirit 1850~1980* (Penguin, 1992)

7장 노동계급

박지향, 〈영국 노동조합운동: 노동주의의 전개과정〉,《역사학보》제130집(1991. 6)

박지향, 〈영국노동당정부, 1945~51: 대외정책을 중심으로〉,《유럽사의 구조와

전환》 (느티나무, 1993)

박지향, 〈최초의 산업국가와 노동계급: 영국 노동사에 대한 일고찰〉 이민호 편저, 《노동계급의 형성》 (느티나무, 1989)

이영석, 《역사가가 그린 근대의 풍경》 (푸른 역사, 2003)

Bailey, Peter, *Leisure and Class in Victorian England* (Methuen, 1987)

Belchem, John, *Popular Radicalism in Nineteenth Century Britain* (St. Martin's Press, 1996)

Hobsbawm, Eric, *Labouring Men* (Anchor, 1964)

Hopkins, Eric, *The Rise and Decline of the English Working Class, 1918~1990* (Weidenfeld and Nicholson, 1991)

Joyce, Patrick, *Visions of the People* (Cambridge: Cambridge University Press, 1991)

Mckibbin, Ross, *The Ideologies of Class* (Oxford: Oxford University Press, 1991)

Mckibbin, Ross, *Classes and Cultures* (Oxford: Oxford University Press, 2000)

Powell, David, *British Politics and the Labour Questions, 1868~1990* (Macmillan, 1992)

Royle, Edward, *Modern Britain, A Social History* (Arnold, 1997)

8장 미래를 향하여

박지향, 《대처 스타일》 (김영사, 2012)

어윈, 데렉, 노명환 편역, 《유럽 통합사》 (대한교과서, 1994)

Boyce, D. G., *The Irish Question and British Politics, 1868~1986* (Macmillan, 1988)

Boyce, D. George & Alan O'Day, *The Making of Modern Irish History: Revisionism and the Revisionist Controversy* (Routledge, 1996)

Campbell, John, *Margaret Thatcher vol. 1 The Grocer's Daughter* (Jonathan Cape, 2000)

Campbell, John, *Margaret Thatcher vol. 2 The Iron Lady* (Pimlico, 2003)

Clarke, Peter, *A Question of Leadership: Gladstone to Thatcher* (Hamish Hamilton, 1991)

Coates, David, *The Question of U. K. Decline* (Harvetser Wheatsheaf, 1994)

Foster, R. F., *The Irish Story: Telling Tales and Making It Up In Ireland* (Allen Lane, 2001)

Gamble, Andrew, *Britain in Dceline* (St. Martin's Press, 1990)

Gowan, Peter & Perry Anderson eds., *The Question of Europe* (Verso, 2000)

Greenwood, Sean, *Britain and European Co-operation since 1945* (Oxford: Blackwell, 1992)

Guerrina, Roberta, *Europe* (Arnold, 2002)

Mann, Michael, *State, War and Capitalism* (Oxford: Blackwell, 1992)

Moon, Jeremy, *Innovative Leadership in Democracy: Policy Change under Thatcher* (Aldershot England: Dartmouth Publishing Co, 2003)

Newton, Scott & Dilwyn Porter, *Modernization frustrated* (Unwin, 1988)

Thatcher, Margaret, *The Downing Street Years* (HarperCollins, 1993)

Thatcher, Margaret, *The Path to Power* (HarperCollins, 1995)

제2부 시간

영국사 개설서

나종일 · 송규범, 《영국의 역사》 상 · 하 (한울, 2005)

나카니시 테루마사, 서재봉 옮김, 《대영제국 쇠망사》 (까치, 2000)

모간, 케네스 편, 영국사연구회 옮김, 《옥스포드 영국사》 (한울, 1994)

모루아, 앙드레, 신용석 옮김, 《영국사》 (홍성출판사, 1980?)

슐츠, 해롤드, 최문형 옮김, 《영국사》 (신구문화사, 1975)

스펙, W. A., 이내주 옮김, 《진보와 보수의 영국사》 (개마고원, 2002)

Clarke, Peter, *Hope and Glory: Britain 1900~1990* (Allen Lane, 1996)

Elton, George, *The English* (Oxford: Blackwell, 1992)

Haigh, Christopher ed., *The Cambridge Historical Encyclopedia of Great Britain and Ireland* (Cambridge: Cambridge University Press, 1996)

Lehmberg, Stanford, & Thomas W. Heyck, *The Peoples of the British Isles, 3 vols.* (Wadsworth, 1992)

Schama, Simon, *A History of Britain, 2 vols* (BBC Worldwide, 2002)

Schultz, Harold, *British History* (Harper Perennial, 1992)

Thompson, F. M. L. ed., *Cambridge Social History of Britain, 1750~1950 vols. 2 and 3* (Cambridge: Cambridge University Press, 1990)

Webb, R. K., *Modern England* (Dodd, Mead & Co., 1968)

ㄱ

간디Gandhi, Mahatma · 138, 157, 159

갤러거Gallagher, John · 121

게이Gay, John · 463, 484

게이츠켈Gaitskell, Hugh · 615, 617, 623

고든(브라운)Gordon, Brown · 114, 587,
637, 640

고든(찰스)Gordon, Charles · 566

그레고리우스 1세Gregorius I · 320

그레셤Gresham, Thomas · 413

그레이(에드워드)Grey, Edward · 196

그레이(제인)Grey, Jane · 405

그레이 경Grey, Earl of · 519, 576, 579

그렌빌Grenville, George · 507

그린Green, T. H. · 562

글래드스턴Gladstone, William · 54, 55,
71, 96, 105, 118, 128, 130, 142,
184, 257, 274~276, 451, 530, 539,
541, 549~555, 557~559, 566, 574

글렌다우어Glendower, Owen · 44

기번Gibbon, Edward · 509

길핀Gilpin, Richard · 68

ㄴ

나세르Nasser, Gamel Abdel · 621, 622

나이팅게일Nightingale, Florence · 543,
544

나폴레옹Napoléon, Bonaparte · 51, 62,
63, 92, 126, 127, 277, 288, 462,
495~497, 517, 543, 564, 567, 579,
607

넬슨Nelson, Horatio · 78, 79, 93, 462,
469, 495

노섬벌랜드 공작Northumberland, Duke of ·
405, 406, 410

노스North, Frederick · 470, 471, 473

녹스Knox, John · 75, 413

뉴캐슬 공작Newcastle, Duke of → 펠럼-
홀리스

뉴턴Newton, Isaac · 165, 424, 425

니브Niev, Airy · 279

ㄷ

다윈Darwin, Charles · 70, 144, 527,
535, 536, 539

다이애나Diana, Spencer · 98, 99

단리 백작Darnley, Earl of · 413

달랑베르d'Alembert, Jean Le Rond · 166

달하우지 경Dalhousie, Lord · 64

대처Thatcher, Margaret · 106, 112~114,
117, 120, 268~271, 273, 278~280,
286, 287, 294~304, 383, 586~588,

591, 626, 629~637, 640

더들리 Dudley, Robert · 409, 410

던컨 Duncan · 36

데이비드 1세 David I · 36, 38

돌턴 Dalton, Hugh · 156

드골 de Gaulle, Charles · 160, 285, 286,
  623~625

드레이크 Drake, Francis · 412~413

들로르 Delors, Jacques · 287

디오클레티아누스 황제 Diocletianus,
  Emperor · 314

디즈레일리 Disraeli, Benjamin, Earl of
  Beaconsfield · 67, 105, 110, 116,
  118, 126, 128, 134, 141, 144, 147,
  255, 264, 529, 530, 540~542, 546,
  548, 549, 551~555, 558, 565, 602

디킨스 Dickens, Charles · 486, 532, 582

디포 Defoe, Daniel · 87, 88, 425, 463,
  475

딜크 Dilke, Charles · 96

ㄹ

라운트리 Rowntree, Seebohm · 561

라이엘 Lyell, Charles · 535

램 Lamb, William · 528, 530

러셀(버트런드) Russel, Bertrand · 196, 617

러셀(존) Russel, John · 548

러스킨 Ruskin, John · 129, 130, 179,
  181, 226, 538

레닌 Lenin, Vladimir · 247, 254

레스터 백작 Leicester, Earl of → 더들리

레이건 Reagan, Ronald · 633, 634

로 Law, Andrew · 71, 594, 595

로드 Laud, William · 431, 432

로버트 1세 Robert I · 37, 77, 360, 361

로빈슨 Robinson, Ronald · 121, 130,
  131, 140

로세티 Rossetti, Dante Gabriel · 183~186

로이드 조지 Lloyd George, David · 71,
  263, 574~576, 586, 592, 594, 604

로즈 Rhodes, Cecil · 131, 567

로즈버리 백작 Rosebery, Earl of · 71,
  105, 128, 141, 194

로크 Locke, John · 125, 211, 213,
  451~453

롤리 Raleigh, Walter · 409

루이 나폴레옹 Louis Napoléon
  Bonaparte · 501

루이스 Lewes, George · 538

루이 12세 Louis XII · 393

루이 14세 Louis XIV · 443, 444, 458,
  467

루터 Luther, Martin · 398, 399

리버풀 백작 Liverpool, Earl of · 300

리처드(글로스터 공작) Richard, Duke of
  Gloucester · 374

리처드(요크 공작) Richard, Duke of York ·
  372

리처드 1세 사자심왕 Richard the
  Lionheart · 36, 79, 335, 354, 355

리처드 2세Richard II · 334, 340, 364, 365, 367, 376

리처드 3세Richard III · 334, 374~376, 389~391

리카도Ricardo, David · 170, 176, 192, 193, 524, 525, 580

리펀 백작Ripon, Earl of · 138

ㅁ

마르크스Marx, Karl · 169, 184, 192, 193, 204, 205, 208, 215, 246~249, 257, 454, 502, 570

마치니Mazzini, Giuseppe · 501

마틸다Matilda, Princess · 36, 43, 343, 345, 359

맥도널드McDonald, James Ramsey · 197, 199, 256, 257, 260, 571, 592, 595, 601, 604, 638

맥밀런Macmillan, Harold · 98, 285, 616, 621

맥앨핀MacAlpin, Kenneth I · 36

맬컴 2세Malcolm II · 36

맬컴 3세Malcolm III · 36, 38

맬컴 캔모어Malcolm Canmore → 맬컴 3세

메리 스튜어트(스코틀랜드)Mary Stuart of Scotland · 77, 78, 389, 402, 413~415

메리 1세Mary I · 395, 404~407, 422

메리 2세Mary II · 444, 446, 448, 457~459

메이저Major, John · 57, 587, 634

멜번 경Melbourne, Lord → 램

모리스(윌리엄)Morris, William · 129, 179~188, 246, 562

모리스(제인)Morris, Jean · 184, 186

모어(토머스)More, Thomas · 119, 207, 389, 396, 419, 421

모어(한나)More, Hanna · 486

모티머Motimer, Roger · 361

몽테스키외Montesquieu, charles de · 34, 203

몽포르Monfort, Simon de · 100, 101, 357, 376

무어Moore, Henry · 617

미슐레Michelet, Jules · 121

밀(제임스)Mill, James · 168, 484

밀(존 스튜어트)Mill, John Stuart · 109, 165, 168~178, 184, 192, 538, 561, 582

밀레시우스Milesius · 49

밀턴Milton, John · 441

ㅂ

바이런Byron, George · 487

밸푸어Balfour, Arthur · 71, 619

버얼리 남작Burghley, Baron of → 세실

버크Burke, Edmund · 79, 165, 166, 480~483, 519

버킹엄 공작Birkingham, Duke of · 380, 428

버틀러Butler, Richard · 613, 615

번스(로버트)Burns, Robert · 76~78

번스(존)Burns, John · 592

번-존스Burns-Jones, Edward · 179, 183

베버Weber, Max · 204, 205, 454, 537

베버리지Beveridge, William · 610

베번Bevan, Aneurin · 613, 614, 617, 623

베빈Bevin, Ernest · 283, 607, 620, 621

베이든-파월Baden-Powell, Robert · 146

베일리얼Baliol, John · 37

베켓Becket, Thomas · 347, 348, 384

벤담Bentham, Jeremy · 162~173, 483, 484, 538, 562

보이콧Boycott, Charles · 557

보퍼트Beaufort, Margaret · 375

볼드윈Baldwin, Stanley · 72, 595, 599, 604~607

볼테르Voltaire · 166

부디카Boudica · 311

부스Booth, Charles · 190, 194, 561

부시Bush, George · 114, 640

불린Boleyn, Anne · 396~398, 401

뷰트 백작Bute, Earl of → 스튜어트

브라운Brown, Ford · 183, 185

브라이트Bright, John · 189, 522

브루스Bruce, Robert → 로버트 1세

브루엄Brougham, Henry · 512

브루투스Brutus · 39, 49, 57, 58

블래치포드Baltchford, Robert · 143

블레어Blair, Tony · 84, 107, 114, 235, 270, 303, 587, 636, 641

블레이크Blake, William · 487, 495

비드(성(聖))Bede, Saint · 27, 306, 316, 318

비스마르크Bismarck, Otto · 128, 569

비틀스Beetles · 618

빅토리아 여왕Queen Victoria · 65~67, 91, 92, 94, 96, 100, 124, 141, 147, 148, 501, 528~530, 532, 533, 546, 548, 555, 567, 584

빌렘Willem → 윌리엄 3세

빌헬름 2세Willhelm II · 569

ㅅ

사이드Said, Edward · 140

생-시몽Saint-Simon · 185, 249

샤를마뉴Charlemagne · 319, 321

샤를 5세Charles V · 363

샤를 6세Charles VI · 370, 371

샤를 7세Charles VII · 371

샤프츠버리 백작Shaftsbury, Earl of · 453

서머싯 공작Somerset, Duke of · 404, 405

세실Cecil, William · 45

셰익스피어Shakespeare, William · 36, 374, 390, 419, 421

셸리Shelley, Percy · 487

셸번Shellburne, William · 471

소크라테스Socrates · 169, 173

소피아(하노버의)Sophia of Hanover · 459

솔즈베리 후작Salisbury, Marquis of · 105,

128, 224, 546, 565, 568, 572

쇼Shaw, George Bernard · 142, 143, 145,
186, 192, 196, 198, 199, 200, 201

슈만Schumann, Robert · 284

스노든Snowden, Philip · 260, 596, 601

스마일스Smies, Samuel · 532

스미스Smith, Adam · 132, 149, 176,
213, 214, 240, 462, 484, 498, 508,
524, 525

스벤Swein, King of Norway · 324, 326

스위프트Swift, Jonathan · 169, 425

스카길Scargill, Arthur · 269, 271, 297, 632

스코티아Scotia · 39

스코트Scott, Walter · 68, 69, 76, 77, 79,
179, 372

스탈린Stalin, Iosif · 199, 605

스튜어트Struart, John · 70, 470

스트래퍼드 백작Stratford, Earl of · 432

스티븐(블루아의)Stephen of Blois · 36, 43,
341, 345, 359

스펜서 (허버트)Spencer, Herbert · 189,
190, 192, 194, 527, 534, 584

스펜서 (에드먼드)Spencer, Edmund · 421

시드니Sidney, Pillip · 421

시모어Seymour, Jane · 401

실리토Sillitoe, Alan · 618

심프슨Simpson, Mrs. · 604

ㅇ

아그리콜라Agricola · 311

아널드(매슈)Arnold, Matthew · 534, 582

아널드(에드윈)Arnold, Edwin · 159

아널드(토머스)Arnold, Thomas · 511

아델라Adella · 345

아서 왕King Arthur · 42, 57, 297, 316

아우구스투스Augustus · 425

아우구스티누스(성[聖])Augustinus,
Saint · 320

아우랑제브Aurangzeb · 134

아크라이트Arkwright, Richard · 491

알렉산더 2세Alexander II · 36

앙주 백작Anjou, Comte d' · 345

애버딘Aberdeen, George Hamilton-
Gordon · 543

애설레드Aethelred, King of Wessex · 322

애설레드 2세Aethelred II, King of
England · 325~327

애설볼드AEthelbald, King of Mercia · 318

애설스탠Athelstan, · 325, 330

애설플래드Ethelflaed · 325, 332

애스퀴스Asquith, Herbert · 116, 141,
546, 574, 576, 581, 593, 594

애치슨Acheson, Dean · 160

애틀리Attlee, Clement · 259, 260, 607,
615, 617, 636

앤 여왕Queen Anne · 40, 451, 452,
457, 459, 467

앨버트 공Albert, Prince Consot · 91, 93,
528, 529, 532, 534

앨프레드 대왕Alfred, The Great · 28,

306, 318, 321~325, 327, 332, 333, 338

에그버트Egbert, King of Wessex · 27

에드거 평화왕Edgar the Peaceful · 325

에드먼드 1세Edmund I · 333

에드워드(대(大))Edward, the Elder · 325

에드워드 고해왕Edward, the Confessor · 43, 118, 306, 327, 328, 336, 343, 349

에드워드 1세Edward I · 32, 37, 43, 101, 102, 334, 335, 357~360, 376, 377, 398

에드워드 2세Edward II · 335, 360, 361, 376

에드워드 3세Edward III · 33, 103, 335, 361~365, 372, 377, 378

에드워드 4세Edward IV · 334, 372~375, 378, 390

에드워드 5세Edward V · 372, 374, 376

에드워드 6세Edward VI · 389, 401, 404~406, 409

에드워드 7세Edward VII · 96, 218, 546, 576

에드워드 8세Edward VIII · 533, 586, 604

에드워드 흑태자Edward the black Prince · 362, 364

에라스무스Erasmus, Desiderius · 421

에식스 백작Essex, Earl of · 409, 416

엘긴Elgin, James · 64

엘리너(아키텐의)Eleanor of Aquitaine · 345, 347

엘리너(카스티야의)Eleanor of Castilla · 360

엘리엇(조지)Eliot, George · 538, 539

엘리엇(존)Eliot, John · 103, 430

엘리자베스(요크의)Elizabeth of York · 390, 391

엘리자베스 1세Elizabeth I · 39, 45, 49, 50, 77, 78, 91, 134, 389, 402, 404, 407~422, 426~429, 469, 521

엘리자베스 2세Elizabeth II · 95~97, 586

엘베시우스Helvetius, Claude Adrien · 163

엠마Emma · 327, 328, 332

엥겔스Engels, Friedrich · 115, 247

예카테리나 2세Ekaterina II · 166

오라녜 공작Oranje, Prince of → 윌리엄 3세

오렌지 공작Orange, Prince of → 윌리엄 3세

오스틴Austen, Jane · 77

오언Owen, Robert · 244, 515

오웰Orwell, George · 234

오즈본Osborne, John · 618

오코넬O'Connell, Daniel · 518

오파Offa, King of Mercia · 42, 318, 319, 321, 322

와일드Wilde, Oscar · 618

와트Watt, James · 462, 491

우드빌Woodville, Elizabeth · 373, 374

울지Wolsey, Thomas · 395, 396

울프 톤Wolfe Tone, Theobold · 51

워즈워스Wordsworth, William · 172, 487, 495

워커Walker, Gordon · 117

월리스Wallance, William · 37, 77, 360

월폴Walpole, Robert · 115, 462, 465~467, 484, 485

웨브(비어트리스)Webb, Beatrice · 142, 143, 189, 192~202, 592

웨브(시드니)Webb, Sidney · 143, 148, 189, 193~202, 563

웨슬리Wesley, John · 46, 484~486, 536

웨지우드Wedgewood, Josiah · 476

웬트워스Wentworth, Charles · 471

웰링턴 공작Wellington, Duke of · 93, 518

웰스Wells, Herbert · 196, 200

위너Weiner, Martin · 226, 227

위클리프Wycliffe, John · 32, 384, 385, 387, 398, 399

윌리엄(오컴의)William of Ockham · 385

윌리엄 1세 정복왕William I, the Conqueror · 29, 36, 40, 43, 315, 328, 329, 334, 336, 337, 341, 343, 359

윌리엄 2세William II · 341, 342

윌리엄 3세William III · 88, 212, 444, 446~448, 457~459, 469

윌리엄 4세William IV · 92, 501, 519

윌버포스Wiberforce, William · 486

윌슨Wilson, Harold · 117, 160, 285, 618, 623~628

윌크스Wilkes, John · 478, 518

이든Eden, Anthony · 98, 605, 621

이사벨(카스티야의)Isabel of Castilla · 391

입센Ibsen, Henrik · 582

ㅈ

잔 다르크Jeanna d'Arc · 334, 371

제임스(요크 공작)James, Duke of York · 444, 445, 457

제임스 1세(잉글랜드 왕)James Ⅰ of English · 40, 50, 58, 75, 103, 413, 424, 426~429, 431, 438, 455, 459

제임스 2세James II · 108, 424, 425, 445, 446, 453, 458, 459, 464

제임스 4세James IV · 402, 420

제임스 5세James V · 391, 393

제임스 6세(스코틀랜드 왕)James VI of Scotland → 제임스 1세(잉글랜드 왕)

제프리(먼머스의)Geoffrey of Monmouth · 57

조이스Joyce, Patrick · 238

조지Geroge, Henry · 580

조지 1세Geroge I · 462, 464

조지 2세Geroge II · 92, 464, 466, 469, 470

조지 3세Geroge III · 91, 92, 108, 116,

118, 462, 464, 470, 471, 478, 499, 501, 528, 530

조지 4세 Geroge IV · 79, 92, 451, 501, 519

조지 5세 Geroge V · 95, 546, 576, 586, 592, 601

조지 6세 Geroge VI · 259, 586

존(콘트의)John of Gaunt · 364, 365, 372, 375, 387

존 왕 King John · 334, 346, 353, 354, 356

지노비예프 Zinoviev, Grigori · 597

ㅊ

찰스 1세 Charles I · 103, 210, 424, 430~432, 435, 439, 441, 442

찰스 2세 Charles II · 116, 424, 442~445, 437

채드윅 Chadwick, Edwin · 169, 521, 522

처칠(윈스턴)Churchill, Winston · 98, 117, 157, 263, 283, 574, 575, 581, 586, 605, 607~609, 611, 612, 615, 632

처칠(존)Churchill, John · 467

체임벌린(네빌)Chamberlain, Neville · 602, 605~607

체임벌린(조지프)Chamberlain, Joseph · 96, 130, 141, 142, 190, 191, 194, 195, 216, 512, 560, 572, 573, 586, 602

초서 Chaucer, Geoffrey · 32, 347, 387

ㅋ

카를로스 1세 Carlos I · 396

카를로스 2세 Carlos II · 467

카를 5세 Karl V → 카를로스 1세

카우츠키 Kautsky, Karl · 254

카이사르 Caesar, Julius · 306, 307, 309, 310

카트라이트 Cartwright, John · 480

카트린(발루아의)Catherine of Valois · 370

칸트 Kant, Immanuel · 192

칼리굴라 황제 Caligula, Emperor · 311

칼뱅 Clavin, Jean · 484

캐드버리 Cadbury, George · 537

캐서린(아라곤의)Catherine of Aragon · 391, 393, 395~397, 401

캘러헌 Callaghan, James · 626, 627

캠벨-배너먼 Campbell-Bannerman · 71

커즌 경 Curzon, Lord · 138, 139

컨스터블 Constable, John · 487

케네디 Kennedy, Paul · 153, 154

켄트 공작 Kent, Duke of · 528

코브던 Cobden, Richard · 149, 215, 221, 522

코빗 Cobbett, William · 517

코슈트 Kosuth, Lajos · 501

콘스탄티누스 황제 Constantinus, Emperor · 314

쿡 Cook, Thomas · 68, 537

크누트 Cnut · 306, 326, 327, 333

크랜머 Cranmer, Thomas · 399, 400, 407

크롬웰(올리버)Cromwell, Oliver · 425,
434, 436, 437, 439~441, 469

크롬웰(토머스)Cromwell, Thomas · 45,
49, 396, 399, 402

클라우디우스 황제Claudius, Emperor ·
311

클라이브Clive, Robert · 468

클래런스 공작Clarence, Duke of · 374

키녹Kinnock, Neil · 633

키츠Keats, John · 487

키플링Kipling, Rudyard · 144

ㅌ

타일러Tyler, Wat · 367

타키투스Tacitus · 311, 316

터너Turner, Joseph · 68, 488

테니슨Tennyson, Alfred · 179

테일러Taylor, Harriot · 172, 174, 177,
538

토스티그Tosting · 328, 329

토인비Toynbee, Arnold · 201

토크빌Tocqueville, Alexis de · 175, 203,
510

톰슨Thompson, Edward · 238

튜더(오언)Tudor, Owen · 375

튜더(헨리)Tudor, Henry → 헨리 7세

트롤럽Trollope, Anthony · 512

트리벨리언Trevelyan, George · 477

ㅍ

파넬Parnell, Charles · 275, 555~557,
559

파머스턴 자작Palmerston, viscount of ·
140, 141, 541, 543, 545, 548

팔라틴 선제후Elector Palatinate · 429

패스필드 남작Passfield, barson of → 웨
브(시드니)

패트릭(성(聖))Patrick, Saint · 47, 48, 320

페르난도Fernando of Aragon · 391

페인Paine, Thomas · 330, 482, 523

펠럼Pelham, Henry · 467, 468

펠럼-홀리스Pelham-Holles, Thomas ·
467, 468, 470

펠리페 2세Felipe II · 409, 415

포싯 부인Fawcett, Mrs. Millicent · 585

포터Proter, Richard · 189

포티스크Fortescue, John · 388

폭스Fox, Charles · 116, 471~473, 482,
499, 519

푸리에Fourier, Charles · 184, 185

푸코Foucault, Michel · 166

풋Foot, Michael · 633

프랭클린Franklin, Benjamin · 504

프레더릭(웨일스 공)Frederick, Prince of
Wales · 470

프로퓨모Profumo, John · 623

프루동Proudhon, Pierre-Joseph · 185

프리드먼Friedman, Milton · 630

프리스틀리Priestley, Joseph · 480

플라톤Platon · 169

플레이스Place, Francis · 169

피어슨Pearson, Karl · 565

피츠제럴드Fitzgerald, Garrett · 280

피트(대(大))Pitt, William, the Elder, 1st Earl of Chatham · 166, 468~472

피트(소(小))Pitt, William, the Younger 2nd Earl of Chatham · 51, 96, 115, 166, 449, 471~473, 494, 495, 497~499, 539

필Peel, Robert · 52, 54, 109, 523, 530, 540, 550

필드하우스Fieldhouse, David · 131, 131, 140

필딩Fielding, Henry · 474

필리프 2세Philippe II · 335, 349, 354

필리프 6세Philippe VI · 362

필머Filmer, Robert · 452, 453

필비Philby, Kim · 623

ㅎ

하드리아누스 황제Hadrianus, Emperor · 35, 306, 312, 313

하디Hardie, James · 255, 256, 561, 563, 571, 592, 638

하레크누드Hardeknud · 327

하워드Howard, Catherine · 402

하이에크Hayek, Friedrich · 630

하인드먼Hyndman, Henry · 143, 186, 246, 247

해럴드 1세Harold I · 326~329, 334

핼리팩스Hailfax, Edward · 606

헉슬리Huxley, Thomas · 189

헤겔Hegel, George · 192

헨더슨Henderson, Arthur · 254, 256, 561, 571, 592

헨델Händel, George · 92

헨리 1세Henry I · 36, 341~343, 345, 349~352, 355

헨리 2세Henry II · 36, 43, 49, 334, 335, 345, 349, 352, 353, 381, 384

헨리 3세Henry III · 37, 100, 334, 341~349, 356, 357, 376

헨리 4세Henry IV · 365, 367, 374, 387

헨리 5세Henry V · 334, 367, 368, 370~372, 375, 467

헨리 6세Henry VI · 371, 374~376

헨리 7세Henry VII · 45, 57, 334, 375, 389~392, 406, 415, 418, 422, 426

헨리 8세Henry VIII · 45, 49, 63, 207, 210, 389~398, 400~404, 417, 423, 469

홀데인Haldane, Richard · 141, 196

홉스봄Hobsbawm, Eric · 238

홉슨Hobson, John · 127, 150

후세인Hussein, Saddam · 114

히스Heath, Edward · 295, 303, 625~627, 630

히틀러Hitler, Adolf · 283, 288, 604~608

용어

ㄱ

감리교Methodism · 45, 46, 71, 72, 254, 300, 485, 486, 536, 538, 630

경영인manager · 114, 201, 226, 513, 582

고교회파High Church · 550

고대 영어Old English · 31, 333, 338

곡물법Corn Law · 52, 54, 109, 215, 223, 517, 518, 522, 523, 525, 540, 550, 581

공동농업정책Common Agricultural Policy · 286

공리주의utilitarianism · 135, 162, 163, 165, 168, 169, 171~173, 176, 483, 484, 502, 518, 534, 538, 561

공위 시대Interregnum · 439, 441

공제조합friendly society · 243, 244, 515

관세개혁Tariff Reform · 141, 216, 560, 572, 573, 602

《교양과 무정부Culture and Anarchy》· 582

구빈법 조사위원Poor Law Commissioner · 197

구빈법Elizabethan Poor Law · 169, 419, 463, 511, 521, 522, 528

구잉글랜드인Old English · 49, 50

국가적 효율성national efficiency · 196, 197

국민부조법National Assistance Act · 613

국민보험법National Insurance Act · 263, 265, 574, 586, 603

궁정당Court Party · 444, 464, 473

권리장전Bill of Rights · 424, 446, 448, 480

권리청원Petition of Right · 430

귀족원House of Lords · 102

그림자 내각Shadow Cabinet · 111, 112

《근검Thrift》· 532

기업가entrepreneur · 190, 195, 222, 225, 226, 243, 503, 513, 522, 542, 560

ㄴ

나폴레옹 전쟁Napoleonic Wars · 51, 62, 63, 92, 126, 127, 277, 462, 517, 543, 564, 567, 579

남해거품 사건South Sea Bubble · 465, 484

노동귀족labour aristocracy · 241, 247, 248

노동당Labour Party · 83, 84, 98, 106~108, 110~114, 117, 156, 170, 198, 199, 254~260, 263, 265~271, 277, 279, 283~285, 292~294, 299, 301, 303, 304, 558, 563, 570~572, 574, 586~588, 592~597, 599~601, 604, 605, 607, 612~617, 619, 622~624, 626~630, 632, 633,

635~638, 640

노동대표위원회Labour Representation Committee · 257, 571, 572

《노동조합주의의 역사The History of Trade Unionism》· 189

노동조합회의Trade Union Congress · 241, 249, 262, 303, 599

노령연금제Old Age Pensions · 263

노르만 정복Norman Conquest · 26, 29~31, 35, 74, 290, 329, 335~338, 340, 349, 379, 380, 452, 480, 495

《노스 브리튼North Briton》· 478

ㄷ

단기의회Short Parliament · 432

대기근The Great Hunger · 52, 53, 55

《대브리튼의 역사History of Greater Britain》· 57

대옥쇄Great Seal · 119, 350

대자문회의Great Council · 349, 355, 376

대처주의Thatcherism · 291, 629, 633, 636, 637

대헌장Magna Carta · 31, 64, 101, 334, 353, 355, 377

데인겔트Danegeld · 323, 325, 340

도노반 위원회Donovan Commission · 624

도즈 안Dawes Plan · 596

독립노동당Independent Labour Party · 255, 256, 563

동인도회사East India Company · 123, 134, 137, 171, 172, 422, 468, 525, 564

두 개의 국민two nations · 255, 264, 551

《둠즈데이 북Domesday Book》· 337, 341, 379, 381

ㄹ

라파엘전파Pre-Raphaelites · 183~185, 188

러다이트 운동Ludditism · 515

런던 경제대학London School of Economics · 197, 199

런던 통신협회London Correspondence Society · 494

리브–래브Lib-Lab · 256, 571

ㅁ

마스트리히트 조약Maastricht Treaty · 289, 290

맨체스터 학파Manchester School · 140, 525, 527

명예혁명Glorious Revolution · 33, 34, 91, 103, 122, 208, 210, 211, 217, 218, 424, 425, 446, 448~451, 458, 463, 479, 480

모범의회Model Parliament · 101, 377

몬드–터너 협상Mond-Turner talks · 599

미국 독립전쟁American War of

Independence · 63,92, 165, 470, 484, 498

《미국의 민주주의의 원리De la Democratie en Amerique》· 175

미술공예운동Arts and Crafts Movement · 179, 183

ㅂ

백년전쟁Hundred Years' War · 32, 33, 63, 334, 336, 361, 362, 365, 366, 368, 371, 372, 378, 384, 463

밸푸어 선언Balfour Declaration · 620

버츠켈주의Butskellism · 615

벨가에인Belgae · 309, 310

보수당Conservative Party · 71, 98, 106, 108~115, 117, 128, 141, 156, 267, 269, 271, 274, 279, 280, 285, 292, 295, 303, 304, 520, 539~542, 546, 548, 549, 551, 554, 556~559, 565, 573, 574, 584, 587, 594, 595, 597, 600, 601, 604~607, 612~614, 616, 617, 622~626, 629, 631~633, 635~640

보수주의Conservatism · 79, 109, 110, 113, 170, 230, 285, 480~482, 502, 539, 540, 542, 547, 573, 604, 636, 640

보어 전쟁Boer War · 130~132, 148, 161, 546, 547, 567, 568, 570

보통법Common Law · 30, 45, 203, 205, 351, 352, 401, 483, 582

복음주의Evangelism · 45, 135, 162, 168, 251, 483, 484, 486, 513, 535, 536, 538, 539

봉신vassal · 29, 338, 339, 343, 346, 354

브리손어Brythonic · 309

《브리튼 왕 열전Historia Regum Britanniae》· 57

브리튼 전투Battle of Britain · 608, 610

블레넘 전투Battle of Blenheim · 467

비커족Beaker · 255

빅토리아 시대Victorian Age · 113, 129, 181, 184, 300, 315, 502, 512, 525, 528, 530, 531, 533, 534, 536, 561, 570, 582, 583, 618

빌런villein · 381

ㅅ

사회민주당Social Democratic Party · 110, 632, 637

사회민주연맹Social Democratic Federation · 184, 186, 546, 562

사회적 다윈주의Social Darwinism · 67, 141, 144, 147, 527, 565

사회주의socialism · 67, 143, 147, 177~179, 184~187, 189, 192~194, 196, 199, 201, 243, 246, 247, 249, 257, 258, 260, 266, 270, 285, 515, 531, 562, 563, 570~572, 575, 592,

593, 596, 617, 637, 639

《산업민주주의Industrial Democracy》·
189

산업혁명Industrial Revolution · 53, 65,
94, 133, 164, 181, 183, 204, 209,
215~218, 222, 223, 225, 226, 232,
238~240, 294, 476, 488~493, 503,
508, 510, 511, 519, 523, 534, 579,
583

삼자동맹Triple Alliance · 262, 598

상비군standing army · 311, 448, 463,
469

상서Chancellor · 118, 119, 347, 349,
350

상서청Chancery · 349, 350, 395

상임위원회Standing Committee · 104

《새로운 마키아벨리The New
Machiavelli》· 200

서민원House of Commons · 102

서유럽연합Western European Union · 283

선량의회Good Parliament · 357, 378

선박세Ship Money · 431, 432

성 월요일Saint Monday · 250~252, 504

성실청Star Chamber · 442

성인의회Parliament of Saints · 440

세계 대박람회Great Exhibition · 534

소도시borough · 101, 377

소자문회의Small Council, Curia Regis ·
349, 350

수력 방적기water frame · 491

수봉자baron · 338, 339, 349

수정궁Chrystal Palace · 534, 551

순회재판소Justice of Assize · 352

스윙 폭동Swing Riots · 516

스코틀랜드 민족당Scottish National
Party · 80, 83, 100, 626

스쿤의 돌Stone of Scone · 37, 38

스털링 지역Sterling Area · 284, 620

스톤헨지Stonehenge · 308

스티븐—마틸다 내전 · 36, 43, 359

《시민정부론Two Treaties on
Government》· 453

《시빌Sybil》· 551

식민부Colonial Office · 132, 133, 192,
195, 527

신교 자유령Declaration of Indulgence ·
443, 445

신사적 자본가층gentlemanly capitalists ·
217, 218

신잉글랜드인New English · 50

신자유주의New Liberalism · 178, 263,
557, 561, 562, 572, 574, 575, 637,
640

신조합주의New Unionism · 242, 254,
563, 570

신형 노동조합New Model Trade
Unionism · 241

ㅇ

《아레오파기티카Areopagitica》· 441

아류 봉건제bastard feudalism · 347

아우구스부르크 동맹전쟁 · 458

아일랜드 공화국 우애단Irish Republican
Brotherhood · 277

아일랜드 자치당Irish Home Rule Party ·
274

아일랜드공화국군IRA · 120, 276,
278~9281

아쟁쿠르 전투Battle of Agincourt · 368,
369

아편전쟁Opium War · 140, 545

얼스터Ulster · 50, 275~279, 424

엘 알라메인 전투Battle of El Alamein ·
609

여성사회정치연맹Women's Social and
Political Union · 585

《여성의 예속The Subjection of Women》·
177

《영국 노동계급의 형성The Making of the
English Working Class》· 238

영국병British Disease · 265, 267, 269,
273, 291, 292, 294, 296, 303, 588,
630

영불동맹Anglo-French Entente · 577

영연방Commonwealth of Nations · 85, 96,
160, 161, 283~285, 621, 622, 625,
641

영일동맹Anglo-Japanese Alliance · 132,
546, 570

오파의 방벽Offa's Dyke · 319

옥스퍼드 조례Provisions of Oxford · 31,
334, 357

왕위계승법Act of Settlement · 459

요먼yeoman · 380, 456, 457, 473

워털루 전투Battle of Waterloo · 126,
469, 496, 568

원산업proto-industry · 211, 505

웨스트민스터 대성당Westminster
Abbey · 37, 38, 40, 94, 97, 201,
327, 357, 360, 375, 441

웨스트민스터 법Statutes of Westminster ·
160

웨스트민스터 의회 · 45

웨일스성 Welshness · 46, 47, 74, 81,
82

위턴 회의Witenagemot · 326, 327, 329,
349

윌크스와 자유 Wilkes and Liberty · 477,
478, 480

유럽경제공동체EEC · 160, 267, 285,
286, 289, 586, 621, 622

유럽석탄철강공동체ECSC · 284, 286,
622

유럽연합EU · 87, 273, 289, 290, 633

유럽통화제도EMS · 287

《유토피아Utopia》· 207, 389, 419, 421

은총의 순례Pilgrimage of Grace · 401

음영시인 경연대회eisteddfoddau · 46

의사종교cult · 64

의회 안의 왕king-in-parliament · 34, 289,

449

의회노동당Parliamentary Labour Party · 112, 257, 572, 599

의회민주주의 · 117, 121, 288, 289, 425

《인간의 권리The Rights of Man》· 482

《인간의 기원The Descent of Man and Selection in Relation to Sex》· 535

《인구론An Essay on the Principle of Population》· 522, 535

인그로싱engrossing · 473, 474

인도 국민회의Indian National Congress · 158, 159

인도청India Office · 132, 471

인두세poll tax · 365, 366, 379, 633

인민예산people's budget · 576

인민헌장운동Chartist Movement · 169, 223, 231, 240, 241, 244, 246, 501, 522~524, 541, 563

인지세Stamp Tax · 69

인클로저enclosure · 205~210, 227, 390, 418, 419, 454~456, 473~475, 489

인플레이션 · 269, 273, 291~293, 390, 402, 403, 417~419, 425, 548, 588, 623, 624, 627, 630, 631

임금노예제 · 181

잉글랜드 국교회Church of England · 32, 54, 63, 71, 389, 396, 431, 436

잉글랜드 은행Bank of England · 211, 212, 228, 266, 458, 459, 474, 560, 586, 600

《잉글랜드인들의 교회사Historia ecclesi-astica gentis Anglorum》· 27, 28, 306, 316

ㅈ

자격조사means test · 603

《자본론Das Kapital》· 247

자유당Liberal Party · 55, 71, 98, 105, 108~110, 130, 141, 172, 190, 224, 254~259, 263, 274, 276, 520, 523, 539~542, 546, 548, 551, 554~558, 562, 563, 565, 570~574, 576, 577, 581, 584, 587, 593~597, 600, 601, 604, 607, 626, 632

《자유론On Liberty》· 173

자유주의Liberalism · 123, 140, 141, 148, 168, 170, 173, 178, 193, 213, 214, 220~222, 232, 241, 257, 450, 453, 454, 502, 524~527, 542, 545, 547, 550, 552, 557~559, 561, 562, 564, 565, 577, 587, 595, 639

《자조Self-help》· 532

자코바이트 난Jacobite Rebellion · 41, 75, 77, 461, 462, 464

잔부의회Rump Parliament · 438

장기의회Long Parliament · 424, 432, 436

장미전쟁Wars of the Roses · 334~336,

372, 375~378, 389, 392, 420

재무관Treasurer · 350

재무대신Chancellor of Exchequer · 118

전국광부노조National Union of Miners ·
    295, 297, 632

정주법Act of Settlement · 419

《정치경제학 원리Principles of Political
    Economy》· 176, 177

제1차 세계대전 · 73, 82, 93, 123,
    137, 158, 198, 234, 258, 263, 267,
    276, 288, 568, 577, 578, 587, 589,
    590, 606, 609, 610, 619

제2차 세계대전 · 124, 137, 140, 158,
    260, 277, 282, 288, 294, 496, 586,
    587, 606, 609, 610, 619, 627, 629

제국대학Imperial College · 197

《제임스 왕 성경King James Bible》· 40,
    427

젠트리gentry · 95, 209~211, 227, 380,
    382, 385, 418, 420, 421, 425, 436,
    438, 454~456, 468, 473~475, 477,
    509, 511

《존재하지 않는 곳으로부터의 소식
    News from Nowhere》· 187

《종의 기원On the Origin of Species by
    Means of Natural Selection》· 144, 535

주위원회법County Councils Act · 581

중간계급middle class · 255

지대론 · 193, 582

지방당Country Party · 444

ㅊ

찬란한 고립정책splendid isolation · 132

철병대Ironsides · 435

청교도Puritan · 384, 411, 412, 425,
    427, 430, 431, 436, 440~442, 486

체어링 크로스Charing Cross · 360

추밀원Privy Council · 116, 132, 399

7년전쟁Seven Years' War · 63, 125, 126,
    462, 468, 470, 476

ㅋ

칼뱅주의Calvinism · 32, 389, 410, 458

《캔터베리 이야기Canterbury Tales》·
    347, 387

케이프 식민지Cape Colony · 126, 131,
    564, 567

쿨러든 전투Battle of Culloden · 41

클로즈드 숍 제도closed shop · 295, 630

ㅌ

토리 민주주의Tory Democracy · 551,
    552

토후국Princely India · 137

톨퍼들 순교사건Tolpuddle martyrs · 517

튜더 왕조 The Tudors · 103, 119, 376,
    387, 389, 395, 404, 416

트라팔가르 해전Battle of Trafalgar · 78,
    462, 469

특별위원회Select Committee · 104

ㅍ

파운드 스털링pound sterling · 260

팍스 브리타니아Pax Britannia · 291,
390, 422

판옵티콘Panopticon · 166, 167

페이비언 협회Fabian Society · 142, 143,
145, 189, 192, 197, 198, 562

포스트모더니즘postmodernism · 231,
237, 271

포클랜드 전쟁Falklands War · 161, 587,
631, 632

포함외교gunboat diplomacy · 545

프라이드의 숙청Pride's Purge · 438

프랑스 혁명 · 51, 53, 63, 92, 165,
240, 462, 471, 480~482, 484, 486,
494, 495, 500, 507, 523

《프랑스 혁명에 대한 성찰Reflections on
the Revolution in France》· 480, 482

프림로즈 동맹Primrose League · 144,
558

피털루 학살사건Peterloo Masscare · 517

ㅎ

하드리아누스 방벽Hadrian's Wall · 312,
313

하부 제국주의자sub-imperialist · 126

항해법Navigation Act · 133, 392, 443,
523, 525

핵무기폐기운동Campaign for Nuclear
Disarmament · 617

헤이스팅스 전투 Battle of Hastings · 328,
329, 334

회계청Exchequer · 30, 343, 350, 351,
392

획일법Act of Uniformity · 442

흑사병 · 334, 336, 365~367, 379,
382, 417, 443